音韵研究

朱晓农　著

商务印书馆

2008年·北京

图书在版编目(CIP)数据

音韵研究/朱晓农著. —北京:商务印书馆,2006
ISBN 978-7-100-04578-0

I. 音… II. 朱… III. 汉语—音韵学—研究
IV. H11

中国版本图书馆 CIP 数据核字(2005)第 067414 号

YĪNYÙN YÁNJIŪ
音 韵 研 究
朱晓农 著

商 务 印 书 馆 出 版
(北京王府井大街 36 号 邮政编码 100710)
商 务 印 书 馆 发 行
北京市白帆印务有限公司印刷
ISBN 978-7-100-04578-0

2006 年 3 月第 1 版 开本 850×1168 1/32
2008 年 11 月北京第 2 次印刷 印张 14
定价:27.00 元

献给　丁邦新先生

上海高校比较语言学E-研究院项目

序

麦　耘

“科学”的概念对中国来说是舶来品，在一个世纪的时间里，她在这个国度快速地生长起来了。这是一个因缘辏合的世纪。然而对于何为“科学”，却一直是见仁见智。

说远的——这是时间上的远，有“五四”前后陈独秀跟胡适讨论“赛先生”的定义；空间上的远，则有地球那一边的托马斯·库恩等人大谈科学革命、科学范式的转换。我想可以提提就近的两位：一位是顾准，他的《从理想主义到经验主义》（收入《顾准文集》，贵州人民出版社 1994）里有一章“科学与民主”，一反一向“民主、科学”的排序，认为科学应先于民主，科学精神是民主的基础。有一回我跟晓农大兄谈起这个，他说，民主精神、民主程序就是科学精神、科学程序在政治生活中的一种运用。我很认可这一点。顾准给“科学精神”下的定义是：“(1)承认人对于自然、人类、社会的认识永无止境。(2)每一个时代的人，都在人类知识的宝库中添加一点东西。(3)这些知识，没有尊卑贵贱之分。……(4)每一门知识的每一个进步，都是由小而大，由片面到全面的过程。前一时期的不完备的知识 A，被后一时期较完备的知识 B 所代替，第三个时期的更完备的知识，可以是从 A 的根子发展起来的。所以正确与错误的区分，永远不过是相对的。(5)每一门类的知识技术，在每一个时代都有一种统治的权威性的学说或工艺制度；但大家必须无条件地承认，唯有违反或超过这种权威的探索和研究，才能保证继续进步。所以，权威是不可以没有的，权威主义则必须打倒。这一点，在哪一个领域都不例外。"这些虽是老生常谈，而在上世纪70年代头几年的中国，却是空谷足音。

另一位是李慎之。他的文章很多，我记得住题目的只有一篇《什么是中国现代学术经典》(《开放时代》1998年10月号，广州)。此文的主旨，是说一些作品虽著述于现代这个时段，却不符合现代学术的标准，就不能算入现代学术范围。至于标准，他说："除民主与科学而外，中国学术不可能有别的区分现代与传统的标准。"他是拿科学作为衡量学术现代性的一个标准，而我从中看到了他对科学的潜定义：科学具有现代性。或许应该说科学是与时俱进的。譬如中国传统的语言学，顾炎武的研究是一套科学范式（这里用到库恩的术语了），在当时不可谓不科学，合乎当时的现代性，但二三百年以后，有新的科学范式出现，旧的范式就成为传统了。上面所引顾准也是这意思。

顾准强调经验主义，批判"理想主义/唯理主义"即理性主义，自有其历史背景。但科学精神难道不是一种理性主义吗？其实顾准自己也意识到的，在其书第17章中批判"道"的先验性的时候说："中国人所谓'道'，外国人也有现成的名词，叫做罗各斯(Logos)，和逻辑(Logic)差一点点。神化的逻辑即是Logos。"Logos是理性主义，Logic也是理性主义，顾准所倾力反对的，是神化的、先验的、权威主义的Logos，而不是人人可用可参与的、实证的、承认人类知识要不断发展进步的Logic。现代中国需要科学和科学精神，需要Logic。人们在摆脱了Logos、重温了经验主义之后，还是必然要走向Logic的。要是顾准能活到今天，说不定会再写一本《理性主义：从 Logos 到 Logic》。

说科学是相对正确的、与时俱进的，当然不是说她是善变的、无可无不可的。她有永远不变的一条原则，就是她的 Logic 一贯性，这也就是一切科学范式的基础。既是一贯的又是相对的，她于是严谨而开放，有勇气而无傲气。说她严谨，是因为科学的研究过程具有可操作性和可验证性；说她开放，是因为科学的发展进程总是不断突破旧观念、不断拓展新领域；科学的方法是认识世界的利器，手握利器，所以有勇气，敢于探索，不怕失败；科学在人类社会进化中有其准确的定位，无须如没落贵族或过时的权威般显示傲气。但傲骨是有的。科学有这样的品质，她将是中国在二十一世纪的引路人。

朱晓农略长于我，我称他为“大兄”。我们初次见面是在 1986 年的一次学术会议上，而此前已经素闻他常常鼓吹中国语言学要走科学之路。但其时我对“科学”二字是不甚了了的。1995 至 1996 年间，碰巧有机会在香港理工大学跟他做了将近一年的同事，日夕相处。聊起天来，他说他不大谈论这个话题了。我的理解是：谈论是谈论过了，重要的是实践。他是既有谈论又有实践的。看他二十多年来的著述，不能说所有的研究成果都是不刊之论，而他为中国现代语言学走向科学化立了大功，这一点则是没有疑问的。

晓农大兄的一批论文准备结集出版，要我为他写序。这是我的荣幸，我谢谢他。

2005 年 5 月于京郊之对仄居

目　录

实验音韵学和语言学语音学*

一、引言:实验语音学的现状

记得两年前有位出色的语法学家问我:“语音学有什么用?”可见语音学已经不是有点儿危机,而是到了信誉崩溃的边缘。所以本文就来“举例说明”语音学不但有用,而且很有用,甚至能帮助解决与语法语义有关的问题。

其实,那个问题很早以来就一直有人问我,只不过不是成名语言学家。一开始我很奇怪:“有什么用”这样的问题是该实验语音学家问其他语言学家的。只要看看实验语音学蓬蓬勃勃,就知道它有用。不过,如果加一点限定这么问:“实验语音学对语言学有什么用?”就问得振振有词了。

这就是实验语音学的现状——

---

* 本文原题“实验语音学和汉语语音研究”,为刘丹青主编的《语言学前沿与汉语研究》(上海教育出版社,2005)中的一章,并发表于《南开语言学刊》2005年总5期。本项研究得到香港科技大学研究项目(DAG01/02.HSS04)的资助。

1.1 外部的极度扩张和内部的极度萎缩

实验语音学在语言学以外正在疯狂开拓新边疆。

最明显的就是大批非语言学家在做实验语音学的工作，电脑、通讯行业如微软、摩托罗拉、贝尔都有自己的语音实验室。一开国际性的言语科学技术会议，与会者上千，95%以上跟语言学无关。厚厚一大卷《语音科学手册》(Hardcastle & Laver 1997)，26 篇文章近 800 页，只有 4 篇一百零几页与语言学有关。我在 ANU 读书时，那儿有两个语言学系，还有中文、日文、欧洲语言系等，只有我和我老师两人做实验语音学，但在物理学院却有十多个人在做与实验语音学有关的研究。

另一方面，实验语音学在语言学中还在争取居留权。

连语言学家们都不知道语音学是干什么的，就能感觉到他的处境了。实验语音学在工程技术上有广泛用途，但对语言学看来用处不大。所以语言学家对实验语音学的看法从结构主义以来，排斥的声音一直很大，后文§1.2 和§2.3 还要谈这问题。

最能体现外部扩张和内部萎缩的例子是：连语言学界的实验语音学家都普遍地去做语言学以外的项目。这也难怪，那些项目有社会意义，有经济效益，还“理论联系实际”，不像语言学。比如我的老师费国华先生也偶一为之，他最近出了本“司法语音学”(forensic phonetics)方面的书(Rose 2002)。几年前我还协助过他为警方做了两次司法语音鉴定：给定两盒录音带，看在多大概率上能确定是同一说者(speaker identification)还是不同说者(speaker discrimination)。

1.2 漠视和迷信

自从共时历时分家，共时音韵学从音位学到音系学，一直没把实验语音学当一家人。赵元任(1980:175)有一段影响了几代人的评论：

> 实验语音学也可以算是比较边缘性的……因为实验语音学从很早起头，一直到最近啊，它能够做的好些事情都比语言学里头所希望做得到的还差得很远。虽然有许多很精密的实验工作，可是研究语言所需要知道的好些方面，是不能够用实验来满足这许多要求，答复这许多问题的。因此有许多语言学家，根本不拿实验语音学认为是语言学的一部分。

这的确是很多音位学家的看法(当然也有些不同意见①)，他们都是口耳语音学大家，对语音学取实用态度，“敬实验而远之”，认为仪器纵然分析入微，但要是耳朵辨不清，也就只是声学，跟语言学无关。

后来生成派音系学家的看法也差不多。极端的例子如 Foley (1977)完全排斥语音学。又如 Anderson(1981)，他认为音系学跟语音学没直接关系；音系学建立它的核心原理不用参考语音学。

近年来，这种态度有了很大改变(朱晓农 2002b)。日新月异的电脑技术让方便的语音实验分析软件走上寻常书桌。越来越多的文章用实验语音学的数据来增强论证。这又引出另一个问题，

---

① 例如结构派当时的掌门人、当了很多年 *Language* 主编的布洛克，他的态度比较开放(Bloch 1948)：“语图仪对音位学意义极其重要，将来可能有更多的语言学家用这仪器来解答语言学问题，那么我们现在的好多假设可能都得因新发现而改写。”

有些研究太依赖，甚至迷信实验数据。例如广东话中有没有介音，历来对此看法有分歧。有些研究人员利用实验语音学来证明广东话有 w 介音。这实际上过分依赖了实验语音学，因为音位处理有多种可能性。还有的随意引用些数据图例就认为可以解决音韵学中的问题。因此，有必要懂得有关实验、测量、数据处理等工作中的原则、方法、程序问题。有一点必须强调：语言实验工作必须做得系统而彻底。如果随意用一些语图，那么你想说明什么都是可能的，因为一个语言信号有无穷多种随机变异的物理形式——最近二三十年来语音学的最大成就也许就是从实验上证明了这一经验常识。

二、今天的语音学

上面我们看到语音学的尴尬地位，那么语音学到底能干些什么？该怎么来定义它呢？

1. 语音学，就是研究语言发音的科学。

2. 现在的语音学，就是实验语音学。

3. 语言学里的语音学，就是实验音韵学。

这第一句话，像是废话；第二句话，像是唬人话；第三句像是自说自话。不过请听我依次解释。

2.1 对外是“语言学的语音学”

语音学，顾名思义，是研究人类语言发音的科学，这似乎是不言自明的。不过最近十年来，语音学扩大到一个我上学时难以想象的范围和程度。现在，像数学、电脑、工程、心理学、神经生理学、声学、生物学、人工智能、医学、康复、公安、司法、通讯等很多学科或部门中都有人研究语音，所以就有了一个综合名称“语音科学”，或者“语音诸学科”(phonetic sciences)。这诸学科所研究的大多跟语言学没什么关系。十几年前当我刚接触到实验语音学时，解决语音识别问题还有两条路：一是语言学家发展出来的“以语音知识为基础的识别法”(knowledge-based approach)，另一种是自然科学家的“统计识别法”(statistics-based approach)。我记得上学时文学院里做实验语音学学位论文的只有我一个人，但在物理学院却有五六个。开始时有两三位隔三岔五来找我，问各种语音细节，了解语言发音的声学属性、生理基础等。但渐渐地来少了，一个学期后就不再理我那套知识识别法了，他们有了实用上更有效的统计识别法。

在这众多的语音学科中，有一科是我们比较关心的，那就是赖福吉(Ladefoged 1997)所谓的“语言学的语音学”(linguistic phonetics)，他把跟语言学有关的语音问题作为自己的研究对象。图1中的左椭圆表示大语音学——语音诸学科；右椭圆是语言学。语音学现在变得很大，它只有很小一部分跟语言学有关，即图中的相交部分，用“LP”(linguistic phonetics)标识。这个LP既是实验语音学的一部分，也是语言学的组成部分。赖福吉把它叫做“语言学的语音学”，是很有必要的，因为它只占大语音学中一小部分，如果没有个独特身份，马上就会被淹没。

所以，“研究语言发音的语音学”就不是废话了，它指的是“语言学语音学”，这是个对外的名号，是相对于大语音学说的。这语

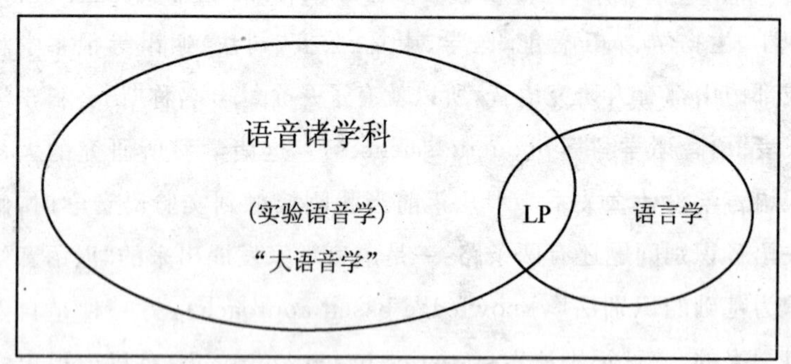

图1　语音学与语言学的关系

音诸学科中固然大部分人对语言学没兴趣，但还是有那么一小部分人关心语言学，而这关心语言学的语音学才是语言学里需要的语音学。

“语言学语音学”既然是图中的相交部分，那么就应该是相对于左右两方面的人来说的。赖福吉是以语言学家身份来说这话的，所以“语言学语音学”是针对大语音学来说的。对语言学来说，这个交叉部分有另外一个名称，我们到§2.3中再谈。

2.2　语音学就是实验语音学

现在的语音学，就是实验语音学。

现在已经没有不实验的语音学了，都二十一世纪了，电脑时代了，“咸与实验”了。

语音学中的众多学科尽管研究角度不同，但都是做实验的，所以语音学就是实验语音学。“语言学语音学”是大语音学中的一门，当然也是实验语音学的一部分。

说起实验语音学,就会联想到复杂的仪器、繁难的计算。这当然有。不过现在电脑软件很方便,而且能做大部分声学分析和合成,所以个人桌上实验室唾手可得。如果再配些生理、空气动力学方面的测量仪器,那么一个费钱不多、尽管小型、但大体能满足“语言学语音学”需要的语音实验室就能建立了。另外还有些很简单、很直观的实验。例如奥哈拉谈到过一种语音增生现象:Simson, Thomson 在 m 后增生了一个同部位塞音 p,变成了 Simpson, Thompson。这在共时变异中也时有发生,如 Fromkin 常有人说成 Frompkin。用形式化的表达方式就是“Ø>p/m __”,读作“在 m 后无中生 p”。当然还可以用区别特征写得更精细概括些。有人把这表达式当成了“解释”,其实只是概括得精炼些的描写。真正的解释需要实验语音学。奥哈拉认为这只是由于时间“错配”引起的。以 From(p)kin 为例,从鼻音 m 到口音 k 时,有几个步骤:1)停止 m 的发声;2)抬起小舌,堵塞鼻腔通道;3)软腭成阻;4)除阻;5)发出 k。如果步骤 3 和 4 在时间上错位,即软腭成阻在后,除阻在先,这时候除的是发 m 留下的双唇之阻,结果就有了个微弱的 p 增生了。

语音研究开始得很早,实验语音学就晚多了。古印度语音学家在两千多年前对梵文语音的详细描写,即使从今天的发音语音学角度来看,也是非常精确的。古希腊语音学尽管比不上其他学科,但有人已经注意到希腊语中塞音三分,有趣的是浊音被看做是介于清送气、不送气之间的“中间音”。后世语音学著作把这一看法沿袭了两千年直到十九世纪。相比之下,中国要稍晚些,有意识的探索大概可以从东汉声训和反切出现算起。

现知可以称得上“实验语音学”和“司法语音学”的早期例子，见于沈括《梦溪笔谈》卷十三记载的一个故事，说的是北宋时有人用竹木牙骨一类材料做了个“嗓叫子”，放在喉咙处呼出气来像人说话。有一次，有个声带出了毛病的人遭人诬陷，有口难言。审案的取来嗓叫子，让他对付着说话，竟也大致听出一二。结果冤案昭雪。

工业革命后的西欧出现了一些零星的实验探讨发音生理，如达尔文的祖父 Erasmus Darwin(1731—1802)用锡箔卷成手指粗细的圆筒放进嘴里，然后发各个元音，看哪儿瘪了以确定舌位。现代实验语音学可以从战后发明语图仪算起。近年来，由于录音设备和电脑技术的进步，实验语音学才第一次有了蓬勃发展的机遇。

2.3 对内是“实验音韵学”

图1中那个交叉部分“语言学语音学”是相对于大语音学中的其他分支来说的；相对于语言学的其他分支来说，它是“实验音韵学”(experimental phonology)。它用实验的手段来解决语言学问题，不但能解决一些没有它就解决不好甚至不好解决的音韵学问题，而且还能提出一些以往不关心或者无法关心的问题。

先谈一下“experimental phonology”为什么译为“实验音韵学”，不是“实验音系学”。因为它研究的往往是一个个很具体的音韵问题，不是音系问题；它还研究跨音系的共时分布问题，与具体音系无关；它还研究历时音变，这是音韵学而不是音系学问题。“音系学”是中文特创的名词，没有相应的英语原文，英语仍是phonology(音韵学)。音系学承继取代的是形式化研究——音位学，两者都是“音韵学”phonology长河中特定时代的特定分支/派别。在我的名词体系中，音韵学是个通名，对应于phonology。它按个体对象分汉语音韵学、日语音韵学等；按时间对象分历时音韵学（狭义音韵学）、共时音韵学（音位学、音系学）；按方法分解释性的实验音韵学、形式音韵学，后者按发展顺序分描写分类的音位学、重规则系统的生成音系学、重表达方式的自主音段音系学、按顺序排列的优选论等。

有关语音学和共时音韵学的关系，从特鲁别茨高依起就没和美过，音位学以“功能语音学”标榜，要把纯语音学排斥出语言学，照Sommerstein(1977：1)的说法是：“音韵学是语言学的一个分支；而语音学通常都认为他不属于语言学。……从某种意义上说，语音学的终点，是音韵学的起点。语音学定义语音和韵律，而音韵学关注那些语音和韵律在语言中是如何实际使用的。”十几二十年前争得激烈时，还出了专辑来讨论。两者的关系那时从百分之百相关到百分之零，持什么样看法的人都有。在百分之零这一端的，照Anderson(1981)的说法，音系学是“自主的”，不麻烦你语音学了。不过这意见现在好像已经没人坚持了。在百分之百另一极端的，也就是语音学和音系学根本不能分家，它们俩整个儿就是一门学科，是“整合在一起的”(integrated)。持这看法的也不多，奥哈拉是代表，在他(Ohala 1990)看来，音系学想要独立是不可能的；音系学家所谈的语音学只关乎“排比分类”(taxonomic phonetics)，而不是“科学的语音学”(scientific phonetics)，科学的语音学就是要管音系学。当然，绝大部分人（包括我）是中间派，说语音学和音系学有“交接面”interface。这么说又引出问题：交叉了百分之几啊？哪些问题是音系学专有的，跟语音学无关的？所以中间派想中庸也难。

下面来看一个实验音韵学的例子（详见朱晓农 2003b）。赵元任（1935）发现，内爆音 ɓ ɗ ɠ 的分布如果有空缺，缺的总是软腭 ɠ。他对此解释到："这里的理由不难找，从舌根与软腭相接的地方到声门那里一共就没有多大的空间可以像口腔较宽绰的[b]或[d]音那么弄出些特别的把戏；声带稍微一颤动，那一点的空间马上就充满了气成正压力了。所以也没有空间也没有时间可以造成第九类那种悬挂的印象或是第十类那种望里'爆发'的印象。本来舌根的爆发音不加上那些特别的把戏已经够难成浊音了。"

这段精彩的解释被当代实验音韵学倡导者奥哈拉认为是实验音韵学的先驱，他从发音生理和空气动力学角度为共时音韵学和历时音韵学解决了两个问题。第一，他解释了浊爆音在人类语言中的共时分布模式。根据 Maddieson（1984）317 种语言资料，分布情况还是如此。原因就在于"本来舌根的爆发音……已经够难成浊音了"。

第二是解决了汉语音韵史上一个音变现象：洪音群母 *g 在晋末至北朝初变入匣母 *ɣ。为什么要变的道理仍是"本来舌根的爆发音……已经够难成浊音了"。但为什么在细音字中 g 还保留着呢？道理还是可以从那段话里引申出来：g 后有了 i 介音，成阻点往前了，可以玩把戏的空间增大了，浊爆音就容易维持了。由此可以作出预测：浊爆音消失是从成阻点在后的开始的：小舌音最早，再软腭硬腭音，最后齿音唇音。

奇怪而有趣的是：一方面赵元任被认为是实验音韵学的先驱，

另一方面他本人又不把实验语音学当回事儿。赵元任当年没想到他的洞察力、他的真知灼见会对今天的共时和历时音韵学产生什么影响。我想这主要是因为关心的问题不一样,结构派的基本取向是注重描写个别语言中的特定情况。照 Martin Joos 的说法,就是天下没有两片叶子是相同的。要单单描写一个独一无二的音系,耳朵听清楚了也就够了。但是,一旦跨出本音系进行跨音系的类型比较,做共相研究,就免不了要作音理上的解释,实验语音学就少不了。还有就是基础研究和技术操作之间有个时间差,实验语音学的成果并不是马上直接就能应用到语言学中,它需要有人花时间去开发。

2.4 语言学语音学即实验音韵学的任务

实验音韵学关注语音的以下六个方面:发音,传播,感知,组织与功能,分布,演变。

传统上把语音学分三个分支:生理/发音语音学,声学语音学,听感语音学。实验音韵学依然继续这三方面的工作。

语音怎么在具体语言中组织起来表达意思的,这一向是音位/系学的工作。实验音韵学也关心这方面的问题,因为研究语音的性质,不能不关心语音的系统和功能。这不但是个"理论联系实际"的问题,也是研究是否能深入,甚至是否能成立的前提条件——否则就不是"语言学的语音学"了。

随着实验语音学和类型学的进步,对世界上各种语言的语音情况了解日多,又发展出两方面工作:看这些声音在世界上是怎么分布的;看这些声音是怎么自然演变的。

前三个方面是公认的语音学领域。不过现在既然研究语音的领域大大扩张，所以语言学语音学对这三个方面的研究就要有所约束，因为它毕竟不是生理学或解剖学本身，不是空气动力学，不是声学。它要研究的问题必须照应后三个方面。也就是说，语言学语音学研究生理学问题、声学问题等，但要与认识语音的结构、格局、分布、演变有关。它要找出一组参数，可能跟生理有关，可能跟声学有关。有了这些参数，就可以对音系内的结构格局、对跨音系的分布模式，对历时音变和共时变异，对各种音韵过程作出充分的描写，就可以把一个个音素归并成自然类，同一类的音在历时演变和共时派生过程中会有共同的表现。总之，有了前三方面的研究，才使后三个方面的深入成为可能。而反过来，正是有了后三方面的目标，才使得前三方面的研究显得必要。

三、实验语音学对汉语语音学的贡献

3.1 语音正名的必要性

上面看到实验语音学的进展能帮助共时音韵研究，如找到p增生和g出缺的原因。本节内介绍它对语音描写的促进。迄今为止，汉语语音学中的术语大多是生理语音学几十年前的认识。由于最近二三十年来的进步，语音学的内容有了很大的更新，对很多旧概念都有了新认识，因此就有了重新命名的需要，也有了重新命名的本钱。

“名不正则言不顺”，这是古训，也是现在做研究的要求。在科学研究中，命名是与概念的创造、确定、理解分不开的。因此，所谓“正名”包括两个部分：一是认识事物，定义概念，第二才是起个名字。孔夫子上述名言因而可以理解为：术语说不清楚意味着概念没理解透，那么，说理一定是说不清的。用到汉语语音学中，如果由于错误的认识而引起错误的命名，那么一定会带来错误的描写、错误的处理。所以，本节讲的“正名”，不是“名分”之争，也不仅仅是好不好的问题；这个“正名”，旨在推进认识，重新定义；假如老名字引起矛盾、导致误解曲解、不利于推进认识的话，就应该考虑重新命名。下面举几个例子。

3.2 调音部位命名的依据

先解释一下，“发音部位/方式”中的“发音”是狭义的发音，指调音。广义的发音指发声加调音。发声是声源，指广义发音时的喉部状态。调音是共鸣，指上声道的共鸣腔形态。

关于调音部位术语命名，汉语语音学里是以主动器官即舌头部位来定义的，比如 t 是“舌尖前音”，tɕ 是“舌尖中音”，tʂ 是“舌尖后音”。这样做造成三个问题：(1)跟国际语音学脱轨。语音学界的做法是一级术语用被动器官来定义。如果需进一步分类，再用主动器官来辅助定义二级术语。因此，上述 t，tɕ 在国际音标中分别被称为“齿/龈音”“龈腭音”。只有个别难以用被动器官定义的音才用主动器官来定义，如 tʂ 是“卷舌音”。还有两个具体的问题：(2)齿音(dental)和龈音(alveolar)都是“舌尖(前)音”，无法区别。(3)“舌尖音”同时用来命名元音和辅音，这也不合适。语音学跟生理学、声学一样，不必搞地方特色。因此，辅音的一级定义应该用被动器官(见表1上端),二级定义再用主动器官。

表1　辅音表(肺部气流)(部分)

	双唇	唇齿	齿间	齿/龈	龈后	卷舌	硬腭	软腭	小舌	咽	喉
爆(发)音	p b			t d		ʈ ɖ	c ɟ	k g	q G		ʔ
近音		ʋ		ɹ		ɻ	j	ɰ			

3.3　approximant 是近音,不是通音

有关调音方式的术语也有一些需加调整的,此处谈一个引起很大混乱的术语。approximant 一词已经算不得很新,我照字面译成“近音”。过去国际音标这一行叫 semi-vowel“半元音”和 continuant“通音”。据 Clements(1990),approximant 一词是赖福吉(Ladefogad 1982)引入来取代 frictionless continuant(无擦通音)的,其实在此之前 1979 年版的国际音标图中已经用了。approximant 用了二十多年,中文一直没有相应的名称,一直用“通音”对付着用。用“通音”对应 approximant 不好是因为:1)通音是 continuant,不是 approximant 之义。2)通音本来在汉语里用法就极其混乱,它定义的已经不是一类音,而是几类音了:最窄的用法是单指半元音(王力 1983);最宽的用法如郑张尚芳(1964),包括擦音、鼻音、边音、无擦通音、半元音;赵元任(1968)则仅包括边音和日母。3)最近,continuant 和 approximant 的用法又有了进一步的分化:前者指清呼音,后者指浊呼音(非咝音)。如 Lavoie(2001:21)把 x:ɣ 这一对软腭呼音分别叫做“some kind of continuant”和“approximant”。4)由于对国际音标图这一行里的音的认识已大大加深,所以另造新词 approximant,不再沿用 continuant

和 semi-vowel。所以,最好不要再延续“通音”的笼统模糊。近音、滑音、呼音、通音之间的关系交叉连续,详见朱晓农 1987,2003b。

“通音”continuant 本身歧义多解,不堪重负,所以最好另铸一词“近音”去译 approximant。相应地,lateral approximant 译成“边近音”。

3.4 非肺部气流机制

1993 年版的国际音标辅音表比起 1989 年版来有个很大改动,那就是按气流机制分出两张表:肺部气流 pulmonic 和非肺部 non-pulmonic 气流。前者指的是一般的、与呼吸有关的、以肺部呼气为动力源的辅音。后者则是三类与呼吸无关的、不以肺部呼吸为动力源的辅音:啧音、内爆音、喷音(表 2)。下面就来看为这些音重新命名过程中所反映出来的认识进步。

表 2 辅音(非肺部气流)

啧音		内爆音		喷音	
ʘ	双唇	ɓ	双唇	p'	双唇
ǀ	齿	ɗ	齿/龈	t'	齿/龈
!	龈(后)	ʄ	硬腭		
ǂ	龈腭	ɠ	软腭	k'	软腭
ǁ	龈边音	ʛ	小舌	s'	龈擦音

3.4.1 implosive 是内爆音,不是吸气音,不是前喉塞

把 implosive 直译为“内爆音”较好。内爆音在东南方言和民语中很常见,过去有两种叫法:一是“吸/缩气音”,一是“前/先喉塞”。

李方桂先生和赵元任先生在1930年代就已经对implosive的气流机制有深刻认识，是很了不起的。只不过那时语音学才刚起步，连内爆音的音标和合适的名称都还没创制，所以长期以来就一直用“吸/缩气音”和“前/先喉塞”对付着用。时至今日，我们对内爆音已经有了全面了解，他也有了自己的专用音标和专用术语，就用不着再去使用“吸气音”、“先/前喉塞 ʔb”之类误导的术语音标了。

“吸/缩气音”好像暗示主动的吸气。而implosive不是主动吸气的结果，而是压下喉头，鼓起脸颊的被动的结果，是由空气动力学决定的自然结果。再进一步，它涉及上位分类标准：肺部和非肺部气流机制。凡肺部音都是由“主动呼吸”发出的。凡非肺部音都与“呼”“吸”无关，因为呼吸本身是肺部运动。非肺部音的动力源来自升降喉头、扩大口腔容量等生理运动来压缩或稀化上声道空气，所以给这类音定名都应避免用跟肺部呼吸有关的词语。最重要的是，语音学上有真正的肺部吸气音这类音(Catford 1988)，汉语中据报道在甘肃、宁夏等地有(张淑敏1999；王森2001；阎淑琴2002)。

“先/前喉塞 ʔb”这种用法也不好。内爆音基本上都是浊音(至今我只见到两例清内爆音的报道，一例国外的，一例国内的，后一例存疑)，而“浊爆音”与“喉塞 ʔ”是天然矛盾的。发喉塞音时一般靠甲状软骨在水平方向拉紧声带，而发浊爆音时声带处于一种比较自然的状态，不紧不松到稍松。所以如“ʔb”一类“前喉塞＋爆音”，如果指同时的协同发音，那是不可能的，因为你要求声带同时又紧又不紧。如果是先后的发音，先绷紧声带作喉塞状，然后松弛声带发浊声，那么就与常态浊声无区别了。当然，发内爆音时声带也较紧,但这是靠降低喉头来拉紧的,与一般喉塞ʔ不同[①],更重要的是有真正的前喉塞协同发音的ʔm,ʔl等,所以不能用"ʔ-"来标识内爆音,不能用"前/先喉塞"来指称内爆音。还有,像北部吴语、法语中的清爆音如/p/有人认为是前喉塞化的,这从音理上来看倒是可能的。

3.4.2 ejective是喷音,不是挤喉音

ejective直译为"喷音"好,意译为"挤喉音"是只顾一点,不及其余,而且误导。ejective还有叫成"喉音/喉化音"的,就更添乱了。ejective的字面意思就是"喷射",喷音p' t' k'的主要特征也是如此:在咽腔口腔中压缩空气,然后喷射出去。诚然,压缩上声道空气要喉头像活塞运动般上升,但"挤喉"最多只涉及多个神经、肌肉活动中的一个,还把最主要的空气动力学的运动遗漏了。还有,"挤喉"没说出运动的方向,而那是关键性的。如果把喉头往下一挤,发出来的就不是ejective,而是内爆音了。如果是水平方向挤,那就是嘎裂声了——而"水平方向挤"才最符合"挤"的原意;往上挤、往下挤都是有标记的,得加个方位词。

喷音初看觉得很罕见,其实在塞音类中属第四常见,世界上18%的语言中有(Fallon 2002:xv),非洲和美洲土著语中很常见。

3.4.3 click是㗊音

click有译成"搭嘴音"的,这好像把部位的重点弄错了。click有五种,四种是咂舌,只有一种是搭嘴唇。还有译成"吸气音"的,

---

① 内爆音发得不到位时,也可能喉头状态与一般浊音相似,口腔内没负气压,爆发不明显,发喉塞时也可能喉头下降(Cun 2004)。这些都是语音学上的随机变体。

那就比把内爆音叫成“吸气音”更不好了。

我最想把click译为“喌zhōu音”，因为口语“喌”字本身是个标准而常用的click龈塞音，符合典型命名原则，但缺点是个僻字。也许改成“啧zé音”好些，口语“啧”字也是个click音，但是个齿塞擦音。喌啧音是塞（擦）音，但它跟一般塞音的区别在于：（1）气流机制不同。发喌啧音时运气的方式叫做软腭气流机制，气流内进。（2）喌啧音有两个成阻点。

喌音并不算太罕见，南部非洲语言中尤多。如果不算音位，则一般语言中也都有，只不过是个边缘音，用作呼叫，不属于整个音系。《广韵》：“喌，呼鸡声。”是用舌尖顶着齿龈脊（后），爆破后气流往里，发出“喌喌喌喌”呼鸡吃米声。“啧”是用舌尖顶住齿背/前齿龈，“啧啧啧啧”称奇。

3.5　发声

对于喉部发声态（phonation types）的认识也是最近二三十年来随着实验语音学的进展而加深的，现在我们对很多语音现象，包括声调的描写都大大推进了。下面简单介绍一下从东南一带汉语和民语中常见的各种“紧喉/喉化”音。

Laryngealization一词在英语里也特别模糊笼统，所以Clark &Yallop（1995：22）提醒大家慎用。中文的“紧喉/喉化”的用法就更五花八门了，常可见到“紧喉音”“喉化音”“紧喉作用”“紧喉成分”一类术语，用来指各种性质迥异的气流机制、发声或调音。按照我目前了解到的“紧喉”一词的出现场合及所指，有下列十六种不同的含义（朱晓农2003c）：

100. 喉塞

110. 喉塞尾

111. 短音节后，常常是区别性的，易混同于紧辅音、紧元音，如吴语。

112. 长音节后，常常是升调的伴随特征，如上海话。

120. 中喉塞 aʔa，凡元音之间不连诵的，如“西安”xi’ɑn。

130. 前喉塞

131. 响音前喉塞 ʔm，非升调头，如北部吴语。

132. 清塞音前喉塞 ʔp，混同于紧辅音(610)，可看成是程度较低的全紧音(630)，导致降调头，如法语、北部吴语、朝鲜语等。

200. 鼻冠音 mb，苗瑶语、瓦乡话。

300. 内爆音 ɓ，导致降调头，如吴语、闽语、粤语、越南语、黎语、侗语。

400. 嘎裂声 a̰，台州、韶关。

500. 喷音 t’。

600. 紧音

610. 紧辅音 fortis/lenis，混同于前喉塞清塞音(132)。

620. 紧元音 tense/lax，如黎语、载瓦语。

630. 全紧音，整个音节都紧张，如某些美洲印第安语中的短音节、高坝侗语的高平调字、温州话阴上字。发全紧音时发音器官、声道、喉门等全体紧张，常与紧辅音、紧元音、短音节后喉塞、清塞音前喉塞，甚至假声等共同出现。

700. 假声，信宜、容县的小称变调。

上面这么多类声音，都会引起程度不同的喉部紧张，所以叫“紧喉/喉化”都没错。此外还有以下特殊的喉化发声——松喉声：

800. 松喉

810. 哞声/浊耳声 murmur/whisper voice：北部吴语。

820. 气声/浊送气 breathy voice：Hindi，Urdu。

830. 吼声 growl：宁波、镇海。

由上可见，“紧喉/喉化”这两个词用得太滥。正因为都可以叫，所以在需要理清概念的地方，最好改用外延有所限制的术语。

3.6 声调

声调看起来比声母韵母简单得多，但实际上声调研究是最不充分的。不管是起源、演变，还是共时的分布、变异、习得，还是单字调和连字调的关系，声调和其他语言单位的关系等等，我们都对之了解最少最浅。究其原因，首先在于描写手段的欠缺。随着实验语音学的进展，情况有了很大改变。我们发展出了一套基频归一化的程序，描写基频的连续性方法；还提出了细化、简化五度制的分域四度制的声调描写框架。详见 Zhu 1999，2002；朱晓农 1996，2004a，2004b，2005。

3.7 小结

以上这些术语以前都没好好翻译过，因为对气流机制、发声状态的了解都是最近二三十年来的事，所以赵元任来不及翻译了。十几年前我写《音标选用和术语定义中的变通性》(1987)时认为，术语都有变通用法,“根子实际上在于两大矛盾:事物的连续性对分类的离散性,事物的变动性对分类的静止性”。我现在的看法是,音标、术语的使用尽管有变通手法,但那只是临时过渡的应急办法。随着认识的加深,概念会分化定当,术语音标也会增新删旧,调整妥当。

一个新概念出来,是用老术语对付着用,还是另铸新术语,这是个老问题。用老术语亲切些,但难保不被误解曲解。用新术语一开始生硬些,虽能避免误解曲解,但难保马上被理解。权衡之下,我主张用新术语,因为这是新知识,新手反正要学新概念,用了老术语反映出可能没认识到这是新概念,这不利于知识更新,知识进步。

四、实验语音学对历史音韵学的贡献

4.1 普遍音变和五个重现:实验语音学对历史重建的新要求

实验语音学能为历史音韵学提供帮助,这个观念很早就有了,但真正受到重视还是最近几年来的事情。这一方面由于实验语音学本身的发展,另一方面得力于奥哈拉三十年来的不懈努力。他那句名言“凡是历史上发生过的音变,都要叫它在实验室里重现”(Ohala 1989,1993)激励了多少人前赴后继。汉语历史音韵学中借助实验语音学的研究才刚起步,即已显出朝阳喷薄。它能协助发现,帮助建立音变的相对顺序,更重要的是第一次有可能为音变提供实质性的解释——从物理、生理、感知方面真正找到自然音变的因果关系，尽管大多是统计性的。

历史音韵学以认识语音演变——其原因、过程、机制、模式——为主要目标。最近十几年来语音学、社会语言学、类型学的巨大进展让我们明白，想要认识语言的变化，必须从研究变化中的语言着手。以研究实际语言所获得的知识去解读历史文献。研究语音变化有两个侧重点：一是注重内部音变即自然音变，一是注重由语言接触引起的外部音变。一般来说，外部音变的起因不确定，变化方向随意。由语言接触引起的特定场合的特定变化固然很多，但这只是一种历史现象，目前只能像史学研究一样，对非重复事件进行个案处理。因此，对于想要认识语音演变来说，外部音变的意义现在还无法评估[①]。

对内部音变起因的解释多种多样，比较重要的有以下三种。一是抽象的目的论原理，如省力原理、区别原理、由结构压力造成的填空档等。二是本语言社团内部的社会文化驱动因素。三是生理、物理或听感的普遍原理。服从普遍原理的普遍音变现象是实验音韵学最关注的。普遍音变会在(1)历史上重复发生；(2)其他语言中重复出现；(3)语言习得中重现；(4)失语症中镜像重现；(5)实验室中重现。因此，实验音韵学就有了条构拟原则：所构拟的古音演变要经得起上述五个“重现”的检验。这也符合前辈音韵学家开创这门口耳之学的初衷。可以说，这五个重现是把口耳之学具体化、科学化了(朱晓农 2004e)。下面来看几个例子。

---

① 不过我想，接触音变的材料如果有目的、有系统地搜集观察的话，一定会增加对自然音变的某些属性的了解。

4.2 元音链式高化:听者启动还是说者启动?

汉语历史上链移式高化元音大转移发生过三次(朱晓农2002a),都与a有关。长元音在链式音移中总是高化,这是拉波夫(1994)链移三通则中的第一条。但为什么会高化而不是低化,他没有解释。下面以发生在西晋末至北朝早期的第一次链移(歌鱼侯幽:*aj>*a>*o>*u>*ou)为例来探讨两种可能的起因:听者启动还是说者启动。两种假说涉及不同的音变起点:前者认为由歌部发动:*aj>*a,依次推高鱼侯幽;后者认为由鱼部发动,一方面推高侯幽,另一方面拉歌部来填空。这两个假设都依赖于一个更为基本的假设:回归/滑向"发音初始态"。"发音初始态"指发音器官处于自然状态时的发声和调音,由初始态发出的最自然的声调为分域四度制(朱晓农1996,2004b)里的低降调[21],五度制里的[21~31],最自然的元音为混元音ə。但区别度最大的调形和音位分别为平调和/a/。

【说者启动:滑向初始】 元音链式高化很可能是由a高化引发的。长低元音a容易高化的原因在于说者难以长时间维持大张口状态,当a拖长到一定时候,调音器官会自然地回复到混元音初始态。此时按说应该先停止发声,然后调音器官恢复初始态。但如发声还没完全停止之前,调音器官先恢复初始态,那就发生了"时间错配"mis-timing,就会产生一个a↑滑音的过渡状态。

省力原理等目的论观念在此无法解释为什么发声不先停下,那样会更省力。再则,任何音拖长后,不管想不想省力,总要回复初始态,都有可能增生后滑音。提出回归初始态,可以有一些能进行检验的预言，还能解释另外一些音变现象（朱晓农，2004f），更重要的是能解释为什么链式高化的总是长元音而不是短元音，而且为什么同样的高化链移不断重现。

【听者启动：不足改正】 首次元音大转移也可能由歌部*aj开始并由听者启动。一个语音信号的声学性质和听感并不总是一一对应的。听者听到一个不专一对应的语音信号，归类时可能解读错误。发aj时，j并不到位，只表示舌位向上向中央（向j的方向）滑动的趋向，这是说者的语言目标，但听者有可能把它当作发长a时自然的回归初始态。这样的音变是由听者发动的。从说者方面来看，他可能说aj，也可能说a。在听者这方面，可能两者听得清清楚楚，也可能就听到一个a..a↑。在一般情况下，他能把a..a↑正确复原成aj或a。但也可能错误解读，把说者原定的语言目标aj当成长a的无意的、伴随的a↑，于是当他重复时便自作主张地错改成长a。这是一种改正不足hypo-correction。

上述两种音变启动，每次发生都只是一次个人随机变异，一般会被社会规范纠正，所以轻易不会引起音变。但是在两种情况下有可能导致音变。一是完全的随机选择，发生多了，总有可能某次真的扩散开了。另一是在人口流动混杂的情况下，非本语言社团的听者不会自动服从社会规范。当他们学说时，一方面可能忽略说者有意为之的语言目标，另一方面却把非区别性的伴随特征当成语言目标——结果引发了音变。首次长元音推链高化发生在五胡十六国民族大融合时代，看来人口流动、异族学汉语起了催化作用。

4.3 群母的命运

上古群母四等俱全，但到中古只剩三等字了。为什么並定阻塞依旧，洪音群母却擦化变入了匣母？为什么细音字没有同时擦化？这些问题以前是不问的，现在有了实验语音学，我们就可以来给这些“为什么”提供实质性解释了（朱晓农 2003b）。

首先，实验语音学告诉我们，与清塞音相比，浊塞音较难维持（Ohala 1983）。发浊塞音时先成阻，然后声带振动，再除阻爆破。问题在于声带一振动，就有气流通过声门后滞留在口腔里，结果是口腔内气压升高，导致喉门上下气压差减小到不足以维持声带振动所需。这就是为什么浊声不容易发；或者即使发了，也不容易维持。那么，为什么 g 尤难维持呢？这就是赵元任（1935）所说的：“从舌根与软腭相接的地方到声门那里一共就没有多大的空间可以像口腔较宽绰的[b]或[d]音那么弄出些特别的把戏；声带稍微一颤动，那一点的空间马上就充满了气成正压力了。”既然 g 特难维持，但为什么在细音字像“群奇琴强”里还保留着呢？那是因为 g 后面有了腭介音 i，成阻点往前了，也就是说，这个/g/其实不是软腭音，而是硬腭音 ɟ。这样一来，“口腔较宽绰”了，浊声也就容易持续了。由此可见，成阻点越往前，口腔空间越大，就越能够抗拒清化。因此，浊塞音消失是从成阻点在后的开始的。

4.4 音变的相对年代

历史比较语言学中有个缺憾，那就是构拟的古音无法确定它的绝对年代。即使有文献帮助，年代依然很宽泛。至今为止，只有北京话腭近音声母 j 变成卷舌近音 ɻ(如"荣"juŋ＞ɻuŋ),可以精确定时于 1860 年前后(朱晓农 2003a),其他去古稍远的重要音变如轻唇化、浊音清化、入派三声等,都只能大致知道一个时代。借助于实验语音学,我们新发现了一些历史音变,可以建立起音变的相对年代。如果相对年代的空档足够小,则能间接确定绝对年代。例如洪音群母擦化与三等韵长化并增生 i 介音,两者孰先孰后?上古三等字无腭介音(蒲立本 2000),潘悟云(2000:153)认为腭介音的产生离《切韵》时代不久。不过,考虑到群母的擦化,腭介音产生的年代得提前,得留出时间来给群母变化。三等字有了腭介音以后,才使群母 g 的成阻点往前挪到 ɟ,从而避免了擦化。因此,三等字腭介音增生在前(至少北朝早期),一二四等群母入匣在后。否则,没有腭介音的三等字也会丢失群母的。

4.5 上声的重建

借助于实验语音学,可以弄清楚很多概念,古音构拟才能因此而推进。下面举两个上声构拟的例子,第一个看似证据多多,其实性质不一,难以为训。第二个看似置所有实物证据于不顾,但凭空理论和虚逻辑,其实走的是最踏实之道。

【中古上声的重建】 Sagart (1986)在谈到中古上声构拟为-ʔ尾时,除了梅祖麟(1970)提供的现代方言如温州、建阳、浦城、定安、文昌的例证外,还加上澄迈、海口、万宁闽南话(丁邦新 1982),黄岩(赵元任 1928),乐清(Nakajima 1983),南雄(Egerod 1983)等。中古或以前的上声可能真有个喉塞尾,但上面引例中有些不能用作证据。比如温州上声不是个喉塞尾的问题,它是整个音节都紧张的全紧声。黄岩不是喉塞尾，也不是中喉塞，而是嘎裂声（朱晓农 2004d），乐清可能也不是。南雄情况不肯定，但它边上韶关的中喉塞，其实也是嘎裂声（朱晓农、寸熙 2003）。Sagert 把那么多性质迥异的喉塞尾、嘎裂声、内爆音、全紧声全当成一回事，尤见实验语音学的必要性。

【上声的起源】 近年来，声调起源成为历史音韵学中一个焦点问题。此处介绍我们正在进行的一项研究：从实验语音学原理和语言学公认的观点出发来逻辑推导上声的起源问题。下面两个是公认观点：一、汉语声调不是与生俱来，而是由某种非声调的事物变来的；二、声调被发现后早期（南北朝后期至初唐）上声的调形是升调：阴上高升，阳上低升。

"非声调"事物包括发声、音段、音强（包括响音性 sonority）、音长。在这四个候选因素中，音长不起作用，因为长音可能高，也可能低；短音亦然。音强对基频起作用，在非声调语言中重读高，弱读低。但这只能产生高低不同，不能产生系统的调形区别；况且在声调语言中弱读不一定低。音素的响音性与音强正相关，撇开辅音，就承载声调信息（而不是单有基频）的元音而言，自 Jespersen（1904）以来一直认为低元音响度大，高元音小，中元音居中。由于声调类并不与元音高度相配，所以可以排除响度。因此，声调最有可能是从发声和音段这两个候选因素中产生的。

一般认为早期的调形格局是阴阳两两平行，平声平调，上声上升调，去声降调，入声短调。即唐僧人处忠《元和韵谱》中所描绘的："平声者哀而安，上声者厉而举，去声者清而远，入声者直而促。"认为阴上是高升调，其最直接了当的理由就是"上声"的字面意义就是上升的调形，“厉而举”描绘的是尖利高举的听感，即高升调，还可能附带某种紧喉特征。

因此，上声的起源问题可以具体化为：什么样的发声或音段会导致升调？发声方面全紧声会引起高调；音段方面会产生基频差异的有声母、元音、鼻韵尾、喉塞尾。实验语音学证明前四个因素不可能导致上声。全紧声不可能，因为全紧声一般产生高调，但不一定高升调；即使高升调，还有阳上需要的是低升调。声母清浊会导致调头降或升，对调形影响是至少前段清高浊低（Hombert 1978；Zhu 1999）。如果调头形状能影响整个调形，那么浊声母有可能产生升调；但由于上声不限于浊声母字，而浊声母字也不仅分布于上声，所以声母因素可以排除。如果其他条件一样，高元音的基频一般高于低元音，此所谓元音内在基频（Lehist 1970；Zhu 1992）；但由于上声并不只限于高元音类，而高元音也不仅分布于上声，所以元音因素可以排除。在汉语方言中可以观察到鼻韵尾导致基频上升（Rose 1992；Zhu 1999）；但由于上声并非只限于阳声韵类，而鼻韵尾字也不仅分布于上声，所以鼻韵尾也可排除。

因此，就现有知识而言，只留下喉塞尾这个牵扯到发声的音段因素是升调最可能的来源（参看 Hombert *et al*. 1979）。

五、实验语音学对方言研究的贡献

实验语音学还能够在方言研究中发挥作用，下面举几个例子。

5.1 嘎裂声的辨认

汉语方言描写中有个出名的“中喉塞/中折调”，那是赵元任最早(1928)在浙江黄岩话,而后(1929)在粤北韶关话里发现的:"(黄岩)上声字单读时(尤其是阳上),当中喉头关一关,作一个[耳朵]音把字切成两个音节似的。"又说:"阳上调降得很低或者下降后立即上升,使得嗓音在音节当中消失成喉塞,因此,[ɔ³¹³]实际上变成了[ɔ³¹ʔɔ³]。这在语音上像是三个音构成两个音节。"(赵 1985)

根据我们的实地考察和实验语音学分析(朱晓农 2004d;朱晓农、寸熙 2003),发现台州和粤北的"中折调"是由嘎裂声 creak,而不是中喉塞引起的。中喉塞(如 aʔa)和嘎裂声的共同点是音节中间都像折了一样,声门都要关一关。不过它们的发音生理正相反:中喉塞是往两端拉紧拉长声带来关住声门;嘎裂声是朝中间挤紧声带来关住大部分声门。声学特征也相反:喉塞音引起升调,嘎裂声导致降调。发嘎裂声时,声带收缩得又短又厚,大约只有发常态浊声时的三分之二长短。发声时声带大部分都不振动,只有前部一小段振动,气流很小。由于声带厚实,频率可低至二三十赫兹,所以常常无法测到,或者测到也很不规则。表现在基频曲线上就是中间折断了。因为嘎裂声这个发声态的生理和声学特征是近二三十年来随着实验语音学的进展才逐渐明了的,所以以前有多种比喻性叫法:中喉塞、突突声 pulsation、颤裂声 trillization、油炸声 glottal fry,fry voice,vocal fry、紧喉/喉化 laryngealization 甚至还有"挤喉音"。

嘎裂声并不是个很罕见的现象,在日常随意说话中,低调字如北京话的上声、广州话的阳平、缙云阴上、仙居塘弄阳平等,都能观察到伴有嘎裂声。其他出现类似情况的有粤北土话韶关话的"中喉塞"、余干赣语的"不连续成分"、赖源闽语的"间歇调"、晋语孝义方言“韵母中的间歇”或“短暂的闭塞成分”、汾城方言的“紧喉音节”。韶关话的“中喉塞”已证实是嘎裂声。后四个看起来跟赵元任描写的黄岩话相似，也像是嘎裂声。

5.2　方言分界的调整

辨认出嘎裂声的语音性质并普查它在浙江中部的分布情况，加上其他材料，我们可以对吴语台州片和婺州片现在的与行政区划重合的方言分界线作出调整，往西稍稍挪到大盘山(Zhu 即出)。

5.3　高顶出位的不同表现

中古以后韵母为 i 的开口止蟹三四等字在现代各方言中有多种特殊的表现形式：擦化 iʑ、舌尖化 ʅ、边音化 tɬʅ、鼻音化 ȵi、央化 ɨ、裂化 ei。在实验语音学的支持下，我们发现可以用一个统一的概念“高顶出位”来概括，并能够探讨擦化和裂化的驱动力(朱晓农 2004f)。

5.4　极难辨认的方言本字

上述高顶出位中的鼻音化现象少见而有趣。潘悟云君在阅读拙稿《元音高顶出位》时，突然想到温州话里有些音韵地位很难确定的口语词，很可能是 i 进一步鼻音高化的结果。温州话中古阳韵字失落韵尾并高化为 i：样 ji|像 ji 文/dʑi 白，但它们在“何样、别样、不像兵不像民”中变成 ȵi。这个变化的确极难辨认，因此郑张尚芳认为是“物样”的合音，游汝杰《温州方言词典》则写作同音字“娘”。类似情况在苍南、泰顺蛮话里也偶有所见。

六、实验语音学对形态语义研究的贡献

按说实验语音学和语法词法没什么关系，语音和语义之间的关系更是完全任意的。但近年来我们关于小称变调的实验语音学研究（朱晓农 2004c；朱晓农、寸熙 2003）却有了意外的发现：音高和语义竟然有某种生物学上的天然相关性。

小称变调涉及语法和音韵的交接面。我们从一条生物学原理“高频声调表示体型小”出发来解释各方言中的小称变调和其他高调现象，提出小称调来源于儿语的观点。小称调从发生上说先有昵称功能，再有表小功能；从演化上看昵称功能先磨损，导致小称退化。所以“小称”diminutive 应该叫“昵称”affective。发声态各异的多种小称调形式（高升、高平、超高调、喉塞尾、嘎裂声甚至假声）是独立发生的，不代表发展阶段，不过产生的原因和所起的作用都是为了突显或强化高调。儿鼻化和高调化小称是独立产物，儿鼻化早于高调化，但两者产生的理据都是出于由怜爱婴儿所产生的联想。亲密高调论可以解释小称变调的不同功用（从亲密到轻蔑），以及很多看似毫不相关的语言现象，如北京话和粤语中重叠形容词及台湾国语和大陆儿童语言中的称谓为什么用低高调型，英语儿童用语、香港女性中英文名字中为什么爱用 i 音，为什么北京女孩子说女国音，为什么男人谈恋爱时声音变得尖细，为什么异曲能同工等等。

七、结语

本章介绍了实验语音学的现状及其在汉语语言学中的应用。实验语音学是一门综合性的大学科，其中只有很小一部分与语言学有关：它对外是“语言学的语音学”，对内是“实验音韵学”。有一次我问 Ohala，experimental phonology 的诞生是否可以他编的那本 *Experimental Phonology*（1986）的出版为标志。Ohala 答道，那个词语是那时出现的，但那门研究应该与 Ladefoged 七十年代就开始提倡的 linguistic phonetics 类似。可见“实验音韵学”和“语言学语音学”是一套班子、两块牌子，两者内涵不同但外延一致。近年来这门学科发展迅速，对汉语的语音研究，包括一般语音学、方言研究、音位学和音系学、历史音韵学都有不可舍弃的重要意义，甚至对语法语义研究都能做出贡献。说他神通广大，并不为过。多年来，面对“语音学有什么用”的疑问，我一直窘惑不知所答。写完这一章，我感到好一阵轻松。语音学有用——我说服了自己，也希望有别人被我说服。

参考文献

潘悟云 2000.《汉语历史音韵学》.上海教育出版社.

蒲立本 1962/2000.《上古汉语的辅音系统》，潘悟云、徐文堪译.中华书局.

王　力 1983.再论日母的音值，兼论普通话声母表.《中国语文》3:20-23.

王　森 2001.甘肃话中的吸气音.《中国语文》2:184.

阎淑琴 2002.固原话中的吸气音.《语言研究》4:102-105.

张淑敏 1999.兰州话中的吸气音.《中国语文》4:275-277.

赵元任 1928.《现代吴语的研究》.清华学校.

赵元任 1929.韶州和湾头村的调查手稿.转引自余霭芹 2002.韶关方言的变音初探.中国东南部方言比较研究第 9 届国际研讨会论文,杭州.

赵元任 1935.中国方言当中爆发音的种类.《史语所集刊》五本四分.

赵元任 1980.《语言问题》.商务印书馆.

赵元任 1985.《赵元任语言学论文选》,叶蜚声译.中国社会科学出版社.

郑张尚芳 1964.温州音系.《中国语文》1.

朱晓农 1987.音标选用和术语定义的变通性.《语文导报》3:55-58.

朱晓农 1996.上海音系.《国外语言学》2:29-37.

朱晓农 2002a.论汉语元音大转移.首届历史语言学会议论文,温州.

朱晓农 2002b.我看流派.中国语言学岳麓论坛论文,长沙.

朱晓农 2003a.腭近音的日化.《汉语史学报》总第三辑,129-142.

朱晓农 2003b.从群母论浊声和摩擦:实验音韵学在汉语音韵学中的实验.《语言研究》23.2:5-18.

朱晓农 2003c.解开紧喉之谜.第 3 届吴语国际学术研讨会论文,上海.

朱晓农 2004a.基频归一化:如何处理声调的随机差异?《语言科学》3.1:3-19.

朱晓农 2004b.论分域四度标调制.第 12 届国际中国语言学学会年会暨第 2 届汉语语言学国际研讨会论文,天津.

朱晓农 2004c.亲密与高调:对小称调、女国音、美眉等语言现象的生物学解释.《当代语言学》3:193-222.

朱晓农 2004d.浙江台州方言中的嘎裂声中折调.《方言》3:226-230.

朱晓农 2004e.唇音齿龈化和重纽四等.《语言研究》3:11-17.

朱晓农 2004f.汉语元音的高顶出位.《中国语文》5:440-451.

朱晓农 2005.《上海声调实验录》.上海教育出版社.

朱晓农、寸熙 2003.韶关话的小称调和嘎裂声.戴昭铭主编《汉语方言语法研究和探索——首届国际汉语方言语法学术研讨会论文集》,黑龙江人民出版社.346-354。

Anderson,Stephen R. 1981. Why phonology isn't 'natural'. *Linguistic Inquiry* 12:4,493-539.

Bloch,Bernard 1948. A set of postulates for phonemic analysis. *Language* 24. 3-46.

Catford, John C. 1988. *A Practical Introduction to Phonetics*. Oxford: Clearendon.

Chao,Yuen Ren 1968. *A Grammar of Spoken Chinese*. Berkeley: University of California Press.

Clark, John & Colin Yallop 1995. *An Introduction to Phonetics and Phonology*,2nd edition. Oxford:Blackwell.

Clements,G. N. 1990. The role of sonority cycle in core syllabification. In J. Kingston and M. Beckman(eds.),*Papers in Laboratory Phonology I:Between the Grammar and Physics of Speech*. Cambridge University Press. 283-333.

Cun,Xi 2004. *Phonetic Characteristics of the Implosives in Wuchuan Yue*. MPhil thesis,The Hong Kong University of Science and Technology.

Egerod,S. 1983. The Nanxiong dialect. *Fangyan* 2. 123-142.

Fallon,Paul D. 2002. *The Synchronic and Diachronic Phonology of Ejectives*. New York:Routledge.

Foley,James 1977. *Foundation of Theoretical Phonology*. Cambridge University Press.

Hardcastle W. & J. Laver(eds.)1997. *The Handbook of Phonetic Sciences*.

Oxford:Blackwell.

Hombert, Jean-Marie 1978. Consonant types, vowel quality, and tone. In Fromkin, V. (ed.), *Tone: A Linguistic Survey*. New York: Academic Press.

Hombert, Jean-Marie; John Ohala and William Ewan 1979. Phonetic explanations for the development of tones. *Language* 55. 37-58.

Jespersen, Otto 1904. *Lehrbuch der Phonetik*. Leipzig and Berlin. Cited in Lavoie 2001.

Labov, William 1994. *Principals of Linguistic Change: Internal Factors*. Cambridge, MA: Blackwell.

Ladefoged, Peter 1982. *A Course in Phonetics*. 2nd edi., London.

Ladefoged, Peter 1997. Linguistic phonetic description. In Hardcastle, W. & J. Laver(eds.) 1997. 589-618.

Lavoie, Lisa M. 2001. *Consonant Strength*. New York: Garland.

Lehiste, Ilse 1970. *Suprasegmentals*. Cambridge, MA: MIT Press.

Maddieson, Ian 1984. *Patterns of Sounds*. Cambridge University Press.

Mei, T. L. 1970. Tones and prosody in Middle Chinese and the origin of the rising tone. *Harvard Journal of Asian Studies* 30:86-110.

Nakajima, M. 1983. The southern Chekiang dialect. *Institute for the Study of Languages and Cultures of Asia and Africa*. Tokyo: Tokyo Gaikokugo Daigaku.

Ohala, John 1981. The listener as a source of sound change. In *Papers from the Parasession on Language and Behavior, Chicago Linguistic Society*, eds. by C. Masek *et al*. Chicago Linguistic Society, the University of Chicago.

Ohala, John 1983. The origin of sound patterns in vocal tract constraints. In

P. E. MacNeilage (ed.) *The Production of Speech*. New York: Springer Verlag.

Ohala, John 1989. Sound change is drawn from a pool of synchronic variation. L. E. Breivik & E. H. Jahr (eds.), *Language Change: Contributions to the Study of Its Causes*. Berlin: Mouton de Gruyter. 173-198.

Ohala, John 1990. There is no interface between phonology and phonetics: a personal view. *Journal of Phonetics* 18, 153-171.

Ohala, John 1993. The phonetics of sound change. In Charles Jones (ed.), *Historical Linguistics: Problems and Perspectives*. London: Longman. 237-278.

Rose, Phil 1992. Bidirectional interaction between tone and syllable-coda: acoustic evidence from Chinese. In J. Pittam ed. *Proc. 4 th Australian Intl. Conf. on Speech Science and Technology*. Australian Speech Science and Technology Association, 292-297.

Rose, Phil 2002. *Forensic Speaker Identification*. London: Taylor & Francis.

Sagart, Laurent 1986. On the departing tone. *Journal of Chinese Linguistics* 14, 1: 90-113.

Sommerstein, A. H. 1977. *Modern Phonology*. Baltimore: University Park Press.

Ting, Pang-hsin. 1982. Some aspects of tonal development in Chinese dialects. *BIHP* 53. 4: 629-644.

Yue-Harshimoto, A. O. 1980. Word play in language acquisition: a Mandarin case. *Journal of Chinese Linguistics* 8(2): 181-204.

Zhu, Xiaonong 1992. Intrinsic vowel F0 in a contour tone language. *Proceedings of the 4 th Australian International Conference on Speech Science and Technology*, 501-506.

Zhu, Xiaonong 1999a. *Shanghai Tonetics*. Muenchen, Germany: Lincom Europa.

Zhu, Xiaonong 2002. Normalization of F0, intensity and duration. 潘悟云编《东方语言与文化》, 59-97. 东方出版中心.

Zhu, Xiaonong 即出. Creaky voice and the dialectal boundary between Taizhou and Wuzhou Wu.

亲密与高调

——对小称调、女国音、美眉等语言现象的生物学解释

1. 导言

1.1 本文要旨

我们从读语言学一开始就知道一条原则:语音跟语义之间的关系是任意的。但有个例外,那就是在有对立的场合,总是用高频声调(以下"高调")表示要求合作拉近关系,表现在语调上就是所有的语言都毫无例外地用高调或升调来表示疑问,用低调或降调来表示陈述。这是音高和语义之间的一种生物学上的关系。小称变调也可以以此来解释。

小称变音是个构词问题,但比一般的构词问题复杂些,它涉及语法和音韵的交接面,引出很多形态音位问题。这方面文章很多,本文从一个不同的角度来探讨汉语各方言,包括吴闽粤客赣徽官晋粤北土话等等中的小称变音,重点在小称变调。我们先介绍奥哈拉(Ohala 1983,1984,1996)的一个跨语言,甚至跨物种使用高调的理论。简单地说,高调与弱小示好相关。然后把这高调理论应用到小称变调的研究中,尝试把小称变调的多种形式(高升、高

平、超高调、喉塞尾、嘎裂声,甚至假声)和不同功用(从亲密到轻蔑)给予一个统一的解释。然后进一步把这理论推广到其他使用高调的场合,如北京话和粤语中重叠形容词(好好)以及台湾国语(美眉)和大陆儿童语言(宝宝)中的称谓为什么用"低高"调型,又如英语儿童用语(mummy,cokie)、香港女性中英文名字(仪伊怡绮,Mimi,Sissy)中为什么爱用[i]音,为什么北京女孩子说"女国音",为什么男人谈恋爱时声音变得尖细,为什么有时陈述也用疑问句调,为什么异曲能同工,等等。最后本文把这种高调理论包括进一个更一般性的"高频理论"中。

1.2 儿鼻化小称与高调化小称

东南方言中的小称有两种表示法。一种是变调,尤其是高平或高升调,我把它叫做"高调化"。另一种是附加一个某种鼻音形式的"儿"尾,我管它叫"儿鼻化"。

先来看粤方言中的例子。广州话(麦耘 1990,1995)中有用高升、高平变调的小称形式,如"袋"tɔi 读阳去本调[22]是大的袋子,读[-35]变调是小袋子;"包"pau 读阴平本调[53]用于"麻包、米包",读[-55]变调用于"荷包、红包"。"儿鼻化"的情况分两种:一是词根后带自成音节的"儿"尾,如广西容县话中小的车子说"车儿","儿"字读 ȵi 高平调(周祖瑶 1987)。还有一种是"儿"字不自成音节,变成了词根音节的鼻韵尾,如广东信宜粤语中"车"字说 ts^{h}e,而小的车子说 ts^{h}en,同时带高升变调(叶国泉、唐志东 1982;罗康宁 1987)。

吴语中也有这两种小称形式，儿鼻化如“麻将＜麻雀＋儿”和“耳光＜耳括＋儿”这两个为世界文化做出贡献的例子。武义话(傅国通 1988)小称有儿鼻化：兔 t^{h}u^{53}，小称 t^{h}uəŋ^{53} | 李 li^{13}，小称 liŋ^{13}。也有高调加喉塞尾：牛 niəu^{213}，小称 niəuʔ^{55} | 洞 doŋ^{31}，小称 doŋʔ^{55} | 书 ɕy^{23}，小称 ɕyʔ^{55}。

其所以叫“儿鼻化”不叫“n 化、N 化”，是因为这个小称语素可以自成音节，如 n̥i/ŋi/n；也可以是个韵尾如-n/-ŋ，还可以是鼻化色彩 Ṽ。至于在“鼻化”前再加个“儿”叫“儿鼻化”，则是想指出其来源和北方话的儿化一样。其所以叫“高调化”而不叫“ʔ 化、紧喉化”，是因为叫“ʔ 化”不如叫“紧喉化”，因为小称变调涉及多种喉部紧张的发声状态(喉塞音、整体紧张、超高调、嘎裂声、假声等)，而不仅仅是个喉塞尾[-ʔ]。但是叫“紧喉化”又不如叫“高调化”，因为这种变调的小称，其表意功能就是以高调来实现的，即高调是实现小称功能的“区别性”语音特征，而所有种种紧喉发声都是为强化高调、增强高调效果而增生的伴随性的、辅助性的特征。本文所要讨论的就是这个问题。

这里涉及到几个问题：第一，儿鼻尾的来源是什么？第二，小称调的来源是什么？第三，儿鼻尾和小称调谁先谁后抑或同时？第四，儿鼻尾和小称调是各自独立产生的，还是谁从谁那儿衍生出来的？第五，小称调和“紧喉”“喉塞”的关系又是如何？两者之间有无派生关系？这些问题我们在第 3 节里回答。下面先介绍一个理论，解释高频声调的生物学含义。

2. 高调的生物学解释

语言学里有条基本原理:语音跟语义之间的关系是任意的。但是在音高的运用上有个例外,那就是所有的语言在用语调表示语气时,都毫无例外地用高调或升调表示疑问,用低调或降调表示陈述(Bolinger 1978;Ohala 1983),如:"我去↗"表疑问;"我去↘"表陈述。这种音高和语义之间的固定关系的原因可以到生物学,尤其是动物行为学 ethology 里去找。

这种用高调表示不肯定、要求合作,低调表示自信肯定的音义固定关系实际上包含在一个更大的关系中,那就是奥哈拉(Ohala 1983)所说的高调跟细小亲密之间的一种生物学上的关系,或者说是天然关系。这种关系不但是跨语言的,甚至可以说是跨物种的。奥哈拉(Ohala 1984,1994)称之为"基频编码"frequency code。基频编码首先把高调和"小体型发声者"这样一种基本含义联系在一起,然后派生出"下属、弱势、屈从、无威胁、讨好、想要对方善待"等含义。与此相反,低调首先与"大个儿发声者"相关,其次是"统领、侵犯性、有威胁"等派生含义。

Morton(1977)发现,不管是哺乳动物还是鸟类,在它们打架争斗时,往往有自信的、强的一方发出的叫声、吼声都是低沉的,而弱的一方往往声音尖细,也就是频率高但音强小。一个大家都熟悉的例子就是狗的叫声:攻击性的狗叫都是低沉的吼声(bark,growl),而屈服、讨好的"呜呜"声(whine,yelp)都是尖细的。Morton 对此的解释是,打架一般是个头大的一方赢。这从拳击、摔角比赛必须按体重分级别就可明白。这一点，打架双方都清楚。由于真打起来，双方都可能受伤，即使赢的一方也可能，而这对以后的生活是生命攸关的，所以如果能不真打，而通过某种方式显示出双方的个头差别，个头小的一方就此屈服，就能避免殃及双方的流血事件。因此，动物在演化过程中，发展出很多显示个头的方式，大多是视觉方式，来显示或假装自己是大个儿。例如，狗会竖起耳朵和背上的毛，猫会躬起背，鸟会展开翅膀或尾羽，而雄狮的鬃毛是最明显的标志。男人长胡须(Guthric 1970)、“怒发冲冠”、走路大摇大摆、插腰、双手握拳两臂下垂与身体呈 30 度夹角的姿势也属此类。听觉上的类似信号可以用嗓音来表示，因为个头大的声带一般长而厚，嗓音也就比较低沉。因此，打架前低沉的叫声是为了显示自己个头大，哪怕是虚张声势。与此相反，声调尖细就表示个头小，没威胁性。Ewer(1968, pp. 211, 215, 232)认为这是模仿婴儿尖细的哭叫声。奥哈拉(Ohala 1983)认为如果这个假设成立的话，倒是可以解释尖细嗓音是个摆脱受攻击的好办法，因为在一般的社会中都有避免伤害婴儿的禁忌。

奥哈拉把这种动物行为学上音高与个头的反比关系，引申到人类语言中的一些现象：陈述句还是疑问句，说话态度，以及一些表达尺寸的语音象征词语 sound symbolic words。他的结论是，高调常用来表示弱小、屈服、讨好，要求拉近关系。奥哈拉也注意到还有其他一些因素会影响上述“音一义”关系。

对于上述理论来说，以下两个反驳是无效的：(1)“高调也可以用来表示其他意义。”嘴可以用来吃饭，但并不就此否定它的说话功能。(2)“亲近也可以用其他方式来表示。”到新加坡可以坐飞机来,也可以游泳游过来。总之,这儿的形式和意义之间是个多对多的关系。

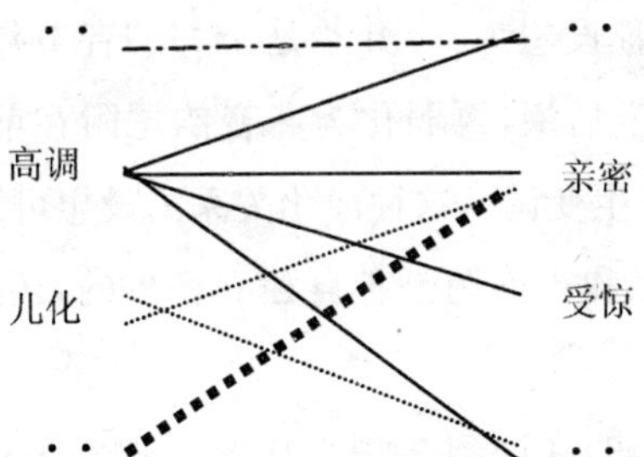

那么,在什么样的情况下,反驳才有效呢?那就是发现有某个语言,它系统地使用低调来表示小称,尤其是爱称。

3. 小称与高调

3.1 小称形式的发展过程

上面§1.2节里问了五个问题,现在从回答这些问题来展开讨论。

第一,儿鼻尾的来源是什么?

对此问题有共识,南方方言中的儿鼻尾和北方话里的儿尾同出一源,详见§3.2。

第二,小称调的来源是什么?

本文对此问题的原则性答案其实已在上一节(§2)里给出,本节内具体讨论这问题。

第三,儿鼻尾和小称调的发生,谁先谁后抑或同时?

平田(1983)认为先有变调形式,再有儿鼻尾。郑张(1981:50)、曹志耘(2001)认为先有儿鼻化,再有变调。我同意后者,详见§3.2。郑张他们把这过程设想为:一开始是个“儿”音节作为后缀,然后变为自成音节的鼻音后缀,再弱化为鼻音韵尾附在前一音节上,最后变为鼻化音,并产生变调。这种演化关系的设想可以商榷。

第四,儿鼻尾和小称调是各自独立产生的,还是谁从谁那儿派生出来的?

郑张(1981:49)在谈到金华小称时说:“它是以元音鼻化方式表示小称为主的,逢仄声又伴随相当于阴阳去的小称变调[53],[13],这种兼用两者的现象,反映了小称变调同鼻音之间确实存在着紧密的关系。”李健(1996:219)在讨论鉴江一带粤语小称时说:“高升调的源头是‘儿’后缀……‘儿’后缀转变为鼻音尾高升调。”曹志耘(2001:42)认为“小称调是伴随小称鼻尾的出现而产生的”。与上不同的是,平田(1983:51)、这仅就分析程序而言,实际情况有可能同时产生,详后。陈忠敏(1992)认为两者来历不同,是各自独立发生的。我同意后者,见§3.2。

第五,小称调和“紧喉”的关系又是如何?是谁从谁那儿派生出来的吗?

陈忠敏(1992,2002)认为吴、闽、粤语中的高调小称都来自喉塞韵尾[-ʔ(<k<kiaŋ　囝)],再变为紧喉高调,最后是一般高调。曹志耘(2001:42)认为先有一般的高调小称,再变为紧喉小称调。我同意后者。这仅就分析程序而言,实际情况有可能同时产生,详后。陈忠敏构拟了五步演变过程:(1)喉塞韵尾;(2)喉塞韵尾加高升调;(3)紧喉加高升调;(4)高升调;(5)非高升调。这第一和第二

步是分不开的,因为喉塞尾和(高)升调是共现现象。说得严格点,喉塞尾是升调的充分条件:凡有喉塞尾必有升调,凡无升调必无喉塞尾。第二和第三步也难以区分,“紧喉/laryngealization”是个特别模糊笼统的术语,即使在英语里也是如此,赖福吉(Ladefoged 1982)用来指嘎裂声 creak,兼指嘎裂声和一般浊声的复合发声。由于嘎裂声的机制以前不太明了,所以有多种叫法,如“油炸声” fry voice(Fry 1978),vocal fry(Wendahl *et al*. 1963),“突突声” pulsation(Peterson & Shoup 1966),“颤裂声”trillization(Sprigg 1978),以及“中喉塞”(赵元任 1928)。除了嘎裂声,紧喉有时还用来指喉塞或其他喉部活动,而这些活动有时又会用“喉化/glottalization”这个词。所以 Clark & Yallop(1995:22)提醒大家慎用 laryngealization 一词。照我现在看到的,“紧喉/喉化”这两个笼统的字眼有多达 16 种不同的用法,我刚写了篇《解开紧喉之谜》(朱晓农 2003),又可参看朱晓农(2005)。

本文认为各种形式的高调小称有着“共同的来源”,这个“共同来源”不是指共同的历史来源,而是指相同的生物学原因。从浙江北部到两广,绵延千余公里的高调化小称有的可能有同一个历史来源,有的可能出于方言接触,也可能是独立发生的。像浙北宁波的紧喉高调、浙南的喉塞尾、粤西的超高调和假声、粤北闽西的嘎裂声这些个发声态差异很大的小称形式,说它们有同一个历史来源,或者谁从谁那儿演变出来的,更不如说是各自独立发生的更合适,不存在谁影响谁、谁从谁那儿演变出来的问题。但是,即使各自独立发生,产生这高调小称的生物学原因却是一样的:都是用高调来表示细小、怜爱的亲近感。示爱表小是任何语言都要的、都有的，碰巧用了共同的天然资源(高调)来表示不但不足为奇，反而像是应该的。因此，我不同意高调来自喉塞尾的看法；恰恰相反，我认为喉塞尾、超高调、嘎裂声等各种紧喉发声状态是后起或附加的现象，都是为了强化高调、更有效地体现高调而产生的。以下两小节(§3.2，§3.3)先讨论儿鼻化和高调化这两个独立的过程，本节的其余小节讨论第二、第五个问题。

3.2 儿鼻化早于变调小称

“儿化”和“高调化”是两个独立的小称构词方式。儿鼻尾是与北方话中的儿化同源的小称形式。“儿”字在中古是个鼻音* ȵi 一类的音。“儿”作为人的小称后缀(男儿、穷儿、健儿等)早在汉魏六朝时就已出现，而到唐宋时已发展到可以指物，如“鱼儿、黄莺儿、车儿、门儿”等(郑张 1981:49-50)。北方话里的“儿”到辽金时代鼻音声母脱落，韵母变为卷舌元音 ɚ(唐虞 1932)，或至少是 ɻ(李思敬 1994，他用的音标是 ɹʅ)。但在南方方言中儿尾仍保持着中古的鼻音，后来演化为某种形式的鼻音：鼻音后缀、鼻音韵尾或鼻化音。我把它叫做“儿鼻化”。北方话的儿尾丢失鼻音并变为卷舌音后，与南方话大异，所以，尽管后来在北方话尤其是北京话中，儿化大行，但已经没法再影响南方话中的儿鼻尾，除了随宋室南渡带到杭州的儿化音。南方话中的儿鼻尾逐渐萎缩，不再能产，以至于不再有任何语法构词功能。于是另一种小称形式——高调——作为代偿出现了。在很多方言中，高调逐渐取代了儿鼻尾。在共时平面上，儿鼻化和高调化有各自单独出现的，也有一起出现的。在历时变化中，儿鼻小称先产生，高调小称后产生。这两种独立表示小称的方式，其间并无派生、孳生、承继关系。因此，现在共存于南方方言中的儿鼻化和高调化只是先后出现的两个独立的小称形式在共时平面上的投影。

赣语黎川话（颜森 1993）的小称就有两种形式。它可以用高半降变调来表示，如：子 tsɿ^{44}，小称 tsɿ^{53} | 虫 tsʰuŋ^{35}，小称 tsʰuŋ^{53} | 猫 miau^{35}，小称 miau^{53}。也可以同时再加儿鼻尾，如：烟耳儿 iɛn^{22} ni$^{44\text{-}53}$i^{0} | 盘儿 pʰon$^{34\text{-}53}$ i^{0} | 聋儿 luŋ$^{35\text{-}53}$ ŋi^{0}。最值得注意的是“瓶”pʰaŋ^{13}，有两种小称形式：变调小称 pʰaŋ$^{\text{-}53}$，变调加儿尾小称 pʰaŋ$^{\text{-}53}$ŋi^{0}。对此有两种时间顺序上的解释。一是本文主张的儿鼻尾早于变调：

	1. 原称	2. 儿尾小称	3a. 儿尾/变调	3b. 韵尾融合/变调
瓶	pʰaŋ^{13}	pʰaŋ^{13}ŋi^{0}	pʰaŋ$^{\text{-}53}$ŋi^{0}	pʰaŋ$^{\text{-}53}$

从原称（1）先发展出儿尾小称（2），然后儿化的昵称功能退化，又用高变调[-53]示爱表小（3a），并且儿尾与前面的鼻韵尾融合成一个音节（3b）。这后两个读音（3a，3b）是现在的共时异读。这种解释较好，一则简单，二则跟其他方言一致，不需要任何辅助性假设。这种先儿化、再高调化以强化昵称的情况很常见，如陕北晋语神木方言：足足$_{儿}$tɕyəʔ$^{\underline{44}}$ tɕyʌɯ$^{\underline{44}\text{-}53}$ | 紧紧$_{儿}$tɕiɤ̃$^{213\text{-}21}$ tɕiʌɯ$^{213\text{-}53}$（邢向东 1996：53）。又如鉴江流域粤语“-儿”缀发成[55]（吴川）或[53]（下江、上江），李健（1996）认为变同阴平。其实这儿是变成高调强化小称，和阴平调值相同是碰巧了。根据我们的看法，这表示儿化已经开始中性化，详见下节。徽语屯溪方言（郑张 1986：15）的小称带鼻尾，声调变为高升调[35/24]，但是“逢阳平字也可以不变调”。阳平字变调的如：舌 tɕia：n$^{\text{-}35}$ | 囡 le：n$^{\text{-}35}$ | 燕 ia：n$^{\text{-}35}$。不变调

的郑张给出了一个例子：蚕 $ts^{h}ɔ:n^{55}$。这种阳平不变调的残留说明，由于他本身是个高调[55]，多少能够承担小称的功能，所以就在变与不变的犹豫中落在最后。

另一种解释则是儿鼻化晚于高调化，两者同时起同样的小称作用。按陈忠敏(2001:172)的说法即是“小称变调以后可以再加上儿尾词，即用两种小称叠加起来表示小称”。儿化以后再带高调这样一种高调强化现象很普通，但次序反过来高调化以后再加儿鼻尾，这种解释当然不是说绝无可能，但它需要解决两个问题。第一，如果小称调还有昵称的功能，是不是有必要再发展出一个儿化小称叠加上去。第二，它还要假设除了自唐宋以来普遍存在于各方言的儿鼻化以外，黎川话还有第二轮、晚于高调化的儿鼻化。除非另有证据，特设这样一个辅助性假设似无必要。

温州话里也有类似情况，我们把它放到下一小节里去讨论，因为它不但涉及儿鼻化和高调化，还与昵称和中性小称有关。

3.3 中性小称和亲昵小称

小称除了有细小义以外，一般还有亲切的含义，即所谓“昵称、爱称”。但在某些方言中，由于年代久远，原有的小称形式不再能产，功能也退化了，先是昵称爱称含义消失，留下来只是一般的小义，如连城姑田闽语中的变调小称[33,31]已经退化为残留形式了，它不再“能产”，涉及的字也“不是很多”，而且“本地人也不清楚为什么要发生音变”(项梦冰 2002)。除了亲属面称外，它只有中性表小义。如：

大桥 ta^{55} kiau^{41}	小桥 siau$^{335\text{-}31}$ kiau^{33}
米箩 mi$^{335\text{-}31}$ lɔ^{41} 箩筐	角箩 kau^{55} lɔ^{33} 一种小箩筐
骹盆 kʰɔ$^{224\text{-}33}$ pʰaŋ^{41} 澡盆	面盆 meŋ^{11} pʰaŋ^{33} 脸盆
大舅 ta^{55} kuʔ$^{\underline{53}}$ 大舅	二舅 ȵi^{55} ku^{31} 二舅
大妗 ta^{55} kieŋʔ$^{\underline{53}}$ 大舅母	二妗 ȵi^{55} kieŋ^{31} 二舅母

姑田话的小称变调不再有昵称含义,这可以从形式和意义两方面来推断。形式上它已经不是个高调,已经没有小称高调那种内在含义了。从意义上说,叫"二舅、二妗"当然不一定比"大舅、大妗"更亲近。

浙西吴语江山方言的情况与姑田类似,还残留着"少数儿化小称音"(秋谷 2001:19)。声调也有变化,阴调大多变为阴上[-243],少数变为阴平[-44],阳调变为阳上[-33]。例:八哥 ko^{44} > kɔ̃$^{-44}$ | 姊夫 fuə^{44} > fæ̃$^{-243}$ | 婆 biə^{313} > biɛ̃$^{-33}$。

还有的儿鼻化小称形式不但连亲昵义消失,甚至进一步连细小义都淡化了,于是可能发展出另外的小称形式,一般来说是个高调。因此在这种方言中就有两种小称形式:老的比较中性,新的含有更明显的细小亲昵义。

这两种小称的不同在温州话(郑张 1979:211)中最为明显,指形体细小义的儿尾小称分为两种:一种是跟类似东西相比较小,如猫儿、兔儿是比猪狗小,豹儿比狮虎小。另一种是比原词所指要小,如"袋儿"比袋小,"佛殿儿"是小庙,"佛殿"则是大庙。只有后一种如"猫儿、兔儿"等才可能有亲昵喜爱的含义,郑张(1979:212)称为"爱称、昵称"。这两种小称甚至发展为成批对立(郑张 1980:259):

1.	2. “儿”平声	3. “儿”入声
猫儿[ʔmuɔ ŋ]	[33-11 31-13]	[33-53 31-313]
羊儿[ji ŋ]	[31-11 31-13]	[31-53 31-313]
刀儿[tə ŋ]	[33-11 31-13]	[33-53 31-313]
簿儿[bu ŋ]	[24-42 31-0]	[24-53 31-313]
院主儿[jy tsɿ ŋ]	[11-42 35-0 31-0]	[11-53 35-53 31-313]

郑张说:“平声一栏儿尾词已经是小称了,这是就与一般事物比较来说是些小东西;入声一栏表示跟本类事物比,更为幼小或细小。”也就是说,平声一栏是中性小称,入声一栏是昵称。对如何形成这样两套小称,郑张认为“平声儿尾是一般的儿尾,入声‘儿’尾实际来自‘儿儿’的合音,也就是说它相当于‘儿’的‘儿化’,是‘儿’字自身的小称变调或儿化变调,‘猫儿入’等实是‘猫儿儿’等”。他并且为“这种说法并非臆断”作了语音上的论证。

郑张的观察非常细致,他的解释与本文有相似处,只是在叙述上用了“儿儿合音”这样的类比,容易让人产生问题:如果儿尾还有昵称功能,是否还需儿上加儿?而如果儿尾没有昵称功能了,再加儿尾也没用。按照我们的“儿鼻—高调”两轮小称化的观点来看很简单,第二栏的儿鼻化小称先产生,后来它的小称功能逐渐消失,“猫儿、羊儿”等词的小义不太明显了,或至少亲昵义不再明显。于是使用高调策略再次小称化:“猫”的声调变为高半降[53],其实看成高平/55/也无妨,由于后面的低调而语音上实现为高半降。因此,上表第3栏中值得注意的不是“儿”入声,而是前字(两字组)或前二字(三字组)变成了高调。也就是说，起先第二栏的“儿”是昵称，后来时间长了，细小亲昵的含意淡漠了，变成了一般的中性小称，于是又发展出高调化的新昵称。另外，郑张用来支持他“儿$_{\text{儿}}$”看法的邻县的材料，如永强常可自由变读为上声（升调），乐清同时有[$ʔŋ^{313-35}$]两读，其实用我们的“儿鼻化昵称中性化后再产生高调化昵称”的看法来解释更合适，永强、乐清话里的那个高升调的变读可能是后起的高调化昵称。

根据郑张（1980：260-1）的材料来看，温州话里的小称形式的产生看来有三轮，甚至更多，因为第三栏类型的“儿尾＋变调[-53-313]”的构词能力非常强，功能已经泛化。所以再要示爱表小的话，便又发展出两种形式。按郑张（1981：261）的解释，一种是名词重叠后加“儿$_{\text{儿}}$”，如“刀刀儿$_{\text{儿}}$”[$tə^{33-53}$ $tə^{33-53}$ $ʔŋ^{31-313}$]，一种是“儿儿$_{\text{儿}}$”，如“兔儿儿$_{\text{儿}}$”[$t^hø y^{42-53}$ $ŋ^{31-53}$ $ʔŋ^{31-313}$]。我们的看法有点不同。

	1	2	3	4
	$tə^{33}$	$tə^{33-11}$	$ŋ^{31-13}$ $tə^{33-53}$	$ʔŋ^{31-313}$ $tə^{33-53}$ $tə^{33-53}$ $ʔŋ^{31-313}$
郑张	刀	刀儿^{平}	刀儿$_{\text{儿入}}$	刀刀儿$_{\text{儿}}$
本文	刀	刀儿	高调的刀加紧喉的儿	延长高调的刀＋紧喉的儿
小称化		第1轮儿鼻化	第2轮高调化	第3轮嵌入高调重叠音节

这里起作用的不是“儿儿”，而同样是高调与紧喉，值得注意的不是名词的重叠形式，而是利用重叠来强化高调。“刀刀儿”按C型“X12”的变调应该是[-53-11-13]，但现在是[-53-53-313]。所以

这里“刀刀儿”的变调不符合温州话一般三字组变调规则，它是一种有特殊含义的高调（小称）。“兔儿儿儿”（郑张的解释）情况一样，重要的都是持续高调，只不过“刀刀儿”高调持续在“刀”上，“兔儿儿”（我的理解）高调延伸到“儿”上。

	1	2	3
	tʰø	y^{42} tʰə$^{33-11}$	ŋ$^{31-13}$ tʰə$^{33-53}$ ŋ$^{33-53}$ ʔŋ$^{31-313}$
郑张	兔	兔儿	兔儿儿儿
本文	兔	兔儿	高调兔＋延长高调的儿＋紧喉儿

两轮小称化在江西吴语广丰方言中还有些痕迹。儿鼻化已完全退化，只有少数残留如：兔 tʰuæ̃^{445} | 囡 nɑ^{22} ＞ na^{-24} | 伯 pɐʔ $\underline{55}$ ＞ pæ̃$^{-52}$。现在的小称功能是用后附一个高调音节 neiŋ^{445} 来实现的，如：鸡 keʔ $\underline{55}$ neiŋ^{445} | 牛 ȵiɯ$^{341-22}$ neiŋ^{445} | 姨奶 i$^{341-22}$ na^{445} neiŋ^{445}（例见秋谷 2001:60）。

浙江义乌方言（方松熹 1986）里的小称形式一般是儿鼻尾，但也有些再叠加变调，如：小狗 sɯɤ$^{53-33}$ kəɯ^{53}，小称 sɯɤ$^{53-33}$ kəːn$^{53-55}$ | 捣臼 to$^{53-33}$ dʑiəɯ^{31}，小称 to$^{53-33}$ dʑiəːn$^{31-33}$。由于浊声母的缘故，“臼”的变调[-33]是阳声域中的高调（朱晓农 1996，1999）。高调化看来是新起的代偿形式，因为义乌话里的儿鼻化小称是应用非常广泛的构词手段，含义已不限于爱称昵称了，儿鼻化已经中性化了，所以才有必要在需要时寻求高调手段。方松熹（1986:445）后面说儿鼻化可以用来表示不同的感情色彩，如表喜爱：画眉儿鸟名、金戒指儿、丁香儿耳环 | 表憎恶：狗官儿、拖油瓶儿、猫头鸟儿 | 表亲热和尊敬：表哥儿、老太公儿、小娘儿。其实这里喜爱、憎恶、亲热

是那些词根里本来有的意义或它背后的社会文化引申联想义，而不是儿鼻尾的功能，因为要是儿化能同时表爱又表恶，那就成了“形态反训”了。不过，这里能看到义乌话里的儿鼻尾已经完全没有爱称功能，连小称功能都不明显了，所以才有叠加上去的高调。

与此相仿，福州闽语(梁玉璋 1989:214)中相当于北京话“儿”的“囝 kiaŋ[31]”可以构成囝化词表示喜爱亲昵：糖囝糖果儿，妹囝小姑娘，乖囝乖乖，罕囝娇儿，也可表示轻蔑厌恶：贼囝小偷儿，媾囝小娼妇，败囝败家子。同样，这不是“囝”“好恶同辞”，好恶之义是词根原有的。此时“囝”已中性化，若想进一步表小，可以使用其他手段，如叠音或高调，见后§3.6。

上面讨论了两个时间顺序：儿鼻化早于高调化，旧昵称中性化后又发展出新昵称。实际上这是一件事情的形式和功能两个方面：当儿鼻尾形式的昵称功能退化或消失后，又发展出另一个具有昵称功能的高调形式。这两种形式的时间关系细分起来有两种，一是互补，即儿鼻尾的昵称功能消失后再有高调昵称出现。另一种是有一段时间相交，即儿鼻尾的昵称功能在退化中，高调昵称就出现了，作为前者功能衰退的补偿、增强、取代。

当小称不再有亲昵含义，而只是单单表小义时，也就是小称功能已经退化。亲昵小称可以称为“昵称”或严格意义上的小称。中性小称来自昵称的退化，一旦昵称的示爱这个核心义磨损、退化、消失，严格意义上的小称(昵称)也就变成了中性的、泛泛的小称。如北京话里的儿化，现在只是一般词缀而不一定表小，如小“刺儿”、大“棍儿”都儿化。只有当“-儿”“-子”有对立时，如“老头儿：老头子”，才显出儿尾的亲昵义。

还有一种用附加式构词手段(小-,细-;-儿,-子,-仔)表小,这是很多语言中天天用的手段。但这只是中性的表小,只有词汇义,没有概括的亲昵义,所以不是小称。如广州话里广泛使用的后附“-仔”(车仔、碗仔、肠仔、妹仔)就不算小称,因为他尽管表小但不示爱。至于北京话里的“-子”更是连小都不表,如“斧子、椅子”可大可小,“小子、老子”都一样加“子”。

本节所论儿鼻化早于高调化是指历史上发生的特定两次。由于高调示爱表小是天然资源,所以高调现象有可能在同一语言/方言中随机发生(见§3.8);高调化有可能重复发生,如上文讨论的温州话情况,以及后文§4.25所讨论的古代亲属称谓大多是上声字,可能是最早有案可查的高调示爱的体现。

3.4 嘎裂声的功用

韶关及周遭一带粤北土话中的小称变调一直被认为是“中喉塞”(赵元任 1929;庄初升、林立芳 2000;余霭芹 2002;伍巍2002),但其实是嘎裂声(朱晓农 2002b)。有关嘎裂声的生理和声学特征可参看朱晓农(2002a)。简单地说,嘎裂声和喉塞音都有“紧喉”因素,喉塞音是前后拉紧声带,嘎裂声是水平方向往中间挤紧声带,导致的声学效果是前者升调而后者降调。发嘎裂声时先极度降低声调,然后恢复正常,就能显出高、升的感觉。

文末附录了韶关小称调三个例子的语图(朱晓农 2002b)。发音人平时说话的调域为 70—150Hz。图 1 是小称“阿哥”,纯高调,没有喉塞音,也不是嘎裂声。“阿”120—140Hz,“哥”从 160Hz 升到 199Hz,大大超过它普通说话时的基频上限 150Hz。图 2“凳”

tE^{21},左面原称做参考。右面小称,喉塞尾加高升调,整体音节紧张,最后阶段声带突然收紧,变突升调。小称“凳”的基频 142—116—206Hz,最后升得比“哥”还高。图 3“篮”$luə^{21}$,左面原称做参考。右面小称,整体音节紧张,中间有嘎裂声,但因为在整体紧张中降得不明显,然后声带突然抽得很紧,变为陡升到超高的高升调,有喉塞音尾。小称“篮”的基频为 140—110—230Hz。

从这三个例子可以看到,只有高升调是必要的,嘎裂声、喉塞尾、超高调都是伴随特征“紧喉”的“自由变体”。嘎裂声的作用其实就是用压到超低调的方式来突显后半截正常调的“高”。

带有嘎裂声的小称调在吴语永康明星方言中也有报道。据秋谷裕兴的调查(转引自曹志耘 2001:42),明星方言的小称调之一[324]的前半部分带很强的紧喉色彩。这看起来像是嘎裂声的特征。

连城姑田闽语(项梦冰 2002)中的变调小称只是残留在少数字中,只有中性小义。它的变调形式是中平/降调[-33/-31],与一般高调小称不同。这很可能从“紧喉”,即嘎裂声演变而来。这个判断有以下证据的支持。

首先,在姑田闽语中,这种“紧喉”现在还有残留,项梦冰说:“姑田话的变乙[31]所伴随的紧喉作用或喉塞并不稳定。”其次,同县赖源下村闽语的小称变调[ʔ324]中仍存在着这种紧喉“间歇调”,明显像是嘎裂声。再次,连城边上的永安市罗坊乡的土话中有一种正在发展的小称形式,如:虹 $k^{h}uaŋʔ^{31}$-$ŋ^{55}$ | 鸡子 $kɛ^{13}$ $tsʔ^{31}$-$ɛ^{55}$ | 蒜头 $suɑ^{35}$ $tøʔ^{31}$-$ø^{55}$ | 猫 $maʔ^{31}$-$ɛ^{55}$ 等(严修鸿 2000:173)。这种带“中喉塞”的中折凹调是典型的嘎裂声或其变体(朱晓农 2002a)。此外,

项梦冰发现姑田话阳去声中没有变调，他据此推想："似乎可以推断对能否读小称变调起决定作用的是调值而不是古调类。"我同意这看法，与小称调相关的是高调值，而跟什么调类没关系（又见§3.10）。由于阳去声是高调[55]，所以可能跟高调化小称融合在一起了。姑田话有可能像韶关话那样用多种喉化方式强化高调：一个是带喉塞尾的高升调[* ʔ45/35]，后与阳去[55]合并；另一个是伴有嘎裂声的凹调[* 31̰ 3]，后嘎裂声弱化并在大部分场合消失，凹调[313]也变为[-33/31]。嘎裂声消失后，原来的凹调变为降调很普通（朱晓农 2002a）。

前抑后扬的手段在非嘎裂声小称调的地方也可看到。容县粤语（周祖瑶 1987:63）单音节形容词重叠后并改读小称高升调，使原有的较重的语气，变为缓和轻松，如：

慢吃 man^{11} hik^{55}	慢慢吃 man^{11} man ↗ hik^{55}
好使好用 hɐu^{33} sɐi^{33}	好好使好好地使用 hɐu^{33} hɐu ↗ sɐi^{33}
轻放 heŋ^{55} foŋ^{22}	轻轻放 heŋ$^{55\text{-}33}$ heŋ ↗ foŋ^{22}

重叠后的第二个音节是高调，原来第一个音节如果是中低调则保持原调，如果原来是高调，则把它压到中低调[55＞33]。这种变调并非发音的必要，而是为了突显后面的高调。先抑后扬发生在同一个音节上，便产生了凹调。凹调的升尾只要发出来，哪怕升得不是最高，给人的感觉还是高升。像温州话"儿鼻＋高调"的末字变调[31＞313]也许也属此类。这种情况与后文要讨论的"低高"调型类似，见§4.1。

3.5 喉塞尾、超高调和其他"紧喉"的功用

如果说嘎裂声是用压到超低调的方式来突显正常调的"高"，

那么，各式各样的“紧喉”就是用进一步拉高基频的方式来显示“高”。喉塞音(如武义)是使用声门突然关闭，声带突然拉紧的方式来快速提高基频，使得“高升”的感觉更为明显。宁波话伴随小称变调的“紧喉”色彩是贯穿整个音节的(陈忠敏 2002)，其作用不言而喻，也是突显高调。信宜话超高调当然更是如此。信宜一带的情况很特别，所以我专程去录了些材料作进一步分析。

信宜话(叶国泉、唐志东 1982;罗康宁 1987)的小称形式有音素变化，也有声调变化。音素变化包括(1)大部分舒声韵母加-n尾;(2)入声-p,-t,-k 尾替换为同部位的-m,-n,-ŋ。第(1)点舒声韵母加-n 尾，这种情况在邻近的高州话里也有(李健 1996:218;朱晓农 2003/1)。这应该是从“-儿”缀融合而来，相邻的容县话里“儿”n̥i 音节还在那儿:鸡儿 kɐi^{55} n̥i^{0}(朱晓农 2003/1)。第(2)点容县话(周祖瑶 1989;朱晓农 2003/1)里也有，对此有两种解释。一是由于一个明显的升调用短促的入声来表示是比较困难的，换成鼻音韵尾后，音节就能延长了。二是和(1)一样，都是从“-儿”变来的，只是这个鼻尾在和前面的入声尾融合时，部位上同化了。若无其他证据，第二个解释似更可取，因为它把(1,2)两种情况作了统一的解释。

再看声调变化，信宜的小称调变成一个独立的超高调，“特高而上扬，比任何一个单字调都要高”，而且“不受前后字声调的影响”(叶国泉、唐志东 1982)。叶、唐觉得五度制已无法来标示这个超高调，所以用了个上升箭头↗来表示。根据我的录音材料，这个超高调常常伴有喉部紧张，还有用假声的。我的发音人之一 LDH(男、35 岁)，平常只有 100 多 Hz，小称调竟达 340Hz，这对于女声来说都是很高的。有时小称调即使只有 200 多 Hz，也明显带假声。后文附录 2 给出他两对例子。图 4“麦”mɐk 阳入，左图原称[$\underline{22}$]，120Hz 上下。右图小称超高调，达 320Hz，带假声。图 5“笠衫”ləpsɐm。左原称[$\underline{44}$ 55]，右小称[$\underline{44}$ ↗]。小称“衫”字带假声，基频高达 333Hz。这样一个“超高调”的确无法用五度制表示，比照发音人正常发声的五度制，要标为[* 39]才行。

3.6 附加高调音节

上面提到的温州话在第二轮或第三轮的小称化时，用嵌入一个高调音节来表示，如：刀刀儿 $tə^{33\text{-}53}$ $tə^{33\text{-}53}$ $ʔŋ^{31\text{-}313}$ | 兔儿儿 $tə^{33\text{-}53}$ $ŋ^{33\text{-}53}$ $ʔŋ^{31\text{-}313}$。前 § 3.4 提到福州话“囝”已经中性化，此时若想表小可以用和温州“刀刀儿”同样的叠音/高调的手段，如（例见梁玉璋 1989：214）：盘盘囝$_{小盘儿}$ $puaŋ^{31}$ $muaŋ^{31}$ $ŋiaŋ^{31}$（叠音）| 桶桶囝$_{小桶儿}$ $t^høyŋ^{21}$ $nøyŋ^{21\text{-}24}$ $ŋiaŋ^{31}$（叠音加高变调）。

类似的前附、中嵌、后附高调音节的情况还出现在官话、晋语和吴语中。

大冶金湖官话方言（汪国胜 1996）有五个声调：阴平[33]，阳平[31]，上声[53]，去声[35]，入声[13]。阴平、去声、入声字的小称调变为高平带一点下倾的调尾[-553]。阳平字小称则是在前面加一个小称调的“细”$sai^{35\text{-}553}$，如：细鱼 $sai^{35\text{-}553}$ $ȵy^{31}$。这跟其他方言中单加一个“小/细”不一样，它还有小称高调，这就有了附加义。金湖话还有个较为奇特的小称调，讨论见后 § 3.9。

陕北晋语绥德话（马世平 2002）有一种表示亲切的说法，即嵌入一个“格 $kəʔ^{\underline{33}}$”字，如：红艳艳～红格艳艳。这种嵌“格”形

容词类似于小称形式。绥德话有四个声调：阳平[33]，上声/阴平[213]，去声[51]，入声[ʔ$\underline{33}$]。注意，这儿的描写只使用了四度，[4]度是个空位。根据我的初步听辨，入声似稍高于阳平，可记为[ʔ$\underline{44}$]。在嵌“格”词中它起到一种上升感，如：红$_{\text{阳平}}$格[33 ʔ$\underline{44}$]艳艳|软$_{\text{上}}$格[213-21 ʔ$\underline{44}$]流流|亮$_{\text{去}}$格[51 ʔ$\underline{44}$]堂堂|白$_{\text{入}}$格[ʔ$\underline{33}$ ʔ$\underline{44}$]生生。这种嵌格词不但在绥德话中，而且在很多陕北话中(如神木话，见邢向东 1996，§2.2)也都流行，在陕北民歌中也常可听到。

前引江西广丰吴语(秋谷 2001：60)中的小称高调音节 neiŋ^{445} 是后附式的：刀 tɤɯ^{445} neiŋ^{445} |石头 ɕieʔ$^{23\text{-}\underline{22}}$ deɯ$^{341\text{-}445}$ neiŋ^{445}。

3.7 小和惹人怜的关系

郑张尚芳(1979：212)认为“东西小了容易惹人爱怜，所以‘细儿、姆儿、蚕儿、兔儿、猫儿、狮子狗儿’等既是小称，也含有爱昵的意味”。“小”和“惹人爱怜”之间的关系还需推敲，前者既非后者的充分条件，亦非必要条件。正如他下面接着就说：“然而惹厌的小东西如‘蚊虫、苍蝇、胶[蚻]、茭虱、老鼠’则是从来不加儿尾的。”而反过来，“一些有趣的令人喜爱的事物”也“可以加儿”，而不管形体大小，如“笑脸儿、好吃梨儿、笑话儿、快活相儿”等。据此可以制定如下条件矩阵：

	小	不小
爱怜	小称	小称
不爱怜	非小称	非小称

看来思路得反过来，是惹人怜爱的东西容易和弱小的东西产

生联想，所以即使是个大男人可怜兮兮，或者说话人想表现出同情他，也会说他“像个孩子”“不懂事”“不成熟”。这种联想是从怜爱婴儿作为出发点的。这一点是不分种族，不分文化、不分制度，全人类一致的。甚至超出了人种，是所有生物都如此，所谓“虎毒不伤子”，否则种族就无法绵延。这种联想扩展开去，便是碰到喜欢的东西，下意识中便联想到小。这跟高调表昵称，以及§3.9“从亲密到轻蔑”所讨论的，道理是一样的。

上述条件矩阵表示的是：“爱昵”是“小称”的充要条件，即有爱昵就有小称，无爱昵就无小称，不管对象大或小。这是就郑张所描述的温州话情况而言。把它推广开去，充分性不一定得到保证，但必要性不会有问题，即不爱昵的东西不会小称他，除非想显示同情（见上）或想说反话（见§3.9）。所以，小称的出现离不开爱昵。

3.8 小称起源于儿语

从上小节所说“小称的出现离不开爱昵”和前面§2所说高调表小源自模仿婴儿声音的假说，很自然会推测到小称调可能起源于儿语。

在我的一段容县话的录音材料中（朱晓农 2003/1），发音人之一 WQX（男、56 岁，世居容城镇东光村）说：“‘鸭’$ap^{\underline{33}}$可以说成am^{-35}，更多的是说‘鸭儿’$ap^{\underline{-22}}$ $ȵi^{-35}$，指小鸭子。说‘鸭儿’好像是跟小孩子说话，跟小孩子说话总是说‘鸭儿’。”说到这里 WQX 的声音明显轻柔起来，像是沉浸在与孩童逗乐的愉悦中。这种轻柔的听感色彩有两个声学上的表征，一是音强降低了，二是把“低高”型变调实现为“低-缓升”。“鸭”从下阴入[$\underline{33}$]变为低调[$\underline{11}$/$\underline{22}$]，

“儿”从阳平[31]变为缓升的[35]。

西南官话的贵阳话(汪平 1981:130)中两个去声[24 24]相连一般不变调,但是儿语叠字亲属称谓(如“舅舅、弟弟、妹妹”)都变为[-31 24],用压低前字声调来构成“低高”调型。成人一般只说单音节的:舅 tɕiou^{24} | 弟 ti^{24} | 妹 mei^{24},如果说成“舅舅”tɕiou$^{24\text{-}31}$ tɕiou^{24}等,就有了亲昵义。

上海话没有高调化小称,儿鼻化也已退化得只剩几个残余,如“麻将、耳光、虾 hø^{51}”。还有“囡”nø^{14}(＜*nø̃＜non＜* no n)(演变过程构拟见潘悟云 2002),一般人感觉不到 nø^{14}来自儿鼻化,所以平时说话又加了个“儿”,成了“囡儿”nø$^{14\text{-}11}$ɲ$^{-14}$。但是在和孩子说话时,就说成叠音高调的“囡囡”ʔnø$^{-55}$ ʔnø$^{-53}$了。顺便说一下,这个新加的“-儿”只是一般词汇构词,不是“儿化”,因为“儿化”指的是一个形态构词过程,上海话中没有这样一种概括的语法手段。

以上例子一方面说明高调表亲昵,另一方面说明小称调和儿语的密切关系。贵阳话和上海话尤有启发,两者都无小称调,但因为高调示爱表小有生物学基础,是个随时可用,且取之不尽的天然资源,所以一旦需要,马上征用。这是高调示爱表小的零星现象,但还没“化”。一旦扩散开去,便成了高调“化”了的小称形式。据此我们可以提出一个小称调起源于儿语的假说,即小称调可能是在把儿语移植到成人语言的过程中形成的:

1) 首先是在与孩童说话时使用高调称呼、高调词语。这种模仿儿童高调言语行为的做法,一方面反映了成人的喜欢对方之情,另一方面则是下意识地用表示与对方同类的方式拉近与对方的关系。这是个变异随机发生期,如上海。

2）然后在成人语言中使用这种儿语高调称呼示爱。这是个选择—扩散期，如贵阳。

3）再进一步就“化”为一种形态构词。这时变异被选定完成，小称调形成，如容县。

幼儿是人人都不会搞错的示爱对象，所以在成人对话中引入儿语行为，表达了说者意识到的或下意识的把对方看成“小宝宝”的感情，听者一般都能体会到它的亲切含义。这是在任何一个语言中都容易“约定俗成”的音义关系。而高调由于天然与儿语相关（男性基频一般为一二百赫兹，女性二三百、儿童可高达五百），所以我们能够在这么多语言/方言中看到这种独立发展出来的高调昵称。

这里引出一个非常有趣的起源错位情况。从生物学上来说，高调首先是表小，然后才有屈服、示爱、讨好等引申义。而语言中的昵称却是从示爱中发展出来的，表小则是附带、伴随的含义。所以严格说起来，应该叫“昵称”affective 而不是“小称”diminutive。此处从发生学角度可以看到先有昵称功能，再发展出附带的表小功能。前面§3.3从演化角度看昵称功能先磨损，导致小称退化、泛化。成也昵称，败也昵称。总之，小称的核心义是亲昵。

3.9 从亲密到轻蔑

粤语信宜话（叶国泉、唐志东 1982）里对人称呼时有通称和小称两种：用本调通称时有尊重意味，用变调小称时有轻视的意味。广州话中也有类似情况，麦耘（1995：245）说：“语素变调含有小或少的意义，即表‘小称’，有时引申出鄙弃或亲昵的色彩。”又说：

[35]变调“带‘小’或‘少’的意思,并引申出调侃、鄙弃、揶揄等色彩”(麦耘 1990)。

温州话中高调化昵称在有对立的场合保持着细小亲昵的含义,但在没有对立的地方又逐渐丧失原有功能,甚至可以表示特指或轻蔑(郑张 1981:260)。宁波话里小称“也有轻蔑义,是一种卑称、蔑称”(陈忠敏 1992:73)。徽语屯溪、黟县话中的儿化小称也如此,有些词儿化后带上藐视、嘲笑的意味了(赵日新 1999:140,钱惠英 1991:203)。

小称同时具有亲密和轻蔑的含义在世界上其他有小称的语言中也可发现。例如 Wierzbicka(1984)认为波兰语中从“小/儿”发展出来的隐喻是构成小称的亲密和轻蔑两种含义的基础。

这实际上是高调的“本义”——细小、臣服、讨好、亲近——中发展出来的,跟叫人“儿子、小鬼、小家伙”等一个道理,用在后辈亲近者身上是亲昵,用在朋友身上是揶揄玩笑,用出了范围则轻蔑嘲弄小看他人了。

在有小称的语言中,如果面称和背称有区别,一般都是面称用小称形式以示亲近。但是下面容县话的亲属称谓看似相反(朱晓农 2003/1):

发音人(招呼他三哥):“三哥 sam^{55} ko^{55}!”[原称]

边上人(没听清楚,问发音人):“他是你谁?”

发音人:“渠系我三哥 sam^{55} koŋ↗。”[小称]

此处面称用原称,表示尊重;背称用小称,是谦语。这跟面称用“娘子”表尊重,背称用“拙荆、贱内”自谦同出一理。用“小”表自谦的还有“小人、小子、小的”等。示爱、自谦含义不一,表小之理则同,差别在于相对什么而言。相对于一般,小称表示亲近;相对于尊重,小称表轻视或自谦。轻视和自谦都是用一种幽默的方式来贬低人。轻视是贬他人,幽他人之默,用到后来成了刻薄。自谦是贬自己或自己人,开始时有幽默感,用久了也就成了套话。

3.10 为区别而变低

上面提到闽西姑田小称是中/低调,因为这是退化形式,所以谈不上反例。下面所引湖北官话、粤北土话、徽语、广西粤语、广东粤语中的小称变调,一般都符合高调表小论,但如果原来的单字调是高调的话,则变成了低调。

湖北官话大冶县金湖方言(汪国胜 1996)的小称变调中有个有趣的异化现象。金湖话有五个声调:阴平[33],阳平[31],上声[53],去声[35],入声[13]。阴平、去声、入声字的小称调变为高平带一点下倾的调尾[-553]。阳平字小称则是在前面加一个小称调的“细”$sai^{35\text{-}553}$,如:细鱼 $sai^{35\text{-}553}$ $ȵy^{31}$。这些都是意料之中的。但奇怪的是原来的高半降上声[53]变调后却成了低降[31],如:伞$sã^{53\text{-}31}$。如果没有发声或其他原因,这看来是个异化显示区别的变调。上声原调[53]与小称调[-553]极为相似,所以,如果上声字如“伞”按一般变调变为$sã^{53\text{-}553}$,基本保持原状,听者可能毫无反应,所以用了这种异化的方式来显示变调与原调的区别。

粤北乌径、雄州(庄初升 2002)的小称变调也是原来的低调(阴平、阳去)变高调,原来的高调(阳平)变低调。

	箍^{阴平}		柑^{阴平}		婆^{阳平}		娘^{阳平}	
	本音	变音	本音	变音	本音	变音	本音	变音
乌径	ku^{43} ~桶	ku^{21} 桶~	kã^{43} ~橘	kã^{21} ~哩	pʰo^{21} 老~	pʰo^{43} 猪~	ȵiõ^{21} 姑~	ȵiõ^{43} 妇~
雄州	ku^{44} ~桶	ku^{11} 桶~	kɔɑ̃^{44} ~橘	kɔɑ̃^{11} ~哩	pɔ^{11} 老~	pɔ^{42} 猪~	ȵiɔŋ^{21} 姑~	ȵiɔŋ^{42} 妇~

徽语(赵日新 1999)中不少地方有小称变调。屯溪(钱惠英 1991)、休宁都变成高升调[24,35]。歙县、祁门只剩少数残留，可以不论。绩溪有类似上述高变低、低变高的情况：

	低变高					高变低
	阴平	上声	阴去	阳去	入声	阳平
单字调	31	213	35	22	32	44
小称调	44	44	55	55	54	22

粤北按庄初升说："两个方言点的变音各有两种调值：'箍柑'为一组，乌径和雄州都读如阳平调；'婆娘'为一组，乌径读如阴平，雄州读如阳去。"徽语按照赵日新，阴平、上声变同阳平，阳平又变同去声。其实这儿调类并不重要，读如什么调类只是碰巧而已。重要的是一般情况下小称都变高调，但原来单字是高调的却变成了低调。如果没有其他原因的话，应该是跟大冶金湖话一样为区别而变调。

容县的小称调是[-35]，周祖瑶(1987:59)用了个和邻县信宜一样的上升箭头[↗]，仅为了区别，不是超高调。根据我的录音材料(朱晓农 2003/1)，高平调(阴平)[55]的小称调变得低些[-24]，音强也弱些。按周祖瑶(1987)的描写，容县阴平[55]显著高于其他舒声，后者的调值分布在[1～3]度，所以阴平的小称调较其他小称调稍低，也是为了更便于区别。

何伟棠(1987)描写了广东增城粤语中的一些语法变调，其功能已泛化，有多种用途。作者没提到小称或昵称，但给出几例变调的重叠形容词(香香)和动词(惊惊)表示“稍微/有一点”(47-48)，这多少和小称有关系。这些重叠的形容词和动词不管原调是什么，变调都是“高升＋高升”，如：香香 hœŋ$^{55-45}$ hœŋ$^{55-45}$ | 甜甜 tʰɛm$^{11-45}$ tʰɛm$^{11-35}$ | 憎憎 tsɐŋ$^{55-45}$ tsɐŋ$^{55-45}$ | 怕怕 pʰa$^{33-45}$ pʰa$^{33-45}$。只有原来高升的阴上声[35]重叠以后，后字变成高降[-51]，如：矮矮 ai$^{35-45}$ ai$^{35-51}$——这也是为区别而变调，否则就跟不变调没什么区别了。

上面§2中说过，如果发现某个方言，它系统地使用低调来表示小称，尤其是昵称时，反驳高调亲密论才有效。上述几处的情况总的来说没问题，个别单字高调的小称调变为低调是为了起区别作用，所以还不至于构成反例。

3.11 因连调/合音而变低

浙南有些方言中儿鼻化发展到后来，“儿”音节弱化为一个鼻韵尾或鼻化色彩附着在前面的音节上，这个新合成的单音节小称字的声调要么取原称字的单字调，要么取原称字加“儿”时的连字调。由于原称字原来的单字调和连字调有各种情况，所以新的小称合音字的声调也不尽相同，有高也有低。曹志耘(2001)把这些新合音字的声调叫做“小称调”。按照本文讨论来看，此时的小称功能还由儿鼻化承担，新的声调只是一般连读变调或合音取前字调的结果(又见§4.24北京话合音词的声调),并没承担任何小称作用。只有儿鼻化的小称功能衰退之后,又发展出各地一致的表小称的高调,这时才有真正的小称调出现。

其实曹志耘的"小称调"只是一个方便的说法,指儿鼻化小称词所带的声调,本身并不起小称作用。他的观点和本文很相似:"分变式所产生的小称调数目往往比较多,有时多达五六个,如果没有鼻尾或鼻化起'标志'作用,单靠变调本身很难达到表小称的目的"。(2002:141)儿缀"完全可以独自承担小称的'标志'作用,没有必要再拉上小称调作伴儿"(2002:155)。陶寰(2002)浙南泰顺话的记录中有少量小称词带有中低调,可能也是这种情况,也可能是残留。

前文§3.4认为连城姑田闽语中残留的变调小称[-33/-31]可能是从嘎裂声演变而来。严修鸿(2000:176)提供了另一种解释。他认为这两个变调形式是从原来"X仔"的连调形式遗留下来的,后来"-仔"缀消失,这两个变调也就凝固了下来。类似的"-仔"缀消失留下早先连调的小称化石的情况在台中东势客家话里也有(江敏华1998)。

3.12 高调及派生性"紧喉"发声

上面在评论各家看法的同时也谈了自己的看法,现在总结一下。下表是本文主张的小称高调的演化过程:先是发展出一个高调,然后增生各种紧喉态,最后高调小称退化,变成非高调。这是分析程序,实际变化也可能在最初出现小称高调时就伴有某种紧喉态。

1.高调	2.强化高调而增生紧喉	3.非高调
1a.高升	2a.(高)升调伴有喉塞尾	
1b.高平	2b. 超高调,甚至伴有假声	
1c.高半降	2c.高调伴有音节紧张	
1d.高调叠加于儿鼻尾	2d.降升调伴有嘎裂声	
1a.韶关$_1$,容县$_1$,广州,温岭$_1$,青田$_1$,龙游	2a.韶关$_2$,武义,丽水	温州,姑田,江山,广丰
1b.青田$_2$,义乌$_1$	2b.信宜$_1$,顺德,韶关$_3$	
1c.天台,温岭$_2$,黎川$_1$	2c.宁波	
1d.容县$_2$,信宜$_2$,义乌$_2$,庆元,黎川$_2$,温岭$_3$,汤溪	2d.韶关$_4$,罗坊,永康	

韶关、信宜、容县据我自己的调查材料。广州话据麦耘。温岭据曹广衢(1958)、李荣(1978)。青田话小称调逢平声是[^{3}55],逢仄声稍低[22^4](潘悟云 1988:246)。义乌据方松熹。天台、丽水、温州据郑张。庆元、汤溪、龙游据曹志耘。黎川据颜森。姑田闽语据项梦冰。江山、广丰据秋谷。宁波据陈忠敏(2001)。武义据傅国通。顺德的超高调见林柏松。永安罗坊(严修鸿)、永康明星(秋谷裕幸)暂且归入 2d 嘎裂声里,确切性质有待核实。

上面韶关话和信宜话的变调情况最有启发。韶关话的小称变调研究得比较充分,从七十年前赵元任起,到近年来余霭芹、林立芳、庄初升、伍巍等都调查过。我本人也调查了韶关城里以及附近的两个点的小称调,并作了实验分析。发现它有多种形式:纯粹高升(上表 1a),喉塞尾加高升(2a),超高调(2b),嘎裂声(2d),还有复合的嘎裂声加超高调。信宜话超高调除了一般理解的发音紧张外,还有假声伴随。分析而言,纯高调是基本形式,喉塞尾、嘎裂声、超高调、假声是辅助形式。由此得到一个重要推论:既然各种紧喉发声特征并存于同一音系同时起同样的作用，所以它们并不代表发展过程，它们的共同作用就是强化高调。说话人只是想利用一切可能的发声方式来帮助发出一种高调，一种不同于一般高升或高平调的具有昵称功能的高调。

4. 亲密高调的广泛运用

上面我们用高调的一种生物学、动物行为学含义来解释小称变调以及伴随的喉化特征。这个观点还可以推广开去解释许多以往遭到忽略或无法解释的常见高调现象。

4.1 为什么陈述也用问句形式？

台湾国语给人的感觉是比较软、比较亲切，有人说是“女性化”。这很大程度上表现为语调/声调上扬，例如：“对呀！”台湾是[-53 -55]，不像大陆华语[51 0]。我以前有个同事，二十多岁台湾男孩子，女朋友常常打电话来邀他外出。

女朋友问：“你去吗？↗”

男孩子答：“去啊！↗”偶尔“不去啊！↗”仍是升调。

“去啊！”[51 0]在大陆是降调型；台湾[-53 -55]是个高调化了的表亲切的语气，陈述句也用了问句形式。这就是前面§2里讲的用高调表示要求合作、不太自信，低调表示自信肯定的音义固定关系。当然这儿不一定“不自信”，而是“不专横”，表示的还是要求亲近。偶尔那个男孩回答“不去啊！↗”，仍是升调，是委婉语气。

粤语中（赵元任 1947）有一个小称变调和语调难以截然分开

的例子：

	1 原称	2 小称	3 小称
咁大	gam^{33} da：i^{22}	gam^{33} da：i^{55}	gam^{33} da：i^{335}
	这么大	这么小	就这么大

第一个是原称，第二个是小称，第三个也是小称，但我觉得它像是原称加上个疑问句调，好像是用反问来表达“大”的反义。这一点得到西方传教士早期粤语记录的印证（例见张洪年 2000）。这也说明小称变调和疑问句调运用的是相同的语音手段，因为它们的含义都是从相同的高调本义中引申出来的。

社会语言学发现女性往往用问句形式（或者升调，或者陈述完了加个问句形式“isn't it?”）来表示陈述，这是有礼貌的表现，也是要求合作的表示。小称也具有表礼貌的作用，因此吴语云和方言的女性先于男性采用高调小称（曹志耘 2001:40）就不奇怪了。这种“女性领导音变新潮流”the leadership of women（Labov 2001：290-291）在社会语言学中被认为是一种普遍现象。

4.2 低高调型的功用

4.2.1 台湾妹妹为什么像姐姐？

台湾把“妹妹”说成也写成“美眉”。这个用法很热门，在中文网络上泛滥。

上一小节谈到台湾国语给人的感觉是比较软、比较亲切，这在亲属称呼中更是表露无遗。北京话里，很多亲属称谓（爸爸、妈妈、哥哥、弟弟、妹妹）的后字是零调，调型是高低型。但在台湾国语中，这些高低型的亲属称谓的声调都变成了低高型，重音形式符合一般的中重型,但连调形式是新的[-11 -55/-35],像是高调化的小称形式。所以,北京的“姐姐”是 jiejie[-11 0],“妹妹”是 meimei[51 0];但在台湾,“姐姐、妹妹”,还有“爸爸、妈妈、哥哥、弟弟”都是[-11 -55]了。我还听到有些女孩子的名字(如“蓓蓓”peipei[-11 -55]),甚至宠物的名字(如 qiuqiu[-11 -55])也变成了这样的调型。

实际上北京话撒娇时也用高语调来表示:哥⌒⌒|姐↗|爷↗爷。

类似的低高型或升调型称谓在其他方言中也可见到。据彭冰泉(2001)报道,江西西部很多赣方言,如吉安、峡江、新干、宜丰、安福、万载、上高等地的口语音中,有一个额外的、独立的高升调,可出现于人名末字上,有一部分带有小称色彩。

粤语中“哥哥”“爸爸”也是这种低高调型。张国荣大家对他的称呼就是“哥哥”ko-22 ko-55。有一次我在广东某地坐公共汽车,门口坐着个小伙子。有位老太太上车,小伙子给她让座。老太太过意不去,说:“哥哥[-22 -55]冇位坐了。”还有次我在香港街头,一位女小贩拉住我:“哥哥[-22 -55],呢个四十蚊。”

前面提到的贵阳话(汪平 1981:130),成人一般只说单音节的:舅 tɕiou24|妹 mei24,但如果说成“舅舅”[-13 24]等叠音式低高调型,就有了亲昵义。

4.2.2 好好为什么不好好变调?

北京话里有个出名的变调,两个第三声相连,前一个变为第二声,如“买马”[214 214]>[-35 214],结果跟第二声加第三声的同音:买马=埋马。

但是“好好儿”不是这样变调的。按说“好＋好”[214 214]应该变成[-35 214]，这在书面读音“好好学习”中的确如此，但在口语的儿化“好好儿”中却变成了[-21 -55]。这种很特殊的变调现象，很早就有人注意到了(丁声树等 1961;平田 1983;胡明扬 1987)。有一批单音节的形容词重叠以后再儿化，如“好好儿、慢慢儿、乖乖儿”等，这第二个音节，不管它原来是什么声调，一律变成第一声或阴平。其实这儿跟调类无关，应该说都变成了高调，而阴平恰好是个高调，碰巧相同。这一点已经再三提及。例如：

母亲哄孩子：“好好儿[-21 -55]坐着，听话，妈给你买好吃的。”

关心的说法：“慢慢儿[-53 -55]吃。”但教训的时候就不用这高平调了，当然连词儿都换了：“慢点儿↘，急什么？”

这种不管原有单字调，一律变为高调的说法实际上是一种表示亲近关心的手段，跟小称的功能类似。一个反证(是“反证法”的反证，不是“反例”)是：没有“坏坏儿”[-53 -55]这样的说法。这类变调的形容词都是积极意义、正面意义，而且“多见于祈使句”(胡明扬 1987:123)，更说明他类似面称示爱，是当面关照表示亲切。不过，“狠狠[-21 0]地打”也有说成[-21 -55]的。这有两种解释，一是“狠狠[-21 0]地打”用于一般情况，“狠狠[-21 -55]地打”是熟悉的人之间在谈痛打共同敌人时的高兴心情。二是这种低高调型的用途在扩大，逐渐中性化。

类似情况在信宜(叶国泉、唐志东 1982:51)、容县(周祖瑶 1987:63)的粤语中也可见到，单音节形容词可以重叠，并改读小称高升调。原调表示语气重，重叠加小称调表示语气委婉轻松，如：

信宜　慢走 man^{22} $tʃeu^{35}$ 语气较直率　慢慢走 man^{22} man ↗

tʃɐu^{35}语气较委婉

轻放 hiŋ^{53} fɔŋ^{33}语气较重　　轻轻放 hiŋ^{53}hiŋ ↗ fɔŋ^{33}语气较轻

容县　慢吃 man^{11} hik^{55}　慢慢吃 man^{11} man ↗ hik^{55}

好使好用 həu^{33} səi^{33}　好好使好好地使用 həu^{33} həu ↗ səi^{33}

轻放 heŋ^{55} foŋ^{22}　轻轻放 heŋ$^{55\text{-}33}$ heŋ ↗ foŋ^{22}

4.2.3 北京姐姐为什么不像小姐?

"姐姐"和"小姐"一样都是两个上声相连,但是两者的变调不一样。"小姐"和普通"上上"结构如"好酒"一样,变成"阳平＋上声"。"姐姐"却跟"好好儿"一样,变成了低高调型。通常的看法是这个低高型是另一种变调,即"上声＋零声"。其实它与上述"好好儿"相似,是一种表亲昵的面称。也可能是一种儿童用语的延伸。儿童用语里直接用高调,如"宝宝、狗狗、姐姐":原来都应该是上声加零声[-21 0],但常常变成[-21 -55]。还有一种解释,那就是"姐姐"的低高型是"上＋零"再加呼语的高语调。问题在于其他"上＋零"组合如"好·的(de)!"并不能使用低高语调,把后一个音节高高地拖长,除非把那个零声和韵母都改成"好的(da)"(郭小武 2000)。不管是前两种解释中的哪一个,本质都是高调表亲密。

4.2.4 您怎么不像您?

现代北京口语中有很多辅音尾的合音词,都是由后音节零声化后丢失了韵母,剩下的声母就附到前音节上,成了单音节词,如(鲁允中 1995:11—15):

豆腐 dòufu＞dòuf　螺丝 luósi＞luós　敦实 dūnshi＞dūnsh

东西 dōngxi＞dōngx 吆喝 yāohe＞yāoh 下次 xiàci＞xiàc

吭哧 kēngchi＞kēngch 亲戚 qīngqi＞qīnq 婆婆 pópo＞póp

堂客 tángkè ＞ tángk 咱们 zánmen ＞ zám 大拇哥 dàmugē＞dàmgē

数目 shùmu＞shùm 怎么着 zěnmozhe＞zěm・zhe

不管后面附上去的那个辅音是什么，新合成的词它的声调都和原来首音节的一样。再早的合音词也如此，如：

甭 béng＜（bóng＜）bú yòng 不用

怹 tān＜tām＜tā・men 他们

“甭、怹”这些合音词的声调都取前字的声调。但是“您”就不一样了，它是“你们”nǐ・men 的合音，但合音词 nín 的声调就没取“你”的第三声，因为第三声本质上是个低调，合音词换成了高升调，以显出面称的亲切感。北京话里怹用常调、您用高变调的情况，和很多方言中亲属称谓背称用常调、面称用小称调的情况是出于同样的原因。

4.2.5 “爸妈”为什么一直是高调

有个现象很有趣，郑张尚芳（1994，2002）注意到很多与自身密切相关的词语如亲属称呼和身体部位名称往往读上声。

1. 亲属称呼：媞姊妣子娌女考父祖姥弟娣奶嫂舅母妇。

2. 身体部位名称：髀髓指耳尾吕（膂）腑乳肚股膂体髀骶奶肾髌吻暖颛顸额眼眇腿爪踝踵趾膘脑掌颈项领睛顶首脸手肘拇掌指右口吻齿嘴左颗踝髀烦颔。

有少数反例，如：姨妗妐妻妾妹侄公婆。这些大多是非直系/非长辈的女亲属名，她们在古代地位较低，是颐指气使的对象，所以不算太严重的反例。总的倾向很明显，亲属称呼和身体部位名称与上声密切相关。郑张只是举例说明，如果有个全面的统计能证明他的观察有统计意义，那么我们就要问为什么会有这种倾向？这可能依然是“亲密与高调”的关系。上古上声音节带喉塞尾(Haudricout 1954；郑张 1994；潘悟云 2000)，而喉塞尾必然引起升调(Hombert 1978；Hombert，Ohala & Ewan 1979)。如果是清声母，那么是高升调[35]，如果是浊声母，那么稍低[14/24]，不过在阳域中依然是高升调(Zhu 1999；朱晓农 1996，2004)。

这些亲属称呼中最值得注意的是“爸妈”两个。“爸妈”是后起字，和“父母”是古今字。当“父母”的韵母(后来又有声母)的书面读音发生变化后，就出现了“爸妈”这两个字记口语音。“父母”从上古到中古一直是上声字。上古以后出现的“爸妈爹姐”等字在《切韵》中依然是上声字，这是因为中古上声还是高调(“上声厉而举”，“上声高呼猛烈强”)。有趣的是，“爸妈爹”现在都不是上声字了，那是因为上声变成了低调[214]。现在“爸”去声高降[51]，“爹妈”阴平高平[55]。当上声去声的调值发生变化后，书面语“父母”跟着大队走；但口语称呼“爸爹妈”从字面上看从上声转入阴平或去声，但从实际语素看是保留了原来的高调，这都是出于功能上表亲密的要求。所以，/pa$^{35/51}$/和/ma$^{35/55}$/从上古以来，字形从“父母”变成“爸妈”(语素也分裂为二)，但语音上几乎没变，声调一直保持着高调，如果原来所属的声调类的调值变低了，他们就转入其他高调类。这在现代汉语各方言中也是如此(北大中文系 1964：1—2)。“爸妈”所属声调类阴阳平上去都有(个别如南昌属入声)，但大多是个高调。如果不是高调，大多是文读音。

4.2.6 反义词中的表“小”一方为什么都是上声?

郑张(1994,2002)发现三十多对反义词中表“小”的那方都是上声字,如:大小,多少,深浅,长短,高矮,圆扁,丰歉,繁简,松紧,增减,遐迩,咸淡,平陡,横竖,奢俭。另外,还有很多表小形容词如:褊渺夭藐夭么琐寡窭敛褊蹇软省鲜损,带贬损义的如:下后苦懒蠢丑假反险殆死殒祸恼惨舛毁鄙痞否罪朽断散尽黯贬(但有“美好善喜厚”少数反例)。郑张认为“这么多词古都读上声看(入声另有塞尾除外),其起源于小称后缀[-ʔ]的可能是存在的,方言[-ʔ]式小称正可为证”。这里的关系可能得反过来说,这些表小词与高调有关,说明了同样的高调表小原理,而带喉塞尾的上声恰好是个高调,所以就用来表示这些词了。

4.3 高元音[i]和齿擦音[s]的效用

4.3.1 英语儿童用语为什么爱用[i]?

英语儿童用语 daddy, mummy, dogie, cockie 等,给原来的单音节又是闭音节的 dad, mum, dog, cook 等后面加了个元音,总是有某种需要。词末的辅音常常不爆破,即使爆破也很微弱,所以听起来不清楚,尤其对于处于学话期的儿童,更是不利。赵元任(1959/2002:176)讲过个故事,他在一个火车站上听到有个外国人在大声招呼他人:“Duff! Duff!”可是在嘈杂的车站里那人就是听不见。赵先生说急得恨不得帮他招呼:“Duffoo! Duffoo!”——词末给它加个元音。

问题就在这儿,词末加个元音既可以“放大”前面的辅音,又可以延长,听起来肯定清楚多了。低元音音强大(Lehiste 1960;Zhu

1999;朱晓农 2005),北京话在加强语气时,零声的“了、呢、的”从混元音·le,·ne,·de 强化为低元音 la,na,da(郭小武 2000),但为什么儿童用语中加的是高元音[i]呢?

原因依然在“亲密高调”中。有三方面的原因使得 i 比 a 频率高。(1)其他条件不变的话,发高元音 i 时,基频要比 a 高十几赫兹,甚至二三十赫兹,这就是所谓的“元音内在基频”IF0(Lehiste 1960;Zhu 1999;朱晓农 2005)。(2)Fischer-Jørgensen(1978)证实元音辨别中的有关参数是(F2-F1)的值。高元音 i 的 F2 比低元音 a 高很多,F1 又低很多。英语 i 的 F2(2300—2400Hz)—F1(不到 300Hz)=2000 多 Hz,而 a 的 F2(约 1100Hz)—F1(700—800Hz)=300 多 Hz,i 的(F2—F1)的值大大高于 a。(3)发 i 时口腔共鸣腔比 a 小好多。因此,听者听 i 有尖细感,也就是高调感,而高调在这里负担起表亲密的功能。我们都有这体会,跟孩子说话,尤其是用他们的儿童语言说话时,充满了怜爱、疼爱。

4.3.2 香港女孩子取名字为什么爱用[i]?

香港好多女孩子起英文名,都爱用带[i]音的。例如以前我们总务办公室里四位女士,Mimi,Sissy,Winnie,Tracy,四个名字,八个元音,倒有七个半是那个最高的[i]。我的班上还有 Finnie, Lily, Edith, Fanny, Bonnie, Icy, Jackie, Ronnie, Annie, Polly, Cathy,Gibie,Poey,Mickey,Pearlie,Vivian,Silvia,Jenny,Heidi, Vicky,Peggy,Christy,Emily 等等等等。其实,不单单是她们的英文名,中文名也是如此。我随机取了五个班 140 多个学生的中文名,统计结果如下:

除去重复的以及非香港人,共 53 个女孩名。其中有 18 个

(三分之一强!)名字中有一个单韵母[i],如:Yi(仪伊怡绮)、Ni(妮)、Li(莉)、Sze(诗)、Tze(芷)、Chi(之志治)、Ki/Kee(琪)。而且声母绝大多数是零声母或齿音。相比之下,在68个男生名中,只有6个(仅8.8%)是单韵母[i],而且声母全部是腭音:Chi(志智)、Ki(期)。

这里有两个显著差异不是偶然的:一是i在男女名字中出现频率的差异(四倍),一是即使是i韵母,声母女孩倾向于用齿音ts,s,男孩用腭音tʃ,k。辅音中除阻部位前的一般比除阻部位后的辅音频率高(唇音除外,它跟软腭音相似)。原因在于前者爆破强,摩擦噪音大,共振峰转接明显(Ohala 1996:335)。还有个原因是齿音的共鸣腔比硬腭音小,比软腭音更小。所有这些因素都造成齿音ts,s是高频音,它们的能量集中区非常高,尤其在汉语中(英语s是龈音,约3500—8000Hz,汉语是齿音,4000—9000Hz,我测到的一些例字甚至高达12000Hz)。腭音,尤其是软腭音的能量集中区比较低,或者没有明显的能量集中区,听起来有低沉感。高元音再加上齿音tsi,si听感尤为尖细,用它来做名字的女孩子,当然不是偶然的,希望的就是让人有那种柔、弱、小的感觉,这容易引起异性的怜惜疼爱。这同样符合上述高调的生物学含义。

4.3.3 北京女孩子为什么说"女国音"

与此相仿的是北京女孩子的"女国音":把龈腭音tɕi,tɕʰi,ɕi发成齿音tsi,tsʰi,si,如:王府井 wang fu [tsiŋ]|学习[sye si]。到了成年结婚以后,又变回了龈腭音。

女国音最早的报道我记得是黎锦熙1926年版的《新著国语文法》。这以后数十年间很多人(赵元任等(见高本汉1940/95:

248 译者注）还提及“沈阳似有此读法”；徐世荣 1957，1979；陈松岑 1985；曹志耘 1987；胡明扬 1987；以及近年来语言学网站上的众多讨论）研究过。大多是从社会文化角度来讨论，认为是女孩子撒娇的“嗲音”，如胡明扬（1987）：“值得注意的是没有这种发音习惯的女青年一致认为：这么‘咬’音是要显得娇，以为这么说好听”（242）。“‘女国音’不是方言或舞台语言影响的结果，而是一种女性爱美心理对语言的影响”（243）。可见用尖细的声音表示撒娇早就被广泛注意到了，可以说是一条“社会公理”。而这条社会公理能成立，被广泛接受，在于更深层的生物学上“高调表小”的原因。

现代希腊语里也有类似现象，齿音 ts，还有 dz 在绝大部分词语里用来表示三种意思（Joseph 1994：223-225）。（1）小称后缀如：kor-í*tsi*“小女孩”；（2）“小，窄”如：*tsí*ta-*tsí*ta“刚好，几乎”，*tsí*xla“细，女”；（3）“不足，缺陷”。

4.4 音征词

以上所论反映了一个更大的问题：某些语音具有象征意义。

这其实用不着等到语言学家来发现。李清照遣造“寻寻觅觅，冷冷清清，凄凄惨惨戚戚”来表达她的心情时，谁都能体会到这些字音本身（齿擦音加前高元音）表达的“怎一个、愁字了得！”匈牙利诗人裴多菲 Sándor Pet ö fi（引自 Tsur 1992）对此有很自觉很明确的认识：

> 响音 m，n，l 更多地用在阴柔的诗里，清塞音 k，t 和滚音 r 用在阳刚雄壮的诗里。出于某种原因，这些音非常显著地

与攻击性负相关或正相关。

这个“某种原因”,就是很多语言学家探究的具有象征含义的音构成的词——音征词 sound symbolic words。有关音征词的研究开始很早,研究的结果也很多,但直到最近“高调表小”论出现以前,应该说是天才的猜想不少,反例也不少。中国学者也早已注意到这现象,例如王力(1980:543-545)认为,明母字(暮墓幕昧霾雾灭幔晚茂密茫冥蒙梦盲眇)常与黑暗义相关,阳部字(阳光明朗亮炳旺王皇章昌张扬刚强壮猛长永京广旷洋泱)常与光明、昌盛、广大、刚强等义有关。

Sapir(1929)做过一个非常有趣的实验。他准备了一些物品,都是一大一小成对的,又自拟了一些无意义的词,如 gil、gɔl 等。然后他让一些受试者用这些词去给那些物品命名。结果有显著倾向:gil 一类“细音”词都用来命名小号的物品,而 gɔl 一类“洪音”词则命名大号的。后来 Jespersen(1933),Jakobson & Waugh(1979),奥哈拉(Ohala 1982)都进行过这方面的研究。下面的例子取自奥哈拉(Ohala 1983,1984):

	小:高调	大:低调
Ewe	kísíkítsí	gbàbgàbgà
Yoruba	bírí	bìtì
	小:acute 元音	大:grave 元音
西班牙语	tʃiko	goɾdo ‘肥’
法语	pətit	gʁɑ̃
希腊语	micros	makrod

汉语方言中也有这种倾向,下表中的方言读音引自北大中文

系(1964:346)。"小"要么有i介音,要么元音开口度比"大"小。只有温州例外,不过也不算太例外,因为后元音比前元音更"洪"(grave)。声母"小"都是擦音,"大"都是塞音,如上裴多菲所言,塞音跟阳刚雄壮相关。

	小	大		小	大
北京官话	ɕiau	ta	长沙湘语	ɕiau	ta
西安官话	ɕiɑu	tɑ	南昌赣语	ɕieu	thai
扬州官话	ɕiɔ	tɑ		细	大
昆明官话	ɕiau	ta	温州吴语	sai	du
梅县客家话	sɛ	thai	广州粤语	sɐi	tai
潮州闽语	soi	tua	厦门闽语	sue	dua
苏州吴语	siæ	dəu	福州闽语	sɛ	tuai

所有这些都表明小和高调有关。当然也有个别反例,如small(小)和big(大)正好倒过来了(赵元任1959/2002:39)。但正如钱钟书所说,因为有例外,才显出正例。

唯一比较成系统的反例来自越南境内的一种孟高棉Mon-Khmer语Bahnar。Diffloth(1994)搜索Guilleminet & Alberty(1959)编的一部大型词典,找到两千个描绘性的词(很多是双声叠韵联绵词),发现用高元音表"大",低元音表"小",如:/halul/"特大嵌入物",/halol/"大嵌入物",/halɔl/"小嵌入物";/cəwiir/"大张嘴";/cəwɛɛr/"小嘴"。Diffloth(1994:113)的解释是,发高元音时舌头在口内占的容积比低元音大,加上发i时舌体两边碰到上臼齿,更增加了"大"的感觉。所以高元音也可能被下意识地用来象征"大"。这跟用气流通道大小(低元音通道宽大,高元音通道窄小)来象征"大、小”一样有种空间的感觉，所以都有可能用来象征尺寸大小。这个例子是表“大小”的反例，但不是音征词的反例。

4.5 粗嗓子什么时候变得尖细？

男人嗓门粗，尤其是五大三粗的壮汉，本身就声带较长较厚，再加有意识地表现“男子汉”气概，嗓音更显得低沉。这种低沉的声感会给人厚重、稳重的感觉。尤其对于异性来说，更增添了一种可靠的感觉。Carleton & Ohala (1980)做过一个听感实验，受试者的整体感觉是嗓音低沉的更有自信($-r=.88$)，更有统领感(the ‘dominant-submissive’ scale，$-r=.83$)，负相关程度极高。

那么什么时候男人的粗嗓子会变得尖细？——那就是谈恋爱和逗儿女的时候。这时男人说话会变得尖细。显然这是表示喜欢、亲密，要求拉近距离的下意识表现，跟小称用高调是出于同样的道理。

4.6 异曲同工

听过小提琴协奏曲“梁祝”的大概都记得，十八相送时是尖细的小提琴独奏，逼婚时是低沉的管鸣鼓擂。最近，俄亥俄州立大学音乐学院的 Huron 和 Kinney，与 SRI 公司言语技术研究室的 Precoda 合作做了个很有趣的实验(Huron *et al*. 2003)。§2 节里提到 Bolinger，Morton 等人，尤其是 Ohala 的工作，证明了人和动物的声调高低与统领和屈从等社会信号相关，这引起了 Huron 等人用纯粹乐调做实验的兴趣。他们从不同风格、文化中选了受试者可能没听到过的 36 段乐调，其中 3 段选自舒伯特、3 段韦伯、18

段欧洲传统民歌(捷克、丹麦、荷兰、英格兰、匈牙利、罗马尼亚、瑞士)、2段Hassidic圣歌、1段格鲁吉亚圣歌、3段非洲传统歌曲(Pondo,Xhosa,Zulu)、2段中国传统歌曲、1段美洲印第安歌曲(Ojibwa)、1段美国流行歌、还有2段任意组合的乐曲。完了放给41个受试者听。结果表明乐调高低的含义与生物的声调情况基本相同:高频率的乐调比低频乐调听起来更有服从感,较少威胁性。

5. 高调含义的扩展:高频

高调是一种高频现象,用声带的高频振动来表达拉近距离的要求。其实,其他高频动作也会有同样的"细小、低下、亲密、套近乎"的含义,如传统日本女性的小碎步、满族女子的高底木屐、汉族妇女缠小脚、西方女性穿高跟鞋所产生的碎步效果。

与此相反,低频率的"踱方步""八字步"则是一种表示地位优越的态度,它与"扬长而去"一样,是表示拉开距离的态度。随着现代化的进程和女权的提高,日本职业女性的步态已经不再是小碎步了;法国现任国防部长是位女性,她走八字步。

跟说话时用高调一样,女性比较多使用高频步子。不过男人也会。古代汉语有个"趋"字,就是走快步,是下属在上司面前的走路方式,用诚惶诚恐来表示恭敬,是下属取悦上司的方式,拉近与上司的关系。而退出时就是低频"慢慢儿地"退出。

这种接近时用快步,分开时用慢步的不由自主的天然频率在朋友,尤其是情人相会时最明显。见面时快步向前,甚至一路小跑;分手时慢慢离去,一步三停。

对于用高频动作表示弱小亲近,有两种解释:

(1) 高频小碎步是模仿儿童步伐,跟高调是下意识模仿儿童声音一样。

(2) 高频反映了肌肉紧张的状态,所以使得动作(包括声带振动)加快。而肌肉紧张的状态是跟地位低相关。地位高或自视高的,肌肉放松,走路慢而步子大,声带放松,声音也就低沉。地位低的或者自卑的,就容易处于一种紧张、戒备、焦虑、敏感的状态,从而使肌肉紧张,声带紧张,声调也就升高了。

6. 总结

本文从一种“高调表小”的动物行为学理论出发,考察了汉语方言中的小称调和其他高调现象,并提出了小称调来源于儿语的观点。

小称的初始义和核心义是亲昵。从生物学上来说,高调首先是表小,然后才有屈服、示爱、讨好等引申义。但语言中的昵称却是从示爱中发展出来的,表小则是附带、伴随的含义。从发生学角度看是先有昵称功能,再发展出附带的表小功能。从演化角度看是昵称功能先磨损,导致小称退化、泛化。成也昵称,败也昵称。所以,应该叫“昵称”affective 而不是“小称”diminutive。

东南方言中的两种小称变音,儿鼻化和高调化,是不同时代的独立产物,儿鼻化早于高调化。最初的小称即昵称。当小称不再有亲昵含义,而只是单单表小义时,它就成了中性的小称,这也标志着小称功能开始退化。高调小称是儿鼻小称的功能退化、消失后新起的小称形式。尽管两者产生的时代不同,形式也不同,但产生的理据却是一致的:都出于由怜爱婴儿所产生的联想。儿化是直接取了“儿”字的词汇意义,高调化则是取了与婴儿天然相关的能引起弱小、亲近、怜爱等感觉的高频尖细声。其实,按照一般常识来推理也是如此,儿化表小,因为“儿”本身就有小义;那么,高调凭什么来表小呢?如果它不跟“小”有关,能用来表小吗?

本文实地调查并用实验手段考察了汉语方言中发声态各异的多种小称变调形式:高升调伴有喉塞尾,高调继续升为超高调甚至使用假声,高调伴有整体紧张、降升调伴有嘎裂声等。发现尽管这些紧喉态迥然有异、与此相关的声调也高低有别,但它们的作用却是共同的:让高调更显豁,从而更明确地表达出这是个特殊的示爱表小的变调。由于这些紧喉发声态可以同时出现在同一个语言中用来伴随高调,所以只有高调是必要的,各种发声态本身是什么并不重要,重要的是都能用来突显高调。因此,汉语方言中发声态各异的高调小称完全有可能是各自独立发生的,当然产生的驱动力是一样的——都想突显高调。各种紧喉发声特征并不代表发展阶段,而都是用来强化高调的。说话人只是想利用一切可能的发声方式来帮助发出一种不同于一般高升调的具有示爱表小功能的高调。

由于高调示爱表小有生物学基础,是个随时可用,且取之不尽的资源,所以即使在目前没有“高调化”的语言中,也可能有高调示爱表小的现象。这些共时变异在必要时,即该语言要发展“高调化”时，能成为催化的晶核、扩散的源泉。

以上所说是从动物行为学角度加以引申。其实在认知语言学中也已经发展出一个“辐射范畴”Radial Category 来解释小称的历时和共时的各种不同的语义(Jurafsky 1996)。辐射范畴最早是Lakoff(1987)在他那本有名的著作中提出来的。Jurafsky 据此建立的小称模型预言，各种语言中的小称均起源于语义和语用与儿童有关的词语。现在看来，小称还有起源于与儿童有关的发音，甚至直接起源于儿语。

“亲密高调”的理论还可以用来解释很多看似毫不相关的、众所周知但又难以解释的语言现象，例如台湾“美眉”、北京“女国音”、香港女孩名等等。“亲密高调”还可以扩展为高频理论，用以解释某些躯体语言。

本项研究得到香港科技大学研究课题(DAG01/02. HSS04)的资助。几次田野调查得到麦耘、罗康宁、庄初升、陈启着、张军、寸熙等很多人的帮助。本文初稿曾在 The Second Kent Ridge International Roundtable Conference on Chinese Linguistics(11/2002, Singapore)上报告，后几稿又经传看，还被贴到东方语言学网上去遭挑剔，得到很多有益的反馈意见，如来自(按姓氏笔画)刘丹青、沈家煊、邢向东、麦耘、严修鸿、张洪明、张敏、杨亦鸣、陆丙甫、陆俭明、陈忠敏、项梦冰、郑张尚芳、陶寰、詹卫东、潘悟云等。在此一并表示感谢。

参 考 文 献

北京大学中文系 1964.《汉语方言词汇》.文字改革出版社.

曹广衢 1958.温岭话入声变调同语法的关系.《中国语文》7:340-341.

曹志耘 1987.北京话 tɕ 组声母的前化现象.《语言教学与研究》3:84-91.

曹志耘 2001.南部吴语的小称.《语言研究》3:33-44.

曹志耘 2002.《南部吴语语音研究》.商务印书馆.

陈松岑 1985.《社会语言学导论》.北京大学出版社.

陈忠敏 1992.宁波方言"虾、猪、鸡"类字声调变读及其原因.《语言研究》2:72-77.

陈忠敏 1993.邵武方言入声化字的实质.《史语所集刊》63(4):815-830.

陈忠敏 1999.论闽语的小称.*JCL* monograph No.14.

陈忠敏 2002.论广州话小称变调的来源.载潘悟云编《东方语言与文化》,167-181.东方出版社.

丁声树等 1961.《现代汉语语法讲话》.商务印书馆.

方松熹 1986.浙江义乌方言里的"n"化韵.《中国语文》6:442-446.

傅国通 1988.武义方言的变音.吴语研究国际学术会议研究论文,香港.

高本汉 1915—1926.《中国音韵学研究》中译本,赵元任、罗常培、李方桂译,1940 年第 1 版.1994 年缩印第 1 版.商务印书馆.

郭小武 2000."了、呢、的"变韵说——兼论语气助词、叹词、象声词的强弱两套发音类型.《中国语文》4:349-362.

何伟棠 1987.广东省增城方言的变调.《方言》1:44-48.

胡明扬 1987.北京话形容词的再分类.载所著《北京话初探》120-143.商务印书馆.

胡明扬 1991.北京话"女国音"调查.载所著《语言学论文选》230-243.中国人民大学出版社.原载《语文建设》1988.1.

江敏华 1998.《台中县东势客语音韵研究》.台湾大学硕士论文.

黎锦熙 1926.《新著国语文法》.商务印书馆.

李　健 1996.鉴江流域粤语的“儿”后缀和高升调.《方言》3:216-219.

李　荣 1979.温岭方言的变调.《方言》1:1-10.

李思敬 1994.《汉语“儿”[ɚ]音史研究》.商务印书馆.

林柏松 1990.顺德话中的变音.《第二届国际粤方言研讨会论文集》.暨南大学出版社.

梁玉璋 1989.福州方言的“囝”字.《方言》3:213-215.

鲁允中 1995.《普通话的轻声和儿化》.商务印书馆.

罗康宁 1987.《信宜方言志》.中山大学出版社.

马世平 2002.绥德方言形容词的一种特殊重叠形式.首届国际汉语方言语法学术研讨会,哈尔滨.

麦　耘 1990.广州话的特殊35调.《第二届国际粤方言研讨会论文集》.暨南大学出版社.

麦　耘 1995.广州话的语素变调及其来源与嬗变.载所著《音韵与方言研究》241-282.广东人民出版社.

潘悟云 1988.青田方言的连续变调和小称音变.《吴语论丛》238-248.上海教育出版社.

潘悟云 1995.“囡”所反映的吴语历史层次.《语言研究》1:146-155.

潘悟云 2000.《汉语历史音韵学》.上海教育出版社.

彭冰泉 2001.赣中赣西部分县市无规律高升调现象考察.全国汉语方言学会双年会论文,西安.

平田昌司 1982.“小称”变调.*Computational Analyses of Asian & African Languages* 21:43-57.

钱惠英 1991.屯溪方言的小称变调及其功能.《方言》3:200-203.

秋谷裕幸 2001.《吴语江山广丰方言研究》.日本爱媛大学.

唐　虞 1932.儿(ɚ)音的演变.《史语所集刊》二本四分:457-467.

陶　寰 2002.吴语泰顺方言音系.手稿.

汪国胜 1996.湖北大冶话的情意变调.《中国语文》5:355-360.

王　力 1980.《汉语史稿》新1版.中华书局.

汪　平 1981.贵阳方言的语音系统.《方言》2:122-130.

伍　巍 2002.粤北龙归土话的小称研究.第11届 International Association of

Chinese Linguistics 会议论文，日本爱知大学。
项梦冰 2002.连城姑田方言的小称变调.中国东南部方言比较研究第九届国际研讨会论文，杭州.
邢向东 1996.神木方言的儿化变调.《方言》1:52-55.
徐世荣 1957.北京话里的土词和土音.《中国语文》3.
徐世荣 1979.普通话语音和北京土音的界限.《语言教学与研究》1.
颜　森 1993.《黎川方言研究》.社科文献出版社.
严修鸿 2000.再谈连城方言浊上字的调类分化——回答项梦冰先生的读后札记.《开篇》20:168-181.
叶国泉、唐志东 1982.信宜方言的变音.《方言》1:47-51.
余霭芹 2002.韶关方言的变音初探.中国东南部方言比较研究第九届国际研讨会论文，杭州.
张洪年 2000.早期粤语里的变调.《方言》4:99-312.
赵日新 1999.徽语的小称变调和儿化音变.《方言》2:136-140.
赵元任 1928.《现代吴语的研究》.清华学校.
赵元任 1929.韶州和湾头村的调查手稿，转引自余霭芹 2002.
赵元任 1959/2002.《语言问题》.收于《赵元任全集·第1卷》.商务印书馆.
郑张尚芳 1979.温州方言的儿尾.《方言》2:28-60,70.
郑张尚芳 1980.温州方言儿尾词的语音变化(一).《方言》4:245-262.
郑张尚芳 1981.温州方言儿尾词的语音变化(二).《方言》1:40-50.
郑张尚芳 1986.皖南方言的分区.《方言》1:8-18.
郑张尚芳 1994.汉语声调平仄之分与上声去声的起源.《语言研究》增刊.
郑张尚芳 2002.方言研究对汉语研究的重要意义.首届国际汉语方言语法学术研讨会论文，哈尔滨.
周祖瑶 1987.广西容县方言的小称变音.《方言》1:58-65.
朱晓农 1996.上海音系.《国外语言学》2:29-37.
朱晓农 2002a.台州方言中的嘎裂声中折调.庆祝《中国语文》创刊五十周年国际学术研讨会论文，南昌.收入《庆祝〈中国语文〉创刊五十周年纪念论文集》.商务印书馆，2004.
朱晓农 2002b.韶关话的小称调和嘎裂声.首届国际汉语方言语法学术研讨

会论文,哈尔滨.

朱晓农 2003.解开紧喉之谜.第三届国际吴方言研讨会论文,上海.

朱晓农 2003/1.信宜、高州、容县、藤县 2003 年 1 月实地录音材料.

朱晓农 2004.论分域四度标调制.第 12 届国际中国语言学学会年会暨第 2 届汉语语言学国际研讨会论文,天津.

朱晓农 2005.实验语音学和汉语语音研究.《南开语言学刊》第 5 期,1—17.

庄初升 2002.粤北土话的小称变音.第 11 届 International Association of Chinese Linguistics 会议论文,日本爱知大学.

庄初升、林立芳 2000. 曲江县白沙镇大村土话的小称变调.《方言》3:236-242.

Bolinger, D. 1978. Intonation across languages. In Greenberg (ed.) *Universal of Human Language*. 471-524. Stanford: Stanford University Press.

Carleton, M. &J. Ohala 1980. The effect of pitch of voice on perceived personality traits. *Annu. Meet. Kroeber Anthropol. Soc.*, *Berkeley*.

Chao, Yuan Ren 1947. *Cantonese Primer*. Cambridge, MA: Harvard University Press.

Chen, Zhongmin 1999. The common origin of diminutives in southern Chinese dialects and Southeast Asian languages. *Linguistics of the Tibeto-Burman Area* 22.2.

Clark, John & Colin Yallop 1995. *An Introduction to Phonetics and Phonology*, 2nd edition. Oxford: Blackwell.

Diffloth, Gérard 1994. *i*: big, *a*: small. In Ohala *et al*. (eds.) 1994, 107-114.

Fischer-Jørgensen, E. 1978. On the universal character of phonetic symbolism with special reference to vowels. *Studia Linguistica* 32.80-90.

Fry, D.B. 1979. *The Physics of Speech*. Cambridge University Press.

Guilleminet, P. & J. Alberty 1959. *Dictionnaire Bahnar-Français*, 2 vols. Paris: Ecole Française d'Extrême-Orient.

Guthric, R.D. 1970. Evolution of human threat display organs. *Evolutionary Biology* 4.257-302.

Hombert, Jean-Marie 1978. Consonant types, vowel quality, and tone. In Fromkin, V. (ed.), *Tone: A Linguistic Survey*. New York: Academic Press.

Hombert, J.-M.; J. J. Ohala, and W. G. Ewan 1979. Phonetic explanations for the development of tones. *Language* 1. 37-58.

Huron, David; Daryl Kinney & Kristin Precoda 2003. Relation of Pitch Height to Perception of Dominance/Submissiveness in Musical Passages. From web cite: http://www.music-cog.ohio-state.edu/Music829D/smile.html.

Joseph, Brian D. 1994. Modern Greek *ts*: beyond sound symbolism. In Ohala *et al*. (eds.), 222-236.

Jurafsky, Daniel 1996. Universal tendencies in the semantics of the diminutive. *Language* 72(3). 533-578.

Labov, William 2001. *Principals of Linguistic Change: Social Factors*. Cambridge, MA: Blackwell.

Lakoff, George 1987. *Women, Fire, and Dangerous Things*. University of Chicago Press.

Ladefoged 1982. *A Course in Phonetics*, 2nd edition. London: Harcourt Brace Jovanovich.

Lehiste, Ilse 1970. *Suprasegmentals*. Cambridge, MA: MIT Press.

Ohala, John 1983. Cross-language use of pitch: an ethological view. *Phonetica* 40. 1-18.

Ohala, John 1984. An ethological perspective on common cross-language utilization of F0 of voice. *Phonetica* 41. 1-16.

Ohala, J. 1994. The frequency code underlies the sound-symbolic use of voice pitch. In Ohala *et al*. (eds.) 1994, 325-347.

Ohala, J.; L. Hinton & J. Nichols (eds.) 1994. *Sound Symbolism*. Cambridge University Press.

Peterson, G. E. & J. E. Shoup 1966. A physiological theory of phonetics. *Journal of Speech and Hearing Research* 9. 5-67.

Sapir, Edward 1929. A study of sound symbolism. *Journal of Experimental Psychology* 12. 225-239.

Sprigg, R. K. 1978. Phonation Types: a reappraisal. *Journal of the International Phonetic Association* 8. 2-17.

Wendahl, R.; G. P. Moore & H. Hollien 1963. Comments on vocal fry. *Folia Phoniatisca* 15. 251-255.

Wierzbicka, Anna 1984. Diminutives and depreciatives: semantic representation for derivational categories. *Quaderni di Semantica* 5. 123-130.

Tsur, Reuven 1992. *What Makes Sound Patterns Expressive?* Duke University Press.

Zhu, Xiaonong 1999. *Shanghai Tonetics*. Muenchen, Germany: Lincom Europa.

（原载《当代语言学》2004 年第 3 期）

附录 1:韶关小称变调语图(高升 / 喉塞尾 / 嘎裂声)

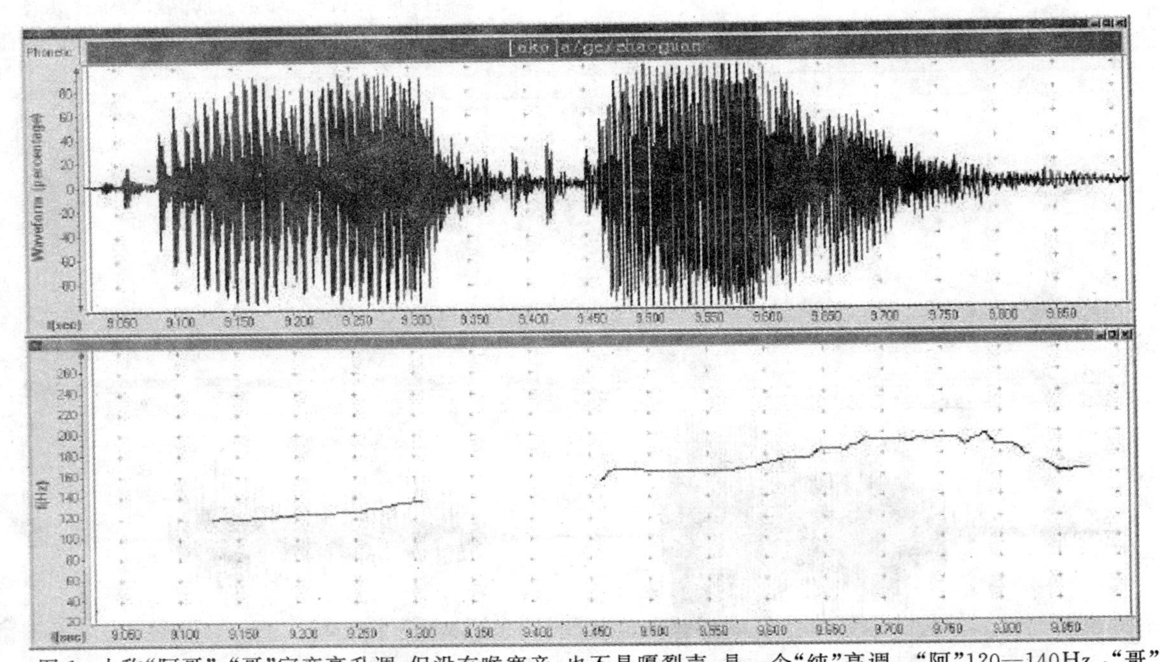

图 1. 小称“阿哥”,“哥”字变高升调,但没有喉塞音,也不是嘎裂声;是一个“纯”高调。“阿”120—140Hz ,“哥”160—199Hz。发音人普通说话调域为 70—150Hz。

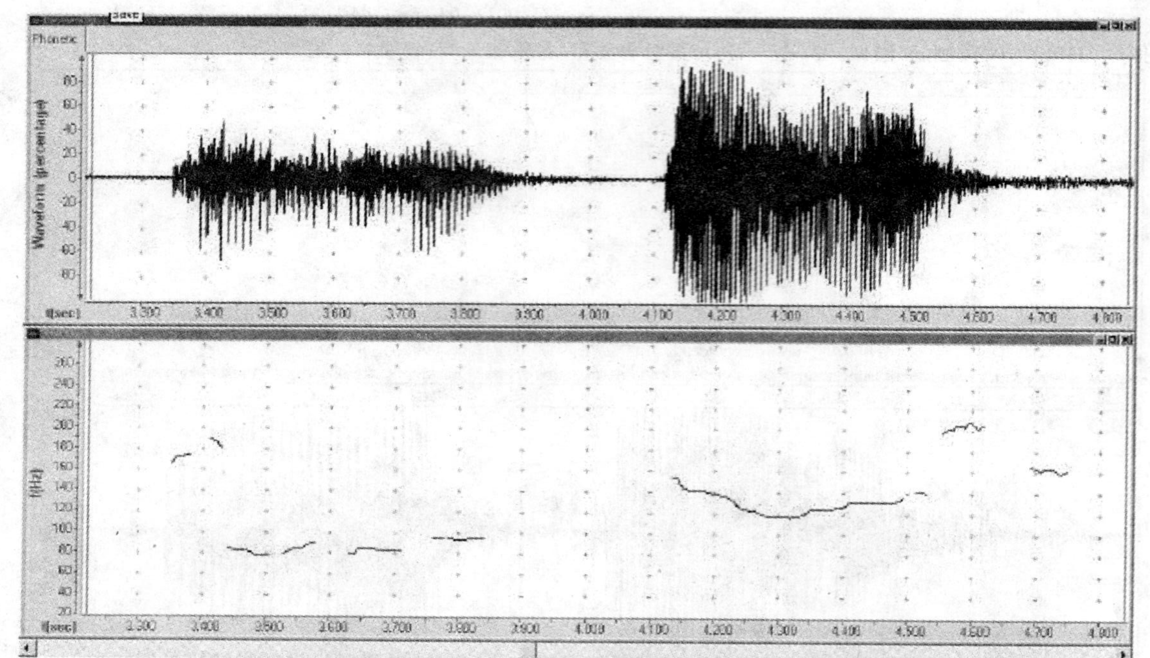

图 2.“凳”tE^{21}，左面原称，不到 100Hz。右面小称，整体音节紧张，最后阶段声带突然收紧，声调突升，最后带喉塞音。小称“凳”的基频 142—116—206Hz。

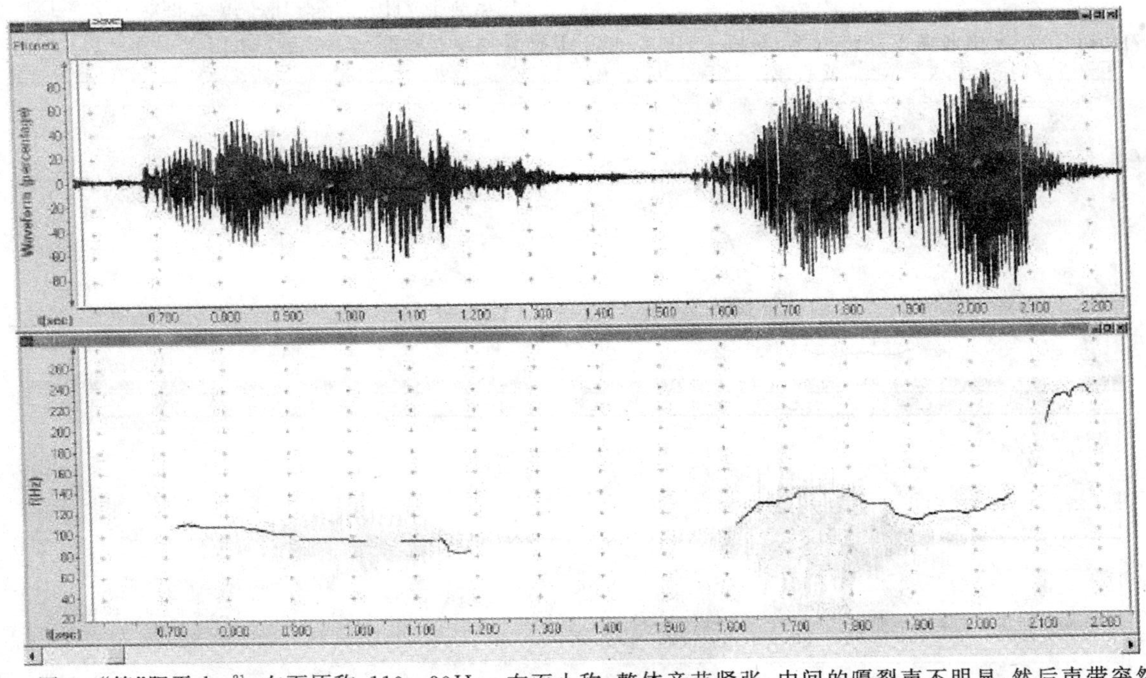

图 3. “篮”阳平 luə[21]，左面原称，110—90Hz。右面小称，整体音节紧张，中间的嘎裂声不明显，然后声带突然收得很紧，陡升为超高调，有喉塞尾。“篮”的基频为140—110—230Hz。

附录 2：信宜小称变调语图（超高调，甚至假声）

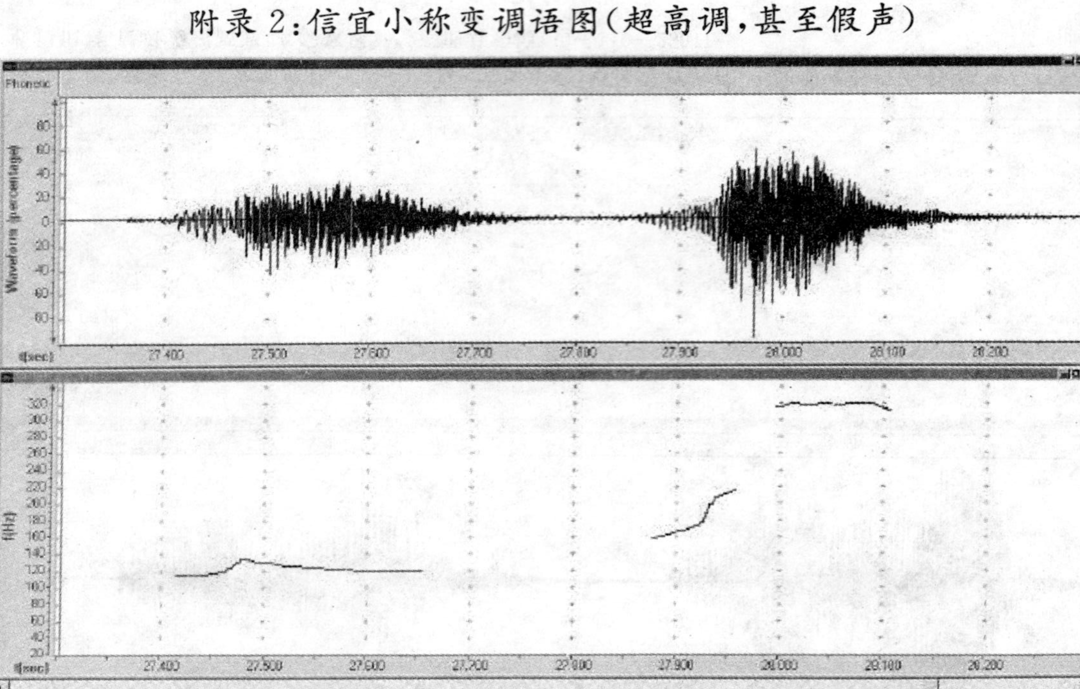

图 4. 信宜发音人 LDH（男、35 岁，正常发声时基频在 100—200Hz）所发“麦”mɐk。左原称阳入[22]，120Hz 上下。右小称超高调[↗]，高达 320Hz，带假声。

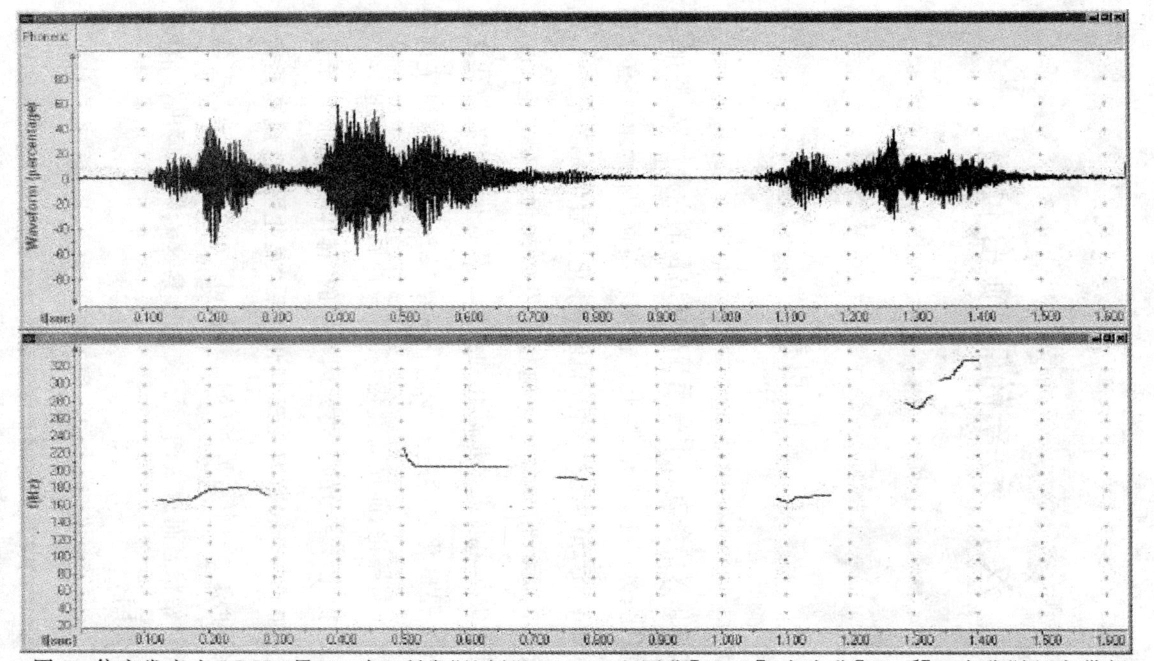

图 5. 信宜发音人 LDH（男、35 岁）所发“笠衫”ləpsɐm。左原称[44 55]，右小称[44 ↗]。小称“衫”字带假声，基频高达 333Hz。LDH 的小称调最高达 340 多Hz。

汉语元音的高顶出位*

1. 引言

本文讨论汉语各方言中高元音高顶出位的六种情况：擦化、舌尖化、边擦化、鼻音化、央化、裂化。前四种高顶出位大体上有个次序，擦化（如 i>i$_{ʑ}$）最早，舌尖化可能在擦化之后（如 i>i$_{ʑ}$>ɿ），也可能直接从高元音出位而来。边擦化发生在舌尖化之后（tsɿ>tɬl̩/ʅ），是舌尖化之后进一步高化的结果。鼻音化发生在擦化之后（i>i$_{ʑ}$>ȵi），是擦化之后进一步高化的结果。文章还探讨了两种高顶出位（前高擦化、前显高裂化）和另一种后显低裂化的驱动力。造成高元音擦化（i>i$_{ʑ}$）的主要原因是 y 的“排斥”。造成高元音前显高裂化（如 i>e^{j}）的原因在于高化以后“显化”。造成高元音后显低裂化，即增生一个后滑音（如 ɿ>ɿ^{ə} | ɯ>ɯ^{ə}），是由于调音器官回复发音初始状态而造成的。下文先考察这六种高顶出位情况，然后探讨原因。

---

* 本文初稿曾在首届历史语言学研讨会（温州，2002 年 5 月）上报告。本项研究得到香港科技大学研究项目（DAG01/02. HSS04）的资助。

2. 高顶出位的六种方式

汉语各方言中有一种很普遍的音变现象，那就是舌面高元音 i，y，u 高化到顶后继续高化，导致了一些比较特殊的音变，即所谓的“元音高顶出位”。高顶出位有六种情况：擦化、舌尖化、边擦化、鼻音化、央化、裂化，见【1】。

【1】 高顶出位的六种方式

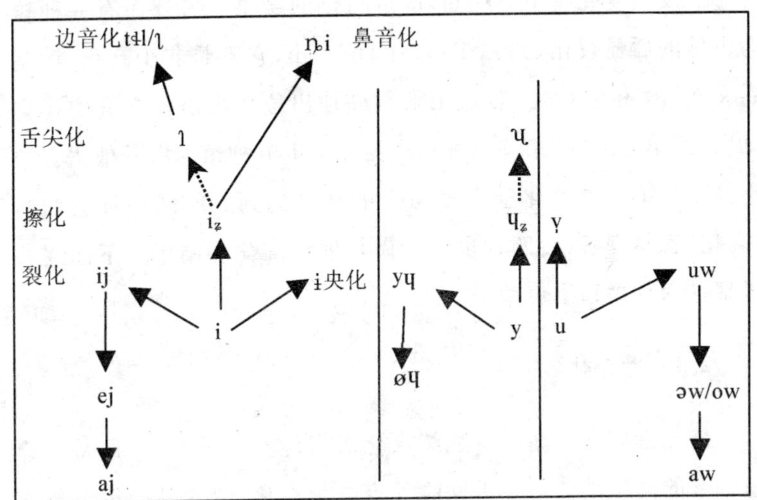

以变化情况最多的前高元音 i 为例：

【2】 i死	>			iʑ	上海	（1）
	>	（iʑ）	>	ɿ	北京	（2）
	>	ɿ	>	tɬl	徽语	（3）

> iʑ > ȵi 温州 (4)

i 儿 > ɨ 山东寿光 (5)

i 死 > ij 广州郊外 > ej/ɐj 广州城内 (6)

(1)摩擦化,如“死”的韵母中古以后是*i,现在上海话中变成iʑ(=ʑ);(2)舌尖化,再进一步就变成像北京话中的舌尖元音ɿ(=z̩,严格地说是ɹ̩);(3)边音化,再进一步就变成了徽语中的tɬl/ʅ;(4)鼻音化,如“样”字声韵母在温州一带变成ȵi;(5)央化,如“儿”的韵母在山东寿光话中变成了舌面央元音ɨ;(6)裂化,广州城内外“死”发成复元音ij>ej/ɐj,也是高化的结果。另外还有一种较为少见的后显裂化,如i>iᵊ|ɿ>ɿᵊ|ɯ>ɯᵊ,它不是起于高化,详见后文§2.4和§3.3。第1、第2种高顶出位在汉语各方言中司空见惯,但第3、第4、第5三种很少见。以上五种情况在其他语言中不多见。第6种裂化在很多语言中都可见到。前两种称它们为“高化”容易理解,后四种也可看做是继续高化的结果。下面逐一考察这六种高顶出位情况。

2.1 摩擦化

高元音擦化是高元音继续高化而出位的结果之一,这是最容易理解的高顶出位。当舌面高元音继续高化,原先已经很窄的高元音气流通道进一步变窄,此时如果气流量相应减弱,就会变成近音approximant。如果气流量不相应减弱,那么,层流在通过变窄的孔道时就会变成湍流,从而产生摩擦。

吴语中的高元音摩擦化现象很普遍,例如中派上海话的后高元音u就有明显摩擦(Zhu 1999)。如“夫妇”实际上是一种同部位的摩擦 fy̩ y̩，发音时从 f...u 调音器官一动不动，可以看成唇齿擦音 v 音节化了。另外，“胡护舞”wu 等字在上海话中有感觉得到的双唇擦化感：$u_{β}$。把上海话的 fu 和 wu 分别同英语的 food 和 wood 比一下就知道差别是很大的。同样把诸如“午吴”发成 $u_{β}$/y̩ 的还有松江、黎里、嘉兴、绍兴、余姚、宁波等很多北部吴语，甚至南部的衢州（钱乃荣 1992：78-79，原书记为 vy̩）。再进一步，这个同部位的微弱摩擦会变成擦音韵尾 $u_{β}$＞uβ，例如山西祁县青少年：暴 $p^{hə}$uβ｜赌 $t^{ə}$uβ｜猪 $ts^{ə}$uβ｜姑 $k^{ə}$uβ｜胡 $x^{ə}$uβ｜五ˀuβ（徐通锵、王洪君 1986：46-47）。

上海话的前高元音 i 也有明显摩擦（Zhu 1999）。例：鸡 $tɕi_{ʑ}$｜欺 $tɕ^{h}i_{ʑ}$｜骑 $dʑi_{ʑ}$｜死 $ɕi_{ʑ}$｜齐 $i_{ʑ}$｜椅 $ʔi_{ʑ}$｜移 $ji_{ʑ}$。费国华（Rose 1981）把镇海话里同样带摩擦的高元音叫做“紧元音”strident vowel，还仿造同部位擦音 ɕ，ʑ，设计了一个音标ʑ̩来表示。从汉语中大量存在擦化 i 的情况来看，如费国华那样另创一个ʑ̩的办法较好，因为这可以让概念固化下来。这跟为大量存在的自成音节或用作韵核的近音化的 z（＝ɹ）另创一个 ɿ 音标是一个道理。我以前把它标为成音节的 ʑ，不如费国华的ʑ̩好。但由于没有现成的ʑ̩这个音标，本文用 $i_{ʑ}$ 来代替。吴语的很多方言的止蟹三四等开口字中出现了这个擦化的 $i_{ʑ}$，如丹阳童家桥、靖江、江阴、常州、苏州、吴江黎里、吴江盛泽、金华等地：比闭 pi_{j}｜批屁 $p^{h}i_{j}$｜皮币 bi_{j}｜谜味 mi_{j}｜低帝 ti_{j}｜体提 $t^{h}i_{j}$｜提弟 di_{j}｜离李 li_{j}｜鸡基 $tɕi_{j}$｜奇旗 $dʑi_{j}$｜泥疑 $ȵi_{j}$｜衣医 $ʔi_{j}$ 等（钱乃荣 1992：214ff，他用的音标是 i_{j}）。

粤语广州东郊文冲（李新魁 1995：109-110）豪韵字 au＞*ɔ＞

*o>u,这就跟原来的模韵字发生了冲突。结果模韵字发生分裂:非喉牙音字与豪韵合流,而喉牙音字则被推出位 u>ɣ̩,如:孤kvu|乌 vu。vu 就是成音节的 v;kw,kw^h,w 声母带唇齿浊擦音色彩。

粤北土话韶关话(黄家教、崔荣昌 1983:100):"u 跟 k,k^h,h,f 相拼时不圆唇,摩擦成分较重,实际音值是ɣ̩。"如:该 kɣ̩^{213} | 苦 k^{h}ɣ̩^{24} | 开 hɣ̩^{14} | 夫 fɣ̩^{214} 。案:f 后面是ɣ̩,h 后面只能是β̩。k k^h 后面跟ɣ̩,β̩都可以。

2.2 舌尖化

前元音舌尖化可以是直接从 i>ɿ,但更可能是经通过擦化的 i$_ʑ$ 这个阶段。擦化的舌面高元音 i$_ʑ$,y$_ʑ$ 如果继续高化而不堵塞声道的话,就会变成舌尖化元音 ɿ,ʮ。按说舌尖元音的收缩点(stricture)并不比舌面高元音更逼仄,但它产生一种更高更紧的感觉,这里可能有三个原因:(1)翘起舌尖有一种提高的"通感";(2)舌尖元音的舌位和发音已经很接近于辅音 ɹ/z 了;(3)由于这个元音变化,还导致了声母变化(tɕ>ts),齿音 ts 的能量集中区频域远高于龈腭音 tɕ,听感上更高、更尖锐。

汉语舌尖化发生很早,邵雍《皇极经世·声音倡和图》中把止摄(支脂之微)开口精系字放在一等地位(开),而不是三、四等(收、闭),说明在北宋这些字的韵母已经从*i 变成了*ɿ。

除了止摄三等、除了齿音声母,现代汉语各方言如吴语、徽语、晋语、官话、客家话中还有其他舌尖化情况,说明这是个能产的音变,自然的音变。

北部吴语中这种情况非常普遍，涉及舌尖化的有两类字：

(1) 遇摄三等鱼虞韵字如：除猪着箸储锄梳疏诸书舒煮处暑鼠署薯如汝鲀，诛株蛛厨拄柱驻注住数朱珠枢输殊主竖蛀铸树儒乳。这类字的舌尖化不引人注目，一则因为变化较早。二则因为变化条件与历史上止蟹三四等一样，基本上都是舌齿音声母字。三则鱼虞韵的变化很复杂，涉及前化、裂化、舌尖化、摩擦化等等，舌尖化淹没在其中。后文将讨论它的裂化问题。这类字的演变过程是：* iu＞Çy（江阴、南汇和松江的部分字）＞Çy$_{ɥ}$（丹阳、宜兴、靖江、绍兴、诸暨）＞Sɥ（常州、无锡、苏州、昆山、黎里、盛泽、嘉兴）＞Sɿ（上海、崇明、太仓、宝山），记音根据钱乃荣（1992：86-89）。大写的 Ç 表示 tɕ，tɕʰ，ɕ 系列，大写的 S 表示 ts，tsʰ，s 系列，下同。

(2) 止蟹三四等开口喉牙唇音字：这类字的舌尖化比较引人注目，一则它发生得较为晚近，在有些方言中即使已经完成，也“去古未远”，在另一些方言中它还正在进行或仅仅是共时变异。二则它把历史上的止蟹三四等字的舌尖化从舌齿音扩大到了喉牙音，在有些其他方言中甚至扩大到了唇音字。

我最早是在 1970 年代听到一个上海女孩子 ZY 把“衣裳”说成 ɿ^{1} zɑŋ^{6}。苏州很多年轻人现在也把“衣”说成 ɿ^{1}（汪平 2002）。北部吴语这种情况很普遍，如溧阳、丹阳、双林、诸暨、崇明等地都把“比批皮”发成 ɿ（钱乃荣 1992：214-215，原书记为-i$_{z}$）。南部吴语衢州话（钱乃荣 1992：224ff.）止蟹三四等字如：鸡基祭济$_{ts}$溪欺$_{ts^{h}}$奇旗$_{dz}$戏洗细$_{s}$齐$_{z}$。有些还在异读阶段如：稀喜妻 ɕi/tsɿ。丽水地区全境都能看到，如丽水、青田、景宁、云和等。丽水例：洗＝喜＝死 sɿ^{3} | 举＝主＝嘴 tsɥ^{3}（曹志耘 2002：169）。遂昌例：寄$_{ts}$骑$_{dz}$气$_{ts^{h}}$（曹

志耘 2002:232-4)。温州话止蟹三四等喉牙音字如:鸡几基计继寄$_{ts}$溪牺希稀喜戏$_{s}$ 欺$_{ts^h}$ 期$_{dz}$(北大中文系 1989:84-93);一个刚变或正在变的例子是"衣裳",原来是 i^{1}i^{6}(郑张 1979),但现在已经有 ɿ^{1}i^{6}这样的说法了(马贝加见告)。金乡话"饥欺齐旗"等止摄开口三等字和"邪姐蛇写借"等假摄开口三等字韵母都是 ɿ(颜逸明 2000:11)。

客家话——粤西廉江市青平客家话"止摄的部分字女性发音人读 ɿ,男性发音人读 i"(李如龙等 1999:17)。

晋语——西区的离石、汾阳、沁县止蟹字如:鸡饥$_{ts}$西洗$_{s}$ 衣姨疑$_{z}$(离石 nzɿ)。"泥"nzɿ 舌尖化的除了汾阳、离石外,还有祁县、文水、汾西;沁县是 mɿ(侯精一、温端政 1993:156-161)。

官话——合肥舌尖化范围很广,各类声母都有:彼鄙比敝毙闭秘$_{p}$批坯披皮疲脾屁$_{p^h}$ 迷谜弥米泥$_{m}$ 低底抵帝弟第地$_{ts}$ 堤梯题啼体替涕$_{ts^h}$ 尼呢腻离礼李里理丽隶利$_{l}$鸡几机讥饥基$_{ts}$妻凄欺期器$_{ts^h}$ 西犀溪牺希稀洗喜细戏$_{s}$医衣依仪移姨$_{0}$(北大中文系 1989:71-96)。金坛西岗镇话原来属吴语,由于人口迁徙,现在除了少数老年人,都已改用江淮官话。其止蟹三四等字现在出现了舌尖元音异读:鸡基祭济 tɕi$_{ʑ}$/tsɿ$_{z}$,溪欺齐奇旗 tɕ^{h}i$_{ʑ}$/ts^{h}ɿ$_{z}$|西洗细 ɕi$_{ʑ}$/sɿ$_{z}$|医衣椅 i$_{ʑ}$/ɿ$_{z}$(钱乃荣 1992:228ff)。在我的调查笔记中,记着四位新疆乌鲁木齐和库什的女性口语中说"皮 p^{h}ɿ 鞋""衣 ɿ 服",她们的年龄从 20 出头到 40 岁。青海乐都方言止蟹开口字(除了知系)和深臻曾梗入声字都变成 ɿ;鱼虞(除帮知)和臻通入声字都变成 ɥ:低=资=集=鸡 tsɿ^{13}|提=雌=七=棋 ts^{h}ɿ^{13}|死=洗=喜 sɿ^{13}|一 zɿ^{13}|泥女腻 mɿ|祖=举 tsɥ^{53}|育 zɥ^{13}(曹志耘、邵朝阳 2001:374)。

徽语——歙县、绩溪一带的例字见下表(郑张尚芳 1995, 2002,郑张的 j=iᶻ):

【3】	鼻	地	儿	鼻	地	儿
歙县城鱼梁	phi	thi	tɕj	i	i	iᶻ
歙县杞梓里	pj	tj	tsɿ	iᶻ	iᶻ	ɿ
绩溪城关	phɿ	tshɿ	tsɿ	ɿ	ɿ	ɿ

前文说舌尖化更可能是摩擦化以后进一步高化的结果。这是从中派上海话 i 普遍带有摩擦,但只有个别字开始舌尖化来推断的。徽语中的情况更清楚地表明,i 高化为带摩擦的 iᶻ,然后舌尖化。在歙县城鱼梁,“鼻地”还是普通的 i,但“儿”的元音已经摩擦化了。到歙县杞梓里,“鼻地”都摩擦化了,而“儿”则进一步舌尖化了。再到绩溪城关,城里的语音变化一般快点儿,那三个字都舌尖化了。

前高元音的舌尖化 i>ɿ/ʅ 按声母不同有个次序(徐通锵、王洪君 1986;徐通锵 2001)。按照表【4】中官话和徽语中历时演变和共时分布的情况来看,基本上与徐、王的观察相同,仅零声母的次序稍有不同。先是齿擦音/塞擦音声母(精系)si>sɿ。接下去是龈腭音声母(见晓细音)ɕi>sɿ,以及零声母(影喻)i>ɿ。然后是齿塞音声母(端系)ti>tsɿ,最后是唇音声母(帮系)pi>pɿ。用蕴含的方式来表示的话就是:P→T→Ø/Ç→S,如果唇音声母 P 后的 i 舌尖化了,蕴含着齿塞音 T 后的 i 也舌尖化了,意味着喉音 Ø、龈腭音声母 Ç 后的 i 更早就舌尖化了,蕴含着齿擦音已经舌尖化了。卷舌音声母(知照系)后的元音卷舌舌尖化 ʂʅi>ʂʅ 发生得也比较早,大概仅次于齿音。

【4】	龈腭 Ç	喉 Ø	齿塞 T	唇 P
歙县城鱼梁	$i_{ʑ}$		i	i
歙县杞梓里	ɿ		$i_{ʑ}$	$i_{ʑ}$
金坛西岗	$i_{ʑ}$/ɿ	$i_{ʑ}$/ɿ	ɿ	$i_{ʑ}$
绩溪城关	ɿ		ɿ	ɿ
合肥	ɿ	ɿ	ɿ	ɿ

舌面元音 i 的舌尖化的过程中是可能有一个舌叶音的过渡阶段：tɕi＞tʃï＞tsɿ/ʅ(ï 表示与舌叶音同部位的元音)。例如温州方言“鸡”字：瑞安 tɕi＞温州老派 tʃï＞温州新派 tsɿ(据潘悟云)。湘语祁阳方言有整套舌叶声母 tʃ,tʃʰ,dʒʰ,ʃ,ʒ,杨时逢(1974,吴宗济调查)的描写是：“tɕ,tɕʰ,ɕ 部位略带舌尖音,近似 tʃ,tʃʰ,ʃ 的倾向。”李维琦(1998:13-16)认为应该就是舌叶音,而且后面跟的是“舌叶元音”,他用卷舌元音符号 ʅ 表示。这类字(除了知章系字外)包括见精系字如：鸡欺期|西妻济。舌叶音的发音部位是龈腭和舌尖后和舌面前的一小片前舌片(舌叶),如果后面不是严格的 i,而是同部位的“舌叶元音”,那跟一般舌面元音是有点不同,这可能是向舌尖化演变的过程中。山东也有舌叶音,如龙口：济＝治 tʃi|昔＝湿 ʃi;诸城：机＝知 tʃi(钱曾怡 2001:51-52)。但这儿的 i 是普通的 i 还是如温州、祁阳的“舌叶元音”还不清楚。

从本节内讨论的各方言中的情况,可以看成音变的各个阶段。上海女孩 ZY 代表着最早的随机偶发现象,很多音变就是从少数人偶发变音开始的。新疆、廉江代表着进行阶段,更多的女孩子有了变读。再下一个阶段是苏州话,男青年也参与进来了。温州话可能介于苏州话和金乡话之间的阶段。到衢州、金乡等则已经变定了。另一个值得注意的现象是女性领导音变(“the leadership of women"，Labov 2001:290-291），如上海女孩 ZY 和粤西廉江市青平客家话。从上面这些共时的例子，可以大致构拟一个如下的历时过程：

个别女孩	一些/全部女孩	年轻人	全部人
个别字	很多字	很多字	全部字
上海	新疆	苏州	衢州、金乡
	廉江	温州	

先是发生在个别女青年身上个别字的共时变异，然后在人群和词汇两方面扩散，然后再蔓延到男青年身上，最后扩大到整个社团和全部有关字。

2.3 边音化

上面谈的都是元音高化，实际上同时也涉及辅音的变化，如元音舌尖化的结果不仅是 i>ɿ，辅音也由 tɕ>ts。这也可以看成是辅音高化，像元音的舌尖化一样，有一种翘起舌尖的提高感，而齿音 ts 的能量集中区频域高于龈腭音 tɕ，听感上更高、更尖锐。

舌尖音节 tsɿ 再继续高化就会变成 tɬl。为什么说这种音变是"继续高化"呢？发 tsɿ 时舌尖先是顶在齿龈处，然后舌尖稍稍降低，漏出中缝信道，发出擦音 s 和同部位的 ɿ。而发 tɬl时，舌尖也是先顶在齿龈处，不过舌尖不再降低，而是继续维持高部位，只是稍稍让出两厢，发出了边擦音 ɬ 以及同部位弱擦的、成音节的近音 l。当然我们也可以说这是元音继续高化，如果我们设计一个与 l 同部位的元音符号来表示的话，这只是概念系统中重新安排的问题。发 tɬl时如果舌尖往后一滑，也就是往更高的齿龈后、硬腭前部一滑，就发出翘舌顶音 tɬʅ。

这种舌尖化后的继续高化——边音化，在徽语绩歙片中可以看到。下面的例子取自郑张(2002:101)，方言名称上的上标数字表示阴平调值：

【5】	歙县^{31}	岩寺^{42}	杞梓里^{42}	旺川^{21}	绩溪^{31}	黄山^{55}	深渡^{31}
基	tɕi	tɕj	tʂj/tsɿ	tɕi	tsɿ	tɕi	tɕj
知	tɕi	tɕj	tɕj	tɕi	tsɿ	tɬʅ	tɬʅ^{42}
支	tɕi	tɕj	tɕj	tsɿ	tsɿ	tɬʅ	tɬʅ
资	tsɿ	tsɿ	tsɿ	tsɿ	tsɿ	tɬʅ	tɬʅ

歙县“基知支”是普通高元音，只有“资”舌尖化了。岩寺和杞梓里格局相同，不过“基知支”的元音摩擦化了。到旺川“支”也舌尖化了，到绩溪全都舌尖化了。到黄山和深渡，舌尖化了的字进一步边音化了。在徽语中可以看到一条完整的演变链：普通 i＞擦化 i_z＞舌尖化 tsɿ＞边擦化 tɬl/ʅ。

2.4 鼻音化

元音高顶出位进而涉及辅音的，还有一种极少见的鼻音增生现象：i＞i_z＞ȵi。上面说边音化是舌尖高化，顶住龈腭处不放下来，只低下两厢漏气。鼻音化则是连两厢都不低下来，气流只能从更高的鼻腔逸出。这种情况是潘悟云君辨认出来的，他在阅读本文手稿时，突然想到温州话里有些音韵地位很难确定的口语词的发音，很可能是 i 进一步鼻音高化的结果，如：

温州：何样 ga^{2} ȵi^{0} | 别样 bi^{8} ȵi^{0} | 不像兵不像民 fu^{3} ȵi^{0} peŋ^{1} fu^{3}

ȵi^{0} meŋ^{2}

温州话中古阳韵字 * iaŋ 失落韵尾并高化为 i，如：羊养 i｜张长~生长~ tɕi。“样 ji｜像 ji~文~/dʑi~白~”在一般场合发成规则的 ji，但在个别口语词中变成 ȵi。这个变化很不引人注意，或者应该说，很难辨认，因此郑张尚芳认为是“物样”二字的合音，游汝杰《温州方言词典》则写作同音字“娘”。类似的鼻音高化在温州附近的苍南、泰顺的蛮话里也偶有所见（据潘悟云调查手记）：

【苍南蛮话】细心样~小心~ sai^{45} ɕiŋ^{33} ȵiã^{22}｜别样地宕~别人地方~ bəʔ^{33} ȵi^{45} di^{33} dõ^{22}｜衣裳 ȵi^{33} ɕiõ^{44}。【泰顺蛮讲】：衣裳 ȵiɪʔ^{22} ɕiõ^{31}｜烟酒筒 ȵi ẽ^{213} tɕiou$^{44\text{-}213}$ təŋ$^{31\text{-}53}$。

前引晋语止蟹三四等喉牙音字舌尖化的例子，如汾阳、沁县“衣姨疑”zɿ，但在离石进一步鼻音化了：nzɿ，起因似亦与鼻音高化有关，但这儿不是从擦化进一步而来，而是从舌尖化进一步而来。

2.5　央化

第五种高顶出位是把舌面中间也顶上去，结果前高元音变成了央高元音：i＞ɨ，这在北爱尔兰和新西兰（Bradley & Bradley 1979）的英语中有。这种情况汉语中不常见，山东寿光北部方言（张树铮 1996）和枣庄方言（钱曾怡 2001：81）中“儿二耳”等字的韵母变成了 ɨ 是少见的例子。

前面四种出位都可以看成是继续高化的结果。摩擦化是继续高化的结果，这最明显。舌尖化翘起舌尖有一种提高感。边音化是进一步的舌尖化，即把舌尖顶在齿龈处不再降下来。鼻音化不但舌尖，连舌沿都顶到龈腭处不降下来。前高元音的央化为什么也可以看成是继续高化的结果呢？这实际上也跟舌尖化一样，有一种提高感。发前高元音 i 时，是前舌面/舌叶处贴近齿/龈处。发央高元音 ɨ 时，则要把中舌面也贴上去，靠近硬腭。口腔生理构造就是硬腭处高于齿/龈处，所以 i>ɨ 也可以看成是继续高化的结果。综上所论，以上五种高元音出位都可用“继续高化的结果”来概括、来解释。

2.6　裂化

裂化也就是复化，是单元音变为复元音的过程。不过，它一般指高元音的分裂，而像低元音 a>ia 一类就看成是介音增生。裂化分两种，第一种“前显高化裂化”很常见，简称“前(高)裂化”。第二种“后显低化裂化”较少见，简作“后(低)裂化”。前显高裂化是高元音继续高化、出位的结果；后显低裂化则是出于低化以及其他原因。

2.6.1 前显裂化

除了上述舌面继续高化(擦化、央化)和翘起/顶上舌尖(舌尖化、边擦化、鼻音化)以外，还可以用动感来体会高化，如 i>ij，在 i 后增生一个更高更紧的滑音 j。这是裂化的开始——初裂。此类裂化在各方言中都有。三个高元音裂化的情况在粤语中能见到(李新魁等 1995:113)：

【6】			广州郊区黄村		广州市区
		I. 初裂		II. 显化	
1	i	>	ij	>	ei
2	y	>	yɥ	>	øy
3	u			>	ou

三个高元音在广州话里系统地裂化了，两个前元音在黄村话里仍处于初裂状态(原书标为ɪi，ʏy)。广州郊区话代表着比市区更早的演化阶段。以 i 为例，“四死”等字中古是*i，在广州郊区以初裂方式高化为 ij。到了广州市区，潜在的、不明显的初裂复元音 ij“显化”为 ei。

三个高元音中 i 的前裂化最常见，如晋语西区的临县精系蟹开四：西洗 sei|知章系止摄：迟 tʂ^{h}ei(侯精一、温端政 1993：158)。

又如客赣方言中精系泥来齐韵字(齐细洗泥犁)有如下裂化—显化(低化)链(读音根据刘纶鑫 1999：123，但阳新根据李如龙、张双庆 1992：42，49)：

【7】	i	> ei	> εi	> ɐi/ai
定南		齐细洗泥犁		
奉新	齐		细洗犁	
井冈山			齐细洗	泥犁|鸡溪
高安	齐细$_1$洗$_1$			细$_2$洗$_2$泥犁
上高	齐细洗$_1$			洗$_2$泥犁
渫溪	齐			齐细洗泥犁
阳新	泥			齐细洗犁|悲比备鼻眉

定南刚裂化为 ei，奉新低化为 εi，上高等更低化为 ai，井冈山在 εi～ai 之间。高安“细洗”si/sεi 两读，上高“洗”两读，不知是原有的裂化—低化音变(i>ei>ai)在词汇扩散中，抑或“洗$_1$”是新文读。从“齐”字变化滞后来看像是词汇扩散。井冈山见系字如“鸡溪”也裂化—低化了。阳新低化为 ɐi，还包括一些唇音字：悲比备

鼻眉。

吴语中同样有 i,y,u 前裂化,甚至还有 ɯ 高顶出位裂化现象。

【8】	I. 初裂			II. 显化		III. 低化
1.	i ＞	ij	＞	ei	＞	ai
2.	y		＞	øy		
3.	u		＞	əu/ou		
4.	ɯ		＞	əɯ		

先看最常见的 i 裂化。第一步"初裂"在温州话里能见到。温州话中高化出位分下面两种,第 1 组喉牙音字舌尖化 ɿ:基计继器奇寄喜$_{\text{止}}$鸡契溪$_{\text{麻}}$(见前节)。第 2 组帮端精裂化ᴵi/ɪi:比皮屁币迷飞肥$_{P}$低梯弟离$_{T}$祭济妻齐西洗细$_{\text{蟹}}$写泻谢$_{\text{麻}S}$。有个别帮系字没变:臂譬蓖秘。第 3 组影喻/疑泥保持不变 i:已异系矣$_{ʔ}$移易$_{ɦ}$疑蚁泥$_{ŋ}$。记音根据钱乃荣(1992:214ff)。第 2 组"祭妻齐西写谢"等蟹$_{\text{四}}$麻$_{\text{三}}$字原书记为 ɪi,该组字在其他方言著作中都记为 ei。据钱乃荣君相告,ɪi 与ᴵi 无别,是排印问题;他的记音与潘悟云君再三核实商量,觉得记为 ɪi/ᴵi 比 ei 更为精确。

上面提到鱼虞韵在吴语中变化复杂,鱼虞合流后在北部吴语前化,有的是圆唇擦化再舌尖化:*iu＞y＞$y_{ʮ}$＞ʮ,见上§2.2"舌尖化"一节;也有的变成开口舌尖化 ɿ,如上海、崇明、太仓、宝山等。还有些地方虞并入鱼后前化停留在 i 阶段没舌尖化,如桐乡乌镇话和安兴话:女语$_{ȵ}$虑$_{l}$鱼余预$_{j}$雨$_{ʔ}$(我的调查)。陈忠敏(1998)调查的白读音在崇明、湖州裂化为 ei:锯$_{k}$鱼$_{ŋ}$虚许$_{h}$;宜兴低化为 ɐi:锯$_{k}$去$_{k^h}$。苏州话和老派上海话的 ᴇ(＜ei/ɐi)可能是单元音化的结果。

南部吴语中鱼虞没前化,而是失落*i 介音后,前显裂化了*iɯ

＞ɯ＞əɯ，如丽水、龙泉、龙游：鱼$_{ŋ}$锯$_{k}$渠$_{g}$许$_{k}$（例见陈忠敏 1998；曹志耘等 2000）。

吴语中 u 的裂化也可见到，u＞əu/ou 裂化的如丹阳鱼虞韵字 əu：书输树暑署$_{s}$乳如儒$_{l}$珠煮主猪住柱$_{ts}$鼠处$_{tsh}$除$_{dz}$；又如金坛西岗镇极少数老派说的吴语和绝大部分人的江淮官话中也都裂化了（钱乃荣 1992：86-88）。

前高圆唇元音的前裂化 y＞øy 见南部文成话，虞韵字一般是 y，但个别如：输 søy|树 zøy（曹志耘 2002：226）。如果这不是外来影响，那就是裂化刚开始。

2.6.2 后显低裂化

上面讲的是前显裂化，还有一种较少见的后显裂化（如 ɿ＞ɿɔ）。这两种裂化的性质、起因都大不一样。前显裂化是高化的结果，而后显裂化则是"低化"的结果，是一种回复到混元音这个调音初始态的回归变化。后显裂化不如前显裂化那么普遍，不过，在吴语西南部的处衢仍很常见。它不但见于舌面高元音（i～y，ɯ～u），连舌尖元音 ɿ 也有，而且似乎更常见。下面的例字取自曹志耘 1996，2002；陈忠敏 1998；曹志耘等 2000；秋谷 2001；陶寰（未发表）。

1. ɿ＞ɿ^{ə}＞ɿə/ɿɤ＞ɿɐ。【松阳 ɿ^{ə}】：租脂醋死自字。【江山、广丰、开化 ɿə】：脐资知子瓷词字似自私死赐。【遂昌 ɿɤ】：私丝紫死师瓷慈词自字。【徽语淳安 ɿɐ】：子刺事。

2. i＞iə/ie。【江山】来知照鱼韵白读 iə：驴箸储煮鼠书。【开化 ie】：除苎箸鼠书煮鸡渠去。【遂昌 ie】：纸齐鸡。【常山 ie】：避纸匙里箕记。

3. y＞yə/yɤ/ye。【江山 yə】：主举手。【遂昌 yɤ】：雨处主。【广丰、庆元 ye】：珠主输。

4. ɯ＞ɯᵊ/ɯə＞ɤə。【松阳 ɯᵊ】：锯去鱼渔许。【江山 ɯə】：鱼渠锯（据陈忠敏；秋谷则记为 ə）。【遂昌】前显低化为 ɤə。

5. u＞uə/uɤ。【常山、玉山、江山 uə】：补睹苦主。【遂昌、广丰 uɤ】：布胡古武午。

有关这两种裂化的性质和起因的进一步讨论，见后文§3.2和§3.3节。

3. 高顶出位的驱动力

音变的起因问题一直是个大难题，迄今为止用来解释音变的概念都很抽象。最著名的也许是马丁内（Martinet 1955）提出的两条对立的抽象原理：省力原理和区别原理。省力原理是从说话人方面来说的，说者有“发音和心理上的惰性”；区别原理是从听话人角度来考虑的，听者要听明白，也就是“交际的需要”（Martinet 1964：169）。马丁内（Martinet 1964：167）认为“语言演变可以看做是受控于这两方面永恒的冲突”。当然，除了这两条以外，还有一些别的抽象原理，例如音变的平行性，“填空档”就是一种为取得对称或均衡的平行演变。这些大原则是我们现在解释音变时还不可少的。不过，具体到某些特定的音变，也许还能深入搜寻更为直接、更为实质性的原因。下面来探讨两种高顶出位（前高元音擦化，前裂化），以及后裂化的起因问题。

3.1 前高擦化出于增大区别度

前高元音擦化 i>i_z 的主要原因是受到 y 的“排斥”，或者说是想增大与 y 的距离。古官话《中原音韵》以前（陆志韦 1946；杨耐思 1981），甚至《西儒耳目资》以前（李新魁 1983）无 y。鱼虞齿牙喉音字（徐居虚余取句迂愉）前化*iu>y 相当晚近，唐作藩（1991）认为始于《韵略易通》（1442），陆志韦（1946）认为始于《五方元音》（1654—1673）。由于这个变化，驱使原来的 i>i_z。

前高不圆唇 i 在所有语言中几乎都有，但它确切的舌位高低在各语言中有些差异。一般地说，一个音系里如果没有 y，那么它的 i 就会低一点，就像英语里的 i 就明显地比汉语的 i 低。如果一个音系里有 y，那么它的 i 就会高一点。这种情况不但汉语各方言中常见，欧洲一些有 y 的语言中也如此，比如法语的 i 就比英语的 i 高，听上去紧一点。瑞典语也是如此，它的“[i]比英语‘seen’中的元音更高”（McClean 1969：5），甚至像汉语方言中那样产生了摩擦。在有 y 的音系里，i 的舌位提高提前，原因就在于增加听感上的“紧”“尖锐”的感觉，以增大 i：y 的区别度。

前高元音 i 的进一步高化，其结果往往引起一些轻微的摩擦，i 高化出位变成 i_z 的主要原因就在于此。

本文一位隐名审稿人敏锐地注意到，在吴方言中还有很多 y 也擦化为 y_z，这对于上述 i 高化是为了区别好像是反面证据：一方面 i 为了增加听感区别而进一步高化甚至擦化，另一方面 y 却不想离 i 太远也产生了摩擦。y 的擦化完全可能是在 i 擦化以后。这个变化既更费力，还减少区别——整个儿一个与前引马丁内的两条原理相左。它服从的是一种平行演变，是为了取得一种发音心理和音型上的平衡性。这种情况很常见，在吴语有 i_z 擦化的地方，往往带动了平行的 $y_{ʑ}$ 擦化，甚至 u 擦化 $u_{β}$/v̩。

吴语中普遍可见的 i 擦化 i>$i_{ʑ}$ 除了上述主要原因，可能还有其他辅助原因，它跟相关的链式音变中的一环“e>i”也可能有关。到底是 i 先擦化引起拉链呢，还是 e 先高化导致推链？两者谁先谁后逻辑上都有可能。山咸两辙细音字(烟燕言盐)在北部吴语中经历了鼻尾失落，然后高化的变化：*iɛn>*iɛ̃>*iɛ>*ie>i，这时要么如上海本地话与止蟹三四等(衣医遗)合流，要么如苏州话把止蟹推出位：i>$i_{ʑ}$(在一些吴语著作中 i：$i_{ʑ}$ 的对立也有标为 iɪ：i 的)。后一解释是把链移中的 e>i 看做与 iu>y 一样是把 i 推出位的驱动力。

3.2　前显高裂化出于显化

高元音裂化一般指常规的“前裂化”，如 i>ei，u>ou。对这种裂化产生的机制一般认为增生的是前一部分，即增生一个相对较低的元音 e 做韵核，原来的高元音 i 变成了后滑音，裂化成前低同时也前响的复元音。

但是，前文我们看到，这种前裂化并非是在 i 前增生一个 e 形成的；而是 i 进一步高化，不明显地初裂为 ij 后，再进一步“显化”为 ei。一般都是到了“显化”这一步才承认单元音裂化为复元音了。

“显化”是从最大区别角度来说的，按 Stockwell (1978：343) 的说法是“最佳滑音倾向于扩大滑动距离这么一条感知原理”。“显化”可以看成是短元音低化的驱动力。这个演变序列 ij>ei>ai 符合拉波夫链移三通则中的第二条，短元音低化。拉波夫(1994：116)为元音链移制定了“通则”general principles：1. 长元音高化；2. 短元音低化；3. 后元音前化。

通则 2 还有条副则 2a.：前响复元音的韵核低化。初看之下，这条副则 2a 似乎反例较多，广东话里就有不少，如哈韵字 ɑi>ɔi>oi>ui（李新魁等 1995：139）。不过，Stockwell（1978：344）对拉波夫副则 2a 作了进一步的阐述：2b. Vh 和前后部位不同的 Vj/w 中的 V 高化。2c. 前后部位相同的 Vj/w 中的 V 低化。

细则 2b 是说诸如 ah，oj，aw 中的韵核倾向于高化。2c 是说诸如 ej，ow 中的韵核倾向于低化。这么看来，广东话的复元音高化 ɑi>ɔi>oi>ui 就符合 2b 了，而本文讨论的 ij>ei>ai 链移符合 2c。

3.3　后显低裂化出于回归初始态

上述“前裂化”指的是复元音化以后，前一成分显化。本节所论的“后裂化”是指复元音化后如果显化，那就显化后一成分。后裂化较为少见，指的是如下一些单元音复化情况：ɿ>ɿ^{ə}|i>ie|y>yə|u>uɤ/ui|ɯ>ɯ^{ə}。有关“前显裂化”和“后显裂化”的异同，有几点要说明。

“前显裂化”和“后显裂化”最初都是增生一个后滑音，但后来显化的成分不一样：前显裂化后来显化的是前一成分，后显裂化后来显化（如果显化的话）的是后一成分。

尽管两者显化的前后成分不同，但都是显化舌位较低的那部分。

尽管两者最初都是增生一个后滑音，但起因很不一样。前裂化最初增生一个后滑音是由高化驱动的，而后裂化增生一个后滑音则可能与回归初始态有关。

我把“发音初始状态”（default articulatory configuration）定义为：(1)发声初始状态是指声带处于常态、较松弛的状态，发出的声调为朱晓农（1996，1999）所主张的分域四度制中的[2]度（default level),或五度制中有歧义的[2]或[3]度,因此,最自然的声调(default pitch)是四度制里的低降调[21],五度制里不确定的[21—31]。(2)调音初始状态指嘴唇微开或微闭,舌位适中,此时声道为一均匀管子,无明显收缩点,发出的音为央元音 ə(default vowel)。

这里定义的"初始调"或"元调"是最自然的、最无标记的调(unmarked,default contour),跟一般讲的"最容易操纵的调""the easiest to manipulate"(Yue-Hashimoto 1980:204,181),也最常见"universal"的调(Maddieson 1984)不是一回事。余霭芹和麦迪森指的是平调。的确,平调的区别度大于仄调,所以一个语言中最多可以有四个平调,甚至五个(如果有两个发声域),但很少有超过三个同型仄调的(个别侗语据报道有四个,确切性待核实)。我讲的低降[21]是生理上最自然的、最无标记的调。同理,生理上最自然、最无标记的元音是 ə,但语言中区别度最大、因而在各种音位系统中最常见的是 a。

上文§2.4 节举了五种后显裂化的例子:(1)ɿ>$ɿ^{ə}$>ɿə/ɿɤ>ɿɐ;(2)i>iə/ie;(3)y>y/yɤ/ye;(4)u>uə/uɤ;(5)ɯ>$ɯ^{ə}$/ɯə>ɤə。这五种单元音复化都是由"时间错配"(同时为了省力)造成的:维持高元音到后来稍一松劲而发声依然未停,就拖上一个向中央滑动的滑音,也就是回归发音的初始状态。其中似乎以第 1 种 ɿ>$ɿ^{ə}$、第 5 种 ɯ>$ɯ^{ə}$更易产生。这些音变一开始时是前响式的,后面增生的是个滑音。但时间长了,后面的滑音有可能逐渐增强,最后变成后响式复元音也不是不可能。如徽语淳安话"子刺事"ɿɐ的后滑音已经下降了,有的反倒前面的 ɿ 比较轻弱了(曹志耘 1996:17)。

4. 余论

本文讨论了汉语方言中高元音的六种高顶出位现象，其中三种(边音化、鼻音化和央化)偶尔一见，但另三种(擦化、舌尖化和裂化)在各方言中是非常普遍的。过去很少注意此类情况，除了其他原因之外，大概与概念系统问题有关。像擦化的 $i_{ʑ}$ 和舌尖音ʐ̩在国际音标元音图中就根本没有它们的位置，也就是说，不认它们为元音，或只认它们为某种变体。这两个汉藏语中常见的元音，在西方语言中很少见，加上它们的元音性较弱(共振峰结构较模糊)，时不时地带点辅音性(有时有少量摩擦)，所以西方语言学家在碰到这些音时，就会用成音节的辅音符号或带形容性的元音符号来表示，或者更应该说，来对付——因为少见嘛。但对于汉语研究来说，这些如此常见的元音应该有它们自己的元音地位和元音符号i̡，ɿ，而不是借用辅音符号来表示。实际上一旦西方语音学家了解到汉语的情况，也会有同样的看法，像i̡这个符号就是 Phil Rose 创用的，而 ɿ 是高本汉引进的。这样做不但有语音学上的理由，还有音韵学/音系学上的理由，因为它们就是用来做韵母的，我们不喜欢那么多场合都是成音节辅音做韵母。有了i̡、ɿ 这样的符号，概念才能固化下来，认识才能由此推进。

参考文献

北京大学中文系语言学教研室(编) 1989.《汉语方言字汇》第 2 版. 文字改革出版社.

曹志耘 1996.《严州方言研究》. 日本好文出版.

曹志耘 2002.《南部吴语语音研究》. 商务印书馆.

曹志耘、秋谷裕幸、太田斋、赵日新 2000.《吴语处衢方言研究》. 日本好文出版.

曹志耘、邵朝阳 2001. 青海乐都方言音系.《方言》4:373-383..

陈忠敏 1998. 吴语及邻近方言鱼韵的读音层次——兼论“金陵切韵”鱼韵的音值.《第 6 届中国境内语言暨语言学国际研讨会论文集》. 345-364.

侯精一、温端政(编) 1993.《山西方言调查研究报告》. 山西高校联合出版社.

黄家教、崔荣昌 1983. 韶关方言新老派的主要差异.《中国语文》2.

李如龙、张双庆 1992.《客赣方言调查报告》. 厦门大学出版社.

李如龙等 1999.《粤西客家方言调查报告》. 暨南大学出版社.

李维琦 1998.《祁阳方言研究》. 湖南教育出版社.

李新魁 1983.《中原音韵音系研究》. 中州书画社.

李新魁、黄家教、施其生、麦耘、陈定芳 1995.《广州方言研究》. 广东人民出版社.

刘纶鑫 1999.《客赣方言比较研究》. 中国社会科学出版社.

陆志韦 1946. 释中原音韵.《燕京学报》32.

钱乃荣 1992.《当代吴语研究》. 上海教育出版社.

钱曾怡(编) 2001.《山东方言研究》. 齐鲁书社.

秋谷裕幸 2001.《吴语江山广丰方言研究》. 日本爱媛大学.

唐作藩 1991. 中原音韵的开合口.《中原音韵新论》. 北京大学出版社.

陶　寰. 松阳音系. 手稿.

汪　平 2002. 当今苏州话和普通话在苏州的消长和互动. 2002 年 4 月 24 日于香港科技大学报告.

徐通锵 2001.《历史语言学》. 商务印书馆.

徐通锵、王洪君 1986. 说变异.《语言研究》1:42-63.

颜逸明 2000.《浙南瓯语》. 华东师大出版社.

杨耐思 1981.《中原音韵音系》. 中国社会科学出版社.

杨时逢 1974.《湖南方言调查报告》. 史语所专刊.

张树铮 1996. 山东寿光北部方言的儿化.《方言》4:298-301.

郑张尚芳 1979. 温州方言的儿尾.《方言》2:28-60,70.

郑张尚芳 1995. 浙西南方言的 tɕ 声母脱落现象.《吴语和闽语的比较研究》, 50-74. 上海教育出版社.

郑张尚芳 2002.“徽语”章.载侯精一编《现代汉语方言概论》,88-115.上海教育出版社.

朱晓农 1996.上海音系.《国外语言学》2:29-37.

朱晓农 1999a. *Shanghai Tonetics*. Muenchen, Germany: Lincom Europa.

Bradley, David & Maya Bradley 1979. Melbourne vowels. *Working Papers in Linguistics*, 5. University of Melbourne, Linguistics Section.

Fischer-Jørgensen, E. 1978. On the universal character of phonetic symbolism with special reference to vowels. *Studia Linguistica* 32: 80-90.

Labov, William 1994. *Principals of Linguistic Change: Internal Factors*. Cambridge, MA: Blackwell.

Labov, William 2001. *Principals of Linguistic Change: Social Factors*. Cambridge, MA: Blackwell.

Ladefoged, Peter 1993. *A Course in Phonetics*. Harcourt Brace.

Maddieson, I. 1984. *Patterns of Sounds*. Cambridge University Press.

Matinet, Andre 1955. *Economie des changements phonetiques*. Berne: Francke.

Matinet, Andre 1964. *Elements of General Linguistics*, trans. by E. Palmer. Chicago: University of Chicago Press.

McClean, R. J. 1969. *Swedish, A Grammar of the Modern Language*. London: The English Universities Press.

Rose, Phil 1981. *An Acoustically based Phonetic Description of the Syllable in the Zhenhai Dialect*. PhD dissertation, The University of Cambridge.

Stockwell, Robert P. 1978. Perseverance in the English Vowel Shift. In J. Fisiak (ed.), *Recent Development in Historical Phonology*. The Hague: Mouton, 337-348.

Yue-Harshimoto, A. O. 1980. Word play in language acquisition: a Mandarin case. *Journal of Chinese Linguistics* 8(2):181-204.

台州方言中的嘎裂声中折调

本文考察吴语台州方言中的一个引人倾耳的语音现象——"嘎裂声—中折调"。中折调最早是赵元任先生(1928)在黄岩发现的。赵先生认为这是由于有个喉塞音在中间把音节一切为二。本文用实验材料揭示,造成台州中折调的其实不是"中喉塞",而是"嘎裂声"(creak、creaky voice)。

赵元任先生在黄岩发现的上声"中折调"是一种非常特殊的发音,也许更应该说是"发声"。赵先生(1928)是这么描写的:"Hwangyan (黄岩)has a sort of dysyllabic *Shaangsheng*, that is, syllables of that tone class have a glottal stop in the middle of the vowel or between the vowel and a final nasal, thus giving the impression of two syllables. "(xiv)"上声字单读时(尤其是阳上),当中喉头关一关,作一个[耳朵]音把字切成两个音节似的"(p. 85)。后来他(赵元任 1934:370)又描写得更详细点:"... the *yang-shaang* tone of Hwangyan(黄岩阳上), where the valley is so low or simply so narrow that the voice is lost into a glttal stop in the middle of the syl lable, so that [ɔ³¹³] actually becomes[ɔ³¹ ʔɔ³]. Phonetically, it sounds like three sounds forming two syllables. "中译本(赵 1985:12):"浙江黄岩话的阳上调降得很低或者下降后

立即上升，使得嗓音在音节当中消失成喉塞，因此，[ɔ^{313}]实际上变成了[ɔ^{31}ʔɔ^{3}]。这在语音上像是三个音构成两个音节。"赵文原来的调值是用"标调字母"，即线条来表示的，为方便起见，现改为数字。

赵先生用的词是"glottal stop"，译成"喉塞"没错。他说的"作一个[耳朵]音"也是指的喉塞音符号[ʔ]。不过，现在的问题是，台州这一带的中折调"喉头关一关"，元音中间切断，其实不是由喉塞音，而是嘎裂声造成的。

"中折调"可以指两种情况，一种是真正的"音节中间的喉塞音"，如"西安"[ɕiʔan]中间有个喉塞音；另一种就是"嘎裂声"。它们的共同点是音节和声调中间都像折了一样，喉头或者更应该说声门，都要关一关。不过它们的发音生理截然相反：中喉塞的"紧喉""中塞"是往两端拉紧声带来关住声门，从而"塞住"声音；嘎裂声的"紧喉""中塞"是朝中间收紧声带来关住大部分声门，从而"塞住"声音。两者声学特征完全不同：喉塞音引起升调，嘎裂声导致降调。因而听感也不同：中喉塞的声调听上去中间像是往上翘了一下，而嘎裂声却像是中间往下折断。详见下文。

为了核实赵元任先生在黄岩发现中折调是否就是嘎裂声，本文作者于1996—1997年间在台州进行了实地普查。语音分析大多是1998—1999年间在澳洲国立大学的语音实验室进行的。在撰写本文前，于2002年又在杭州补录了一些发音材料，并进行了语音测量。有关测量工作的原则、方法、程序可参看费国华（Rose 1990），朱晓农（2004，又 Zhu 1999）。有关调查点、发音人以及语音分析的程序的简单说明见后文附录1，嘎裂声的声学图见附录2。

调查是从黄岩开始的，因为最初是在那儿发现中折调的。从黄岩城区到四乡我一共录了六个人(城关三位、宁溪镇蒋岙村、王家店村、富山乡安山村各一位)，还有一位边上路桥区峰江镇玉露洋村的，年龄最大的41岁，最小的18。他们都已经没有当年赵元任所听到的那种中折调了。看来黄岩一带的话几十年来变动很大，连这么有地方特色的音也丢失了。也许这么说有问题，有地方特色的土腔土调反倒容易丢掉，出于社会语言学的原因，当地人会有意识地改掉土腔土调。黄岩城关话现有七个声调：阴平422，阳平311，阴上512，阴去55，阳去214，阴入ʔ$\underline{55}$，阳入ʔ$\underline{12}$。浊上分裂，次浊归阴上，全浊归阳平。阴上是个降调，带着个拖长稍稍上翘的调尾，好像还保留着当年中折凹调的痕迹，只不过不再有发声变化。

不过，这个中折调在台州西部和北部较偏僻的地方还普遍存在，通过听辨和实验分析，可以确认是嘎裂声。在我的台州调查材料中六处有嘎裂声，其中三处在北部(天台县的何方赵村和建设村，宁海县的山后村)，另三处在西部(仙居县的城关镇、塘弄村、陈庄)。比较起来，北部三处的嘎裂声比西面三处更完整，更明显。北部的嘎裂声都是明显的在音节或声调的中间，调尾升起来，音高听感上“中—极低—半高”，形成完整的“中折调”。

跟北面的三处相比，西部仙居话里嘎裂声没那么完整，往往出现在音节的后半部，甚至后三分之一处，从语图上看嘎裂声一直持续到音节尾，不过听感上还是有“折断”后有点儿回升感觉，那是因为声带又回复到自然状态。

根据发音人的语感，椒江口北岸陶家村的话接近临海话，南岸椒江区的话接近黄岩和路桥话。陶家村的发音人基本上没有嘎裂声了，只有少数次浊上声字如“女吕”还伴随嘎裂声。台州东部沿海地区以及椒江以下东南部都没发现嘎裂声。

下面表中列出台州十个点方言的阴上和阳上的调值。上半部六个方言中有嘎裂声。前五处（何方赵、建设、山后、仙居、塘弄村）在阴上和阳上两个声调中都存在嘎裂声，最后一处（陈庄）的嘎裂声只存在于阴上。陈庄发音人 WB 的嘎裂声在消失中，在他的阴上字读例中有一半以上已经没有嘎裂声，调值随之变为[323/423]，与黄岩话嘎裂声失去后的阴上[512]相似，是个凹调，只是起点稍低。看来嘎裂声消失后的自然演变就是前高后低的凹调，以后可能再变成降调。

台州十个方言上声的调值

西/北	何方赵	建设	山后	仙居	塘弄村	陈庄
阴上	42̰	52̰	43̰	31̰	31̰	42̰/323
阳上	32̰	31̰	22̰	21̰	21̰	

东/南	临海	陶家	黄岩	椒江
阴上	52	212/41	512	51
阳上				231

嘎裂声一般标在元音或辅音上，国际音标用下加浪线，如[pa̰]。但由于它在声调上表现出“中折”调型，所以也需标示在声调上，尤其像在本文这种专门讨论声调的文章里，否则就无法看出跟普通调型的区别了。所以我采用了现在这种方法，把浪线下

加到声调的后一个数字上，如[32̰]实际上意味着中间断裂的[3..2]或[302]。

嘎裂声有人发声与时间控制得好点，有人发得随意些。前者其基频曲线中间断了以后还回上来；后者断了以后就不再回上来，不过听感上还有回升的感觉。具体落实到某个方言或某个个人身上，常常两种情况都有。北部的何方赵等处控制得好些，但也有随意的。西部仙居、陈庄和方前等处则是随意的多些。

嘎裂声的发音，或者更应该说是"发声"原理很特别。发声时，声带强烈地往中心收缩。声带不是像发喉塞音那样往两端拉紧，而是往中间收紧。结果，声带压缩得又短又厚，大约只有正常发浊声时的三分之二长短。发声时声带大部分都不振动，只有前部一小段漏缝，气流很小，溢出时振动这一小段的声带。由于声带厚实，所以频率极低，只有四五十甚至二三十赫兹，而且振动很不规则。由于基频太低常常无法测到，或者测到也很不规则，忽高忽低，时有时无。表现在基频曲线上就是中间折断了。因为嘎裂声这个发声态的生理和声学特征是在最近二三十年来随着实验语音学的进展才逐渐明了的，所以以前有多种比喻性叫法，包括赵元任的"中喉塞"，其他如"突突声"pulsation (Peterson & Shoup 1966)，"颤裂声"trillization (Sprigg 1978)。又因为听上去是一种低沉的叽里嘎啦声，像是大油锅里煠(炸)油条，所以还有个流行的别名叫"油炸声"glottal fry，fry voice(Fry 1979)，vocal fry (Wendahl *et al*. 1963)。此外，最常见的是用"紧喉/喉化"laryngealization 一类较笼统的词来指嘎裂声 creak。

要发嘎裂声，可以先发一个降调，等降到最低时，再使劲一低就有了。嘎裂声并不是个很罕见的现象，在日常随意说话中，低调字如北京话的上声字和广东话的阳平字(徐云扬先生见告)，有时也能观察到伴有嘎裂声。

文后附录2给出一个嘎裂声的语图例子，发音人WXN，女，来自仙居县溪港乡塘弄村，读的是阴上字“岛”[ɗɔ̰]，带有这种低沉的油煠声。图中上面是声波图，下面是宽带图，并有基频曲线叠加在上。它的韵母的前半部是正常发声，后半部是嘎裂声。从上面的声波图可以看到，大约从元音的一半处，振幅减小，波形突然变得不规则，间隔增大，表示音强和频率都下降了。下面的宽带图从这地方起变得稀疏，表示基频突降。前半部的曲线在200赫兹上下，后半部突降至100赫兹，而且到最后也没恢复正常。

本项研究考察并澄清了一个自赵元任以来的语音大疑团——台州方言中的嘎裂声—中折调。这个问题值得重视，在于东南方言中有“中折调”的不仅仅是吴语，江西余干赣语(陈昌仪1992)、闽西赖源闽南话(项梦冰2002)中也有，而且都被认为跟当年的黄岩话一样是“中喉塞”。这些中折调还有些别名，如“不连续成分”(陈昌仪)、“间歇调”(项梦冰)等。尤其值得一提的是粤北土话。粤北韶关话中的“中喉塞”是赵元任先生在1929年调查时就发现了的，调查材料没发表。近年来余霭芹先生(2002)，张洪明先生(未发表)都去调查过。另外，调查过粤北一带土话的黄家教、崔荣昌先生(1983)，庄初升、林立芳先生(2000)，伍巍先生(2002)都报道了这个“中喉塞”。所以，对它的语音性质核实、确认，对进一步的方言调查是有意义的。最近我对韶关和邻近两个方言点作了调查和实验分析，发现跟台州方言一样，粤北土话中的中折调也是嘎裂声(朱晓农、寸熙 2003)。余干和赖源发现的中折调可能也是嘎裂声,其确切性质有待进一步核实。

本项研究受到澳大利亚研究院(Australian Research Council)研究项目(ARC F59600689)和香港科技大学课题(DAG01/02.HSS04)资助。三次田野调查曾得到潘悟云、麦耘、庄初升等先生协助安排,语音转写和实验分析曾得到费国华先生的帮助,论文写作时王福堂先生曾提供有关政区变动的信息,定稿前承丁邦新、张振兴先生赐阅,赐教多处。本文曾在"庆祝《中国语文》创刊50周年国际学术研讨会"(南昌,2002年6月28至30日)上报告,得到林茂灿、曹志耘、苏晓青等先生指教。谨此一并致谢。

参考文献

陈昌仪 1992.余干方言入声调的不连续成分.《方言》2:125-7.

黄家教、崔荣昌 1983.韶关方言新老派的主要差异.《中国语文》2.

伍　巍 2002.粤北龙归土话的小称研究.第11届 International Association of Chinese Linguistics 会议论文,日本爱知大学。

项梦冰 2002.连城姑田方言的小称变调.中国东南部方言比较研究第九届国际研讨会论文,杭州.

余霭芹 2002.韶关方言的变音初探.中国东南部方言比较研究第九届国际研讨会论文,杭州.

赵元任 1928.《现代吴语的研究》.清华学校.

赵元任 1934.The non-uniqueness of phonemic solutions of phonetic systems 音位标音法的多能性,《史语所集刊》四本四分,1934.中译本载《赵元任语

言学论文选》,叶蜚声译.中国社会科学出版社,1985.

庄初升、林立芳 2000.曲江县白沙镇大村土话的小称变调.《方言》3:236-342.

朱晓农 2004.基频归一化:如何处理声调的随机差异?《语言科学》3:1,3-19.

朱晓农、寸熙 2003.韶关话的小称调和嘎裂声.《汉语方言语法研究和探索——首届国际汉语方言语法学术研讨会论文集》,戴昭铭主编.黑龙江人民出版社.346-354.

Fry,D. B. 1979. *The Physics of Speech*. Cambridge: University of Cambridge Press.

Ladefoged,Peter 1975/82. *A Course in Phonetics*,1st and 2nd editions. New York:Harcourt Brace Jovanovich.

Peterson,G. E. and J. E. Shoup 1966. A physiological theory of phonetics. *Journal of Speech and Hearing Research* 9:5-67.

Rose,Phil 1990. Acoustic and phonology of complex tone sandhi. *Phonatica* 47:1-35.

Sprigg,R. K. 1978. Phonation types:a reappraisal. *Journal of International Phonetic Association*8:2-17.

Wendahl,R. W. ,G. P. Moore & H. Hollien 1963. Comments on vocal fry. *Folia Phoniatrica* 15:251-5.

Zhu,Xiaonong 1999. *Shanghai Tonetics*. Muenchen:Lincom Europa.

附录1:调查点、发音人、测量方法

		调查点	发音人	性别	年龄[1]	嘎裂声
台州	北	天台县义宅乡何方赵村	ZhBJ	女	18	有
		天台县三合镇建设村	ZhMH	女	23	有
		宁海县商州镇山后村[2]	WQSh	男	26	有
	西	仙居城关镇	LY	女	18	有
		仙居县溪港乡塘弄村	WXM	女	20	有
		仙居县溪港乡陈(仁)庄	WB	男	17	有
	东南	临海市区	FJ	女	18	无
		台州市前所镇沿海片陶家村	TChH	男	19	无
		台州市椒江区	LB	男	20	无
		黄岩城区	MWJ	女	41	无

1. 发音人的年龄是录音时(1997)的年龄。2. 宁海县行政上属于宁波地区,语言上绝大部分属于北部吴语太湖片,只有西南部靠近三门、天台处有一小片地带(包括山后村)的方言属于台州片。

因为需要进行跨方言比较,所有的声调材料在测量后都经过对数归一化处理(logarithmic z-score,简称 LZ)处理。所以原来的单位是赫兹(Hz),现在的单位是偏离平均值的标准差的值。这种 LZ 处理法是笔者发展出来的,1997 年曾在复旦大学讲解过。比起此前使用的五种声调标准化方法,LZ 法有四个优点:效率高误差小、更有利于统计处理、更有利于跨语言比较、更符合发音生理。有关这种数学处理的原理的论证和操作方法,以及它跟其他方法的比较,可参考 Zhu 1999,朱晓农 2004。

附录 2:嘎裂声例字的声学语图

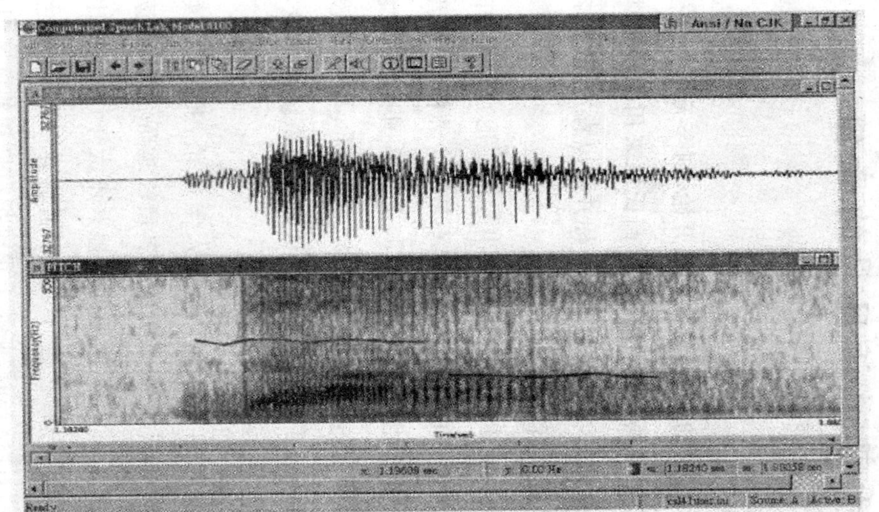

岛[ɗɔ̰]

仙居县溪港乡塘弄村女发音人 WXM 所读的阴上字“岛”[ɗɔ̰]带有嘎裂声。图中上面是声波图,下面是宽带图,并有基频曲线叠加在上。详见正文。

(原载《庆祝〈中国语文〉创刊 50 周年学术论文集》,商务印书馆,2004)

关于普通话日母的音值

关于普通话“日”母的音值，从高本汉开始，到今天至少已有三种不同的标法。最早是高本汉记的[ʐ]（高氏原来用的是瑞典方言音标，赵元任先生把它改成这个国际音标并加以肯定，故影响最大）；以后是[ɹ]；最近又有[ɽ]。

把日母标成[ʐ]，陆志韦先生最早提出异议。他在评论《中国音韵学研究》一书时说：“它（指日母）根本不是一个纯粹的‘硬音’，跟ㄓㄔㄕ的发音方法并不相同。ㄖ作为[ʐ$_2$]，于是乎国音的[ʂ̥]竟会弄出两个对待的阳调来，一是清[ʂ̥]的阳调，一是浊[ʐ]。汉语没有其他类似的怪现象……。”后来王力先生从语音的系统性出发，也讲过类似的话。

事情正像王力先生所说的，外国人学汉语，把“然”读成[ʐan]，把“人”读成[ʐən]，是很难听的。其所以难听，是因为读得太“强”了，摩擦太大了。实际上，ㄖ的摩擦并不大于[j]。试比较“壤”：“阳”，“容”：“勇”，“然”：“盐”，“日”：“倚倚异”等。在音色上ㄖ最接近[ʅ]。当发“日”字音时，听感上很难把声母和韵母区别开，这有点像“倚”[ji]、“五”[wu]，只是韵母同部位有少量摩擦。ㄖ跟[ʅ]的关系平行于[j]跟[i]的关系。ㄖ是个舌尖后浊久音，但不闪动（闪动便成了[ɽ]），摩擦也不太强（若是摩擦音便成了[ʐ]），也就是说，是个半元音。

傅懋勣先生把日母标为[ɹ]，就是看到了它是个半元音，这是很有见地的。不过，[ɹ]在国际音标表上是应放在舌尖中音一栏的，不跟[tʂ，tʂ‘，ʂ]同部位。况且，[ɹ]在汉语中已用来标“儿、二”。高本汉认为汉语的[ɹ]发音部位较后，英语的[ɹ]较前。而汉语的日比英语的[ɹ]更前。此外，汉语中日与[ɹ]的“主要不同是[ɹ]的摩擦更少，时间有时较长。”既然[ɹ]在汉语中已用来表示一个特定的音，而且这个音在发音部位上跟日有差距，那么在同一个音系中，用同一个[ɹ]来表示两者，似乎并不太好。

上面引的赵元任先生的一句话说日比[ɹ]摩擦多。[ɹ]是半元音，日自然是个擦音了。其实，按照布龙菲尔德的看法，英语里的[r]是一种介于辅音与元音之间的响音(sonant)，不是擦音。汉语中“儿”“二”“而”等字音也没有摩擦可言。经过这么一番解释，可以看到[ɹ]无论在汉语中，还是在英语中，实际上只表示一个元音。日的摩擦虽然大于元音[ɹ]，但远没达到擦音[ʂ][ʐ]一类的地步，因此我们尽可把它确定为半元音。

王力先生看到把日母标成[ʐ]有很多毛病，才决定把它标作[ɽ]。比起[ɹ]的修正，王先生照顾到了发音部位，但是把日母看成是液音那就不对了。所谓液音，根据雅可布逊等的看法就是边音[l]和各种断续的[r](包括颤音[r]和闪音[ɾ、ɽ])。它们既有元音特征，又有辅音特征，这倒跟半元音相同。可是日不是断续的，发音时舌头并不颤动，因此它不是闪音，不能用[ɽ]来表示。

总之，日是个不易把握的音，说得确切点，是个用现有的国际音标难以表示的音。几十年来用了三个不同的音标且都不能使人满意，正说明了这一点。因此我们想另外提出两个供选择的办法：

1. 创造一个新的符号填到国际音标表的舌尖后半元音这一空档里，用来表示“日”母的音值。我把这个音标设计为[ɹ]加一个钩儿，写成[ɻ]（同一列中的舌尖后音都是带钩的）。

2. 按照[j]既表示舌面中浊擦音，又表示舌面中半元音这一方式，用[ʐ]同时表示舌尖后浊擦音和舌尖后半元音。这样音标是一个，音值还是两个，具体使用时外加说明。

（原载《中国语文通讯》1982 年第 3 期）

【结集附注】这篇一两千字的小文原来是 1978 年我读大学时的习作，第二年投稿，又过了两三年发表了。此文很短，但有三个意义。一是承王力先生著长文回应（再论日母的音值——兼论普通话声母表，《中国语文》1983.3：20—23），此事在当时国内学术界颇不一般。王力先生谢世后，北京大学唐作藩教授（《中国语文》1986.4）和复旦大学许宝华教授（《音韵学研究通讯》1987.10）撰文纪念，都提到这件学术巨擘和在校学生之间的学术交往。二是我后来很多研究都与之有关，例如“音标选用和术语定义的变通性”“腭近音的日化”“从群母论浊声和摩擦”。还有些文章中引到它，如“虚实谈”。三是该文中我设计了一个音标[ɻ]。很巧，在成文之后第二年，也就是 1979 年，国际语音学会也设计并通过了这个音标。这是科学史上时不时能见到的不同人在不同地方的独立而相同的发现、发明。

关于普通话的区别特征

吴宗济先生写的《试论普通话语音的"区别特征"及其相互关系》(载《中国语文》1980 年第 5 期),是中国第一篇运用"区别特征"(distinctive features,简作 DF)理论来讨论汉语语音的文章。作者把现代西方的区别性特征理论跟传统的中国音韵学概念(诸如洪细、开合等)结合起来,用来说明普通话的语音现象。更重要的是,吴先生运用唯物辩证法的观点来解释 DF 理论。在第一节《引言》中提出了"N 偶"特征(又叫"多偶"特征)的理论,解决了"二元特征"(binary features)跟"多元特征"(multi-valued 或 N-ary features)之间的矛盾。细读全文,获益不浅。但也有几个小问题,想提出来向吴先生请教。

吴文第二节《汉语普通话区别特征矩阵》中有三张表,分别列出普通话元音、辅音和声调的 DF 矩阵。以后的汉语音系学将可以此作为起点。我们希望下面提出的头四个问题有助于改进这些表。

1. 雅可布逊(R. Jakobson)在上世纪五十年代初提出的 DF 理论,其中一个重要的方面是想用同一套特征来处理元音和辅音。也就是说,雅可布逊不满意以前的语音学用不同的标准和术语分别描绘元音和辅音,他要用一种理论把元、辅音统一起来。在研究了世界上很多语言之后，雅可布逊得出结论：最多只须用十二对声学特征就可描绘各种语言中的各种音素（以后别人有些修改，例如乔姆斯基和哈莱就增加了一些生理特征）。他本人使用九对特征统一处理了“公认英语”(Received English)中的二十八个音位（六个元音和二十二个辅音），把它们安排在同一张表内[①]。这种做法不仅仅使形式更为简明，更重要的是它在新的高度上把元音和辅音统一起来了，从而表明了 DF 理论是更为普遍、信息量更大的音韵学理论（插一句，科学的进步往往表现为寻求差异——在深层找出一致——在更深的层次上再寻求差异，就这样螺旋式地不断前进）。从这一点来看，吴文把普通话的元音和辅音的区别性特征分别列两个矩阵，是不能令人满意的。

2. 不过，即便把元、辅音的区别特征分别列了两张表，又有众多的特征（元音七对，辅音十一对），吴先生仍未能引入足够的特征以造成最大的对立。例如，ɿ 和 ʅ 有且仅有下列共同特征：

$$\begin{pmatrix} +\text{开} \\ -\text{洪} \\ -\text{集} \\ +\text{高} \end{pmatrix}$$

而 t 和 ts 的十个特征也全相同：[−元]、[−鼻]、[−集]、[+暂]、[−糙]、[−浊]、[−紧]、[−洪]、[+夏]、[−降]。这就无以区别了。

还有两对音位，p ∶ tʂ、f ∶ ʂ，也没有区别开。如果我们列举[−元]、[−鼻]、[−集]、[+暂]、[−糙]、[−浊]、[−紧]、[+洪]、[+夏]这九个特征，刻画的并不是 p，而是 p ∶ tʂ 这个自然对。如果再加上[−降]这一特征，刻画的是否就是 tʂ 了呢？也很难说，因为 p 在这个特征行中是个空格，一定要填的话，也是一个负号（[+降]这个特征是由于圆唇化作用而产生的）。这儿需要指出一下，DF 矩阵中的空格并不是说对该行特征不予理睬，也不是意味既不正又不负。空格表示这儿特征为其他一个或数个特征所蕴含。总之，是个多余特征，写不写都不影响对同列中的音位的刻画。f：tʂ 的情况也完全相同[②]。

另外，e：ɿ、l：j 等也有类似情况。在它们共有的特征行里正负号都是相同的，而在其他特征行里，则是其中一个有符号，另一个没有，这都没有形成最小对立。

还有些音位，比如 a：ə之间的对立，刻画得也比较模糊。

3. 一方面是缺乏足够多的特征以造成最小对立；另一方面又有好多对特征传达的信息为零，是完全多余的。这可以分成两种情况：

（甲）在同一对特征下，所有符号都是相同的，如表一的第六对特征“升/平”、表二的第十一对“升/平”。这就是说，它们没有起到区别作用。

（乙）在同一对特征下的符号虽然不同，但是这种区别仍是多余的，因为这儿形成的区别只是重复其他的特征下早已有了的区别。例如表一“齐/撮”这对特征唯一起到的区别作用是 i 正而 y 负。但是 i：y 的区别在“开/合”行中也有了，所以“齐/撮”这对特征是多余的。表二的第十对特征“降/平”也是多余的。还有两例类似的情况。表一“高/低”行中的符号虽然有正有负，还有“±”，似乎造成了区别。但是把它跟“集/散”这一行对照起来看时，便可以发现：凡有[+集]这一特征的，必有[-高]；凡有

[-集]的，必有[+高]。这就是说，“高/低”这对特征可从“集/散”导出，那么它当然也是多余的了。事实上，这两对特征只是同一对对立面的不同表现，集/散是这对对立面的声学特征，而表现在生理上，即为低元音与高元音之别。同样，表二中的“戛/透”也是多余的，它可以从“紧/松”导出，凡“紧”必“透”，凡“松”必“戛”。“送气（透）不送气（戛）表现着紧塞音和松塞音的对立。”（雅可布逊等，2.434 节）

从理论上来说，理想的矩阵所含有的特征对，应该是不多不少的，多一对便成赘冗，少一对便不足以区分；即所需要的特征对于描绘一个音系来说是充分而又必要的。因此在下面我们的普通话DF 矩阵中“nasal/oral”③这对特征可以省去，因为[-stri]这一特征足以使鼻音区别于非元音性的久音（参后文第 6 点）。我们之所以附上这对特征，是为了实用上的方便，它比较醒目，同时在表达上又比较简捷。

表中用来描写普通话音系的九对特征（略去声学特征“nasal/oral”），有八对是声学上的，只有“舌尖/非（“anteio/non”）一对是生理特征。这对特征好像很有用，能区别 f：ʂ、ɿ：e（这些在吴先生的矩阵中都没法区别开）。至于另外两对吴先生也没区别开的音位 ts：t、tʂ：p，我们是用“stri/mell”来区别的，理由详见第6 点。

表 1

		ɚ	ʅ	ɿ	o	a	e	u	ə	y	i	j	w	r	l	x	ŋ	kʻ	k	ɕ	tɕʻ	tɕ	ʂ	f	m	tʂʻ	tʂ	pʻ	p	s	n	tsʻ	ts	tʻ	t
1 Vocalic	/Non	+	+	+	+	+	+	+	+	+	+	+	+	+	+	−	−	−	−	−	−	−	−	−	−	−	−	−	−	−	−	−	−	−	−
2 Consonantal	/Non	−	−	−	−	−	−	−	−	−	−	+	+	+	+	+	+	+	+	+	+	+	+	+	+	+	+	+	+	+	+	+	+	+	+
3 舌　尖	/非	+	+	+	−	−	−	−	−	−	−												+	−											
4 Compact	/Diffuse	+	−	−	+	+	+	−	−	−	−	+	−	−	−	+	+	+	+	+	+	+	−	−	−	−	−	−	−	−	−	−	−	−	−
5 Grave	/Acute		+	−	+	+	−	+	+	−	−		+	+	−	+	+	+	+	−	−	−	+	+	+	+	+	+	+	−	−	−	−	−	−
6 Flat	/Plain				+	−		+	−	+	−		+	−																					
7 Continuant	/Abrupt															+	+	−	−	+	−	−	+	+	+	−	−	−	−	+	+	−	−	−	−
8 Strident	/Mellon															+	−						+	+	−	+	+	−	−	+	−	+	+	−	−
9 Tense	/Lax																	+	−		+	−				+	−	+	−			+	−	+	−
(Nasal	/Oral)															(−	+	−	−)				(−	−	+	−	−	−	−)	(−	+	−	−	−	−)

4. 吴文第二节中还绘出一个声调 DF 矩阵。我们知道，最早用 DF 理论来处理声调问题的是王士元先生④。不过，王先生的研究对象并不限于汉语声调。他用七对特征描绘了十三种不同的声调。吴先生运用三对特征来描绘普通话的四声。我们发现在吴先生的声调矩阵中，有着类似元、辅音 DF 矩阵的不足之处。下面我们选用王士元先生七对特征中的两对来列普通话四声的 DF 矩阵。

表 2

	阴 ˥	阳 ˧˥	上 ˨˩˦	去 ˥˩
降/不降	−	−	+	+
升/不升	−	+	+	−

王先生和吴先生都没有涉及轻声。考虑到普通话轻声在自然音变中的重要作用（例如在轻声音节中，清塞音有浊化倾向，元音有央化倾向，擦音有弱化为半元音的倾向⑤等），我们似乎可以增加“强/弱”这么一对音强特征（见表 3）。如果再考虑阳平、上、去的变调，则还需加两对特征，不过，“强/弱”一对倒是可以省去（见表 4⑥）。

表 3

	上 ˨˩˦	去 ˥˩	阳 ˧˥	阴 ˥	轻 •
强/弱	+	+	+	+	−
降/不	+	+	−	−	
升/不	+	−	+	−	

表 4

	上	去	去′	上′	阳	阳′	阴	轻
	214	51	53	211	35	34	55	
	˨˩˦	˥˩	˥˧	˨˩˩	˧˥	˧˦	˥˥	•
降/不	+	+	+	+	−	−	−	−
升/不	+	−	−	−	+	+	−	−
高/不		+	+	−	+	−	+	−
低/不		+	−					

5. 吴文第三节，也就是最后一节，是《汉语普通话区别特征的相互关系模型》。在说明辅音 DF 相关模型时吴先生有这么一句话：“这个图（指图三）的横行代表发音部位的前后关系，左前右后，用两对特征（‘洪/细’、‘集/散’）来区别。”可是[tʂ，tʂʻ，ʂ]的发音部位处于[ts，tsʻ，s]之后，而在图上却排左面，这不是相矛盾吗？吴先生自己也看到了这个问题，他在后文补充说：“在由左到右的横行中，[tʂ，tʂʻ，ʂ]列在[ts，tsʻ，s]部位之前，这似乎和生理舌位图的习惯相反。但这是按照我们多次实验所得的声学数据来定的。它们的前后顺序同它们的特征量变关系是符合的。”

那么，毛病到底在哪儿呢？原来“洪/细”、“集/散”这两对声学特征都不是“发音舌位的前后”这个生理特征的充分条件，反之亦非（即互不蕴含），故不能互相导出。既然图中左右次序是按照“集/散”的声学数据而定的，那么只要舍弃“发音部位的前后关系”，换一个跟“集/散”相对应的生理特征——前后腔比值大小——就可以了。于是：“图二的横行代表前后腔容积比值大小的关系，左小而右大。”[k，kʻ，x]成阻在软腭，后腔很小，前后腔之比最大，故排在最右。唇音若从成阻部位来看，前腔为零（唇齿音接近于零），比值亦为零（接近于零）；若从舌头分隔来看，则口腔内无明显的前后分隔，故排在最左。

[tʂ,tʂ‘,ʂ]成阻部位虽在[ts,ts‘,s]之后，但由于前者舌尖上翘，舌体下降，造成后腔宽大，故前后腔之比小于后者。因此图中前者在左，而后者在右。

6. 但是，图二中还有一个问题就不是那么容易解决的了。图中第三行是不送气塞擦音，第四行是送气塞音，第五行是送气塞擦音。这样的排列对于“暂/久”这一维来说，是合适的，正如吴先生所说：“纵列中各辅音的音长由上而下，依次是由短而渐长。如果以[t]为例，它们的长度比是：[t＜ts＜t‘＜ts‘＜s]。”可是对于左边“柔/糙”一维来说，t‘在 ts 下恐怕就有问题了。

根据吴文矩阵中的正负号来看，吴先生把“柔/糙”界限定在四五行之间，即塞音和不送气塞擦音都是[－糙]，只有送气塞擦音是[＋糙]。这样做的结果便是上文第 2 点已谈到的，t 与 ts 无别，p 与 tʂ 无别。

按照雅可布逊等人的看法（2.32 节），塞音与擦音除了“暂：久”对立之外，还附带着“柔：糙”对立。比如法语中所有擦音都是久且糙，而所有塞音都是暂且柔。但是也有好多语言中还存在着介乎柔塞音（雅氏等又称为“最合格塞音”）与糙擦音（又叫“最合格擦音”）之间的音。比如英语中的 θ 是柔擦音（与糙擦音 s 相对），德语中的 ŝ（＝ts，雅氏等在序言中已说明用单一字母加“ ̂ ”表示同部位塞擦音）是糙塞音（与柔塞音 t 相对）。雅氏等明白无误地指出：“糙塞音被称为塞擦音。”可见 ts，tʂ 应是[＋糙]，而不是吴先生的[－糙]。在我们的 DF 矩阵中，正是用“stri/mell”来区别 ts：t、tʂ：p 的。

综上所述，图二的两个纵维很难谐调起来：tʻ在 ts 下违背了“柔—糙”次序，而 tʻ若在 ts 上，则又违反了“暂—久”顺序。

顺便再补充一下，前面(第 3 点)我们说过，汉语中的“鼻/口”特征对可以省去。因为汉语中虽有糙塞音与柔塞音的对立(ts：t)，但没有像英语那种糙擦音与柔擦音的对立(s：θ)；因此我们可以只用“stri/mell”、“cont/abrupt”两对特征，就能区分汉语的塞音(比如 t，柔暂音)、塞擦音(比如 ts，糙暂音)、擦音(s，糙久音)以及鼻音(n，柔久音)。[+cons]、[+cont]、[-stri]这三个特征就蕴含着[+nasal]这个特征了。

以上陋见，不一定得当。冒昧提出，就正于吴先生，并请同好不吝赐教。

附　　注

① 见 R. Jakobson, G. Fant & M. Halle 合著 Preliminaries to Speech Analysis(MIT Press, 1951)2.5 节和书末附录。下文所引雅氏见解均取自此书汉译本(王力译，载《国外语言学》1981 年第 3 期、第 4 期)。

② 在都有符号的八个特征中，f、ʂ 的正负号是相同的。它们也是一个自然对理声调们的 DF 矩阵中，f：ʂ 的声学特征也全相同，只有一个生理特征不同，ʂ 是[+舌尖]描绘负的。由于它们在频谱上很相似，因此必定会有容易相混之处。我就从这点出发去查方言资料，果然在一些方言中，ʂ(处于 u 前)有变为 f 的。比如温县话(见徐承俊《温县土话与普通话简说》，载《方言与普通话集刊》第五本)中“水、树、叔、书、说”等读作 f-。又如西安、兰州、太原话(见高本汉《中国音韵学研究》中的“方言字汇”)把“水、书、署、舒、鼠、梳、疏”等也读成 f-。这种变化现象以前要么不加解释，要么说它是例外。而现在用 DF 理论来解释就非常简单明了，使用生成音系学(generative phonology)的表达式(区别性特征取自后文我们的 DF 矩阵)：

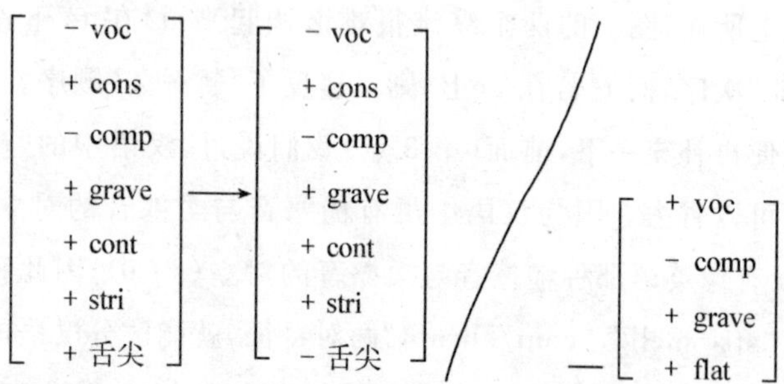

这可以表述为“ʂ 在 u 前有变为 f 的倾向(ʂ→f/_u)”,元音 u 又高([－comp])又后([＋grave])又圆唇([flat]),ʂ 在它的影响下,具备了向非舌尖、唇化的方向演变为 f 的可能条件。举此一例,以说明 DF 理论对于汉语音韵研究的巨大潜力,它不但能解释、而且能预见以往难以解释的音变现象(当然这种预见指出的不是唯一的必然结果,而是所有逻辑上可能的结果)。

③ 因为国内对这些术语还没有统一的译法,因此我们就采用英文。后文有因行文需要而用到中文的,为了对照阅读的方便,则采用吴先生的术语。英文术语基本上是雅可布逊的。

④ 见 Phonological Features of Tone, International Journal of American Linguistics, vol. 33, No. 2, 1967。

⑤ 在另一篇文章中我们将讨论到擦音 ʂ 在音节中弱化为半元音 r(即日母),这就需要有轻声的区别性特征。

⑥ 表 4 中加“′”表示该调的变调,如阳平在阳平前变为“阳′”(半阳)。上声在上声前,以前有人认为变˧˥(徐世荣《普通话语音讲话》,第 89 页)。但根据王士元和 Kung-Pu Li(Tone 3 in Pekinese, JSHR vol. 10, No. 3, 1967)的说法,上上相连与阳上相连无别。

(原题《读〈试论普通话语音的“区别特征”及其相互关系〉》,载《语言研究》1983 年第 2 期)

声调笔记五则

一、声母清浊跟声调阴阳的关系

赵元任在《语言问题》(pp. 73—74)中说，北京话阴平是高平，阳平是高升，“这个固然有时候像是可以用生理上的情形来解释，比方说[d‘]的时候，舌尖还没有拿开，气还没有放松，喉音已经在那儿颤动了，所以有浊音[d‘]，因为有阻碍啊，他这个音就容易变低，所以起头儿是低的，等到韵母出来的时候再高起来，所以结果就变成了从低望高，所以变了[35：]了。这种解释呐，在有的地方你安得上，好像解释得很好，可是有的地方就刚刚相反。所以这个解释也不一定完全可以成立。因为比方天津的阳平，它并不是底下望上，还有的地方念阳平是从上望下，那你怎么解释呐”？

瞿霭堂在《谈谈声母清浊对声调的影响》(《民族语文》1979.2)中说：“浊音声母(包括古浊来源而今清化的声母)的声调读得低，清音声母的声调读得高。从音理上来说，……是一种很自然的现象。……然而，客观的语言现象中，并不都是这么‘标准’。比如北京话的‘天’是阴平字，读[55：]调，‘时’是阳平字，读[35：]调，清声母来源的阴平读得高，浊声母来源的阳平字读得低，正合‘标准'；而近在咫尺的天津话，恰恰颠倒过来，'天'读[11：]调，'时'读[55：]调，阴平字读个最低调，阳平字读个最高调。这种现象怎么解释？"

赵元任等以现代方言中的对立现象来反驳音变的生理学解释，是对是错，暂且不论（参看第五则）。只是在这儿，他们所针对的问题本身可能是不存在的。

清浊跟阴阳的关系是：清浊大致上可以蕴涵阴阳（参看第三则），反之则不必然。说得具体点，在有清浊声母对立的话里，阴阳调不仅作为类名的区别，而在实质（音质和音高）上也有区别。但是浊音清化后，阴阳调就只有名义上的区别了。也即此时叫"阴平"、"阳平"只是习惯称呼，实质上两者毫无区别，你高调还是我高调并无清浊声母作制约因素。因此，在浊音清化后，千百年来阴调能发生多少种变化，阳调照样也能；阴调在现代方言中有多少种表现形式，阳调也同样可以有。反之也一样。

再回到前面赵元任提出的问题上去。天津或其他地方阳平是高平或高降，天津平声阴低阳高，这两种现象完全可能是——依我看差不多就是——浊音清化以后变化的结果。对有清浊声母对立的方言中的阴阳调表现形式的生理解释依然有效。在浊音已经清化的话里，对应调[①]的阴低阳高现象并不罕见。比如官话中平声阴低阳高的有：豫南信阳地区、豫东商丘地区的绝大部分点；山西入声大多阴低阳高。这些当然都是浊音清化后变化的结果。

二、在没有全浊声母的话里
清声母字读[11]调及其相关现象

瞿霭堂在上引文中最后说："天津话的'天'所以读低调，并非汉语古清声母对声调的影响有两种方向：一种读高，一种读低，而必定是另有因素起作用的结果。这种因素既可以同声母的清浊同时起作用，也可以在声母清浊发生影响之后起作用。"

前面说过，这种阴低阳高现象发生在浊音清化，即清浊对立消失之后。这一看法还可得到一个旁证：在仍有清浊声母对立的吴语[2]和湘语中，如果有相应的阴阳调，总是阴高阳低；如果某个阳调已入其他调，相应的阴调也不会低到[11]。既然在有清浊对立时总是阴高阳低，而阴低阳高（导致这一现象可能有某种统一的因素，也可能没有）只能发生在浊音清化以后；那么，"声母的清浊"就不会同时或先期起作用了。

除了天津阴平说成[11]以外，还有太原、水文、咸阳、湖北李陵口等地也如此。也有些地方是阳平读[11]的，如鄂西、冀东一些点。举这些例子只是想说明：天津话阴平的例子不是唯一的；而阴平有些什么表现，阳平也同样有。

这么说来，是否就没有什么因素影响同是清声母的阴调或阳调字读[11]呢？也许是。但[11]调在官话中毕竟不算多见，官话以外就更少了。长沙阳去是[11]，但它已属西南官话了。对于清声母字读[11]调这现象，有个解释很迷人：其必要条件是该方言中的清塞音是一种很软[3]的声母。

三、清/浊声母字能否同调

前面第一则里说:"清浊大致上可以蕴涵阴阳。"为什么要在这句话里加个限制性状语呢?在哪些场合清浊就无法蕴涵阴阳了呢?

在高调(高平或高降)中,清浊必定不同调。说具体点,阳调的调形总是调头向下弯曲的"厂"形或凸形。浊音字如果也要发成道地的高平或高降调,就必然要有紧喉作用。

上述观点从发音生理学上来看是很自然的。当声带处于自然松弛状态时发浊音 b,d,g 时,其音高在个人相对五度制中大约是二度。全浊声母字起音若是三度,那就要有意无意地紧一下声带;如果起音是五度,那就非要降低喉头、拉紧声带不可。

前所论述不排除如下可能:清浊声母字调值等高跟起音为二度的低调并不互相排斥。

上面两个观点在吴语和湘语中得到支持。高调中没有清浊同调的。但是,在低调中便出现了清浊声母字同调的现象;这种情况既少见又有趣,我们把见到的例子录在下面:

吴语:(1)青田阴、阳去合成一个[22]调。湘语:(2)双峰阳平[23]调中包括原有的浊音字:如"排"b a[23]和来自入声的清音字如"给"[23]。(3)桂北资阳、全州④、灌阳的阳平[23]调中也是清浊并存。(4)洞口黄桥话上声[21](很低、可看作轻声),桂北兴安话阳平[21]调中都是清浊字并存。

在声带处于自然状态,起音为二度的低调中,清浊就决定不了阴阳了。

四、音高的相对性

在低调中我们已经看到有清浊并存现象。其调值是否等高？要回答这个问题，就要看从什么角度来理解等高了。

袁家骅(《汉语方言概要》p. 116)说，双峰话阳平调中清浊不同的字“实际调值并不是完全相同的，从入声变来的清声母字的调值略高”，但是两者“区别极微，从听觉上不易分辨”。

潘悟云(《关于汉语声调发展的几个问题》JCL1982:368)说：“听觉敏锐的人还是能够听出(青田话)阴去比阳去的调值稍微高一些，……不过这些差别用五度标调法已经是不能区分了。”

这些话应该怎样来理解呢？清浊声母字是否即使在低调中也不可能等高同调？像双峰、青田、洞口等方言把清浊字放在一个调中是否只是一种近似的分类？

答案应该是否定的，因为声调分类并不是以音频作标准的。不但不同的人音频各不相同，就是同一个人把同一个字说两遍，音频也有细微差别。五度制对于分类来说是足够了。(依我看，分五度是太多了，关于这个问题另文讨论。)事实上，越是分得细，比如分成十度二十度，归类就越困难，因为跨类现象会增多到不可收拾。

其实，除了不同的嗓音条件(即各人不同的声带和同一个人不同情况下的声带状况)能决定音频，不同的音素对音频也有影响。不但清浊同调时在音频上显得清高浊低(这是众所周知的)，即使同是清声母字，比如 khang：ti，也有前者低后者高的感觉。本文作者在记录浙江乌镇话时就曾为这种现象所困惑。一开始都无法确定阴平是[44]还是[55]。后来才发现像“低”这种声韵母都是 acute 的音节在音频上，也在听感上都比“康”一类 grave 的音节要高些。

有个与上述观点毫不相关的实验报告，其中一些表格中的数据经过重新解释即能用来支持这观点。在胡坦、瞿霭堂、林联合《藏语（拉萨话）声调实验》（《语言研究》1982.1）中用电脑仪器记录的声调频率读数上，这种现象已露出端倪。从 26、27、30 页的表上可看到，同一声调的 tʂʅ 比 ka 的频率要来得高。由于我们对声调有了新的看法，便有意识地到实验记录中去找证据。于是，这些经过解释的数据便有了新的含义。

这样看来，音高五度制的相对意义又多了一层内容：不但 A）不同的嗓音有不同的音高范围，而且 B）不同的音素也有不同的音高范围。通常认为浊音[33]比清音[33]低。其实同是清音，grave 音的[33]要比 acute 音的[33]低些。

根据五度制相对原理 A，虽然男人的[55]在音频上只相当于女人的[11]，但仍然说男人的[55]跟女人的[55]等高，尽管两者有可能相差 100Hz 以上。同样，根据相对原理 B，虽然 gang[33]比 khang[33]音频低，khang[33]比 ti[33]也低些，我们仍旧说它们等高。

根据上述分析，可以来推测声调类型的演变情况：1）在四声时代，可以认为清浊字等高，尽管音频不相等；2）到八声时代，根据清浊分化为两两平行不等高的八个调；3）以后经过合并或维持或在极少的地方进一步分化，变成今天各方言三到十二个声调[5]不等的复杂情况。至于等高与不等高之间应如何切开，还有待于对听感作进一步的研究。

在调位的嗓音相对性以外，我们提出了上述音素的相对性观点，希望能被实验证实或修正。如果能否证它并因此发展出一种更好的理论，那当然是我们更乐意见到的。

五、音韵规则和生理规则的区别

在第三则里讲到高调中清浊不能并存。综观吴语湘语，大体如此，但是湘西有一种“瓦乡话”似乎例外。根据王辅世的鉴别（《湘西泸溪瓦乡话》，载《语言研究》1982.1），瓦乡话是汉语方言。其高平[55]，高降[53]调中都是清浊字并存。

按照我们的理论来推测，像[55]、[53]调的浊音字要么有个向下弯曲的调头，要么有紧喉作用。由于瓦乡话调查是三十年前的事情，当时并没留下录音资料。因此，这一推测有待于得到进一步的调查材料的检验。

上述推测以及第三则注④中认为[35]更合理的推测，似乎演绎味太强。注重归纳法的学者会认为我们不尊重事实。他们会说瓦乡话、资阳、全州话高调中的全浊音毕竟很少见，可视为例外，任何规则都是有例外的。

这儿就需分清音韵规则和生理规则的区别。

一条音韵规则指出某音变多种逻辑上可能的结果之一，当然是可能性最大的一种。因此，没有例外倒是奇怪了。比如浊音清化是汉藏系语的一条普遍规则，但瑶语却是带鼻冠音的清声母浊化了（mp>b）。又如三四等喉牙齿音的腭化次序一般是先喉音、次牙音、再齿音；但黄县、福山、莱阳、阳城、天台等极个别点却是齿音腭化了而牙音仍保留。又如元音高化是汉语史，也是各方言中一条普遍规则，但温州话真韵字却低化为(i)ang。

一条生理规则指出发音生理的一个必然现象，有例外便奇怪了。比如低元音的鼻化倾向强于高元音，从发音生理上来说这是很自然的。因为口腔张大，舌位降低会导致小舌微微下降，从而使一些气流从鼻腔逸出。这条规则若有例外，那就要到生理器官上去找原因了。

我们所说的浊音高调不相容原理也是一条生理规则。因此，我们推测瓦乡、资阳、全州话的记音可能没包括某些无音位意义的音徵。

讲清楚上面的道理之后，就可以来看国内学者对汉藏系语浊音高调的处理了。

在藏缅、苗瑶、壮侗语族中有许多语言的浊音字读成高调[55]或[53]。如果这是带前喉塞或鼻冠音的 ʔb，ʔd，或^{m}b，^{n}d，ɔg，或者稍微拉紧一下声带，那么它们读成高调便不跟上述生理规则相冲突。遍查文献，大部分作者都标明或说明了这种情况。但也有极少没说明。

我带着疑团向王辅世先生请教。承他好意告诉我说，像台语、越南语等的 ʔd，ʔb，前喉塞很强，有较长时间的停顿，可看做复辅音。至于像苗语滇东北次方言中高调的 b，d，g 只是声门先紧一下，只需在描写中提一句即可，不必标成 ʔb ，ʔd，ʔg。

苗语的问题不存在了。可还有瑶语勉话、西双版纳傣语、普米语[⑥]达让僜语、瓦乡话、资阳和全州话未作最后的检验。我们发表这则笔记的目的是想请田野工作者在碰到浊音高调情况时来检验我们的说法。

附　　注

① 阴平和阳平是对应调，阴上和阳上也是对应调，余类推。

② 吴语声母的性质一向认为是清音浊流。这个浊流有认为是除阻后的浊送气，赵元任认为是元音的形容性成分。最新的实验语音学（曹剑芬《论清浊与带音不带音的关系》，载《中国语文》1987.2）证实了后一种观点。吴语的浊音不是浊声母加纯元音，也不是清声母加浊流再加纯元音，而是清声母加气声元音。这个结论不影响本文的论说。我们可以只论声母清浊而把吴语刨除；也可扩大清浊的外延，或另起一个名字，把带气声摩擦的元音也包括进来，即元音也分“清”“浊”。新定义的清浊仍然蕴涵阴阳。

③ “软/硬”这对不时出现的名词似乎并没有严格的定义。对于不同的辅音，习惯上把腭化音看成软音，非腭化音则是硬音。对于同一个音，比如P，一般认为北京话软而上海话硬。这里并没有语音学或生理学上的解释。大概听感上北京的“柔软”些，上海的清脆些。按照我们的理解，“软/硬”可以用发音部位和声带的松弛/紧张来定义。

④ 根据广西教育厅方言调查组1959年的两份油印材料，资阳、全州话去声[45]调中清浊并存，虽然浊音字只有“共跪柜葵”等五六个字。我怀疑起音不会这么高，[35]才更合理；或者有紧喉作用。

⑤ 吴江方言根据全清、次清、浊音分出十二种声调，基本上三三平行。从音位学上来说是否需要分那么多可以讨论，不过这倒也给相对原理B提供了又一个证据。

⑥ 普米语的问题也许可以排除，因为它只有高低两个声调。据陆绍尊先生介绍，浊音高调并不显得很高。也就是说，根据相对原理B，普米语的浊音依然在浊音的五度范围内。

（原载《文字与文化》丛书第二辑，光明日报出版社，1987）

【结集附注】本文第五则中预测道:“像[55,53]调的浊音字要么有个向下弯曲的调头,要么有紧喉作用。”所谓“紧喉作用”,即后文所指“带前喉塞或鼻冠音的ʔb,ʔd,或mb,nd,ŋg”,或者“全紧声”。这个预言已经得到证实,2004年5月我委托两位学生在湘西录了一批瓦乡话的高调浊声母字,果然是带鼻冠音的。此外,文中所谓的“前喉塞浊塞音”ʔb,ʔd一类俗称,学名是内爆音(implosive) ɓ,ɗ,ɠ。

音标选用和术语定义的变通性

一、引言

音位学中音标和音值的关系问题不在本文讨论之列。本文想要指出的是，即使是在使用严式音标作音值标写时，也会存在两可的情况。在标写某些近似音值时，变通地多值使用同一音标是常规做法。在标写某个比较特殊的音值时，使用哪个音标也带有变通性。由于这个音的特殊性，最终有可能为它专门制定一个音标。又因为它较为少见，且与其他音相接近，也可借用其他音标。当然也可以用添加区别记号的方法来标示①。与此相关，对该音的命名，即使用哪个术语②来称呼它，也具有变通性。对术语的定义并不是到处一致的，随着不同语言的具体情况的差异，各术语都有可能产生变通的定义。

二、音值及其感知、记录、表示、命名和定义之间的关系

一个“客观”音值是一个物理实体。我们研究的语音实际上不

是“客观”音值本身，而是对“客观”音值的感知。这种感知分三个等级：a)直接听到的音值；b)通过录音设备听到的音值；c)通过文字符号所理解的音值。

不同的学科，如实验语音学、音位学、生理语音学、心理语音学等，各有不同的“求实”对象。“务实”的含义并不像一般想象的那么单纯。从甲发一个X，到乙听到、辨认、记录，到丙读到调查报告所理解的X，大体上有五个层次的“实”。其间关系并非一一对应，但它们本身及其关系都不失为有“实在”意义，可以作为研究对象的“事实”。本文所说的“音值”是指a、b两种感知。至于c，则是对感知的记录的理解，当中又多了一层对感知的书面表示方法。这虽然离“客观事实”又远了一层，但不幸的是几乎每个人都是阅读他人报告所获大大多于自己调查所得。因此，建立音像档案应是开展下一步工作的必要条件。

三、音值和音标之间的关系

一般认为，音值跟音标是一一对应的，即具有所谓的“互指性”。一个音值用一个音标表示，一个音标代表一个音。这本来是当年创制国际音标的前辈语言学家的愿望。但实际情况满不是那么回事。国际音标图中多处出现用一个音标，如[j，ʀ，ʎ]等来表示两个音值的变通方法。这种一符两音的变通表示方法是显而易见的。我们再来看几个不那么明显的例子。

(1)北京话“鸡”的读音标作[tɕi⁵⁵]③，上海话做连读前字的“鸡”也是[tɕi⁵⁵]。看上去两个字同音，但实际上声母有区别。上海话的[tɕ]比北京话的[tɕ]部位靠后。

(2)普通话的“贞”和苏州话的“贞”都标作[tʂən]，但实际上苏州话的[tʂ]部位较前，舌尖翘向齿龈前部。普通话的[tʂ]部位稍后，舌尖在齿龈脊前。另外，老北京的[tʂ]部位更后，舌尖在齿龈脊后，硬腭的最前部。

同一个[tɕ]或[tʂ]表示二或三个相近但不一样的音值，这当然也应该算是变通使用音标。在这种情况下，一般有两种补救办法：(1)添加记号并加说明。比如高本汉在二十年代把老北京较后的[tʂ]记为[tʂ$_2$]，把部位较前的[tʂ]记为[tʂ$_1$]（跟现在普通话的[tʂ]相同）。仿此，则苏州话的[tʂ]可记为[tʂ$_0$]。(2)仅添加说明。这是大部分人的做法。因为像[tʂ$_0$][tʂ$_1$][tʂ$_2$]的区别实在细微，而且没音位对立，因此，创制新符号便显得过于浪费，甚至添加符号也嫌费事。比如叶祥苓在描写苏州话的[tʂ$_0$]时就只用了文字说明。

下面是进一步的例子。

(3)厦门话有个浊舌尖音。有人标作[d]，有人标作[l]。说它是[d]，爆发不那么干脆；说它是[l]，跟通音又有不同。也许可以把它描写为发黏的[d]，或较短且舌尖接触较少的[l]。这个音有点特别，也许有资格为它另创一个符号[4]。但现在用[d]或用[l]来表示，则是两种不同的变通标法。

(4)本文作者在记录浙江桐乡安兴话时也遇到了两难困境。《广韵》尤韵字在安兴话中的读音似乎是[ʏ]，又似乎是[ʉ]，而且人跟人也不完全一样。跟例(3)有所不同的是，这儿似乎用不着准备创制新符号，标成[ʏ]还是[ʉ]也许都无所谓[5]。

(5)[ɹ]是个模糊音标。光凭它在国际音标图中的地位，根本无法推知它在英语和汉语中的实际音值。使用加脚标的方法，可以把普通话的日母标为[$ɹ_1$]，老北京的日母标为[$ɹ_2$]，英语的[ɹ]标为[$ɹ_3$]，汉语[ə˞]中的[ɹ]标为[$ɹ_4$]，美国英语[ə˞]中的[ɹ]标为[$ɹ_5$]。

造成以上种种变通使用音标情况的原因有以下三种：(1)某个音比较罕见，(2)不能出现于同一音系或不构成音位对立，和/或(3)实在是一种两可情况。

从理论上来说，一音一标是很理想的。但在实用上也许并不是最方便的。这在上面例(1)至例(4)中已经分析过了。不过这也应该有个限度，像例(5)中[ɹ]这个符号显然兼职过多。因此，似乎可以把[$ɹ_1$，$ɹ_2$，$ɹ_3$]抽出来，另外给一个新符号[ɻ]。本文作者(朱晓农 1982：20)曾提议把普通话的日母标为[ɻ]，[ɹ]这个符号就留给舌尖卷向硬腭中部的[$ɹ_4$]和[$ɹ_5$]。

与此相反的同音异符现象也时有所见。这除了作者使用音标时宽严程度掌握不同以外，还可能认识有分歧或有过程。最显著的例子可看后文的日母问题。总之，音值与音标之间并不是严密地一一对应的，在使用严式音标时存在着变通情况。

四、术语的变通用法

术语是跟音值对应还是跟音标对应？这在认为音值跟音标之间具有互指性的人眼里，是不成其为问题的。但如前所述，情况并非完全如此。一般来说，术语是跟音标直接对应的。比如说舌尖后不送气清塞擦音指的是[tʂ]这么个音标，而该音标所表示的音值，如上文所说，至少有三种：苏州话的[$tʂ_0$]，普通话的[$tʂ_1$]，老北京的[$tʂ_2$]。

术语跟音标挂上了钩，它跟音值就不一一对应了。因此，用某个术语来称呼某个音值时，便存在着变通使用的可能。也许有人会不同意，认为这不是什么变通用法，而是定义还不够精密。“舌尖后不送气清塞擦音”这一术语定义的是一类音，而不是一个音。如果需要，可以进一步把苏州话、普通话、老北京话的翘舌音分别叫做“前/中/后舌尖后不送气清塞擦音”。在一般情况下，则用不着这种限制性定义，因为根据上下文的说明，读者自可明白其实际音值。

这种考虑无疑在很多场合是行得通的，有时候这还是学术进步的表现。像例(1)的两种[tɕ]也可分别叫做“前/后舌面前不送气清塞擦音”。只是例(5)的情况复杂点，那五个不同的[ɹ]要很别扭地分别加上不同的限制性定语。不过，对于例(3)和例(4)，就有点麻烦了。如前所述，厦门[d]和安兴[Y]固然有可能得到新符号，同时也得到新创的术语，但也有可能一直变通使用，变通称呼。

术语的变通用法在上述称呼音值时还显得不太明显。在另一场合，即术语跟定义的关系方面，变通使用术语就比较明显了。仍以[tʂ]为例。当我们把刻画普通话翘舌音的术语“舌尖后不送气清塞擦音”(它所定义的[tʂ]是一个舌尖与齿龈脊后接触的展唇音)用到吴语中去称呼苏州话的翘舌音时，它的定义就变为舌尖与齿龈最前端接触的唇化音了。实际上。由于音标与术语基本上对应[6]，因此，其中一个的变通使用，必然导致另一个也变通使用。

术语或音标的变通使用，实际上是一个重新定义的过程。这种重新定义可以是：

(i) 进一步限制，这包括原先不分类的现在进一步分类（即原来认为是一个音，但进一步的观察材料证明其实是一类音），以及在原有的类中又加入一个新的小类。也可以是：

(ii) 借用一个常用术语而赋予新的定义。

这个新定义所指对象不能常见，否则就容易混淆了。当然更不能有新老定义所指对象同时同处出现的情况。还可以是：

(iii) 用缩小或扩大词义（即缩小或扩大该术语所表示的概念的外延和/或内涵）的方法来改变术语的定义。

关于第(i)种情况，上述[tʂ]就是一例。

关于第(ii)种情况，似乎有些奇怪。因为按照一般的看法，科学术语应该是单义性的。但实际上，学者们“通常不愿统一术语”（哈特曼和斯特克）。同一术语表示不同概念和同一概念用不同术语表示的情况比比皆是。这在一门发展中的学科领域内并不稀罕。

术语严格的单义性也许并不是最方便、最受欢迎的。有时候为了便于对照，宁可改变定义。也不新创术语。我们可以举一个语法学上出名的例子：关于汉语“词类”问题的讨论。西方语言中的“词类”（最好给它加脚标$_1$）是用形态变化辅以句法功能来定义的。把这定义搬到汉语中来，就会得出汉语无词类（词类$_1$）的结论。但现在大部分人都接受了一种重新定义“词类”这一术语的变通方法，即主要根据组合关系来定义的词类（词类$_2$）。从操作决定性质这一具体的层次上来说，汉语的“词类$_2$”跟西方的“词类$_1$”不是一回事儿，虽然从高一层概括的层次上来说，它们都是“词的语法分类”。因此，说“词类$_1$”和“词类$_2$”同还是不同，就全看你站在哪个层次上了。

有时候，即使已经给一些较特殊的音取了新名称，但出于习惯，也为了方便，人们依然沿用老术语。这也可以算变通使用。比如吴语中的“浊流清塞音”通常仍称为“浊塞音”。而北京话的“清化浊塞音”一般还叫做“清塞音”。

至于第(iii)种情况，可以赵元任使用“通音”这个术语的情况来说明。“通音”(continuant)这术语定义的已经不是一类音，而是几类音了。所有的普通元音都是通音。当通音单指辅音时，它包括擦音、鼻音、边音、无擦通音(以及汉语中重新定义的半元音)。比如郑张尚芳描写温州音系时就是这样使用的。现在赵元任把擦音、鼻音各立一类，仅把边音和日母归为一类，定名为“通音”。从而使得擦音、鼻音、通音成了互相排斥的集合。这没有什么不可以。但是要注意：这本身就是变通使用办法——使“通音”的外延大大缩小了。

不过，即使已经有了名称，仍然不能说就有了精确定义。关于内涵的精确定义的基础是细致描写而不是类比。[7]从赵元任的分类来看，日母不能是擦音、鼻音，也不是边音，那么它就应该是无擦通音了。但是，日母显然不是全然无擦的。因此，把日母称为通音，意味着通音中还需增设一个新的小类。这一点下面还要进一步讨论。

在很多场合，术语和定义是不加区分的。比如Jones(209)：“The formation of j may be expressed shortly by defining the sound as an unrounded palatal semivowel.”“j”这个符号的名称

(术语)也就是它的定义。但是,不加区分不等于没区分。所谓术语,即是一个集合的名称,音标相当于该集合的记号,而定义则是该集合的内涵,有时候是外延。为方便起见,定义是分层次的。初级定义建立在描写上,像上述“展唇腭半元音”这样的二级定义(相当于(聚集)复合术语),是建立在低一层的定义上的,即预先定义了“腭音”、“半元音”等。

通常,定义和术语都是从描写中抽出来的,但有时却是从解释中得来的。比如北京话不送气塞音出于词首或连读后字重读音节中发成[p,t,k],但如夹在两个元音之间且出于轻声音节中则发成[b̥,d̥,g̊]。对以上描写作不同的解释便得出不同的定义和名称,并决定使用什么音标。赵元任认为这是“清化浊音”的表现,故标为[b,d,g]。但另外很多人认为它们本身是清音,只是在“VCV”场合被同化为浊音了,因此标作[p,t,k...]。就事论事,单从两个定义本身来看,无所谓对错。选择何种定义,即作何种解释,须从语音学的一般规则来考虑,比如塞音很软则倾向于看成清化浊音,若塞音较硬则倾向于看成有时会浊化的清音。注意:这儿是用不着考虑历史来源和音系整齐等因素的。

五、“半元音”和“通音”在英语中的用法

上面我们已经看到在音标选用和术语定义中,变通方法并不是不可容忍的。现在回到汉语语音学中来看一个术语变通例子。“半元音”和“通音”的变通使用已经应该引起注意了。

先来看一下这两个术语在英语中的定义。

所谓"半元音",Jones 定义为"独立的元音性音渡,发音时,发音器官先处于闭元音(即 i,u)的位置,发音动作较弱,并马上移到可以是同部位,也可以是较开的主要元音上,处于词首元音位置上时几乎不占据什么时间"。半元音之所以归入辅音类有四个原因:音渡性、短暂性、弱读以及发音时多少有一点气流。

Jones 的学生 Gimson 也把半元音定义为短暂的元音性的觉察得到的无擦音渡。有所不同的是:(1)Gimson 没说半元音有微弱气流[8];(2)Gimson 认为英语/j/、/w/的发音部位只是近似/i/,/u/,其实际位置取决于后接元音的性质。"英语里的/j/+/iː/,或/w/+/uː/的发音点根本用不着跟上腭接近到超出元音的范围而落到擦音类里去"。Gimson 又补充了声学特征。/j/、/w/头两个共振峰的参数分别接近/iː/或/uː/,但音长只有/l,r/的一半。Gimson 把半元音归入辅音的原因主要是它们的功能更像辅音而不像元音。

再来看"无擦通音"。Jones 把英语的无擦通音[r]描写为浊辅音,其发音部位跟相应的擦音相近,但听不到摩擦,相当于弱[ɚ]。Jones 认为半元音/j̠/、/w̠/也有无擦通音的变体,比如 yes 中的/j/是个无擦通音,并添加记号标为[j̠ːes]。

Gimson 认为英语无擦通音[ɹ]在读音上、声学上都像元音,但从功能上来说得归入辅音。至于 Bloomfield,Jakobson 等则干脆把[ɹ]看做是元音音位。

比较英语半元音[j]和无擦通音[ɹ],相同点是在语音学上都是无阻无擦、元音性的,在分类上都属于辅音。区别在于[j]短暂而[ɹ]持续。

六、“半元音”和“通音”在汉语中的变通用法

弄清楚 Jones,Gimson 根据英语[j]、[ɹ]的音值来定义的“半元音”和“无擦通音”后，就可以明白中国学者在运用这些术语和音标时采用了适应汉语实际的变通方法(ii)。

罗常培和王均(81 页)把“半元音”定义为“擦音中气流较弱，摩擦较小的”。又说:“像汉语里用作声母的稍有摩擦成分的[j]、[w]等，就是介于元音和辅音之间的一种辅音——半元音。因为它的摩擦成分有时微弱到不易觉察的程度，所以又有人管它叫无擦通音。”

这段话有两个变通之处。一是术语变通，即认为半元音介于元、辅音之间，是擦音的一类，有弱气流和小摩擦，并且是持续的通音。这都跟 Jones 他们不同。二是音标变通，即[j]同时表示无擦通音。我们记得 Jones 是用加冒号的办法来标无擦通音[j:]的。

由于普通话日母[ɻ](跟[tʂɿ]部位相同，应是[ɻɿ])的发音性质，变体情况跟[j]相似(详论见下)，因此我们(朱晓农，19 页)曾经把它定义并命名为“舌尖后半元音”。这跟称呼汉语的[j]是“半元音”同样是一种变体方法(ii)，无所谓对或错。至于赵元任和王力把它叫做“(卷舌)通音”，也一样是变通方法(iii)。各种变通方法固然都无所谓对错，但用在具体场合，还是有优劣之分(详见下)。看来，对于汉语中的[r]和[j](跟英语中的[r]和[j]不同)，如果不想变通使用术语来称呼它们，就必须新造一个术语，比如说“微擦

通音”。

应该看到，半元音稍稍拉长，就成了无擦通音。无擦通音稍微加点呼气力，就成了微擦通音。三者之间的界限如此不稳定，以至老的国际音标图(1952)中半元音和无擦通音是不加区别地放在同一行里的，至于微擦通音的概念当然还没有建立。而新的国际音标图(1979)在这一行里更是换了一个 approximant 来代替“半元音”和“无擦通音”。

罗常培和王均关于“半元音”的变通定义不但在国内汉语学者中被广泛接受，而且还为研究其他汉藏系语的学者所采用。比如墨脱门巴语有个 r 声母，张济川把它的音值描写为“摩擦比较轻的半元音[ɹ]”。洛巴语中有个“摩擦较弱”的 j 声母，欧阳觉亚也称之为“半元音”。

七、普通话/i/音位和/ʅ/音位的分布

现在我们来看一下普通话/i/音位的出现情况：

(1) 做韵母时是元音[i]。

(2) 做介音时是元音性的音程很短，在[tʂʰ]、[ʂ]后面甚至只是声母的一个附加音色。

(3) 做声母时：

(3a) 在后元音、后鼻音前差不多是个纯元音，如[iuŋ]、[iɑŋ]、[iɑu]、[iŋ]；

(3b) 在前元音、前鼻音前，如[ien]、[in]，若是阴平调，听不出摩擦，其他声调有时则有少量摩擦；

(3c) 单独成音节时有明显的同部位摩擦,尤其是阳平、去声字;

(3d)“鱼、雨”等字一般标作[y]或[ɥy],但实际上是[jy][⑨],这个[j]是个元音性滑音,音程极短,有少量呼气;

(3e) 如果处于双音节词后一音节(不轻读)的开头,哪怕是[iuŋ]、[iŋ],也有些摩擦和紧张。

从上述观察描写来看,只有(2)介音和(3d)[jy]中的/i/合乎Jones定义的“半元音”标准。如果根据罗、王的定义,(3b)、(3c)、(3e)也是“半元音”。不过要注意,把“倚”标为/ji/并不意味着[j]+[i],而是[i$_j$]的一种音位标音法,类似于吴语“鞋”/ɦa/≠[ɦ]+[a],而是[a$_ɦ$]。

/u/音位情况与/i/类似。

/ɻ̩/音位(刨去/z̩/)[⑩]的情况也相似:

(1) 做韵母时是纯元音。

(2) 做声母时(指[ɻ$_1$],至于[ɻ$_2$],它发成无擦通音的场合要比[ɻ$_1$]多):

(2a) 在/ɻəŋ/、/ɻɑŋ/中,/ɻ/几乎是个纯元音;

(2b) 在/ɻən/、/ɻɑn/的非阴平音节中,有时有少量摩擦;

(2c) 单独成音节时,如“日”,跟“倚”一样,也不是由一个声母加一个韵母,而是一个自成音节的[ɻ̩],带有同部位或多或少的摩擦。

八、对通行处理的评价和我的看法

弄清了普通话/i/、/ɻ/音位的各种同位音,我们就可以来评价赵元任和王力的声母处理了。

赵元任(18页)的声母表中日母标作r,命名为"卷舌浊通音"。表中没有半元音,/i/、/u/处于声母地位即使有摩擦也属于元音。

赵元任的处理有三处变通:

(1) 选用"r"来表示日母是音标变通使用;

(2) 称之为"通音"是术语变通使用(iii);

(3) 把有同部位摩擦的[i]、[u]仍叫做元音也是术语变通使用(i),即需在元音类中新添一小类。

由上述分析可以看到,赵元任恪守 Jones 一派对"无擦通音"和"半元音"的定义,不愿变通使用这两个术语,但结果是变通使用了另外两个术语"通音"和"元音"。王力(1983,23页)在最新修改的声母表中也把日母称为"通音",但把[j,w,ɥ]称为"半元音"。这样的处理当然也是变通方法:

(1) 称日母为"通音"是术语变通使用(iii);

(2) 称汉语的[j,w,ɥ]为"半元音"是术语变通使用(ii)。

王力的变通处理分开使用没什么错,但合在一起用便产生了矛盾。运用术语音标虽有变通手法,但在同一音系内却要保持一致性。如上所述,[ɻ]和[j]的发音方法一样,都能延长,都有少量摩擦。但现在一为通音,一为半元音。这种不一致的处理并不是出于共时语音学原因,而是出于历史考虑。

赵元任和王力的这两种看法是比较通行的,但还不是最通行的。最通行的看法是从高本汉沿用至今的日母浊擦音[ʐ]说。我不怀疑高本汉的耳朵,也许本世纪初有些北京人有时会这么发音,不过,现在的普通话日母当然不会是浊擦音[ʐ]了。

因此，我们倾向于以下两种处理方法：

（1）如果使用变通方法，只需在“半元音”原有的定义“元音性滑音”上，再加一项定义：“处于声母地位时能延长并有微弱摩擦的响音”，这就可以把普通话[ɻ]、[j]等归入这一类。

（2）如果想进一步精密地术语分化定当，可以先定义一种内涵与上述后加定义相同的“微擦通音”。普通话[ɻ,j,w]属于这一类[11]。英语 yes [jːes]中的[jː]，有时也是个微擦通音。

九、结论

从上述分析来看，变通性在音标选用和术语定义中是个不入正册但随手可以拿来使用的常规辅助手段。问题不在于用不用变通方法，而在于如何简洁而又一致地变通。学者们不时使用变通方法的根子实际上在于两大矛盾：事物的连续性对分类的离散性，事物的变动性对分类的静止性。

本文初步辨认出变通方法的种类，可能出现的场合以及产生的原因。我们应该意识到它的存在以及使用这种方法的可行性，并希望确定变通方法在理论上的地位。另外，本文还对普通话中[ɻ,j]的术语表达，提出了一种使用上较为合宜的变通方法，以及另一种创制新术语的非变通方法，供语言学界参考选择。

附　注

①从理论上来说，添加区别记号相当于新符号。但名称大多不改变。

②我们用“术语”一词代表三种情况：单纯术语、复合术语、聚集（aggregative）复合术语。

③声调只在有必要时才标出，一般情况下省略。

④不过，这个音不太稳定，有人口里像[d]，有人口里像[l]。

⑤赵元任曾引罗素的话说：“在有些难决的问题不必费太多的踌躇，如果经过充分精密的考虑过后而仍是两可的，那可见本来怎么做都是差不多的。”

⑥这只是基本如此。例外的如苏州话翘舌音有称为“顶音”（cacuminales）的。这就形成术语跟音标的多对一关系。如果把添加了区别记号的看成新音标而名称未改，则形成音标跟术语的多对一关系。

⑦赵元任和王力都只使用跟英语[ɹ]类比的方法来定义汉语的日母。类比不是个很可靠的方法，使用时很容易丢掉点什么。比如英语[ɹ]是无擦通音，但普通话日母不是全然无擦的。因此，类比只能作为一种近似的说法。

⑧其实，有微弱呼气气流并不意味着有了感觉得出的摩擦。有摩擦还需声道较窄这么个条件。

⑨语图上也可证明这一点。吴宗济《实验语音学和语言学》（《语文研究》1981.1）一文中把它标作[iy]，这跟我们的[jy]标法不矛盾。因为我们的[j]包括Jones标准的[j]，而吴文是按罗、王定义用[j]的，因此[iy]中的元音性滑音[i]跟介音[i]一样，都只能标为[i]了。

⑩/ʐ̩/即是“之”的韵母，/z̩/即是“资”的韵母。

⑪这样处理的结果可以把边音等也归入“微擦通音”一类，从而使国际音标图中口腔辅音一类的逻辑分类的名称也得以改善。我们用不着再让“边音”去跟“边擦音”对立。“边音”可以作为一个大类名跟“中音”（mediam）对立，下面是“边微擦通音”[l]跟“边擦音”[ɬ、ɮ]对立。

（原载《语文导报》1987年第3期）

论分域四度标调制*

§1. 引言

汉语方言的声调描写一直采用赵元任先生在1930年发明的五度制。本文想要讨论另外一种稍有区别的标调方式。

五度制对于描写声调来说是个里程碑。尽管汉语很早就有声调，而且一千六七百年前就已经意识到它的存在，但是真正了解声调的初步性质还是从刘复(1924)开始的：声调平仄起伏原来就是基频高低，所以四年后赵元任(1928)在描写吴语声调时就用了乐谱。但是赵元任马上就发现，声调的物理属性跟感知无法机械地对应，跟音位学的处理更无法对应。所以两年后他(Chao 1930)发明了描写相对音高的“五度制”，并一直沿用至今。

现在我们对声调的认识比起二三十年代时更为深入了。我们知道声调不但跟声带的振动快慢、也就是基频有关，同时还跟声带在振动时的陪伴的发声状态(phonation types)密不可分，比如有

---

* 此文曾提交第12届国际中国语言学学会年会暨第2届汉语语言学国际研讨会(2004年6月，天津)，载《上海声调实验录》，上海教育出版社，2005。

没有气声,有没有嘎裂声,甚至还跟声调的音韵学载体——韵母——前后的辅音的性质有关。所以,如果某个语言里有某种特别伴随的发声状态,就会严重影响声调描写。因此,在描写声调时,最好使用两个参数:发声和音高。不是每个语言都有发声状态的区别。如果有这区别,则需先分两个或三个域。如果没有这区别,那就不分域。每个域中各分四度来描写音高。图 1 就是分域四度制的表现形式之一:三域共六度。每域各四度,每域各差一度,加起来共六度。从经验角度来看,这大概是声调域数和度数的极限了。

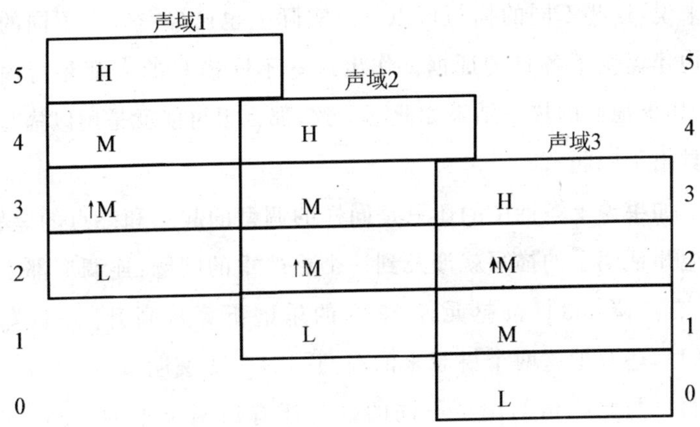

图 1　三域六度的声调模型

下面分节讨论分域的必要性、四度的充分性、分域四度制的合理性、相对于其他标调方式的优越性。

§2. 分域的必要性

现在要问的第一个问题是:为什么要提出这么个模型?

直接导致本文所设想的标调法是描写中常常出现的不一致现象,而这些方言还是研究得非常充分的。比如上海话的阴平降调,有不下四五种描写:[53,52,51,42]。又如江苏清江阴平、阳平、上声都有两种描写。有人说这都"差不多"。这话当然不该说。从一般来说,科学中没有"差不多"的存身之处。从音韵学这一特定领域来说,这些不同的描写可以——实际上也已经——为不同的理论构建提供了各自的证据。作出这些不同描写的人都是行内高手,如果他们的描写结果如此不一致,那么很可能就是用以描写的工具出了问题。

如果说上海话中的还只是同样的调型的起点和终点的差别,对温州话阴上的描写就涉及到一个更严重的问题:连调型都不同了,有高降[53](按赵元任 1928 的乐谱折算),高升[45](郑张 1964),还有把这两个拼起来的高凸[454](颜逸明 2000:15)三种描写。与此相仿的调型不同的描写还有河南宝丰的上声[54~45]。

再举两个"中折调"的例子。中折调最早是赵元任在浙江黄岩(1928)和粤北韶关土话(1929)中发现的。

1. 赵元任(1928)把黄岩话的中折调记为"中喉塞":[31ʔ3],郑张把邻近的天台话中相应的中折调记为"喉塞尾":[ʔ324],而戴昭明的天台话描写(2003,天台话是他母语)则没有任何喉塞音:[324]。

2.赵元任(1929)把韶关土话的中折调也记为"中喉塞",[43ʔ4]。对韶州土话的其他方言的描写有记为"降升"、"平—升"。对此类中折调的描写还有很多别名,如"间歇调"、"不连续成分"等。

一个声调如果如此记不清楚,而记音人都是高手,往往就不单单是个基频或音高的问题了,它就跟声域或其他因素有关了。上面所举的上海话、台州方言、粤北土话、温州话的"非常规"声调都与声域有关。上海话有清声域和气声域两个声域;台州和粤北方言除了一般的清声域外,都有一个嘎裂声域;温州话可能有三个声域:清声域、浊声域和全紧声域。至于在音韵学层面是否都要把不同的声域单列出来,得看它们是否有音位作用。

由于存在以上这些与发声有关的例子,所以我们提出一种先分域再分度的标调方式。常见的发声态有六种:清、浊、气声、嘎裂声、耳语声和假声。耳语声从来没有音位意义,甚至连音位变体都不担任,仅仅在边缘语言学(paralinguistics)中起些作用,所以可以排除。假声通常也没有音位意义,但它可以作为音位变体,甚至形态音位(如小称调)的变体出现(见朱晓农 2004)。另有一种从声道到喉部都紧张的全紧声域,假声能作为它的变体出现,最近我对侗语的一次实地调查证实了这一点。具体情况将另文报告。所以一共是五种声域。清声域是常态声域,每个语言中都有。浊声域以具备浊塞音来定义。发声态能决定声调的很多性质。例如,声调在清声域中普遍较高,在全紧/假声域中更高,在浊声域和气声域中普遍较低,而在嘎裂声域中最低,可以低到听不见,声调像是断裂、“中折”了。这样的两套声调在共时体系中可能会完全平行，仅是例如声母音位的伴随特征；而在历时演变中会走不同的路。所以把它们分开描写既有利于共时音韵学的处理，又有利于历史追踪，还有利于类型学比较。

§3. 四度的充分性

第二个要回答的问题是：为什么只需要四度？

对此最直截了当的回答就是：四度够了。很多语言中没有发声态的区别，那么，描写它们的声调就只需要一个声域，或者说，不分域。这种单声域的声调语最多只需四度。例如北京话的四个声调用五度制是：[55,35,214,51]，用四度制则是：[44,24,213,41]。北京话没有声域对立，所以它的四个声调都在一个常态声域中。

也有些语言需要五度的，这些语言都有两个声域，即：或者同时有清声域和浊声域，或者同时有清声域和气化声域，等等。如果是两个域，每个域中是四度，高域比低域高一度，加起来总的音高度数还是五度。如上海话的五个声调分布在阴阳/高低/上下两个域中，分别用小写字母“i”和“a”表示：“i”暗示阴 y$\underline{i}$n，“a”暗示阳 y$\underline{a}$ng。如：[41^{i}, 23^{i}, 14^{a}, $\underline{23}^{i}$, $\underline{14}^{a}$]。

极个别语言可能有三个域：清声域、气化声域和嘎裂声域(Hmong)，或者全紧声域、清声域和浊声域(温州)，或者别的组合。这样的声调语言就需要“三域六度”。迄今为止，只有一个语言(白语)据说有四个域(Edmondson & Li 1990)：常态声 modal，气声 breathy,嘎裂声 creaky 和全紧声。不过,据鲍怀翘先生赐告,白语中的情况尚需进一步探讨。

§4. 分域四度制的优越性

现在要问的第三个问题是:为什么要提出这么个框架? 这个声调描写框架有什么优点?

除了反映出上面提到的声域影响声调这个最基本的原因外,它还有以下几方面的好处。

第一,从理论上来说,一个声调模型在容纳或者描写数以千计的实际声调系统时,应该是充分而又必要的。

所谓"充分而又必要",就是多一度便成赘冗,少一度便不足以区分。就像元素周期表容纳各种元素一样。这一"充要性"原则实际上也是制定任一分类系统时,仅次于"无矛盾"的第二个原则。"无矛盾"原则决定对错。"充要性"原则决定好坏。五度制在语音学上来说不够细,但从音韵学上来说又太多,因为在单声域的语言中最多只有四个平调。所以从音韵学或者音位学、音系学角度来看,四度是充分的、足够的; 五度有冗余,是不必要的。

大约二十年前有人建议分九度,从音韵学上来看,就更没必要了。至于从语音学角度来看,任你分多少度也是不够的,因为基频变化是连续的。后来还有三域九度的模型,同样没有必要。说到底,声调不像音段,可以有声学定义。你这九度是没法去对应赫兹的。声调在音韵学中只是一个相对的音高概念。另一方面,碰到只有一个域,或同一个域内,有四个平调的语言,就不足以描写了,比如，广西龙胜伶话就是四个平调：宽 hɔ^{55}｜干 hɔ^{44}｜火 hɔ^{33}｜黄 hɔ^{22}（王辅世 1979）。简单地说，从音韵学角度看，这种声调模型总的度数太多（不必要），而每个域中的度数又太少（不充分）。

从上述“充要性”原则这一基本要求来看，“二四制”优于五度制，更不必说单域九度或三域九度制了。

第二，刚才说的是平调，现在来看仄调（升或降）。“二四制”定义的仄调更确切地反映了实际情况。假定用至少为两度的跨距来定义“显豁的仄调”，二四制定义了三种降调：[41,42,31]，而现有的方言资料（浙江嵊县吴语、安徽祁门徽语、江西瑞金赣语）正好最多是三个降调。二四制所定义的显豁升调也是三种：[13,24,14]，现有的语言资料（安徽泾县徽语、贵州高坝侗语）正好最多也是三个升调。

与此相对的是，如果用五度制，如果也是至少两度区别，它能定义的升调有六种：[13,14,15,24,25,35]，降调与升调成镜像也是六种。相对于实际情况最多有三种，冗余度太大、预测性太小、定义性太差，结果就是造成对同一声调多种“差不多”的描写。

前面第一点是说，五度制从音韵学角度来看有冗余，因为他多定义了一个平调。现在从仄调的情况来看，五度制多定义了三个升调、三个降调，就更没必要了。

上面我们定义升降调是用跨距至少为两度来决定的。为什么不用一度呢？因为一度的差距往往很有歧义，一方面，同一个一度仄调，可能是个平调的同位调，也可能是个真正的仄调的变体。另一方面，不同的一度仄调，一个升调，一个降调，可能都被处理为平调。

第一方面的例子如：在同一本《湖南方言调查报告》（杨时逢

1974)中,同样一个"由'半低'降到'低'的低微降调(21)",吴宗济(祁阳白水话)和董同龢(醴陵清水江话)都处理为[11],而赵元任(嘉禾城里话)则处理为[31]。第二方面的例子如:吴宗济(祁阳白水话的上声)把"由'高'降至'半高'的高微降调(54)"处理为[55];而董同龢(醴陵清水江话的阴平)则把"由'半高'升至'高'的高微升调(45)"处理为[44]。

这种不一致的处理方式在同一个人身上也有。例如上面吴宗济把"微降"[21]和"微降"[54]都处理为"平"(分别为 11 和 55),好像他倾向于用平调符号来处理一度差距的微仄调。但是他又把会同城里话的阳平"微降"[43]处理为中降[42],把阴去"微升"[45]处理为高升[35],又变成取仄调符号来处理一度微仄调。上面赵元任把嘉禾微降[21]处理为真降[31],但是汝城上声[21],则处理为平调[11]。可见这里还设定好规矩。如果有人认为这"没关系"、"都可以",那么我们就把语言学问题暂搁一边,先讨论科学哲学问题。

这种处理一般宽容地叫做"宽式"记音。宽式记音有时是出于理论考虑,也就是"音位"标音。有时是为读者考虑,只是让符号之间的区别更大些。有时该声调在实际发音中游移于两者之间。还有时可能是为了让区域类型特点更显豁。各人当然可以有各人自己的考虑,但放在一起便显得不一致、不协调,至少标准不明确。

有鉴于此,我们就用跨距至少两度来定义显豁升降调。由此也减少了描写上的分歧,见下第三点。语言中当然也有不那么显豁的微升微降调,有必要的话,也可用一度跨距来定义。

第三,可以减少描写上的歧义。这不但更实用了,在理论上也更合理了。拿上海话的阴平声降调为例。我们现在有好几种不同的描写:有根据听感的[52,53,42],也有根据基频的[51,41]等。如果用"二四制",那么歧义就减少到只有最多两个描写:[41ⁱ]和[42ⁱ]。如果再加一个类型学限制——如果只有一个降调,最有可能是全降,其次是低降,最不可能是高半降——那么,就只有[41ⁱ]这么一个确切的描写了。这符合所谓"描写的充分性"这条原则。

在五度记音中,常常会碰到上下为难的问题,比如一个高升调是[35]还是[24],要为它犯愁。这实际上怪不得记音人的耳朵,问题在于五度制本身滋生这歧义。举个典型点儿的例子,苏北清江(现淮阴)话的有好几个声调都有不同记法。它的阳平有[35]和[24]两种记法,用两域四度制,只有[24]一种记法。歧义消除了。它的阴平也有两种描写:[42]和[31],在"二四制"里只有[31]一种描写。它的上声的两种描写[212]和[213],在"二四制"里也没法解决。

第四,在减少描写上的歧义之后,还能消除一些假问题。例如北京话"上上"相连后的连调有认为是等同于"阳平+上",即[35+214];也有的认为是[24+214],前字变得类似于阳平但稍低(徐世荣 1993)。后一看法纯粹是由五度制带来的歧义空间造成的。如果是四度制,上声[213],阳平[24]。"上上"变为且只能变为[24+213],等同于"阳平+上",因为前字不可能是低升[13]。

第五,这个模型能解释一些非常有趣的现象,例如声学和听感之间不对应的描写。北京话和上海话中都有一个高降调和一个低凹调:北京话[51,214],上海话[52,214(114/113)]。分别比较它们的最低点会发现一个奇怪的现象。北京话的声学资料和听感描写相当吻合。北京话声调的声学测量,根据 Howie(1976),凹调

(上声)的拐点是最低点(约 90Hz),降调的终点稍高(约 105Hz),听感描写都降到最低的[1]度:[51]和[214]。与此不同的是,上海话的声学和听感不一致。它的降调的基频降得远远低于凹调的拐点:如果上海话的凹调的基频是[214],那么它的降调的基频应该是[50](这儿用个[0]表示远低于凹调的[1])。令人困惑不解的是,所有对该降调终点的听感描写,不管是哪位,也不管描写的是新派中派还是老派,都毫无异议地记成高于[1],即[52,42],甚至更高的[53]。而那个凹调的拐点却是最低的[1]。也就是说,上海话降调基频的终点低于凹调的拐点,但听感上却高于后者。这种基频和音高,或者声学和听感的矛盾在"两域四度"模型(见图 2)中很简单地解决了。尽管上海降调的基频降得很低,但听上去却比凹调的拐点高,这是因为降调在高域中,凹调在低域中,前者比后者高一度。另一方面,北京话只有一个域,所以那两个调的最低点都在同一个域的同一度上。

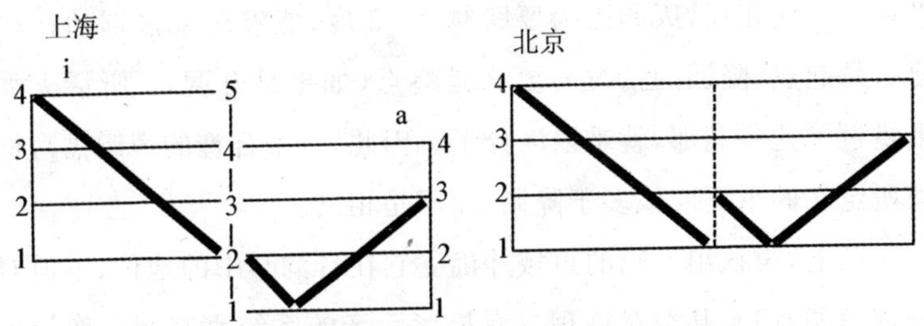

图 2　上海话与北京话声调的比较示意图

上海话的降调在阴域,凹调在阳域,所以凹调的最低点低于降调的最低点。与此相反,北京话的两个声调在同一声域,所以他们的最低点在同一高度。

又如，浊声母字的[33]在两域四度制中是阳域的高/次高调，在五度制中只是中调。下面这个例子也需要在分域四度制中才能得到解释。浙江义乌方言（方松熹 1986）里的小称形式一般是儿鼻尾，但也有些再叠加高变调，如"小狗"原称[$sɯɤ^{53\text{-}33}$ $kəɯ^{53}$]，小称变为儿鼻化加高调化[$sɯɤ^{53\text{-}33}$ $kəːn^{53\text{-}55}$]；"捣臼"原称[$to^{53\text{-}33}$ $dʑiəɯ^{31}$]，小称也是儿鼻化加高调化[$to^{53\text{-}33}$ $dʑiəːn^{31\text{-}33}$]。这个小称高调在清声元音节中是[-55]：狗[$kəːn^{53\text{-}55}$]；在浊声母的音节中被描写为[-33]：臼[$dʑiəːn^{31\text{-}33}$]。"臼"的变调[-33]在五度制中只是个中调，这就不好解释了。但是阳声域中他是高调，这就很容易理解，小称调使用高调是几无反例的普遍现象（朱晓农 2004）。

第六，二四制优于五度制的又一个方面是：二四制定义的平调（4 个）多于降调（3 个），但五度制定义的平调（5 个）却少于降调（6 个）。二四制实际上反映的是听感的基础，而从听感上来看，平调区别度最大，可资利用率最高，因为从头到尾都可以用来区别其他平调。与此相反，仄调因为要跨越 2—3 度，能够用来区别的往往要么是起点（降调的情况），要么是终点（如果是升调）。听话人如果错过了这一刹那，就难以区分了。因此，一个合理的声调描写框架所定义的平调应该多于降调，而不是相反。

第七，辨认出不同的声域并确立它在音韵学中的地位，不但对处理声调有利，甚至对处理具有松紧元音的系统也有利。像门巴语、载瓦语，都有两套元音，可能都跟发声有关。错那县麻玛门巴语有九个单元音，各分紧松或长短（孙宏开等 1980：6-7；陆绍尊 2002：41-43）。载瓦语有 86 个韵母，除去/im/，/ip/，其余 84 个可分为 42 个松、42 个紧韵母（徐悉艰 1986）。如果提出两个声域，整

个音系就大大简化了。当松紧元音还各有声调差异时，用"二四制"就更有利了。例如哈尼语（胡坦、戴庆厦 1964）有二十个元音，松紧两套，各十个。通常有四个声调：高平、中平、低降以及仅用于汉语借词的高升调。声调分布不平衡："松元音在四个调上都出现，而紧元音只出现在中平、低降两个调上。"例如碧约方言松元音有：疲 phi 35|辣 phi 55|背动词phi 33|值（钱）phi 31，但是紧元音只有：吐 phi̱ 33（实际调值稍高，为[44]）|辫 phi̱ 31（实际调值稍高，为[32]）。所以用两个域来描写正好。

第八，两域各四度比起五度制，音韵学上"粗"了点，但更加"音位化"了。从预测、定义的精确性以及形式化所需要的简明性（即大大减少了冗余度，增强了必要性）三方面来说，都有了很大改进。但是，从语音学上来说，比五度制就更不够了。这也是我们所追求的目标之一：分工明确。语音学上的描写，实际上是应该经对数归一化处理后，用一元二次方程（$y=ax^2+bx+c$）来表达，见朱晓农（2005：234-5），Zhu（1999：176）。

第九，在我们的元调（初始状态声调）理论中，初始状态是分域四度制中[2]度。但在五度制中就难以定义了，到底是[2]还是[3]是两可的。这种模糊性实际上说明五度制的定义不够严密，不是恰到好处。

我把调音器官的"初始状态"（default configuration）定义为：(1)发声初始状态是指声带处于常态、较松弛的状态，发出的声调为四度制中的[2]度（default level）或五度制中的[2—3]度，因此，最自然的声调（default pitch）是四度制里的[21]，五度制里不确定的[21]或[31]。(2)调音初始状态指嘴唇微开或微闭、舌位适中，此时声道为一均匀管子，无明显收缩点，发出的音为混元音[ə]（default vowel）。

这里定义的是最自然的、最无标记的调（unmarked, default contour），跟一般讲的"最容易操纵的调"、"the easiest to manipulate"（Yue-Hashimoto 181：204，181），即最常见"universal"的调（Maddieson 1984）不是一回事。余霭芹和麦迪森指的是平调。的确，平调的区别度大于仄调，所以一个语言中最多可以有四个平调，甚至五个（如果有两个发声域），但很少有超过三个同型仄调的（可能个别侗语有四个）。我讲的是生理上最自然的、最无标记的调。同样，生理上最自然、最无标记的元音是[ə]，但语言中区别度最大的是[a]。区别度最大的调也是最容易操纵的调，最常见，最universal。这儿的"最常见"应理解为"最能作为有音位区别的"。生理上最自然、最无标记的调或音段是自然语言中最普通的，但不一定在每个语言中都设定为音位。有关"初始态"的讨论，参看朱晓农（2004a，2005a）。

第十，分域四度制能作出某些预言，见下一小节。

§5. 分域四度制的理论预测

在这个分域各四度模型中，声域数和度数相互决定对方，因此能够作以下推断：

(1) 如果没有声域对立，最多可以有四个平调。如果多于四个平调，则一定有声域对立。

(2) 如果有两个声域，最多可以有五个平调。如果有五个平调，则至少有两个声域。五平调系统我见到有三处报道，都在贵州：张琨调查的永从县西山街的大花瑶语（张琨 1947，1953），李方桂记录的台巩县施洞口清江黑苗方言（见张琨 1947，详细分析见关瑾 1971），高坝侗语（石锋等 1987）。分域四度制预言这样的语言中有声域对立。根据我最近的实地调查（2005 年 8 月），高坝侗语中的高平调[55]是全紧/假声发声态。清江苗语李方桂已经在他的调查笔记中记录了第 6 调带浊送气 ɦ，用现代术语来说，这其实就是个特别的发声。

(3) 如果有三个域，最多可以有六度。如果有区分六度的必要，则一定有三个声域。两域共五度的模型如有必要，也就是说如果某个声调语中有三个声域的话，那它可以扩展成“三域共六度”，如某些南亚 Hmong 语言分清声域、气化声域和嘎裂声域三个域。汉语里是否需要三域六度，还不清楚。不过我觉得，温州话也许有三域：最高的全紧域（阴上），中间一般的清（阴）声域，以及最低的浊（阳）声域。

从上面分析来看，“两域各分四度”即“两域共五度”的模型实际上是五度制的细化和简化。分域是细化，四度是简化。这是五度制在不同语言或方言中的具体体现。细化的意思是当一个语言有两个域时，五度制要相应地拆成两个四度，这两个四度大部分重叠，实际上只差一度，所以加起来还是五度。具体地说，如果某个语言有“清浊爆破音”和“阴阳调”对立，那么，声调描写应该分开描写：各用四度，合起来还是五度。如果没有“清浊”“阴阳”的对立，那么五度就可以简化为四度。这个模型除了上一小节中所说的十大优点外，还能作预言。从他出发作出的预测和我们现有的声调知识都兼容。这当然也是一个优点，而且是大优点，尤其是对人文学科来说。

§6. 可能的不利证据

对分域四度制不利的证据是指，四度标调无法容纳它。这主要是指下面第一种情况。

（1）在同一个域中有五个平调，如上一节中所引清江苗语和永从县大花瑶另两处，高坝侗语和清江苗语，有两个声域，故不成问题。如果这种情况得到核实，那么，从理论上来说，四度制是不充分的。不过至今为止，还没有多个发音人的系统彻底的声学实验资料可以证明有不分域的五个平调。根据我目前了解的间接的材料，似亦不成问题。我已计划作一次实地调查。

（2）在同一个域中有四个升调或降调。现发现大荣、秀洞侗语中有四个升调（石林 1991:28）。这个问题是对四度制美学上的一点伤害，实质上还是能容纳它的，因为最多三个升调是以至少隔两度来定义的。如果充分利用四度来定义仄调的话，如前所述，可以定义六个升调和六个降调。此外，这些侗语声调系统中是否要分域，这些升调是否可处理为平调，都可能消化这四升调的问题。

因此，现有的一个可能的反例（永从大花瑶）不足以构成真正的威胁。

§7. 二四制设想的历史渊源

声调的两个“域”是现代术语，它实在不是什么新发现，用老话说就是“阴阳调”。“平分阴阳”是在元代时就明确提出了。再早，一千四百年前，陆法言就知道“轻重”、“清浊”了。“欲广文路，自可清浊皆通；若赏知音，即须轻重有异”。现在有了实验语音学，我们对发声状况有了了解，就可以对“轻清重浊”“阴阳调”作实质性的定义了。

四度的设想也不是什么新发明。比如 Pike(1948)在描写美洲语言的声调时用的就是四度制。在汉语方言研究中，我也见过好些“挂五度，用四度”的情况。有些可以认为他是训练不足，或者不理解五度制的相对意义，所以缺了个[5]或[1]。但像袁家骅(1983)和罗杰瑞(Norman 1988)在描写上海话时只用四度而没有[1]，你就不能这么认为了。这只能说他们的潜意识中的确认为只需四度就足以描写了。

因此，我们可以说，“两域”、“四度”都是老范畴，新定义。分开来的“两域”“四度”，“乃述群贤遗意”；合起来的“两域四度制”，“却是小子专辄”。

§8. 小结

本文提出了一种分域四度的标调法。这种“两域各分四度”即“两域共五度”的模型实际上是五度制的细化和简化，是五度制在不同语言或方言中的具体体现。一个声调系统如果有两种发声态的对立，那么，声调描写应该分开描写：各用四度，合起来还是五度。如果没有这种对立，那么五度就可以简化为四度。分域四度制有十大优点，还能作预言，这对于人文学科来说是不可多得的大优点。

在我们已经描写过的数以千计的语言/方言的声调中,只有一个可能的例外。一个形式系统的美感当然不会因为那么个疑疑惑惑的例子而被毁灭。当然,更可能的是,进一步的精密的考察可能会显示那个可能的反例其实不是反例,而是因为当时的一般语音学还未深入到发声状态的研究,所以描写上并未注意到这种区别,实际声调应该如二四制所预言的那样有两个声域,或者音位上并不存在五个平调。

引用文献

戴昭明 2003.《天台方言初探》.北京:中国社会科学出版社.

胡坦、戴庆厦 1964.哈尼语元音的松紧.《中国语文》第1期.

陆绍尊 2002.《门巴语方言研究》.北京:民族出版社.

刘 复 1926.《四声实验录》.上海:亚东书局.

石 林 1991.侗语声调的共时表现和历时演变.《民族语文》5:26-34.

孙宏开、陆绍尊、张济川、欧阳觉亚 1980.《门巴、珞巴、僜人的语言》.北京:中国社会科学出版社.

王辅世 1979.广西伶话记略(1,2).《方言》1979:2,137-141;1979:3,231-240.

徐悉艰 1986.《载佤语简志》.北京:民族出版社.

颜逸明 2000.《浙南瓯语》.上海:华东师大出版社.

杨时逢 1974.《湖南方言调查报告》.台北:中研院史语所.

袁家骅 1983.《汉语方言概要》.北京:文字改革出版社.

张 琨 1947.苗傜语声调问题.《史语所集刊》16本.

赵元任 1928.《现代吴语的研究》.北京:清华学校.

赵元任 1929.韶州和湾头村的调查手稿,转引自余霭芹"韶关方言的变音初探".中国东南部方言比较研究第九届国际研讨会论文,杭州.2002年3月.

郑张尚芳 1964. 温州音系.《中国语文》.

朱晓农 2004. 亲密与高调:对小称调、女国音、美眉等语言现象的生物学解释.《当代语言学》3:193-222.

朱晓农 2004a. 汉语元音的高顶出位.《中国语文》5:440-451.

朱晓农 2005.《上海声调实验录》. 上海教育出版社.

朱晓农 2005a. 元音大转移和元音高化链移.《民族语文》1:1-6.

Chang, Kun 1953. On the tone system of the Miao-Yao languages. *Language* 29:4, 374-378.

Chao, Yuen Ren 1930. ə sɪstəm əv toun lɛtəz. *Le Maître Phonétique* 45, 24-27.

Edmondson, J. A. &Li, Shaoni. 1990. Voice quality and pitch in Bai language of Yunnan province. 中译文见《中央民族学院学报》1990. 5.

Gwan, Julia Jin (关瑾) 1971. Ch'ing Chiang Miao phonology. *Tsing Hua Journal of Chinese Studies*. New series 9, 289-305.

Shi, Feng, Shi, Lin and Liao, Rongrong 1986. An experimental analysis of the five level tones of the Gaoba Dong language. *Journal of Chinese Linguistics*, 15 (2), 335-361.

Howie, John Marshall 1976. *Acoustical Studies of Mandarin Vowels and Tones*. Cambridge University Press.

Norman 1988. *Chinese*. Cambridge University Press.

Pike, Kenneth Lee 1948. *Tone Languages: A Technique for Determining the Number and Type of Pitch Contrasts in A Language, with Studies in Tonemic Substitution and Fusion*.

Shi, Feng, Shi, Lin and Liao, Rongrong 1986. An experimental analysis of the five level tones of the Gaoba Dong language. *Journal of Chinese Linguistics*, 15 (2), 335-361.

Zhu, Xiaonong 1999. *Shanghai Tonetics*. Muenchen, Germany: Lincom Europa.

北宋中原韵辙考

——一项数理统计研究

第一章　导言

一　引言

本项研究旨在提供一种方法，以解决历代音韵学中的一个核心问题：如何利用古代韵文材料来重建古代韵母系统。

音韵学如果从宋代郑庠划分《诗经》六部算起，有近千年的历史，做的就是从《诗经》韵脚入手来划分上古韵部。自清初顾炎武起音韵学成为一项系统研究，它一开始就是利用《诗经》韵脚来建构上古韵部。有清一代古音学，这项工作几乎就是音韵学的全部，只有个别人零零星星做了些声母探讨。至民初高本汉带来历史语言学，音韵学的广度和深度都拓展了不少，但利用韵文来划分韵部依然是一项重要工作。如陆志韦、王力依《诗经》韵划分上古韵部，罗常培、周祖谟、丁邦新、李荣、张世禄等进而编撰汉魏晋隋唐宋韵谱以探讨历代韵母系统。但问题在于，尽管历经上千年，尽管有无数杰出音韵学家的努力，探讨这一“千古难题”的方法依然停留在乾嘉水平：

一方面,凭经验估计来分合韵辙(韵部),缺乏一个客观标准;另一方面,对韵辙(韵部)内部的韵母区别无能为力。

本项研究以数理统计方法制定了一套客观标准,解决了这个千古难题。从此以后,在利用古代韵文材料来划分韵辙时我们不必再凭经验来估计,在划分韵辙内部的韵母时我们有了一套严格的操作程序和数学证明。

下文我们使用这一方法来处理北宋中原地区的词韵,从中划分出韵母系统十七大类(韵辙),三十四小类(韵母)。有关这种现代归纳法的认识前提和用法,我们在前三章中加以讨论。

二 语言作为统计现象

任何一项科学研究都有一个出发点,那就是得预先假定研究对象是一种什么样的东西。整个研究过程(方向、方法、目的)都是为了认识这个预设前提,或者修改甚至推翻这个预先假设而建立起新的认识来。

语言研究自然也不例外。我们所有的研究最终总是要落实到回答"语言(的本质)是什么?"这个根本问题上来的。

语言的本质是什么?这是一个怎么也回答不好的问题,或者说不存在一个一劳永逸、永久绝对的答案。在某个特定阶段关于任何事物的本质的定义都是相对的,也就是针对另一个必须与之相区别的对象而言的。所谓"本质",只是一种或一组随时间、随认识变化而改变的区别特征,这种(组)特征只是相对于其他需要加以区别的事物而定的。这种认识既反映了实用目的,也反映了人类理性认识的拓宽加深,还反映了事物的变化"本质"。

上面关于“本质”的论述实际上也显示出目前的科学水平对于语言属性认识的困境，更进一步，是对“信息”的本质认识还不太清楚。本来，本质属性可以用属加种差来定义，但由于语言所内涵的方面和意义之丰富，所表现的形式之繁复，使得它在我们目前的认识系统中无法归入合适的类，因而我们不得不从相对的意义上，从语言所具有的重要属性的各个方面来认识它。

于是，我们把“语言的本质是什么？”这一问题改为“语言是一种什么现象？”对于后一问题，没有唯一正确永恒不变的答案。这并不是否定客体具有唯一确定的实在，而是说：研究语言是一种什么现象，取决于我们的认识目的，答案一经选定，寻找相应的研究方向和方法之路也就被决定了。

语言是一种形式，因此相应的方法和目的便是研究和认识作为形式表达的符号之间的关系，以及语言作为符号中的一类所独具的特性。

语言是一种社会现象，因此应研究语言的社会特性、符号与环境（包括使用者）之间的关系。

语言是一种心理现象，因此应研究语言的心理特性、符号与意义之间的关系，以及与语言有关的先天能力。

语言是一种统计现象，因此应研究在某个区域大量而随机出现的语言现象的分布规律。

以上仅是举例而言，事实上，我们可以给出很多种定义并引出很多种研究，每种研究的前途和价值都难以预测，但对于增加我们关于语言的知识都有不可替代的作用。

本项研究把语言看做一种统计现象。这无论从语言本身存在的情况来看，还是从研究目的来说，都是合宜的。有“语言是统计现象”这个认识作出发点，我们能引进数学方法——数理统计，以取代例证法和仅凭主观经验下判断的做法。这就能把音韵学建立在科学的、客观的基础上。

语言是一个在某些区域中大量而随机出现的言语现象的集合。个别偶然的反例可以看成是随机波动，而个别但稳定的反例以及大批涌现的反例便是演变的征兆。

三 音韵材料的数学处理

使用数学方法来处理音韵材料的尝试曾大受非议，这当然是一种很愚昧的观念，直到最近，才有俞敏出来辩护说“完全合用，‘无可非议’”[①]。哪门科学学科都是敞开大门欢迎数学，音韵学中抵制数学、崇尚小学的态度实在是一种非科学、非理性的现象。这是我们首先要澄清的观点，音韵学作为语言学各领域的先导，首先使用数学，这是它成熟的标志，或迟或早，其他学科也要走上这条道路。

数学运用于音韵学主要有两个方向。一种是以集合论—数理逻辑为工具、使用具有数学性质的概括——蕴涵表达式来显示语音现象间的蕴涵关系，包括公理化—形式化方法，这是“现代演绎法”。这方面的工作我们有过初步尝试，请参看《腭化与 i 失落》。[②]另一个便是以概率论—数理统计为工具，主要为分类服务，也能揭

---

① 见于《陆志韦语言学著作集(一)》前言第 5 页，中华书局，1985。

② 朱晓农《腭化与 i 失落》，载《徐州师院学报》1989 年第 1 期。

示音变趋势和规律，这是“现代归纳法”。

顺便说一下，在现代汉语方言研究中，近几年来有多种数学尝试，有用相关分析和聚类分析的[①]，有用微积分和拓扑学的[②]，还有使用模糊数学的[③]。一般来说，使用离散数学更合宜些。这方面的工作是很有前途的，它把以往经验性的、主观因素很强的定性工作引导到通过定量化来客观定性。

统计研究可分为三种[④]：

1. 算术统计。第二章中介绍的大多是算术统计。

2. 古典概率。在计算比例方面，比算术统计更为精确，但对分界问题仍缺乏数学标准。

3. 数理统计。其内容包括概率计算和假设检验。这后一部分假设检验工作正是为了提供分界标准。本书的工作便是使用数理统计来处理历史音韵材料。

所谓历史音韵材料，指的是古书上可用来作为音韵研究材料的记载，包括韵语、反切、谐声、声训、直音等。这些材料数量庞大而又性质复杂，往往还有不少“内部矛盾”。数理统计正是攻克这些顽固堡垒的坚兵利器，它可以使我们在解释庞杂的历史材料时，

---

① 参看陆致极《汉语方言间亲疏关系的计量描写》，载《中国社会科学》1987年第1期。

② 参看陈汉清、朱建颂《用数学方法描述方言的差别》，载《方言》1979年第1期；又《论拓扑学在方言研究中的应用》，载《语言研究》创刊号，1981。

③ 参看陈汉清、朱建颂《Fuzzy集合在方言研究中的应用》，载《模糊数学》1982年第4期。又，钱峰、冯志伟《试述模糊数学在方言研究中的应用》，载《华东师范大学学报》1983年第4期。模糊数学的运用还刚开始，这方面的工作有待于进一步探讨。

④ 本书内介绍的这三种统计方法都是处理历史音韵材料的，其实同样可处理现代语音材料。这就是常观史和微观史方法相通之处。

态度更冷静、更客观,看法也更容易取得一致。我们的目标是想铲除不想接受检验且无法检验的"自成一家言"的存身之处[1]。

第二章　分韵方法的讨论

本章内讨论处理押韵材料时碰到的三个问题:一、"韵部"是什么?二、统计单位如何确定?三、分韵依靠什么标准?我们想通过讨论,使概念更为明确,方法更为精密。

一　"韵部"是什么?

"韵部"原是指韵书中所分的韵母类。孙愐《唐韵序》中说:

"若细分其条目,则令韵部繁碎,徒拘桎于文辞耳。"这个"韵部"即指《切韵》中的"韵"。但是,自从宋代郑庠把上古韵文中的韵脚分为六类后,又出现了一个"韵部"概念。郑庠六部经过后人剖析,逐渐分化为今天的三十部左右。高本汉以后,语音研究已不限于古音(周秦)和今音(隋唐)这两个时代,汉魏、六朝、两宋的韵语都开始成为音韵学的新材料。归纳这些时代的韵脚所得的类都称为"韵部"。现在的问题是:韵书中的"韵部"跟归纳韵脚得出的"韵部"两者是什么关系?

"韵书部"和"韵脚部"的区别在于:

(1) 韵脚部的概念出现较晚(宋郑庠),韵书部的概念与韵书

---

① 有关这方面的进一步讨论,参看朱晓农《音韵学:认识论和方法论》,载《语言学通讯》1988 年第 3 期。

同时出现(魏晋)。

(2) 韵脚部是后人对前代用韵情况考察的结果,韵书部一般是同时代人制定的或遵循的标准分类。

(3) 韵脚部是研究的产物,它的出现标志着一项“经验科学”的诞生。韵书部则是一种“实用技术手册”的使用标准。

(4) 韵脚部主要是归纳的产物,而韵书部不能排除有规定性因素。

上面我们分辨了“韵脚部”和“韵书部”,但是,更为重要的问题我们还未涉及,那就是它们跟实际语音的关系。

韵书部有两个极端:一是以《广韵》为代表,可称为“从分”派;另一是以《中原音韵》为代表,可称为“从合”派。《广韵》的韵部跟《中原音韵》的韵部是不一样的。《广韵》206 个韵部中必定保留某些古韵的分类,即宋代语音中无别而《广韵》作了纸面上的分部规定。《中原音韵》正相反,它里面古韵的纸面区别是没有了,但它是否走到另一个极端,把元代韵母归并过头,使得十九个部不再是韵母的类,而是韵辙的类?考虑到入声的情况,这种可能是存在的。

韵脚部也有两种情况:一是韵辙的类,如宋代十七部[①],上古六部(郑庠),十部(顾炎武);另一是韵母类,如《诗经》二十九部(王力)。

押韵的原理是很清楚的,韵母相近即可通押。至于具体的通

---

① 参看北京大学《汉语发展史》(油印本),鲁国尧《宋代辛弃疾等山东词人用韵考》,载《南京大学学报(哲社)》1979 年第 2 期。

押条例，现代诗我们作过统计，情况比较清楚。但古代是否完全一样，则不敢断言。不过，“韵近相押”的原理还是成立的。这里有一对矛盾：一方面我们根据韵脚部来重建韵母系统，甚至构拟音值；另一方面，韵脚部又可能是由不同的韵母组成的。

把“韵部”区分成两种“韵书部”和两种“韵脚部”有利于研究的深入。比如《汉语发展史》[①]根据辛弃疾词韵得出南宋韵部系统十七部，我们很清楚，这是第一种韵脚部，即后人归纳的韵辙类。《汉语发展史》把山辙合成一个安部，从押韵上看是一个韵辙，但韵辙内部的主元音并不相同，甚至不属于同一个音位。否则就无法解释《中原音韵》和《西儒耳目资》中寒与桓的区别了。这种韵部无法区别原先不同的韵现在到底已经同韵了，还是仅仅同辙。

为了使概念更为明确，我们把韵脚部称为“韵辙”。把“韵部”专门留作指称“韵母类”(包括韵书部、后人假定的部等)，这里面的概念还需进一步分化，这儿不谈。至于韵辙内部的差异，则可通过进一步的方法来加以探讨，参看后文第三章第四节、第六节。

二 统计单位如何确定?

在这个问题上，分歧不大。一般都是以“首”或“次/段/组/例”作为统计单位。“首”的含义很明白。“次”需解释一下：一首诗内若有换韵，那么换韵 n 次，统计“次”数则为(n+1)。

用“首”或“次/段/组/例”为统计单位会碰到以下两个困难。

---

① 北京大学中文系56级汉语班编，油印本。

一、无法区别短诗中很少几个韵脚和长诗中一大串韵脚在概率上的巨大差别。

假如有两首诗。第一首有三个韵脚，这三个韵脚都属于 A 韵。第二首有三十个韵脚，都属于 B 韵①。在前一种情况下，碰巧有三个 A 韵字为韵，这是很可能的。换句话说，它不排除 A 韵有跟别的韵相通的可能性。在后一种情况下，连用三十个 B 韵字做韵脚，就很难说是碰巧了，因为出现这种机会的概率极低，几乎就是零②。这句话的意思是说，B 韵几乎不可能跟别的韵相通，它肯定是个独立的韵。

又假如两首诗。第一首三个韵脚中两个属 A 韵，一个属 B 韵。第二首三十个韵脚中二十九个属 C 韵，一个属 D 韵。在前一种情况下，A、B 相通的可能性较大。在后一种情况下，C、D 相通的可能性极小。

当然，以上所说必须有个前提：诗人押韵是根据实际语音，而不是遵守韵书上的纸面规定。

关于这一点，李荣先生已经注意到了。他说："无论一韵独用或者几韵合用，我们在考虑次数的时候，尤其是在次数不多的场

---

① 例如庾信《杨柳歌》一诗连用二十八个支韵字：枝垂危吹儿离池随枝皮陂驰支骑螭碑吹窥璃披为仪池羅移知垂吹。

② 假定 B、C 两韵各有 100 字，又假定韵脚用字不重复，如果 B、C 两韵已合并，那么在一首诗中恰好连用 30 个 B 韵字做韵脚的概率为

$$\frac{C_{100}^{30}}{C_{200}^{30}}=\frac{100!\ \times 170!}{200!\ \times 70!}$$

可能性不到亿分之一。这就否定了假设前提"B、C 两韵已合并"。

合，还要同时考虑每一次用韵的字数，这样才能充分了解次数的意义。独用是每次用韵字数越多，意义越大。合用是每次用韵字数越少，意义越大”。[①] 后两句话用统计学上的话来说就是，独用每次字数越多，分的概率就越大；合用每次字数越少，合的概率就越大。本书使用的新的统计单位的作用之一就是要把短诗韵脚和长诗韵脚的差别加以定量化区分，并加大统计量，以消除偶然误差。本书使用的新的计算方法就是要把对于独用、合用经验上感觉到的意义变成定量化的形式证明。

二、无法区别“同用”中的“交叉韵”和“前后韵”（不能用换韵来解释的）在统计学上的不同意义。

例如有这么两首词：

(1) 洪皓 江梅引之一

天涯除馆忆江梅。
几枝开。
使南来。
还带余杭、春信到燕台。
准拟寒英聊慰远，
隔山水，应销落，赴愬谁。
空恁遐想笑摘蕊。
断回肠，思故里。
漫谈绿绮。

---

① 《音韵存稿》第234页，商务印书馆，1982。

引三弄、不觉魂飞。
更听胡笳，哀怨泪沾衣。
乱插繁花须异日，
待孤讽，怕东风，一夜吹。

（2） 晏殊 鹊踏枝

紫府群仙名籍秘。
五色斑龙，
暂降人间世。
海变桑田都不记。
蟠桃一熟三千岁。

露滴彩旌云绕袂。
谁信壶中，
别有笙歌地。
门外落花随水逝。
相看莫惜尊前醉。

韵脚分别为

（1） 梅开来台谁蕊里绮飞衣吹
灰咍咍咍脂支之支微微支

（2） 秘世记岁袂地逝醉
脂祭之祭祭脂祭脂

从以“首”或“次”为统计单位来看，例（1）是灰咍与止摄同用，例（2）

是祭与止摄同用。(如果再进一步根据“递用”条例就可把这三组都系联成一部。)但是,例(1)的 aaaabbbbbbb 式押韵跟例(2)的 bcbccbcb 式押韵在统计学上有很大差别。例(1)中 a 倾向于押 a,b 倾向于押 b。例(2)中 b 和 c 已经混押了。

以“首”或“次”为统计单位,一方面是太粗糙,没有区别应该区别的东西;另一方面又太浪费,没有利用可以利用的资源。本书使用的统计单位是“字次”和“韵次”。这两个概念最早是潘悟云君想到的。我们在合作撰写《汉越语和切韵唇音字》①时使用过这两个概念来统计、计算隋代押韵材料。但在那篇文章中未出现“字次”、“韵次”的字样。附记于此,以志潘君首创之功。关于这两个概念的确切定义,参看第三章第五节。

三 分韵的标准是什么?

在划分韵脚部时,一般是这样四个步骤:

(1) 抄录韵脚;

(2) 统计数量;

(3) 计算比例;

(4) 分部。

如果对确定韵脚没有分歧的话,前三个步骤应该说是很客观的,但第(4)步分部工作却是纯凭经验了。面对同样的“独用”、“合用”比例,为什么你分我不分,这里面似乎没有多少道理可讲。下面我们就来看一下几位重要的音韵学家在处理大数量的音韵材料时各自

---

① 收于《中华文史论丛》增刊,语言文字研究专辑(上册),上海古籍出版社,1982。

所依据的标准。

1. 罗常培

早期音韵学对韵脚的分部标准不明说出来。现以罗常培先生早年的一篇比较有名的论文《切韵鱼虞之音值及其所据方音考》①为例来探求一下他的分部标准。

罗常培先生那篇文章的结论之一是:"《切韵》鱼虞②两韵在六朝时候沿着太湖周围的吴音有区别,在大多数的北音都没有分别。"

上述结论的证据除了颜之推、陆法言等人的片字只言外,主要依靠六朝诗韵。罗先生认为,北方诗人用韵鱼虞模全都不分;太湖一带除了侨乡南兰陵外,鱼虞是有区别的,统计数字如下:

鱼　独用　17 首

虞　独用　17 首

鱼虞合用　5 首

　　　共　39 首

合用比例为　5÷39=0.12820

独用比例为　34÷39=0.87180

合用的为 12.8%,独用的比例达 87.2%。因此可以说,当独用比例达到 87.2%或更高时,罗常培先生认为必可分韵;至于下限,罗先生没说。

有证据表明罗先生在使用这标准时是有些危险的。比如,罗

① 载《历史语言研究所集刊》2 本 3 分,1931。

② 虞包括虞和模。

先生认为庾信是鱼虞不分的，并举了一个例子来说明[①]。一首诗当然不说明问题，从《全北周诗》的材料来看，庾信有十七首押鱼或虞韵的诗，只有一首合用[②]：

合用比例为　1÷17=5.8％

独用比例为　16÷17=94.2％

如果从庾信的全部鱼虞类押韵材料来看[③]，

鱼　独用	27次
虞(模)独用	48次
鱼虞合用	5次
共	80次

合用比例为　5÷80=6.25％

独用比例为　75÷80=93.75％

把三个独用比例数比较一下，太湖一带鱼虞独用达87.2％，罗先生认为分。而庾信鱼虞独用达93.75％，按罗先生的标准应该分才对。

2. 周祖谟

《汉魏晋南北朝韵部演变研究(第一分册)》[④](以下简称《汉韵部》)是处理两汉押韵材料的重要著作，作者罗常培、周祖谟。

---

① 所举诗为《预麟趾殿校书和刘仪同》：谟图都夫踈狐乌蒲湖。"踈"为鱼韵字，其余属虞模。我们只考虑分合标准，至于诗人代表什么方音，那是另一回事，可参看潘悟云《中古汉语方言中的鱼和模》，载《语文论丛》第2辑，上海教育出版社，1983。

② 统计数字根据注①中潘悟云文。

③ 统计数字根据李荣《庾信诗文用韵研究》，收于《音韵存稿》。

④ 科学出版社，1958。

据《"周秦韵部与两汉韵部的异同"论文讨论》[1]一文所记，罗常培在这篇论文（也即后来的《汉韵部》）报告前说："抗日战争开始后我随北大内迁，把留在北京的汉魏六朝音韵的全部资料交给周燕荪先生，周先生不但很好的保存，而且加以整理研究，现在两汉部分的韵部已经写成论文。今天请周先生节要地报告这篇论文的目的、资料、方法和结论。"根据作者们的分工，我们把分部的方法归在"周祖谟"名下。

关于分部的标准问题，《汉韵部》（119 页）上说：

> "这一批材料包括汉魏晋南北朝许多时代，每一个时代的作家很多，他们的里贯不同，用韵的宽严也不同，在分别韵部的时候，我们究竟根据哪些人的押韵情形来作分部的标准呢？我们觉得在这种情形之下只可以多数人用韵的情形作准则，不能单就少数人的个别情形来做决定。分部或宽或严也不是标准，要以不失其共同性为原则。如果一般的情形分韵稍宽，那些用韵较严的例子可以提出来加以说明；如果一般的情形分韵很严，那些用韵稍宽的例子可以特别提出来作为'合韵'。"

这段话没说具体的标准，"多数"、"一般"这些词语的范围是很宽泛的。但在《"周秦韵部与两汉韵部的异同"论文讨论》中有王静如先生的评论：

---

① 载《语言研究通讯》第 10 期，1957。

“周(祖谟)同志的方法是百分比,十个例子有七个符合的作为正例,三个是例外。”

这可称为“三七开”标准——70%独用(同时30%同用)分部,70%同用(即30%独用)则合并。这个解释依然不是很明确:介于两者之间时怎么判断?例如50%独用,50%同用,该分还是合?

3. 张世禄

张世禄先生在《杜甫与诗韵》[①]中给出一个分合标准:

“例如东、冬、钟三韵,杜甫古体诗里总共用过二十五次,其中东独用的十六次,钟独用的三次,而东、冬、钟同用的三次,东、冬同用的一次,东、钟同用的二次。东和冬、钟通用的共有六见,占着总数的百分之二十四,更证以上声董、肿同用的六见,去声送、用同用的二见,可以断定杜甫古体诗里,东、冬、钟三韵的混合。在近体诗里,这三韵总共用过六十一次,其中东独用的五十二次,而东、冬同用的仅一次;冬、钟同用的一次,钟独用的七次。冬、钟二韵所见总共八次,通用的一次,占着总数的百分之十二点五。我们可以断定杜甫近体诗里冬、钟有合用的痕迹,而东韵是独用的。因此这三韵的关系,古体诗里是东、冬、钟同用的;近体诗里,东独用,冬、钟同用。”

---

① 原载《复旦学报》1962年第1期。收入《张世禄语言学论文集》,上海学林出版社1984年,本书引文页码根据后者。

(448—449 页)

“又如鱼、虞、模三韵，杜甫古(体)诗里总共用过二十三次，其中鱼独用的五次，虞独用的一次，而虞、模同用的十次；而鱼和虞、模通用的共七见，占有总数的百分之三十点五，更证以上去二声语和虞、姥，御和遇、暮的通用，可以断定这三韵的混合。在近体诗里，这三韵总共用过六十次，其中鱼独用的二十六次；虞独用的二次，模独用的三次，而虞、模同用的有二十六次；鱼和虞、模通用的共只三见，仅占着总数的百分之五，所以断定杜甫近体诗里，鱼独用，虞、模同用。”(449—450 页)

从上引两个实例来看，张世禄先生的分合标准介于同用比例 5%和12.5%之间。鲍明伟先生说[①]：

“关于决定同用独用的标准，张世禄教授认为同用次数超过总数的百分之十即认定有同用的趋向。”(27 页)

这可称为“同用一九开”标准。这个标准比较明确——合用超过 10%则合并，合用不到 10%则分部。

4. 研究反切的统计方法

反切研究，似乎跟本书的韵语研究关系不大，但我们有以下两

① 见所著《李白诗的韵系》，载《南京大学学报》(人文科学)1957 年第 1 期。

项理由要在这儿谈一下研究反切的统计方法：

(1) 反切可看做是一种最严格的“押韵”；

(2) 从白涤洲用算术统计研究反切到陆志韦用概率方法研究反切，再到本书使用数理统计方法研究押韵，可以看出统计方法用来处理大数量音韵材料的一条发展线索。

甲、算术统计

算术统计运用于音韵学是很常见的，参看下节。白涤洲也许是最早在公开发表的文章中使用这方法的，见所著《广韵声纽韵类之统计》①。具体的步骤、数据、结论可参看原文，下面来看他为什么用这种方法，并看看有什么不足。

白涤洲先生认为，古人做反切，会有两个毛病，一是“同类字太少，随便假借相似的别类字作切”，二是“偶然忽略，误用近似而非同类的字作切”，“我们若不把有这种毛病的字视为例外，严格地依据它考订，态度虽是十分谨严，而实际上反失之呆板”。“依我的浅见，认为用统计方法最适当；把《广韵》一书所用的反切上下字在全书中出现的次数，一一数过，看看那些字出现的次数多，那些字出现的次数少，那几个字简直可以认为例外，然后再参考前人已用过的方法，斟酌分析，很可以把《广韵》中的声纽韵类，另组成一个系统”。

古人做反切的两个毛病，用统计学术语来说，都属于随机误差。当然，随机误差还包括其他一些情况。使用数理统计，的确能

① 载《女师大国学季刊》1931 年第 1 期。

消除随机误差，但是，算术统计做不到。白涤洲的早期统计法，实际上只用了最初步的“点数”，文中甚至连比例都没出现。他固然得到一批比较精确的数据，但在解释时则显得标准不明。一个两个出等算例外，三个四个呢？更多的呢？那就得看总次数。我们来看个例子（数据均按白文）。

“去”字用作反切上字共 40 次（不算缺等，下同），31 次切三等字；另有 9 次切四等字，占 22.5%，算例外。“丘”字用作反切上字 33 次，例外 6 次，占 18%。但是，“苦”字用作切上字 84 次，其中切一二等字 66 次，切四等字 18 次，达 21.4%。这个比例介于“去”、“丘”例外比例之间，按说，“苦”字用来切四等也应算例外，但白氏把它算作正例。可见，算术统计对于判断解释来说并不起作用。从比例上来看，拼切溪母四等字时，使用三等切上字，还是一二等切上字，机会是比较平均的。一二等切上字（“苦”类字除去“谦”、“牵”、“倾”、“诘”四字）出现 110 次，切四等 20 次，占 18.2%。三等切上字（“去”类字加“倾”、“诘”二字）出现 95 次，切四等 15 次，占 15.8%（如果刨去 4 次切一二等的，则占16.5%）。这两个比例似乎不足以说明一二等字切四等字是正例，三等字切四等是例外。四等的确跟一二等近而跟三等远，但这从切上字统计表上看不出。这些比值有无“显著性”差别，得用数理统计来假设检验。

乙、陆志韦的概率方法

陆志韦先生最早使用概率方法来研究音韵学，主要论著有以下几种:《证广韵五十一声类》[1],《广韵说文中间声类转变的大势》[2],《唐五代韵书跋》[3],《古音说略》[4],《古反切是怎样构造的》[5]。这些文章中的方法是一样的。

前面说过,白涤洲的算术统计缺少一个做比较的标准,我们不知道达到多少是正例,达不到多少是反例。这里面缺少一个客观标准。陆志韦的方法解决了问题。他拿一个随机相逢概率在样本空间中理论上的实现值("几遇数")作为比较的标准,跟实际相逢情况相对照。"凡相逢之数远超乎几率所应得者,因两声类之协合也。凡远不及几率所应得者,因两声类之冲突也"。[6] 陆先生还进行了误差估计,确定以±2.5倍作为"远超乎"的标准。

这个方法是很科学的。由于战后数理统计有了很大发展,我们现在有了比陆先生那个时代更精密的假设检验、相关分析,集群分析等数学方法,有了很好的判别和检验标准来解决问题。

陆志韦的公式[7]用于反切研究是有效的。因为反切是最严格的"押韵"——同声同韵,因此,两类字相逢稍多便可认为不是偶然的。如果用到韵语研究上,只有一半场合大致上可行,即可以用来划分辙,但对于各辙内部的差异无能为力,即不能用于分韵。因为押韵只要求韵母相近,即使相押多次也不一定同韵,因此,处理韵

---

① 载《燕京学报》第25期,1939。

② 载《燕京学报》第28期,1940。

③ 载《燕京学报》第26期,1939。

④ 《燕京学报》专号之二十,1947。《陆志韦语言学著作集(一)》,中华书局,1985。

⑤ 载《中国语文》1963年第5期。

⑥ 《证广韵五十一声类》,《燕京学报》第25期,第15页,1939。

⑦ 参看《陆志韦语言学著作集(一)》第231页。

语的方法还需我们重新探索，并最好能一块儿解决判别和检验标准。

5. 其他

在浩瀚的古籍中存在着大量的音韵材料：韵语、谐声、反切、其他注音、异文、对音等，不想处理这些材料则罢，要想处理的话，统计方法是必不可少的。一些重要的音韵学家都使用了算术统计。例如——

赵元任先生很早就统计《广韵》反切了。据白涤洲先生《广韵声纽韵类之统计》中说："承赵元任先生赠我一份他在清华学校所编的讲义，内中也有一《广韵反切下字出见数字表》，不过数字之间与我所数的稍有出入；但表列的方法非常醒目。现在就采取他的表式……"①后来，赵元任先生在 Distinctions Within Ancient Chinese 一文中提出反切用字的"介音和谐说"："在各种声母中有一不同程度的倾向，反切上字的介音尽可能与反切下字的介音相一致。"②提出这观点的首要证据就是反切用字统计表。

李荣先生在《庾信诗文用韵研究》中使用了"点数"和"算比例"两个步骤。他说："次数有绝对次数和相对次数之别。绝对次数就本身数目而言，相对次数就比较而言。"③绝对次数就是点出来的数字，相对次数就是算出来的比例。例如，按他的统计：

① 《女师大国学季刊》2 卷 1 期，第 24 页，1931。

② Harvard Journal of Asiatic Studies，5 卷 3—4 期，第 207 页，1941。

③ 《音韵存稿》第 234 页。

“遇摄共押韵八十次，平上去合计鱼虞模三部独用、合用次数如下：

“鱼　虞　模　虞模　鱼虞　鱼虞模

27　9　8　31　2　3

“根据这些次数的相互关系，遇摄三部可以分成两组；鱼部是一组，独用27次；虞部和模部合成一组，独用合用共48次；这两组之间合用的共5次，占遇摄全部80次的6.25％。”①

从这个实例，我们可以大致推算李荣先生的分合标准：

(1) 当合用占6.25％，即独用占93.75％时，从分。

(2) 当合用占

$$31 \div (9+8+31) = 64.58\%$$

即独用占35.42％时；或当合用占

$$(31+3) \div (9+8+31+2+3) = 64.15\%$$

即独用占35.85％时，从合。不过，当合用比例在6.25—64.58(或64.15)％之间，即独用比例在93.75—35.42(或35.85)％之间时，是分还是合，李荣先生并没有告诉我们。当然，如果把他后文给出的韵谱一一点数并计算比例，我们对他用来做分合标准的区域也

① 《音韵存稿》第234页。

许可以压缩得更小些,标准可以更明确些。

俞敏先生在解释北京话全浊平声变成送气清声母的原因时[①],就是依靠统计成段语言中全清平声字和次清平声字的出现频率来倒推"用这两种音的字储存"的比例。演绎的结论是:"当时(指晚唐的北方话——引者)平声字储存里次清音极少。"为了减少"新同音字引起误解的机会",所以在浊平变清时,"人们就把声带颤动的肌肉能量挪作送气用了。这就是为什么加送气的缘故"。

除此之外,管燮初先生又把陆志韦先生用来处理反切的概率论方法和公式借用来处理谐声材料,研究声类[②]。

从上面的介绍分析来看,在音韵学中处理大数量的材料时:

(1) 统计的方法是必要条件,也就是说是非用不可的;

(2) 不过,算术统计的作用十分有限;

(3) 明确地把统计方法和分类标准说出来,即使有欠缺也便于改进,这有助于知识积累和理性进步。相反,不把方法和标准明确说出来不利于改进发展[③]。

统计并不跟校勘、系联等方法对立。实际上,统计就是对经过校勘的有关字系联次数的统计。单单使用系联方法总是让人不放

---

① 《北京话全浊平声送气解》,载《方言》1987年第1期。

② 《从〈说文〉中的谐声字看上古汉语声类》,载《中国语文》1982年第1期。

③ 科学的第一要求不是"正确性"而是"明晰性",包括:1)定义明确;2)推理过程合逻辑;3)操作程序形式化;4)结论可检验。参看朱晓农《秦人逻辑论纲》,载《文化的语言视界》,上海三联书店,1991。

心的。系联上十次可让人觉得有稳定的关系，而只系联上一次或者两次，谁知道会是一种什么情况：偶然巧合、作者失误、手民误植、后人篡改、方言混杂、遵守韵书、变化开始等等。这么看来，假如没有别的证据，系联倒不可绝对相信它是个本证。

大家都承认，系联上十次跟系联上一次意义并不一样。得出这一看法的基础正建立在统计观点上。事情很明显，没必要争论需要不需要统计，在研究大数量的音韵材料时，统计是必不可少的，重要的是如何不断地改进统计方法：决定多大的样本，点出多少次“相逢”，判断这些相逢的分布性质，确定这些相逢的含义，拟定数学公式和数学定义，确定这些数字表达式的物理意义，等等。

第三章　本项研究所用的方法

一　目的

研究北宋语音，可以利用的比较系统的历史材料有：(1)韵书；(2)韵图；(3)注音；(4)汉外对音；(5)韵文(包括比较规矩地遵守韵书的诗，以及主要根据口语的词和一些通俗诗)。另外还有些零碎材料，如歌谣、笔记稗史中的点滴记载。

对前三项材料的研究进行得较多，但遗憾的是作为主要依据的韵书韵图的性质依然不太明了。第四项主要是由西夏—汉、契丹—汉对音材料，但由于西夏文和契丹文本身语音还未确定，因此，这些材料主要是对类的区别有帮助。这项材料我们利用得还不太充分。第五种材料利用得也很不够，尤其是词。其所以不受重视，可能因为：(1)认为它们价值不大，以为有了韵书韵图就够了；(2)材料过于庞杂，全宋词两万首，夹着很多方言成分，难以处理。还有一种看法，认为宋代语音夹在隋唐韵书跟《中原音韵》所代表的音系之间，其韵部变化总不外乎合并。对于粗线条地勾勒从隋唐至元的韵部变化的轮廓来说，是这样的。但如果要更精确地了解音变过程和地域差别，就必须开发这个蕴藏着重要原料但又开采困难的词矿。只有充分而有效地利用词韵这一丰富的实际语言材料，才能对各种韵书韵图的性质加深理解，才能更深入地探讨语音史中的一些问题。

从语言学角度来看，词比诗价值更高。因为词来自民间曲子韵，不像诗韵常受制于韵书。儒生学士，一写起词来，香艳俚俗，根本不同于其诗文。例如：

黄庭坚　归田乐令

引调得、甚近日心肠不恋家。
宁宁地、思量他，思量他。
两情各自肯，甚忙咱。
意思里、莫是赚人吵。
噉奴真个哼、共人哼。

黄庭坚是分宁(今江西修水)人，上引词中有不少方言词语，引调得，宁宁地，噉奴，咱(语气词)，另外像韵脚“吵”、“哼”这两个俗字，《康熙字典》上也找不到。这种情况在宋词中是常见的。

周祖谟先生曾利用北宋河南诗人的诗韵配合邵雍《皇极经世》

中的天声地音图来研究北宋汴洛方音①。最近，鲁国尧先生又研究了宋代山东、四川词人的用韵情况②。他们的工作是个很好的开头，即从经验上划分了韵辙。我们希望我们的工作能够进一步探讨他们没有涉及的问题，我们想通过对全北宋词韵的研究，做到：

(1) 从形式上判定北宋各地区的韵辙之间的界限；

(2) 并进一步探明各辙的内部差异，即从形式上判定韵母之间的界限；

(3) 整理出一个可靠的接近实际语音的韵辙材料，供深入研究韵书韵图作参考，以帮助确定哪些内容是遵循前代韵书注音的，哪些又是根据实际语音修改增补的，哪些具有某方言的特征，哪些仅仅是在附会；

(4) 通过表格内的数据揭示话音演变趋势。

本书是这项工作的第一步：中原(豫鲁)地区词韵谱的考察报告。

---

① 见所著《宋代汴洛语音考》，收于《问学集》下册，中华书局，1966。序言中有一段话对韵图式材料和诗韵何为本证，何为旁证很有启发："比者读邵雍皇极经世书声音倡和图颇怪其分声析韵与广韵大相径庭，及取其击壤集读之，观其诗文之协韵，无不与图相合，方知此书实为特殊，原不以韵书自拘。而分辨声母虽未脱宋人三十六母之窠臼，而能以时音为重，迥非当时之等韵图所可比拟。由是乃悟欲考宋代语音，所资虽多，此其选矣。"(581 页)考察宋音，靠广韵、靠韵图、都不如邵雍图。后者之所以能做宋音"本证"，首先是因为诗韵的证明。认识上的逻辑顺序就是如此。我们同意周先生对于邵雍图作宋音本证的逻辑基础的认识。更一般地，反映口语情况的韵文并不只有旁证的地位。只要材料充足并使用得当，它将成为本证。参看后文第六节。

② 见所著《宋代辛弃疾等山东词人用韵考》，载《南京大学学报(哲社)》1979 年第 2 期。《宋代苏轼等四川词人用韵考》，载《语言学论丛》第八辑，上海教育出版社，1981。

二　取材范围

本项研究材料取自唐圭璋先生所编的《全宋词》[①]，从卷一和岘起，到卷二石安民，共四百三十五名北宋词人（凡入南宋时已满十五周岁的都算北宋人），近八千首词。然后按现代汉语方言的分布，把北宋版图划为九块[②]：(1)中原（豫鲁），(2)西北，(3)西南，(4)江淮，(5)吴，(6)闽，(7)赣，(8)湘，(9)粤。湘、粤两区词人极少，各只三人，因此不加考虑。

四百三十五名词人按地区分类，标准是：

(1) 先按里居；

(2) 次按郡望；

(3) 妻妾籍贯若无考，则按其夫家；

(4) 妓女、僧侣若无考，则按其生活之地；

(5) 宗室均按河南。

有八十六人地区无考，则排除在外。好在这些不太出名的人所作的词也不多，这共排除二百首左右。还有几个人，如杨无咎、孔平仲、张元干等，他们的属区在宋代一名两地，皆择善而从。

下面就是中原（豫鲁）地区的范围和该地词人名单：

1. 地理范围：主要包括今河南、山东两省，以及河北、辽宁、苏皖的淮北地区。这些地区在北宋时属京畿路、京西北路、京东东

---

① 中华书局，1965。

② 这是一个"工作假定"。其所以这样做，是因为在研究北宋语音之前无法按当时方音来划区，而划分地区是首要的。暂且先以现代方言来分，若词韵中显示异样情况，再作调整。

路、京东西路、河北东路、河北西路以及辽的东京道。还有淮南东路、淮南西路和永兴军路的小部分。

2. 中原(豫鲁)地区词人名单(共九十三人):

沧　州 1 人:李之仪

德　州 1 人:颜博文

棣　州 1 人:杨　适

青　州 1 人:刘山老

密　州 1 人:侯　蒙

单　州 1 人:张表臣

广济军 1 人:刘　潜

应天府 1 人:李师中[①]

齐　州 3 人:李　冠,吕颐浩,李清照

济　州 6 人:王禹偁,荣　諲,晁补之,晁冲之,李　邴,宋　江

以上 17 人,属今山东省

应天府 2 人:蔡　挺,石延年[①]

怀　州 1 人:王齐叟

孟　州 2 人:张　阁,李邦献

滑　州 1 人:康与之

卫　州 2 人:贺　铸,赵鼎臣

蔡　州 1 人:谢克家

相　州 4 人:韩　琦,李清臣,韩嘉彦,岳　飞

① 李师中,应天府楚丘人,属今山东省。蔡挺、石延年,应天府宋城人,属今河南省。

颖昌府 4 人:赵 轨,曹 组,杨 景,曹 勋

汝 州 4 人:孔 夷,孔 榘 韩 驹 陈与义

陕 州 1 人:薛 式

河南府 10 人:滕宗谅,尹 洙,刘 儿,王益柔,邵伯温,朱敦复,朱敦儒,邵 博,宝 月,李 氏

开封府 32 人:和 岘,宋 祁,苏舜钦,赵 祯,王拱辰,韩绛,韩 维,韩 缜,太尉夫人,王 诜,赵 顼,时 彦,赵令畤,赵仲御,蔡 嶷,曹希蕴,赵子发,赵士暕,赵子崧,赵温之,赵 佶,李 祁,李璆,邢俊臣,柳 富,聂胜琼,都下妓,王 昂,赵桓,赵 构,曾 觌,韩缜姬

河 南 2 人:吕本中,李 生

以上 66 人,属今河南省

获 鹿 1 人:贾昌朝

以上 1 人,属今河北省

东京道 2 人:李元膺,毕良史

以上 2 人,属今辽宁省

颍 州 1 人:刘均国

寿 州 1 人:吕希纯

以上 2 人,属今安徽省

徐 州 3 人:晁端礼,郑 仅,陈师道

海 州 2 人:胡松年,何蓑衣道人

以上 5 人,属今江苏省

3. 年代:最早的是和岘,生于后唐长兴四年,卒于宋端拱元年

(933—988),最晚的是曾觌,生于北宋大观三年,卒于南宋淳熙七年(1109—1180)。历时二百年左右。

4.关于朱敦儒的特殊押韵情况的说明。敦儒字希真,生于北宋元丰四年。卒于南宋绍兴二十九年(1081—1159)。他的有些阳声和入声韵辙的押韵情况与中原(豫鲁)词人不同而跟吴语区人相近。史书上说他是洛阳人,但他在青年时代从未进京做官,中年以后又长期生活在南方,或许受到其他方言的影响。同时由于他的词比较多,因此在有关韵辙中把他的韵脚抽出来,另外做一个表格,以便跟中原地区和吴语区的押韵情况作对比研究。参看第四章第十八节附篇。

三 韵脚

韵脚的校勘考订工作,对于例证法的研究来说是至关重要的。对于全面统计研究来说,如果统计量较小,校订工作仍很重要,如果统计量足够大,校订中发现的问题可以看做是随机误差,并无决定性意义。这种随机误差通过数学处理可以加以消除。

我们基本上根据唐圭璋先生在《全宋词》中所定的韵脚。统计时遇到有疑问处,参考万树《词律》,斟酌取舍。下面举几个例子。

1.碰到唐书中有疑问的韵脚,如该处可押可不押,则舍去。例如:

王诜 行香子

金井先秋,梧叶飘黄。
几回惊觉梦初长。

雨微烟淡。疏雨池塘。

渐蓼花明，菱花冷，藕花凉。

幽人已惯，枕单衾冷。

任商飙、催换年光。

问谁相伴，终日清狂。

有竹间风，尊中酒，水边床。

唐书上阕第四句后用了句号，表示“淡”字是韵脚。核之《词律》，此句不必入韵，因此统计时把“淡”字舍去。又如：

赵佶　聒龙谣

紫阙岧峣，绀宇邃深，

望极绛河清浅。

霜月流天，锁穹隆光满。

水精宫、金锁龙盘，

玳瑁帘、玉钩云卷。

动深思、秋籁萧萧，

比人世、倍清燕。

瑶阶迥。玉籤鸣，

渐秘省引水，辘辘声转。

鸡人唱晓，促铜壶银箭。

拂晨光、宫柳烟微，

荡瑞色，御炉香散。
从宸游，前后争趋，
向金銮殿。

“迥”字不必入韵，统计时舍去。又如：

贺铸　踏莎行

鸦轧齐桡，□鼙叠鼓。
浮骖晚下金牛渚。
莫愁应自有愁时，
篷窗今夜萧萧雨。

杜若芳州，芙蓉别浦。
依依艳笑逢迎处。
随潮风自石城来，
潮回好寄人传语。

“州”字不必入韵，舍去。又如：

李清照　永遇乐

落日镕金，暮云合璧，
人在何处。
染柳烟浓。吹梅笛怨，
春意知几许。

元宵佳节，融合天气。
次弟岂无风雨。
来相台、香车宝马，
谢他酒朋诗侣。

中州盛日，闺门多暇，
记得偏重三五。
铺翠冠儿，撚金雪柳，
簇带争济楚。
如今憔悴，风鬟霜鬓，
怕见夜间出去。
不如向、帘儿底下，
听人笑话。

“浓”字舍去。

2.有些韵脚看上去有问题，但我们不知确切情况如何，统计时把它包括在内。例如：

曹组 青门饮

山静烟沉，岸空潮落。
晴空万里，飞鸿南渡。
冉冉黄花，翠翘金钿，
还是倚风凝露。
岁岁青门饮。

尽龙山、高阳俦侣。
旧赏成空，回首旧游，
人在何处。

此际谁怜萍泛，
空自感光阴，暗伤羁旅。
醉里悲歌，夜深惊梦，
无奈觉来情绪。
孤馆昏还晓，
厌时闻、南楼钟鼓。
泪眼临风，肠断望中归路。

“落”字处应入韵，但它实在可疑。“落”字全押入铎辙（见后韵谱），只有这个例外。《康熙字典》收录了《唐韵·古音》“读路”的异读。且不说这部早已失传的《唐韵》性质如何，就算这个“路”音异读可靠，仍不能证明曹组就是把“落”发为“路”，因为在他另一首词中把“落”又押入了铎辙：

曹组　品　命

乍寂寞。
帘栊静，
夜久寒生罗幕。
窗儿外，有个梧桐树，
早一叶、两叶落。

独倚屏山欲寐，
月转惊飞乌鹊。
促织儿、声响虽不大，
敢教贤、睡不著。

说他一会儿把“落”读成“路”押入遇辙，一会儿又读如字押入铎辙，虽然不能说绝无这种可能，但毕竟太牵强。更大的可能还是一时疏忽，或偶然辞穷，或抄刻失误。统计时我们仍把[青门饮]中的“落”字算作入声。又如：

曹勋　齐天乐

芙蓉凝露青霞护，
朝日绮疏风细。
正是中秋，时候喜逢。
中宫葱葱佳气。
云龙庆会。
赞真主当阳，辅成天地。
暇日琴书，暂闲蚕馆见贤志。

嫔嫱衣罗乍试。
尽趋椒殿，喜芳绣筵初启。
酒面腾红，香烟罩碧，
恩满六宫金翠。

何妨绛烛。
任花敧玉侧，劝教沉醉。
凤阙龙楼，夜色凉如水。

“烛”字处也应入韵，但它的可疑程度更甚于上述“落”字。《汉书·武帝纪》云：“诏曰：‘朕躬祭后土地祇，见光集于灵坛，一夜三烛。’服虔曰：‘烛音注。’师古曰：‘烛谓照也，读如本字。’”①北宋曹勋上距东汉服虔近千年，这个“注”音又读即有所本，也不能作为此处讨论的依据。再说唐初颜师古已不买服虔的账，把“烛”训为“照”，读音依旧。看来有可能服虔用的是训诂学常规办法：随文释义。把“烛”看成“注”的假借字。退一步讲，即使曹勋把“烛”发成“注”(-iu)，不管是从服虔那儿千年单线师承下来的，还是“烛”先走数百年入已变舒，他也没必要拿这个 u 音字去跟止辙 i 音字凑热闹。“鸡”“兔”相押虽然现在也能偶然一见，但到底是不高明的手笔。

关于韵脚统计还有几点需交代一下。

1. 相应的平、上、去声韵字放在一起统计，某些平仄韵转换或通叶的韵式便有了不止一种的统计方法。我们的统计方法是否最合适，还可讨论。不过总的来说，关系不是最大。比如[西江月]的韵式和统计法如下：

平平仄/平平仄

① 上海古籍出版社和上海书店影印武英殿本《二十五史》，第1册，第385页。

弧线表示韵次，上片三个韵脚押 2 韵次，下片亦同。总共 4 韵次，8 字次。

2. 凡词牌规定叠韵处的韵字舍去。比如：

晁冲之　如梦令

帘外新来双燕。
珠阁琼楼穿遍。
香径得泥归，
飞蹙池塘波面。
谁见，谁见。
春晚昭阳宫殿。

底下加点的韵脚"见"字统计时舍去。又如：

曾觌　忆秦娥

晴空碧。
吴山染就丹青色。
丹青色。
西风摇落，可堪凄恻。

世情冷暖君应识。
鬓边各自侵寻白。
侵寻白。
江南江北，几时归得。

加点的"色"、"白"统计时不算在内。

3. 只有相邻两个韵脚才算相押,因此凡前后韵脚失落者便舍去。比如:

贺铸 木兰花

津亭薄晚张离燕。
红粉□歌持酒劝。
歌声煎泪欲沾襟,
酒色□□□□□。

□□会有归风便。
休道相忘秋后□。
□□□抵故人心,
惆怅故人心不见。

韵脚 燕劝□便□见

只取"燕劝"相押1韵次。"便"、"见"都不统计在内。又如李清照[转调满庭芳]韵脚如下:

纱吵涯□茶车花那

此词一韵到底,但中间韵脚有残缺,韵谱中用分号";"代替"□",统计时记为5韵次。

四 "辙"与"组"

我们在上一章讨论"韵部"时已谈到,"韵部"可分解为"韵书部”和“韵脚部”两个概念。

“韵书部”是同时代人制定的韵母类或押韵类。

“韵脚部”是后世人归纳的押韵的类。我们干脆把它叫做“韵辙”，简称“辙”。

每个韵辙内有一个或数个“韵组”，简称“组”。韵组之间有韵母差异，这种差异包括：

（1）介音不同，以及由介音不同引起的主元音的非音位差异，就像现代诗韵常常有 iɛn：an 相押。

（2）主元音不同且有音位对立，但音感较接近，可能还有历史渊源。就像现代诗韵 i：y，iŋ：əŋ，ɤ：o 等的相押。

（3）韵尾不同，就像现代诗韵 iŋ：in 相押。这种情况一般都见于无-n：-ŋ 对立的方言区的诗人所作，有-n：-ŋ 对立的方言区的诗人将-n：-ŋ 混押的情况很少见，下面这首老舍的诗（1962）押韵情况很特殊：

悲歌春夜雨纷纷[fən]，
四座惊夸顾玉君[tɕyn]，
听罢扬州绝名曲，
江南三月雨无声[ʂəŋ]。

把(2)和(3)合起来看，可知在押韵，即听感中鼻韵尾比韵腹（主元音）更重要。吟诗唱词时韵脚常带拖腔，阳声韵延长的自然是鼻韵尾。押韵就是靠这种回环出现、拖长强调的近似音造成一种悦耳感。

我们曾统计归纳过数千首现代诗的押韵情况，得出一些押韵条例。以上所说，都是从现代诗韵情况来推测的。从我们所主张的“泛时”观点[①]来看，这样做是很自然的。除非有别的证据能证明古人的韵母感知范畴与今人不同，我们就以今人的听感作为研究古诗韵的“工作假定”之一——这是出发点，而不是结论。

本书根据北宋中原（豫鲁）地区词韵把押韵系统划分为十七个韵辙，再细分为三十四个韵组。分辙工作以前后韵书——《广韵》和《中原音韵》——作为参考坐标，其实主要就是把《广韵》韵部进行合并。另外使用了一个概率公式来辅助经验划分。

关于分辙，本书并没有提出什么新结论，我们所分的十七辙跟鲁国尧先生所分的山东十七部相符[②]。区别在于我们的结论是得到数学证明的。至于探索各辙的内部差异，并据此分组，以前还没人系统谈过，我们集中讨论这个问题。

五　统计、计算、判断三步骤

本节内介绍我们的方法。这个分韵的方法有三个步骤：点数，计算概率，判断分或合。点数要先确定统计单位。下面分次叙述。

1. 统计单位

韵次（记为 Y）：以相邻的两韵脚相押一次作为 1 韵次。

字次（记为 Z）：一个韵脚每押一次，即说它出现 1 字次。

---

① 参看朱晓农《音韵学：认识论和方法论》，载《语言学通讯》1988 年第 3 期。

② 见所著《宋代辛弃疾等山东词人用韵考》，载《南京大学学报》（哲社）1979 年第 2 期。

根据上面的两个定义可知，一首词中首尾两韵脚各出现1字次，其余韵脚各出现2字次。字次与韵次的关系为

$$Z=2Y。$$

例如有一首押L辙（包括A、B、C三韵）的词的韵脚如下：

$$a_1\,b_1\,a_2\,a_3\,b_2\,c_1\,a_4\,b_3$$

a_1、a_2、a_3、a_4 表示A韵字，b_1、b_2、b_3 表示B韵字，c_1 表示C韵字。

a_1 和 b_1 之间押一次韵，即1韵次。b_1 和 a_2 之间也是1韵次。a_2 和 a_3、a_3 和 b_2、b_2 和 c_1、c_1 和 a_4、a_4 和 b_3 之间都是1韵次。总共7韵次，其中（aa）1韵次（即 a_2 和 a_3 相押），（ab）4韵次（a_1 和 b_1、b_1 和 a_2、a_3 和 b_2、a_4 和 b_3）、（ac）、（bc）各1韵次。

a_1 和 b_3 各算1字次，其余的都是2字次。比如 b_1 出现2字次，因为它跟 a_1 相押1次，跟 a_2 也押一次。总共14字次，其中A韵字出现7次（a_1 1字次，a_2、a_3、a_4 各2字次），B韵5字次（b_3 1字次，b_1、b_2 各2字次），C韵2字次。

统计L辙内全部字次和韵次：

$$Z_L=Z_a+Z_b+Z_c+Z_Q$$

$$Y_L=Y_{aa}+Y_{bb}+Y_{cc}+Y_{ab}+Y_{bc}+Y_{ac}+Y_{LQ}+Y_{QQ}$$

（Za：A韵字的全部字次。Yab：A韵和B韵相押的全部韵次。Q：其他辙偶尔押入L辙的字。）

2. 离合指数

离合指数：两韵实际相押比值与理论上相押概率之比。

仍以上述L辙为例。当L辙内的字次和韵次统计完之后，可用概率计算的结果——离合指数——来显示L辙的内部差异情

况，即AB、AC、BC之间的离合程度。

从理论上说，若A、B相通（“通”的意思是合并），则(ab)相押的机会只跟A、B两韵字的出现概率有关。由于字次的频率统计数较大，故可近似看做概率。于是有

$$P(ab)=\frac{2Z_aZ_b}{(Z_a+Z_b)(Z_a+Z_b-1)}$$

而(ab)相押的实际比例为

$$R(ab)=\frac{Y_{ab}}{Y_{aa}+Y_{bb}+Y_{ab}}$$

若A、B完全合成一韵，则

$$I(ab)=\frac{R(ab)}{P(ab)}\times 100\rightarrow 100$$

当离合指数 $I\geqslant 100$ 时，两韵已合并。当 $0<I<100$ 时，I值越大，两韵关系越近；I值越小，两韵关系越远。当然，字次的多少、方差的大少，都会影响对两韵关系的判断。因此，这只是大致的说法。顺便提一下、I值的大小可用来预测下一步哪些将合并或分离。一般来说，$I\geqslant 90$ 时，可以认为已合并，$I<50$ 时，还未合并。当 $50\leqslant I<90$ 时，即当两韵似分似合时，光靠经验判断就太主观了，不能使人信服，因此我们使用了一种——

3. t分布假设检验

t分布假设检验的具体步骤下节介绍。上面说过，字次的多少、方差的大小会影响判断，即有时I值大的倒不通，I值小的反而相通，这种情况对于传统的例证法来说简直不可想象：有时85％同用倒要分，58％同用反而合，这全取决于t分布假设检验的结

果。它可以相当有效地帮助我们在某种可靠程度上（比如百分之九十五的把握）确定哪两个韵已经合并，哪两个韵还未合并。

4. 分辙的数学方法

上面讲的是辙内分组的方法。至于确定辙与辙之间的关系，即分辙，主要仍凭经验和前后韵书作坐标，这个困难不算太大。遇到两可难决时，使用如下的计算方法。

当
$$\frac{Y_{jk}}{Y}\div\left(\frac{Z_j}{Z}\times\frac{Z_k}{Z-1}+\frac{Z_k}{Z}\times\frac{Z_j}{Z-1}\right)$$
$$=\frac{Y_{jk}}{Y}\div\frac{2Z_jZ_k}{Z(Z-1)}\geq 2 \qquad (1)$$

时，可认为原先假定的两个辙（J 辙和 K 辙）已合为一辙。

下面说明一下这个公式：

Y 表示韵谱中全部韵次。Y_{jk} 表示 J 辙字和 K 辙字相押的全部韵次。Z 表示韵谱中全部字次。Z_j（Z_k）表示 J 辙（K 辙）在韵谱中的全部字次。

$\frac{Z_j}{Z}\times\frac{Z_k}{Z-1}$表示前一个为 J 辙字，后一个为 K 辙字相押的概率；$\frac{Z_k}{Z}\times\frac{Z_j}{Z-1}$表示前一个为 K 辙字，后一个为 J 辙字相押的概率；两者相加，表示（JK）相押的概率。

$\frac{Y_{jk}}{Y}$表示（JK）实际相押的韵次在总韵次中占的比例。上述公式（1）算出的是实际相押比例与理论相押概率之比，数值大小表示关系远近。由于 Z＝2Y，即 $Y=\frac{Z}{2}$，上述公式可简化为

$$\frac{Y_{jk}}{y} \div \frac{2Z_jZ_k}{Z(Z-1)} = \frac{Y_{jk}}{\frac{Z}{2}} \times \frac{Z(Z-1)}{2Z_jZ_k}$$

$$= \frac{Y_{jk}(Z-1)}{Z_jZ_k} \qquad (2)$$

我们的公式(2)跟陆志韦先生处理反切的计算推断方法

$$\frac{AB}{\frac{N(N-1)}{2}} \times \frac{N}{2} = \frac{AB}{N-1}$$ [①]

差不多。当实际相押比例超过理论相押概率“的倍数或是很近乎1的倍数”[①](即前者是后者的2倍以上或极接近于2倍)时,可以认作合辙。关于具体使用公式(2)来处理辙间关系,见后第四章第十八节。

六　方法举例

现以押韵情况比较简单的宕辙作为例子来讲解我们的方法。

1362	唐	阳	江
唐 361	45	102	71T
阳 962	264	339	69T
江 37	7	18	6
铎 2		2	

上表是宕辙的统计数计算值和判断结果。第一栏数字是字次:$Z_{宕}=1362$,$Z_{唐}=361$,$Z_{阳}=962$,$Z_{江}=37$。还有一个铎韵出现

① 见《陆志韦语言学著作集(一)》第231页。这个公式算出来的是机遇数,再除实得数,就与我们的公式的含义相同了。

2字次，这很可能是个错误，但统计在内并不影响结果。“1362”是宕辙总字次，包括那两个误入的铎韵字次。

“楼梯”的左下方的数字是韵次：$Y_{唐唐}=45$（即唐唐相押45次），$Y_{唐阳}=264$，$Y_{唐江}=7$，$Y_{阳阳}=339$，$Y_{阳江}=18$，$Y_{江江}=6$，$Y_{阳铎}=2$，$Y_{唐铎}=Y_{江铎}=0$。

这些统计数之间的关系为

$$
\begin{aligned}
Y_{宕}=\frac{1}{2}Z_{宕}&=Y_{唐唐}+Y_{唐阳}+Y_{唐江}\\
&\quad+Y_{阳阳}+Y_{阳江}+Y_{唐铎}\\
&\quad+Y_{阳铎}+Y_{江铎}\\
&=681
\end{aligned}
$$

$$
\begin{aligned}
Z_{唐}&=Y_{唐唐}\times 2+Y_{唐阳}+Y_{唐江}+Y_{唐铎}\\
&=45\times 2+264+7+0\\
&=361
\end{aligned}
$$

$Z_{阳}$和$Z_{江}$也跟相应的Y有类似关系。

以上是统计数字。根据这些数据可以求出唐江、唐阳、阳江相互间的关系。“楼梯”右上的三个数字（102，71，69）即为相互间的离合指数。求离合指数的步骤如下：

先看唐阳的关系，其相押概率为

$$
P_{唐阳}=\frac{2Z_{唐}Z_{阳}}{(Z_{唐}+Z_{阳})(Z_{唐}+Z_{阳}-1)}
$$

$$
=\frac{2\times 361\times 962}{1323\times 1322}\approx 0.397
$$

实际相押比例为

$$R_{唐阳}=\frac{Y_{唐阳}}{Y_{唐唐}+Y_{阳阳}+Y_{唐阳}}$$

$$=\frac{264}{45+339+264}\approx 0.4072$$

离合指数为

$$I_{唐阳}=\frac{R_{唐阳}}{P_{唐阳}}\times 100$$

$$=\frac{0.4072}{0.3971}\times 100\approx 102.59$$

同样可求出：

$$I_{唐江}=71.38,$$

$$I_{阳江}=69.44,$$

I值在填进表内时，不进位舍去小数。

指数102告诉我们阳唐已合并。但71和69数字太小了，要说唐江、阳江相通，就很危险。因此我们借助于t分布假设检验。

检验阳江是否相通的步骤如下：

(1)我们需要的是单尾检验，因此零假设和择一假设为：

$$H_0: \mu=\mu_0 \text{ 和 } H_1: \mu<\mu_0$$

零假设是阳江已合成一韵，择一假设是阳江还未合成一韵。下面的工作就是要确定哪个假设更有可能是对的。

(2)由统计数算出标准比值 $\mu_0=P_{阳江}=0.0725$。

(3)把宕辙全部统计材料任意分为大致均匀的16组(多两组少两组没关系，Z大就多分两组，Z小就少分两组)。分组统计表见下：

N	Z	唐唐	唐阳	阳阳	江江	江唐	江阳	其他
1	86	6	25	12	0	0	0	0
2	80	0	16	23	0	0	1	0
3	86	2	17	17	1	2	4	0
4	88	3	17	23	0	0	1	0
5	82	4	11	21	0	2	3	0
6	80	8	19	12	0	1	0	0
7	80	2	19	17	0	0	2	0
8	82	0	21	19	0	1	0	0
9	82	0	12	28	0	0	1	0
10	90	1	17	27	0	0	0	0
11	90	1	16	28	0	0	0	0
12	90	4	13	26	0	0	0	2
13	90	3	17	23	0	0	2	0
14	86	2	16	22	1	0	2	0
15	84	2	15	22	0	1	2	0
16	86	7	13	19	4	0	0	0
总	1362	45	264	339	6	7	18	2

(4)由每组数据算出

$$x_i=\frac{Y_{阳江\,i}}{Y_{阳阳\,i}+Y_{江江\,i}+Y_{阳江\,i}}$$

x_i： 0 ,0.0417 ,0.1818 ,0.0417 ,

0.125, 0 ,0.1053 , 0 ,

0.0345，　0　，　0　，　0　，

0.08，0.08，0.0833，　0　，

(5)求出样本均值 $\bar{X}=\frac{1}{n}\sum_{i=1}^{n}x_i=0.0483$

(6)求出样本方差 $S^2=\frac{1}{n-1}\sum_{i=1}^{n}(x_i-\bar{X})^2=0.0559^2$

(7)计算统计量 $t=\frac{\bar{X}-\mu_0}{\sqrt{\frac{S^2}{n}}}=-1.7327$

(8)取检验水平 $a=0.05$，这意味着阳江实际上已合成一韵但我们错认为它们未合并，犯这种Ⅰ型错误的可能是5%。$t_{-a}(n-1)=-1.753$

(9)最后决定弃取 H_0。

若 $t<t_{-a}(n-1)$，则否定 H_0；

若 $t>t_{-a}(n-1)$，则 H_0 相容。

现 $t=-1.7327>t_{-a}(n-1)=-1.753$，故 H_0 相容。即我们可以95%的把握说江阳已合并。表中的T表示相通，已合并。

t比 $t_{-a}(n-1)$ 大得有限，这可解释为：(1)由于江韵字太少引起的波动，或(2)两韵刚合并，或许某些人口中已不分，某些人还分，或许某些字已不分，某些字还分。

使用同样的方法，也可得出唐江相通的结论。于是，最后得出唐阳江三韵已合成一韵的结论。

七　方法小结

上面介绍了使用数理统计方法来分辙和分韵的程序。再次强

调一下,使用数理统计方法并不与传统的校勘和联系等方法相对立。实际上,最好的统计是对经过严格校勘的韵脚的细心联系结果的统计。下面小结一下这个方法。

首先,有必要引进两个基本统计概念(用作统计):韵次 Y,字次 Z。这是因为以前用“韵段”“韵次”“韵例”“韵组”等单位来统计有两个缺点:(1)粗糙:没有区别应该区别的情况;(2)浪费:无法利用可资利用的信息。

其次,有必要引进三个重要的指数(用作分韵判断第 1 步):同用的理论预期值(概率)P,同用的实际统计值(频率)R,韵离合指数 I(两者比值)。因为判断两个韵分或合,并不仅仅依靠表面上相押的次数。另外有两个因素在起作用:(1)所有韵的总字次;(2)每个韵各有多少字,或更精确点,各出现多少字次。总字次对分辙有用,分辙一般来说较容易。各韵的字次对辙内分韵有用。我们来看个例子。假定有四个韵 A、B、C、D。先使用分辙公式,计算它们之间的分合情况。结果比如说分成 A 辙和 B 辙两个辙。A、B 属于甲辙;C、D 属于乙辙。又假定统计结果如下:

[1] 其中甲辙总共押韵 100 次。

[2] 其中乙辙总共押韵 100 次。

甲乙两辙押韵总数都是 100 次;同用数也相同,都是 30 次。结论似乎应该是:如果 CD 合成一韵,AB 也该合成一韵。其实不必然,因为 A、B、C、D 四韵的字次可能不同。打个比方,有两个口袋(两个辙),各装 100 个球(各韵的字),各分两种颜色(两个韵)。甲袋里黑球 80 个,白球 20 个。乙袋里红绿各 50 个,假定这些球摸上去手感都一样(两韵无区别),那么每次到一个袋里去摸出两

个球（押一次韵）是什么颜色，取决于这种颜色的球在总球数（100）里的比例。因此，

［3］在甲袋里摸100次，每次两个球，黑黑“相押”概率＝0.80＊0.80＝0.64，即可能摸到64次两个都是黑球。同理，白白独用概率＝0.20＊0.20＝0.04，即能摸到4次两个都是白球。黑白同用概率＝0.80＊0.20＋0.20＊0.80＝0.32，即有32次机会摸到一黑一白或一白一黑。

［4］在乙袋里摸100次，每次两个球，那么红红相押机会＝绿绿相押机会＝25次。红绿混押的机会＝50次。

上面［3,4］是理论预期值，［1,2］是实际统计值。两两分别相比，就可看到：

［1］里同用实测数（30）和［3］的理论预期（32）差不多相等，离合指数I＝94（＝30/32＊100），推断是A，B两韵混然无别。但是，［2,4］情况很不一样，理论预期C～D相押应该有50次，而实测结果只有30次，大大低于预测，离合指数I＝60（＝30/50＊100）。意即，说C、D是否已经合韵并没什么把握。因此——

第三，有必要引进t分布假设检验（用作分韵判断第2步），来决定C～D是否合成一韵。

八　意义

韵文虽然是音韵学研究中的一种很好且很丰富的材料，但迄今为止使用得并不充分，最多只能在有利情况下用作旁证材

料。为了弥补这些缺陷,我们确定了新的统计单位,采用数理统计方法,对各韵的分合作出了定量分析。由于有了这种方法,韵文作为研究材料的使用价值便大大提高了。通过统计计算韵辙分合及其内部差异,可以直接窥见当时实际的韵部分合情况。达到一定数量的韵语在大部分场合不再是一种旁证材料,而将成为本证。

使用这种概念和方法,可以避免枚举例证方法中常会出现的"公说公有理、婆说婆有理"的现象,可以消除版本、传写之讹引起的麻烦,又可不管诗人本身的"误用",还能消除定韵脚的分歧带来的影响,它能使不同的韵式得到不同的处理,能使是否换韵不好确定的困难不成其为问题。总之,它能使许多棘手问题的困难程度大大降低。此外,还能对付一个最头痛的问题:诗人用韵宽严不一,遵守韵书程度不同。这实际上是两个问题。后一句话是指韵书有别而实际语音无别,因此遵循的只是纸面上的区别,如后世人按《平水韵》作诗。前一句话是指宽的如 an～iɛn,i～y 常通押,严的则倾向于 an 押 an,iɛn 押 iɛn,i 押 i,y 押 y。

我们研究的宋词来自民间①,在宋代是一种通俗的说唱文学。即使是一本正经的学者儒士,其词与诗相比,无论是语言形式还是内容,几不可同日而语。词往往是作了让歌伎们唱的,好多歌伎本人就是作词能手。因此,"词"作为通俗说唱文学这一文学形式已

---

① 根据最新研究,词来源于酒令,见王小盾博士学位论文《隋唐五代燕乐杂言歌辞研究》(扬州师院,1985 年)。

经决定了词人不能按官韵，只能按口语押韵。不过，我们不排除少数词作可能遵循旧韵，从而跟当时口语有别；也不排除方言区的词人可能用雅音作词，从而跟当地方音有别。但是，这种情况的分布是随机的，它不可能集中出现于某一韵、辙内。如果集中出现，我们倒宁愿相信这是实际情况。使用数理统计，便能消除这种随机波动。至于用韵宽严不一，这正是能提供我们所需要的赖以判断韵辙内部差异的信息的重要来源。当然用韵的宽或严也是随机分布在各韵辙中的。

使用数理统计方法还需回答两个疑问：

(1)它在处理出现频率较低的韵时把握不大。

这实际上并不是数理统计的不足，而是材料本身的不充足。因而想说明问题就得依靠更多的材料或其他证据。在处理少量材料时，数理统计即使不能做得更好，至少也不会做得更坏——如果不用数理统计，把握并没有就此增大。

(2)它在处理个别韵辙的内部差异时会遇到两难甚至三难困境，比如臻辙文欣组归甲组不好，归乙组也不好，独立仍有不妥。

这与其说是数理统计的不足，不如说是我们对语音演变方式的认识和表述上的不足，因而无法明了这些计算结果的物理意义。在这种情况下不用数理统计，分类并没因此变得容易起来，更有甚者，可能会把问题遮掩起来。使用数理统计至少可把问题暴露出来，这对于理性认识的进步当然是有利的。

数理统计包括三个步骤：1)统计有关数据；2)计算概率；3)用

假设检验、误差估计等来确定两个事物间的关系。“统计本身”,固然如陆志韦先生所说的,“只能提出问题,不能解决问题”①。这个“统计本身”是指第1)个步骤。加上第2)、第3)个步骤,又假定能满足频率较高和明了物理意义两个条件,数理统计当然能用来解决问题。我们能凭某些数据说某两个事物之间的关系是“偶然的”或“必然的”。能凭另一些数据说另两个事物之间的差别是“显著的”或“无意义的”,意即,从某种属性来看,两者不属或同属某一个类。

两个事物如果是离散的,定性工作只需根据效应便能进行。但如果事物的变化是连续的或交叉的,则分类、定性工作非依靠定量计算工作不可。实际上,这里面有关差异的概念,甚至叙述的语言都离不开数学。

在处理大数量的材料时,数理统计不是可有可无的事。事物本身的大数量且有内部矛盾的性质已经决定了非使用统计方法不可。问题不是需要不需要统计,而是如何更好地使用数学方法或具有数学性质的表述法,并尽力弄清计算结果的物理意义。本书的方法并不是唯一的。我们也曾试用过相关分析的方法对某几辙的统计数据进行了计算。结果基本相同。但这并不排除还有更好的方法。本项研究中还存在一些问题,那只说明我本人能力有限,而不是说数学就此无用。我们期待着能有更有效地解决问题的方法出现。

我们对于方法的讨论之所以化费了那么多的篇幅,是因为认

---

① 见于《古反切是怎样构造的》,载《中国语文》1963年第5期。

识到，在科学中方法不是雕虫小技；不是“形式主义”，它具有决定性意义。英国天文学家邦迪说：“科学就是科学方法！”[1]里夫金和霍华德说得更具体：“每种科学都不过是预测将来（我还想加上一句：如有工夫，还要拟测过去——引者）的方法论。”[2]

重建汉语语音史的一个必要条件是先搞清各历史时期的声韵调分布情况。数理统计是有效的辅助手段之一。如果每个断代的研究都已进行得相当充分，寻找各种细小变化的开始和发展也就变得容易起来了。从理想上来说，语音史的最终建立将依赖于弄清每个字的具体语音变化，尽管这只是一个遥挂天边可望不可及，但却是能指引前进的假设。因此，我们尽可能把工作做得细致，不但考察同辙内各组的分合情况，如果有需要，还进一步考察开合情况，不同声母影响的结果，甚至某些具体字的再分配。

在解释表格内的数据时，必须非常小心。对于前后同时有其他材料的方言来说，也应参考那些材料。对于没有或很少韵书一类材料的方言，有一个原则必须遵循：当押韵情况与传统韵书不符时，则可大胆肯定实际语音已经有了变化，这些不符是反映了新的语言情况；但是，若跟韵书相同，就不能下断言说当时实际语言还未变，因为虽然极有可能实际语言情况就是如此，但毕竟不能完全排除词人用的是稚音或遵循纸面上的规定。

---

① 转引自波普尔《无穷的探索》（邱仁宗、段娟译，福建人民出版社，1987）“译者前言”。

② 见《熵：一种新的世界观》第207页，吕明、袁舟译，上海译文出版社，1987。

我们希望这项工作能给音韵学研究中一项最丰富也最难利用的材料的处理开辟一个前景。以往由于缺乏客观标准，面对共同的韵谱材料，往往见仁见智。“同用同到什么程度算是合韵了？独用独到哪一地步算是分韵了？”这一长期以来困惑音韵学家的难题，可以说已经不再存在了。有效地利用韵谱材料不但可以填补语音史中的大片空白（迄今为止我们只有一些孤立的以韵书韵图为代表的点，有些还时代地域不明），而且还可以帮助确定其他音韵材料的性质，并为断代语音研究和音韵规则的相对年代研究(relative chronology)创造条件。

第四章　韵谱分析

一　通辙

表　1

1194	东[一]	东[三]	钟	冬
东[一] 564	121	121	93	58T
东[三] 336	199	31	95	250
钟 286	121	70	47	76T
冬 8	2	4	2	0

表格说明：第一栏数字是字次，即东[一]出现564次，东

[三]出现336次，钟韵字286次，冬韵字8次，总共1194次，没有跟其他韵辙相押的情况。阶梯线下的数字是韵次，即东[一]自押121次，东[一]与东[三]相押199次，东[三]自押31次，东[三]与钟相押70次，钟自押47次，钟冬相押2次，冬自押0次。阶梯线上的数字是离合指数，用来表明两韵关系远近。大致上是数字越大，关系越密，越小越疏远。东[一]与东[三]的关系是121，跟钟的关系是93等。数字大于等于100，两韵可肯定已合并。一般90以上可认为已合并，再小就需使用假设检验。一般来说，如果不是出现字次特别少而影响计算的话，指数在五六十以下即可认为两韵有别。表中的字母T表示假设检验的结果认为两韵相通，如东[一]跟冬的关系是58，这是比较小的，但考虑到冬韵只出现8次，对其进行检验，结果表明东[一]与冬相通。

讨论

1. 东[一]与东[三]无别。

2. 钟已经跟东[一]、东[三]合并。邵雍《皇极经世》“天声图”中东阖而钟翕，一般认为是开合不同。这对一声到五声还说得通，但六声和七声就说不通了。我们倾向于认为是洪细关系，即东洪而钟细，这是就“阖宫孔众，翕龙甬用”六个例字来说是如此，但更大的可能是东[一]、东[三]、钟、冬已完全合并，并重新组合为洪细两组。这跟《中原音韵》也是吻合的。《中原》东钟韵 l-、n-、k-、ts-等声母下各有洪细两套字，如“龙隆”是细音，“笼眬”是洪音；而“宫龚”等字已失落 i 介音而跟“工公”放在一个圈下。因此假定

“宫”在北宋时已是洪音而列在阙音下，也许不至于大错。还有一个“众”字是章母东三韵字，中古知照系卷舌声母①后 i 介音的失落或演变是按不同的音韵环境逐渐扩散的。最早是主元音为后、低元音的阳声韵中的 i 介音失落，最后是止摄的 i 韵母变为 ʅ。前一个变化北宋时大概已开始。对于声母来说，是照系字的 i 介音先失落，知系字的 i 晚失落。

3. 冬韵字出现频率很小，因此计算结果波动较大。经检验，可以 95% 的把握确定冬跟东[一]、跟钟已合并。

小结：通摄东[一]、东[三]、钟、冬已完全合并，即韵体（＝韵腹＋韵尾）相同，它们经过分化，重新组合为洪细两组。

---

① 卷舌声母 tʂ 产生于何时，学者们有不同看法。高本汉《中国音韵学研究》认为中古照二是 tʂ。陆志韦《试拟切韵声母之音值》（载《燕京学报》28 期，1940）改作舌叶音 tʃ，并在《释中原音韵》（载《燕京学报》31 期，1946）中认为知照到《中原音韵》分化为无 i 介音的 tʂ 和有 i 介音的舌面声母 tɕ。罗常培《中原音韵声类考》（载《史语所集刊》2 本 4 分，1932）、杨耐思《中原音韵音系》（1981）则认为到《中原音韵》还是舌叶音 tʃ。我们认为元代知照是卷舌音 tʂ，理由之一见后文“山辙”讨论 ɯ 介音的理由 c，另可参看朱晓农《三四等喉牙齿音字的腭化与非腭化问题》（即将发表）。其实，卷舌声母在汉魏时应该有了。因为从上古二等 tr 或 tl 变为 t 或 tʂ 是很自然的。被陆志韦（《释中原音韵》）称为“怪音”的 tʂi 一类音是能存在的，实际音值是 ʂʅI 或 ʂʅ 等。《西儒耳目资》、现代河南的方言（见徐承俊《温县土话与普通话简说》，载《方言与普通话集刊》第 5 集，1959）、羌语和门巴语（见孙宏开、陆绍尊、张济川、欧阳觉亚《门巴、珞巴、僜人的语言》，1980）中都有卷舌声母跟 i 相拼的例。《老乞大》、《朴通事》中有즤一类符号，陈植藩《论崔世珍在朝鲜语文和汉语研究方面的贡献》（载《民族语文论集》，1981）中转写为 tʂʅi，对；胡明扬《〈老乞大谚解〉和〈朴通事谚解〉中所见的〈通考〉对音》。（《语言论集》第 1 辑，1980）中转写为 tʂiʅ，误。tʂi 变成 tʂʅ 大致经过 tʂʅi>tʂʅ 这样的过程。这是一个语音渐变同时词汇扩散的有趣的例子。

二　宕辙

表　2

	1362	唐	阳	江
唐	361	46	102	71T
阳	962	264	339	69T
江	37	7	18	6
铎	2		2	

说明:本辙包括宕江两摄唐、阳、江三韵。不杂其他辙的字。宕辙字偶有押入梗辙者,见梗辙。江韵字很少,因此跟唐阳的关系有些距离。经检验,能以95%的把握说它们相通。

讨论:

1.阳唐已完全合并为一韵。注意:分析昌厚的《隋韵谱》(载《中国语文》1961.10—1962.4),阳唐还有一定距离,因此,《切韵》阳唐分为两韵,表明两者并不仅仅是有无介音的区别,而是在听感上主元音有差异。试比较后文铎辙;药铎虽也已相通,但距离似比阳唐大些,这可解释为-ŋ韵尾比-k韵尾对主元音影响更大,或者-ŋ韵尾比-k韵尾对听感的作用更大。阳唐药铎的主元音是央偏后的音。

2.江跟阳唐也已合并。

小结:江、阳、唐已合成一韵,其间仅有介音之别。

三　梗辙

（表见后页）

说明：表中不包括朱敦儒。钟韵是“拥”字（出现于王齐叟的〔失调名〕）。阳韵是“枪”字（李冠和刘潜的〔六州歌头〕中各出现2字次）。字母B表示经假设检验，确定两韵不通。

讨论：

1. 庚〔三〕很突出，它的押韵分布很平均，跟每个韵都通。

2. 庚〔二〕跟耕相通，跟清关系也很密切。庚韵在《切韵》就应是前元音了。如果按高本汉拟作-ɐŋ，就应该跟阳唐近。但实际上它倾向于跟清韵押而不跟阳唐押（《隋韵谱》）。此外，若庚〔三〕是-iɐŋ的话，它的唇音字应轻唇化。

3. 青清关系是81，经检验相通。青韵在《切韵》时代独立性较强（《隋韵谱》）。但在北宋词韵谱中，它的表现跟清相似，只是在跟庚〔二〕的关系上有些差距。

4. 登蒸相通。它们除了跟无所不通的庚〔三〕相近以外，跟其他韵都不通。《切韵》时代登蒸主元音不同，证据之一来自《隋韵谱》，证据之二是域外译音，高丽译音和安南译音登蒸有别。

表 3

	1298	登	蒸	庚二	庚三	耕	清	青	侵	真	欣
登	13	2	121	71	144	/	18	/			
蒸	78	3	5	36	130	58	72B	61			
庚二	104	1	2	4	122	143	103	62			
庚三	322	4	25	29	31	248	99	95			
耕	16	0	1	2	9	0	31	25			
清	482	1	22	45	121	2	100	81T			
青	216	0	11	13	52	1	70	30			
钟	2		1				1				
阳	4				2		1	1			
侵	9			1			5	2			
魂	5		1	1	1		1	1			
痕	2			1					1		
真	26		2	1	11			9		2	
谆	7				4	1	2				
欣	5				2		1			0	
文	7						1	3		1	2

蒸韵在唐宋时代不能是-iəŋ,否则其唇音字应轻唇化,但也没有材料能表明它是前元音。因此,潘悟云先生把它拟作 iɨŋ。现在我们关心的是蒸韵内部是否还有差异。

表 3.1

	1298	蒸〔章日〕	蒸〔其余〕
蒸〔章日〕	22	1	146
蒸〔其余〕	56	3	1
登	13	3	0
庚〔二开〕	88	1	1
庚〔二合〕	16	0	0
耕	16	0	1
庚〔三开〕	284	8	14
庚〔三合〕	38	0	3
清〔知〕	15	0	0
清〔章〕	145	0	7
清〔其余开〕	295	2	11
清〔合〕	27	0	2
青〔开〕	203	2	7
青〔合〕	13	0	2
钟阳	6	1	0
臻	52	0	3
侵	9	0	0

表 3.2

	1298	清〔知〕	清〔章〕	清〔其余〕	清〔合〕
清〔知〕	15		116	146	212
清〔章〕	145	2	8	118	144
清〔其余〕	295	5	44	32	55T
清〔合〕	27	1	5	3	
登	13			1	
蒸〔章日〕	22			2	
蒸〔其余〕	56		7	11	2
庚〔二开〕	88		12	19	3
庚〔二合〕	16		2	9	
耕	16		2		
庚〔三开〕	284	2	27	78	6
庚〔三合〕	38		1	7	
青〔开〕	203	2	21	42	2
青〔合〕	13			3	
钟阳	6			1	1
臻	52	1	5	4	4
侵	9	2	1	2	

5. 蒸〔章日〕现代是 əŋ，蒸〔其余〕是 iŋ。北宋时两者仍相同(指数 146)。不过，在音色上或许还有些区别：蒸〔章日〕跟登近。蒸〔其余〕跟清青近。

6. 清韵的知章系字现代是 əŋ，其余是 iŋ。它们在北宋词韵中的表现见 3.2 表(见前页)：

看不出有什么不同，清〔其余〕跟清〔合〕指数稍低，经检验仍通。

顺便说一下，清〔合〕在现代北方话表现不一致，比如“倾”，北京话 tɕʻiŋ，黑龙江话 kʻəŋ，安徽话 tɕʻioŋ。

综上所说，可把表 3 压缩成如下表：

表 3.3

	1298	登蒸	庚〔二〕耕	庚〔三〕	清青	其他
登蒸	91	10	40B	120	68B	
庚〔二〕耕	120	4	6	127	91	
庚〔三〕	322	29	38	31	99	
清青	698	34	61	173	200	
其他	67	4	5	20	30	4

小结：梗辙分两组：甲组登蒸、乙组庚〔二〕耕清青。庚〔三〕较特别，跟两组都通。青韵在隋代相当独立，四等元音按陆志韦、李荣是纯元音 ɛ 或 e，按马学良和罗季光是长元音 iː。不管是哪种，到北宋时从整体上来说已跟清合并。

四　山辙

表　4

2450		桓	寒	山	删〔开〕	删〔合〕	元〔f〕	元〔开〕	元〔合〕	仙〔开〕	仙〔合〕	先〔开〕	先〔合〕	盐
桓	394	77	49B	43	21	20	102	19	86T	52B	38	28	—	
寒	374	55	88	79	40	48	11	—	13	28	12	19	—	
山	207	23	59	17	109	127	64	—	57	39	24	29	—	
删〔开〕	77	5	12	16	4	114	71	75	74T	43	38	11	—	
删〔合〕	82	5	16	26	14	7	—	—	—	7	22	10	—	
元〔f〕	45	18	2	4	2	0	0	—	41	59	93	45	—	
元〔开〕	14	1	0	0	1	0	0	0	—	163	59	99	—	
元〔合〕	120	37	5	8	5	0	1	0	5	76T	66	60	182	
仙〔开〕	347	40	21	12	6	1	5	5	17	36	102	90T	157	
仙〔合〕	187	18	6	4	3	2	5	1	8	42	12	91T	235	
先〔开〕	558	31	22	18	3	3	8	6	27	117	69	120	39	
先〔合〕	6	0	0	0	0	0	0	0	1	2	2	1	0	
盐	18	5			1				1	3	1	5		1
添	6	1								1	1	3		
咸	1			1										
衔	4	1		1		1				1				
严	4									2		2		
凡	2										1	1		
谆	2											2		
欣	2			1	1									

说明：指数后的字母B表示经检验后两韵不通，如寒桓的关系为49，桓跟仙[开]的关系为52，检验结果表明它们互不相通。表中统计不包括朱敦儒。为了更深入地考察各韵中的变化趋势，我们把删仙先各分开合，元韵分开合唇三组，这是由于考虑到轻唇化已经完成，元韵唇音字的-i-介音已失落(表内用元[f]表示元韵唇音字)。

讨论：

1. 桓跟寒在《切韵》同属一韵，仅有开合区别。但到了《广韵》已分为两韵。从北宋词韵来看，确已走上分离之路，关系较远(离合指数为49)。检验结果表明两韵不通。最迟从北宋开始，寒桓的主元音在听感上已有了较大差异(也许寒韵主元音偏前而唇较展，桓韵主元音央后而唇稍圆)。这种差异在《中原音韵》中得到进一步的证实。(《西儒耳目资》中桓作-on，寒作-an，区别明显。不过，该书成于十七世纪上半叶，年代较晚，且有山西方音特征，故不引以为证，后文亦同。[①])《中原音韵》桓欢韵与寒山韵分立(另外还

① 我们撇开《西儒耳目资》，但从一开始就引证《中原音韵》，这是否意味着我们默认《中原音韵》就是中原音呢？不尽然。但我们还是引证《中原音韵》，实在是因为：(1)没有其他更合适的材料；(2)《中原音韵》音系跟元代中原音在音类上出入不至于很大。关于《中原音韵》音系的性质大致上有四种看法：大都说、洛阳说、胶东说、泛中原说。大都说提出很早，但由于未能解决《中原音韵》和今天北京话在对应上的一些严重困难，也就不为人重视。洛阳说和胶东说虽然在各自范围内找到一些"内证"，但它们总嫌忽视了一个最基本的事实：关王马白的里居。用词源考证支持泛中原说有点离题，此说的直接证据很缺乏，依靠的是"排除法"：既然各种点方言说都有困难，那剩下来就只有调和综合之说了。从戏曲角度、周德清正音主张以及《中原音韵》音系情况来看，泛中原说有困难。我们主张大都说。要维持此说就要有个先期假说：今天北京话的前身不是元代大都话，而是清初东北话。人口迁移资料、语音特征，词汇相关程度，旗人驻防的南方方言

有一个独立先天韵)。这是明白无误地表示它们的主元音有听感差异。如果仅仅是开齐合撮的不同,比如像江阳韵中的情况,就应该合成一韵。

2. 删〔开〕与删〔合〕无别(离合指数是114)。

3. 山删已合成一韵。

4. 仙〔开〕跟先〔开〕关系密切(指数90),检验结果表明已合成一韵。

5. 仙〔开〕与仙〔合〕无别(指数102)。

6. 先〔合〕不独立(凡自押韵次为零的都不独立),因字次太少(6)指数有波动,都集中于跟三四等字相押,跟仙〔合〕最近。

7. 元〔开〕主要跟开口韵字相押,跟仙〔开〕先〔开〕已合成一韵(指数分为163和99)。

8. 元韵合口字的表现较为特殊,它跟先〔合〕的关系182可先撇开不谈(因先〔合〕字次太少难以说明问题)。元〔合〕跟桓的关系是86,其次是仙〔开〕(76)和删〔开〕(74)。经检验都相通,这种情况可作两种解释:

a. 元〔合〕韵主元音比较特别,是个央元音,这是由于受到u介音的牵制,而元〔开〕的主元音已经跟仙〔开〕先〔开〕合流了。因此

岛情况等方面的证据都有利于支持这一假说。但有了问题需解决:现代北京话和东北话的入声不对应 。这可解释为东北话的入声变舒是在十七世纪清兵入关以后才发生的。还有一个更为严重的威胁:十五世纪的朝鲜汉学家崔世珍所描写的汉语,其上声是个低调。上声是高还是低,是现代中原话跟关东话的最重大的区别之一。当然,崔世珍所记的汉语是否一定是明代北京话,对此可以持保留态度;如果他描写的是明代辽东话,那就一通百通了。

元〔合〕跟桓关系较近。又因为它还有 i 介音，因此又跟删〔开〕仙〔开〕相通，跟山（二等字山删当时可能有个 ɯ 介音，详见本节末及效辙、咸辙）、仙〔合〕先也较接近。这也能解释为什么跟寒关系较远(13)。考虑到元韵在《切韵》及更早的时代跟魂痕的关系较近，因此设想元〔合〕到北宋仍是个央元音也是可能的。

b. 由于山删已合并，仙先元〔开〕也已合并，因此，在考虑跟元〔合〕的关系时，应加以综合考察。考察结果见后文表 4.3。

9. 本辙内有开口字跟开口字相押，合口字跟合口字相押的趋势，可称为“开合和谐押”。对于三四等合口字来说，这可解释为它们的介音仍是 - iu -，而不是 - y -；因为 y 跟 i 音色接近（听感差异小），跟 u 较远，现代诗歌的押韵能证明这一点。

10. 元〔f〕跟桓关系密切(102)，跟仙〔合〕也密切(93)，都已达到相通的地步。另外，跟山删的关系也较近。这种情况跟元〔合〕相似（见上第 8 点）。跟山删的问题下一点再谈，这儿先谈桓和仙〔合〕。正如第 8 点中所说，由于仙先元〔开〕已合并，所以在考虑跟元〔f〕的关系时，应综合考察。

表　4.1

		桓	元〔f〕	仙先元〔开〕
桓	394	77	102	
元〔f〕	45	18	0	55
仙先元〔开〕	1112	90	18	413

上表两个指数（102 和 55）显示出重大区别。对表 4 和

表4.1,我们作如下解释:元〔f〕跟桓已合并,跟细音字有些距离,至于元〔f〕跟仙〔合〕的接近,可看做元韵唇音字在听感上跟合口接近(在第1点中我们假定桓韵主元音央后而唇稍圆)。还有一点要注意的,元〔f〕字次仅45,指数有些波动是可能的。

11.上文说元〔f〕跟桓合并,这还需要解决一个问题。元〔f〕跟山删也有一定关系,考虑到《中原音韵》元韵唇音字是跟寒山同韵,而跟桓欢有别,因此有必要进一步考察桓山删三韵唇音字的押韵表现,以便跟元〔f〕作比较。

表 4.2

			开	合	唇	盐
(山删)	〔p〕	41	22	12	6	1
桓	〔p〕	127	51	58	17	1
元	〔f〕	45	19	19	7	

说明:(1)表的读法:第一栏数字是字次,其余是韵次,比如山删唇音字出现41次,跟开口韵相押22次,跟合口韵相押12次,跟唇音字相押6次,其中有2次是山删唇音字押山删唇音字,因此加倍计算。同样桓〔p〕跟唇音字相押17次,其中有6次自押,也加倍计算。(2)开口韵指寒,山删两韵除去唇音字的开口字、(仙先元)〔开〕。合口韵包括除去唇音的桓韵字,删〔合〕、元〔合〕、(仙先)〔合〕。唇音字即山删桓元的唇音。

上表清楚地显示出(山删)〔p〕倾向于跟开口字相押,而桓〔p〕和元〔f〕倾向于跟合口字相押,考虑到开口字有374+243+919=1536,合口字只有267+82+120+193=662,这种倾向就更明显了。山删的唇音字由于受主元音和 ɯ 介音的影响。唇势较展而音色跟开口字相近。元韵唇音字刚轻唇化时，其主元音音色跟桓近而跟山删远。以后桓韵主元音逐渐前化而跟寒山接近，走在前面的是元〔f〕，因此在《中原》里元〔f〕先一步跟寒山合流，桓跟寒山的合流（音色接近）大约是在明万历以前（《正音掊言》成书不晚于万历初年，其中桓寒山自由通押）[①]。

根据上文分析的各韵的关系，把山辙字重新分割合并制定下表：

表 4.3

	2450	A	B	C	D	E	咸
A 桓元〔f〕	439	95	47	36	81T	43	
B 寒	374	57	88	67B	13	23	
C 山删	366	39	87	84	34	25	
D 元〔合〕	120	38	5	13	5	63	
E 仙先元〔开〕	1112	108	49	53	53	413	
咸	35	7		4	1	21	1
臻	4			2		2	

说明：A、B、C、D、E 是代用符号，省得在横行里再写好多字（后文亦同）。“咸”指咸辙字，“臻”指臻辙字。

12. 元〔合〕跟桓元〔f〕相通，跟仙先元〔开〕也有些关系。

① 参看唐作藩《〈正音掊言〉的韵母系统》，载《中国语文》1980 年第 1 期。

13. 寒跟山删也有些关系，但检验结果表明不相通。它们的主要区别在于介音。二等介音上古-r->-ɯ-。王力认为中古以后的二等介音-i-是从上古-e-变来的[①]。扬托夫1960年提出一个被普遍接受的假说：上古二等介音是-l-，即上古二等字都是复辅音kl、pl、tl等[②]。李方桂又把这个二等介音改成-r-[③]，我们也同意。现在我们假定二等喉牙唇音字在中古以至元代有个介音ɯ(<r)，理由如下：

a. 神珙《四声五音九弄反纽图》中把见系一等字称为"东方喉音"，二等字称为"中央牙音"。陆志韦认为是k:c的区别[④]。用我们的介音ø:ɯ区别也能把材料解释得很好，而且对于后世在各方言中的演变或许有更好的解释能力。同时这种处理还比较一致、简捷。

b. 分析北宋词韵，可看到桓寒山有别。寒桓主元音若是前后区别，再假定山删是个较闭的前元音，虽然就音值拟测或音位解答来说都无矛盾，但考虑到上古r介音的着落以及近代二等字i介音的来历，有ɯ介音显然更方便，也更合理。后文豪肴、覃咸也有类似区别。

c. 《蒙古字韵》中的二等字有个独特的介音符号ꡦ。它既不同于ꡞ(i，可作三等字介音)，也不同于ꡠ(e)。好多文字(如现代

---

① 见所著《汉语史稿》上册，第124页，中华书局，1980。

② Yakhontov, S. E., Consonant Combinations in Archaic Chinese，第25届国际东方学会议(莫斯科，1900)论文，原文是俄文，我们参考的是罗杰瑞的英译本。

③ 见所著《上古音研究》，第15页，商务印书馆，1980。

④ 见所著《唐五代韵书跋》，载《燕京学报》第26期，1939。

维吾尔文，又如十五世纪的朝鲜文[①]，又如拉丁文[②]）在转写外族语的独特音素时会用一个独特的符号去表示。元代蒙文也一样。当时汉语已有 tʂ、tʂʻ，而蒙文只有表示 tʃ、tʃ' 的符号ꡆ、ꡇ。结果在转写汉语时，便用ꡇ同时表示汉语的 tʂ、tʂ'，留出ꡆ同时表示蒙语的 tʃ 和 tʃ'[③]、对于汉语独特的 ɯ 介音，元代蒙文在转写时也用了个独特的符号。

d. 一二等的区别直到《中原音韵》寒山、监咸、萧豪韵中仍存在，当然不能说它们有主元音的区别。因为《中原音韵》里凡主元音不同的都分成不同的韵。如桓欢：寒山：先天；放在一个韵中的主元音都相同，入声字除外。杨耐思先生根据《蒙古字韵》把二等介音拟为ị，三等介音 i。但我们对于模糊的腭介音ị[④]和清楚的腭介音 i 之间的模糊区别有点把握不住。况且，根据杨耐思的构拟，这两个介音无音位区别，因此ị又可写成 i。鉴于 c、d 及下 e 几个理由，我们认为《中国音韵》二三等介音区别是 ɯ：i。因此萧豪韵中的一二三等区别是 au：ɯau：iau。如果照杨耐思及以前各家所定 au：ịau（＝iau）：iɛu，那么一二等跟三四等的关系有如山咸两辙情况：an/m：ian/m：iɛn/m，也应该分立两韵了。

---

① 见陈植藩《论崔世珍在朝鲜语文和汉语研究方面的贡献》，载《民族语文论集》，第 131 页，中国社会科学出版社，1981。

② 见索绪尔《普通语言学教程》，第 53 页，高名凯译，商务印书馆，1980。

③ 包祥《一三四〇年昆明蒙文碑铭再释读》（载《民族语文》1980.4）中对此解释与我们不同。参看朱晓农《三四等字的腭化与非腭化问题》，《汉字文化》1989 年 1—2 期合刊。又收于本书。

④ 见杨耐思《中原音韵音系》，第 35 页，中国社科出版社，1981。

e. 从音理上讲，r＞ɣ＞ɯ 是说得通的[①]。这样，上古二等 r 介音也有了着落，演变得非常自然合理，不至于突然消失得不明不白。

小结：山辙可分为四组：桓元〔f〕元〔合〕是一组，寒独自是一组，山删是一组，仙先元〔开〕是一组。山删合并，仙先合并。元韵字在《切韵》及其前跟魂痕近。到北宋，唇音字由于轻唇化而失落介音，从而跟桓合流。其开口字由于-i-介音影响而跟仙先合并。合口字则仍保存央或偏后的主元音，到《中原音韵》其主元音前移，并入先天韵。元〔f〕的主元音也经历了央偏后＞前的过程，到《中原音韵》并于寒山韵。一二等开口字在北宋主要是有无介音的区别。到《中原音韵》，二等-ɯ-介音仍存在，寒山删虽合为一韵但有对立，以后在见精两系三四等字腭化的过程中，二等字受到影响，从而绝大多数-ɯ-介音变为-i-介音而跟三四等合流，少数-ɯ-介音脱落从而跟一等合流。

五　臻辙

表　5

	972	痕	魂	真	欣	谆	文	臻	侵 庚二 庚三
痕	38	0	113	42	199	270	86	—	
魂	199	19	43	41	36	43	79	—	

---

① r＞ɣ 的如汉藏语系中壮语北部方言，它有 r 声类，有不少方音变体，多数地方读成 ɣ，例：河池话 ru(船)，ro(漏)，ram(水)，武鸣话分别说成 ɣu，ɣo，ram。例子引自韦庆稳、覃国生《壮语简志》(民族出版社，1980)。又如水语三洞话 ʁa：n(扁担)，ʁa：ŋ(鸡)，ʁam(瓦缸)，阳安话分别说成 ɣa：n，ɣa：ŋ，ha：m。例子引自张均如《水语简志》(民族出版社，1980)。现代法语 r 和 ɣ 是自由变体。

（续表）

真	346	7	31	85	56	117	68	—			
欣	31	1	4	8	0	302	138	—			
谆	119	4	11	69	2	0	118	—			
文	191	7	43	49	11	28	22	—			
臻	0	0	0	0	0	0	0	0			
侵	6			1		1	1		1		
蒸	6		2		1		3				
庚〔二〕	4						3				
庚〔三〕	12		3	2	3						1
清	8			4	1	1	1			1	
青	12			5		3	1		1		2

说明：朱敦儒没包括在内。臻韵无字，一般把它跟真放在一起。痕韵无自押，欣韵无自押，谆韵无自押，这说明此三韵是不独立的。加上痕欣字次特少，因此这三韵之间的关系难以从波动很大的离合指数上反映出来（即痕欣 199，痕谆 270，欣谆 302 这三个数字是不太可靠的）。

讨论：

1. 痕魂合成一韵。

2. 真谆合成一韵。

3. 文欣已合成一韵。注意：文韵与其他几韵关系也很密切，其原因见下文及表 5.2。

表 5.1

	972	A	B	C	侵	梗
A 痕魂	237	62	43	73		
B 真(臻)谆	465	53	154	72		
C 文欣	222	55	87	33		
侵	6		2	1	1	
梗	42	5	15	13	1	4

说明:本表是根据上文讨论把表 5 压缩而成。

4. 痕魂与真谆有别是明显的。但文欣却游移于两者之间。考虑到轻唇化已经完成,文韵唇音字已失落 i 介音,因此有必要进一步考察。

表 5.2

	972	A	B	C	D	侵	梗
A 痕魂	237	62	43	83T	56		
B 真(臻)谆	465	53	154	39	82T		
C 文〔f〕	74	28	16	2	135		
D 文〔k〕欣	148	27	71	20	11		
侵	6		2	1		1	
梗	42	5	15	5	8	1	4

说明:文〔f〕表示文韵唇音字,文〔k〕表示文韵喉牙音。

5. 文〔f〕跟痕魂接近,经检验相通。

6. 文〔k〕欣跟真谆相近,检验结果虽相通,但离临界值较近,说明通得有点勉强。

7. 文〔f〕跟文〔k〕欣自由通押,这可能是出于押韵习惯,也可能是音色相近,即文〔k〕欣还不是个高主元音。考虑到文〔k〕欣跟真谆通得较勉强，有必要对真韵作一次分声母考察：

表 5.3

	346	痕魂	谆	文〔f〕	文〔k〕	欣真〔1〕	真〔知〕	真〔章〕	真〔日〕
真〔1〕	168	18	26	9	31	16			
真〔知〕	53	6	16	2	4	17	0		
真〔章〕	57	3	11	0	3	14	2	6	
真〔日〕	68	11	16	2	6	15	5	10	0

说明：真〔1〕是指除去知章日三组声母以外的其他真韵字。真〔知〕真〔日〕无自押，因此是不独立的，它们的表现跟真〔章〕相似，我们把真〔知〕真〔章〕真〔日〕合成一个真〔2〕。

8. 真〔1〕较多跟文〔k〕欣相押。

9. 真〔2〕较多跟谆相押。计算结果：文〔k〕欣跟真〔1〕的 I 值，为 106，跟谆真〔2〕的 I 值为 76。对此可解释为声母的影响：韵脚的和谐程度除了韵母作用外，声母也起一定的作用和/或声母对韵母有类化作用，即差别不大的韵母在同类声母后音色更为接近。

表 5.4

	972	痕魂	谆	真〔1〕	真〔2〕	文〔f〕	文〔k〕欣	侵	梗
痕魂	237	62	43	38	38	83T	56		
谆	119	15	0	127	135	126	115		
真〔1〕	168	18	26	16	108	78	106		
真〔2〕	178	20	43	46	23	33	55		
文〔f〕	74	28	3	9	4	2	135		
文〔k〕欣	148	27	27	31	13	20	11		
侵	6		1	1		1		1	
梗	42	5	4	5	6	5	8	1	4

10. 痕魂跟真、谆、文〔k〕欣有别是明显的。但跟文〔f〕通。

11. 谆跟真〔1〕、真〔2〕、文〔f〕欣都通。

12. 真〔1〕跟真〔2〕、文〔k〕欣通，跟文〔f〕有关系但不算太密切。

13. 真〔2〕跟文〔f〕、文〔k〕欣有差异。

14. 文〔f〕跟文〔k〕欣通。

小结：臻辙分为三组：甲组魂痕，乙组真（臻）谆，丙组文欣。文欣的处理是继梗［三］后的又一难题，其中轻唇字（文〔f〕）跟甲组相通，喉牙音字（文〔k〕欣）跟甲组不通，但跟乙组的谆通，也跟真韵喉牙音字相通。大胆点也许可把它们各自分开归并。至于文〔f〕跟文〔k〕欣自由通押，可能出于押韵习惯，也可能音色相近，即文〔k〕欣还不是前高主元音，还可能地区内部发展不平衡。我们保守点，暂让文欣自立一组，以待有更多的材料和更深入的认识再作处置。

六　咸辙

表　6

	158	覃	谈	咸	衔	凡	盐	添	严
覃	23	0	195	270	178	—	72	294	—
谈	22	4	0	—	134	454	108	—	627
咸	7	2	0	0	—	—	74	747	—
衔	15	7	2	0	1	—	27	155	—
凡	3	0	1	0	0	0	57	200	—
盐	77	8	14	3	2	1	23	—	83
添	6	1	0	2	2	1	0	0	—
严	2	0	1	0	0	0	1	0	0
寒	1	1							
元〔合〕	1						1		
先	1						1		

说明：朱敦儒不包括在内。本辙字次极少，八个韵中倒有七个

韵其字次在23以下。这就是说即使它们之间有较大语音差别，也难以做到分组相押。表现在离合指数上，不是很大，就是很小。或者干脆不相押。因此，探讨咸辙的内部差异就要更多地依赖于其他材料。

讨论：

1. 从韵图上来看，一二三四等有别。不过，即使有区别，我们仍然不太清楚这些差别到底意味着什么，是北宋时的实际语音差别呢，还是沿循旧韵书韵图，累积的结果呢，还是仅仅为了满足理论上的需要，即凑数。

2. 北宋的咸辙字在一百多年后的《中原音韵》中被分为两韵：覃谈咸衔组成监咸韵，盐严添组成廉纤韵。这种区分在北宋词韵中多少有一些先兆。

表 6.1

	158	A	B	C
A 覃谈凡	48	5	147	101
B 咸凡	22	11	1	77
C 盐严添	85	26	9	24
山	3	1		2

说明：即使经过合并，各组字依然太少。因此这三个指数仅能提供一些参考作用。根据指数，A组和B组最近，B组和C组最远，或许这可被称为A(除去凡)B两组到《中原音韵》合成监咸韵的先兆。根据《中原音韵》里监咸，廉纤分韵的事实，参考表6.1，可以确定AB两组跟C组的主元音是有较大区别的。

3. 现在来看一二等的关系(《中原音韵》凡韵字已入寒山韵，因此先把它撇开)。上文山辙中我们谈到一二等区别在于有无介音-ɯ-,这儿也就很自然地想起了这个介音。从《中原音韵》监咸韵来看,舌齿音中的一二等对立肯定是声母的对立,一二等是互补的。但是喉牙音中也存在着对立。要解释这一现象有三种方法:

a. 一等是 k,二等是 tɕ。且不说 tɕ'、tɕ、ɕ 在宋元之际还未产生,即使已经产生,那么二等 tɕ 后便会有 i 介音,从而应跟三四等同归入廉纤韵。因此,说二等是 tɕ 行不通。

b. 一等是 k,二等是 c。那么现在要问:二等 c 是怎么来的?那就又要假定二等声母受一个较闭的元音或介音的影响而变成 c。如果二等有 i 介音,那就要和三四等合流,如果是-ɯ-介音,那又回到我们的假定上来了。如果说二等元音较闭,那就既要假定在 k 以外还有一套 c 声母,又要假定一等元音还有一个较闭的变体。当然仅从本辙来说,这未尝不可,但考虑到山辙效辙,似乎又要增加许多难以解决的麻烦。因为豪肴的对立并不限于喉牙音,唇音以及泥母也存在对立。总不见得说一等唇音是 p,二等是?。

c. 我们假定一等是纯元音,二等有 ɯ 介音。这样能方便解决从北宋词韵(甚至更早的《切韵》)到《中原音韵》出现于咸、山、效、蟹诸辙中的对立。参看山辙效辙。

下面列出《中原音韵》监咸韵中的一二等对立;

阴平 k 甘柑疳甘(一等):监缄械(二等)。

k' 堪龛戡(一等):嵌(二等)。

阳平 x 含涵邯(一等):咸醎諴函衔啣

上声 k 感鳡噉敢(一等):减鹻(二等)

k' 坎(一等):砍(二等)。

ɸ 音晻馣(一等):黯(二等)

去声 k 赣淦绀(一等):鑑监(二等)

k‘ 勘磡(一等):瞰嵌阚(二等)

x 憾撼顉琀萻唅(一等),艦槛艦馅陷(二等)

小结:由于本辙字次太少,不足以作为论据。从《中原》的处理来看,本辙可分为三组:覃谈凡一组(凡韵轻唇化后跟一等近①,但当时其韵尾还是-m,到《中原》变为-n),咸衔一组,盐严添一组。从下面附篇的山咸比较来看,也支持把咸辙分三组。第一组是纯元音加韵尾,第二组有ɯ介音,第三组有i介音。从听感上来看一二组较近,跟第三组较远。

附:山咸两辙的关系

表 6.2(综合表4,表4.3,表6,表6.1而成)

	2608	A	B	C	D	E	F	G	H
A 恒元〔合〕	439	95					/	9	14
B 寒	375	57	88			23	5	/	/
C 山删	366	39	87	84		25	/	26	2
D 元〔合〕	121	38	5	13	5		/	/	12
E 仙先元〔开〕	1113	108	49	53	53	413	5	5	24
F 覃谈凡	50	0	1	0	0	2	5		
G 咸衔	27	1	0	3	0	1	0	1	
H 盐添严	113	6	0	1	2	19	0	0	25
臻	4			2		2			

① 邵雍"地音图"中"凡"字以及元韵的"晚""万"这些轻唇化了的字放在"发"行(相当于二等)中,似乎应得出它们跟二等近而跟一等远的结论。但是由于好多一等字都放在"发"行而不是"开"行(相当于一等地位),尤其是寒韵的"丹",覃韵的"南贪覃"谈韵的"三"都是在发行上,因此说轻唇化了的凡韵元韵字跟一等近没什么不可以。

讨论:

两辙中各组之间的距离一般都很远,不过有两个指数很引人注意:异辙的CG关系是26,EH关系是24。相比之下,同辙内的CE、BE也只有25、23。这该如何理解呢?

(1)押韵主要是听感上要取得和谐。韵母越相似。则听感越和谐。不过,韵头、韵腹、韵尾起的作用并不是相同的。CG、EH都是介音同、主元音同、韵尾不同,BE、CE都是介音不同、主元音不同、韵尾同。可见韵尾是阳声韵的最重要因素。由于韵尾-m:-n的不同,所以必须介音、主元音相同才能取得近似和谐(指数达到20以上)。反过来,如果韵尾都是-n的话,则即使介音、主元音都不同也能取得近似和谐。[①]

(2)另有一种解释,即-m>-n的变化已经开始,有相当一部分人和/或相当一部分咸辙字已说成-n,或有-m:-n异读。有一项被广为引证的材料——胡曾《戏妻族语不正诗》[②]:

呼十却为石,唤针将作真。
忽然云雨至,总道是天因。

胡曾是晚唐人,他是分-m:-n的,可他岳家已经把-m说成-n,把-p说成-k了。可惜我们不知道胡妻是哪儿人;而且即使知道,也只能作侵(缉)已变的证据。不能作咸辙已变的证据。

---

① 现代诗歌的押韵也能证明这一点,iŋ、əŋ、oŋ经常押韵的关键就在于它们有一个相同的长长的韵尾。

② 见《全唐诗·谐谑二》。

(3)G 组字次太少,引起指数波动,但这无法解释字次较多的 H 组。

(4)两辙的字次相差太悬殊(山 2414∶咸 190),以至在山辙中出现的极少量咸辙字次(35∶2450),到了跟咸辙(155)放在一起考虑时便成了一个大数量。

以上四种解释,第(3)种可以排除,另三种都不能排除。一般地说,第(1)种最易被人接受。当然,不排除还有其他可能的解释存在。

七 深辙

表 7

	276	侵
侵	267	129
魂	1	1
真	2	2
谆	1	1
文	2	2
清	2	2
梗〔三〕	1	1

说明:本表不包括朱敦儒。因深辙只有一个侵韵,因此没有离合指数。

讨论:

从本表来看,侵韵是一个独立的韵辙,它跟臻梗两辙的关系微乎其微。《中原》侵寻是一个独立的韵。

附:深臻梗三辙的关系

表 7.1

	2600	A	B	C	D	E	F	G
A 侵	336	130	2	3	3	/	1	6
B 魂痕	97	2	62	44	72	9	8	3
C 真谆	501	5	53	154	72	4	17	13
D 文欣	236	3	55	88	35	19	14	10
E 蒸登	97	0	3	2	4	10	117	64
F 庚〔三〕	335	7	4	17	5	29	32	101
G 庚〔二〕耕清青	844	11	4	28	11	38	213	268
钟阳	6					1	2	3

讨论:-m、-n、-ŋ 三辙界限划然。而以深辙独立性为最强。文欣跟梗辙的关系最近。

八 假辙

表 8

	494	麻〔二〕	麻〔三〕	佳
麻〔二〕	11	98		
麻〔三〕	122	73	18	
佳	52	38	10	1
夬	5	2	2	1
歌	3	2		1
模	1		1	

说明:佳韵字包括开口字“涯”,合口字“画挂”,唇音字“罢”,共

4个。夬韵仅合口"话"字。歌韵"他那"二字,模韵仅"酢"字。以上8字的现代读音都跟麻〔二〕同类,《平水韵》"涯"字佳麻两属,"罢"字蟹祃两属,"酢"字属祃韵,它们的变读很早就得到韵书的承认。我们把这8个字合成一"画"组,于是上表可紧缩为表8.1。另外,"涯"字又有押入止辙的,详见后。"洒"麻佳两属,统计时归入麻〔二〕。

讨论:

1. 画组字已完全并入麻〔二〕,以后的发展也证明了这一点。《中原音韵》"涯""画""话""挂""罢"属家麻韵,"那"字麻歌两属。

2. 麻〔二〕与麻〔三〕还同属一韵,《中原音韵》家麻与车遮的分离似乎是在金代发生的。

表 8.1

	494	麻〔二〕	麻〔三〕	画
麻〔二〕	311	98	95	106
麻〔三〕	122	73	18	86
画	61	42	13	3

九 果辙

表 9

	308	歌	戈
歌	169	52	89T
戈	138	68	33
麻〔三〕	1		1

说明:本辙基本自押,唯羼入一"些"字(麻〔三〕),见曹勋〔清平乐〕。不过,"些"字在《中原音韵》歌戈,车遮两属,歌戈之间的

离合指数为 89，经检验相通，《切韵》合为一韵而《广韵》分作两韵的一共有三组韵：戈歌，寒桓，真谆它们是否仅仅因为开合关系而分韵呢？对于寒桓，我们比较有把握说不是，前面说过，它们的主元音有区别。真〔1〕谆的主元音以后确有区别，但在北宋时代，还没很多证据能说它们已经分离。它们的分韵可看做开合区别。以上当然仅是从豫鲁地区来说的。歌戈在北方官话（包括华北和东北）中的分化最复杂，山西话里有全变开口的，也有全变合口的；"关东话"（包括东北、冀北、北京，甚至胶东沿渤海一带的话）里变得最没头绪；中原地区还算简单，比如开封话[1]。由于后世的材料不能证明它们按开合分化，因此，指数 89 不能解释为歌戈分离的兆头。

讨论：

歌、戈同属一韵，从北宋到元，歌戈大致还是开合之别。

十　效辙

表　10

	1388	豪	肴	宵	萧
豪	606	154	61B	85B	94
肴	40	12	2	117	88T
宵	523	192	20	107	107
萧	216	94	4	95	11
侯	1			1	
屋	2			1	1

---

① 开封话歌韵喉牙音是开口，其余字跟戈韵一样是合口，见高本汉《中国音韵学研究·方言字汇》。

说明：出现 1 字次的侯韵字是“透”，出现 2 字次的屋〔三〕字是“竹”。

讨论：

1. 豪肴不通。

2. 豪宵不通。其指数 85 虽不算小，但因为豪宵出现字次都极大而方差极小。因此 85 是在非常稳定的频率基础上计算出来的，检验结果表明不通。

3. 肴宵相通。

4.《中原音韵》萧豪韵中豪肴宵（萧）的三重对立一直是个难题。例如：

		豪	肴	宵
阴平：	p	褒	包胞苞	标膘
	k	高膏羔	交胶教	娇骄

阳平、去声中的一二等明母字已经合流，但在其余唇音、喉牙音声母后仍有对立。

要解释这三重对立有四种办法，这在上文咸辙中已说过。说二等是 tɕ 是不行的。说二等是 c 同样困难，因为这又要假定二等韵母跟一等不同从而影响声母。况且这只能说明见系声母，而不能解释唇音、喉音声母中的对立。

表 10.1

	1388	豪	肴	宵	萧〔t〕	萧〔l〕	萧〔k〕	萧〔j〕
豪	606	154			54	94	107	185
肴	40	12	2		/	100	103	/
宵	523	192	20	107	131	144	92	65

（续表）

萧〔t〕	80	20	0	48	3			
萧〔l〕	51	24	2	20	3	0		
萧〔k〕	61	33	2	22	2	1	0	
萧〔j〕	24	16	0	6	0	1	1	0
屋	2			1	1			
侯	1			1				

第三个办法即是通常构拟的 au：i̯au（＝iau）：iɛu，但这不符合《中原音韵》同韵部则主元音属同一音位的通例。这种构拟如果上推到北宋，从系统内部来说并无矛盾。不过，鉴于前面反复论述的理由，我们假定二等肴有 ɯ 介音（参看山咸两辙）。北宋时代，二三等的主元音由于受介音影响，舌位较高，两者音色相近，而跟豪韵主元音有差别。到《中原音韵》三类主元音已无区别，但仍存在 au：ɯau：iau 的对立。只有明母一二等先一步合流。这种现象可以词汇扩散说来解释。

5. 萧韵有点特殊，它跟一二三等都相通。有必要作进一步考察。（表 10.1，见前页）

说明： 萧〔t〕表示萧韵舌齿音，即端精两系字。萧〔l〕指来母字。萧〔k〕表示喉牙音韵中见溪群疑晓匣诸母字，萧〔j〕表示喻〔四〕萧韵字。

讨论：

6. 萧韵舌齿音字通宵而跟豪远。

7. 萧〔l〕和萧〔k〕的处理是本章的第三个难题。它们跟一二三等都通，这也许是由于声母 k、k′、x 是 grave 音，l 是主音性的（vocal-

ic)，因此在听感上跟一等韵有些接近。也可能是萧〔l〕和萧〔k〕中有些字有 iɛu 和 iau 两读，正是异读字在音变的两端架起了一座心理上的桥梁，引导着大批北宋的二三等字通过或不通过异读变为元代的 iau、ɯau（关于音变通过异读来进行，可参看止辙的注①）。

8. 萧〔j〕通一等而跟宵远。萧〔j〕出现 24 字次，其实仅一"杳"字。可认为"杳"字介音融合在声母 j 中，其主元音已经跟一等相同(jau)，这比起其他三四等字的发展来要早一步。

小结：豪跟肴宵不通，可能前者主元音较低较后，后者较高较前。肴有 ɯ 介音，宵有 i 介音。幽韵"杳"字入豪韵，舌齿音字入宵韵；其余字跟三等近，但由于声母影响，使得在听感上跟豪也有些接近。总上，效辙分四组。甲组豪和萧韵"杳"字，乙组肴，丙组宵和萧韵舌齿音字，丁组萧韵喉牙音字和来母字。丁组很特殊，跟前三组都通。

十一　流辙

表　11

	1482	侯	尤*	幽	尤〔m〕	尤〔f〕
侯	332	32	104	137	152	
尤*	1095	255	400	99	84	
幽	11	3	8	0	—	
尤〔m〕	13	4	8	0	0	
尤〔f〕	30	6	23	0	1	0
萧	1		1			

说明：尤*表示除去唇音的尤韵字。尤〔f〕是尤韵轻唇字。尤〔m〕是尤韵明母字。萧韵出现 1 字次是"晓"字。

讨论:

1. 侯尤幽已合成一韵,仅有洪细区别。

2. 尤〔m〕以失落 i 介音抵制轻唇化,没有跟遇辙押的。

3. 尤〔f〕字较为复杂。一共出现 30 字次,其中“浮”字 16 次,“否”字 14 字次。“浮”字属流辙。用“否”字押入流辙的有:

曹勋 2 字次,晁补之 1 次,晁端礼 2 次,

陈师道 2 次,李祁 2 字次,李清照 2 次,

李之仪 2 次,朱敦儒 1 次,共 14 字次。

关于尤〔f〕字的详细讨论见遇辙。

小结:侯尤幽尤〔m〕已合成一韵。

十二　遇辙

表　12

	2220	模	虞	鱼	尤*侯
模	676	97	101	106	
虞	618	186	84	103	
鱼	882	284	252	164	
尤〔f〕	28	7	8	13	
尤*侯	5	2		1	1
之	4	2	1	1	
烛屋	6		3	3	
铎	1	1			

说明:尤*侯 5 次和铎 1 次可能都有问题。之韵 4 次是“子”字。屋〔一〕2 次是“卜”字,烛韵 4 次是“曲”(2)“至”(2)。

讨论:

1. 模虞鱼已合成一韵。如果模是 u,那么虞鱼只能是 iu 而不

可能是 y。因为从现代诗歌押韵来看，y 跟 u 通押极少，远不如 y 跟 i 相押。

2. 尤〔f〕出现 28 字次，其中“阜”1 次，“妇”2 次，“富”2 次，“负”11 次，“否”12 次。用“否”字押入遇辙的有：

曹勋 2 字次，曹组 1 字次，晁补之 1 次，

晁端礼 3 次，晁冲之 1 次，贺铸 2 字次，

李之仪 1 次，吕本中 1 次。

对照上文流辙的尤〔f〕情况，并参考《中原音韵》，可得出如下结论：

a. “阜妇富负”北宋时属遇辙，《中原音韵》属鱼模韵。

b. “浮”在北宋时读如流辙字，到《中原音韵》才入鱼模韵。

c. “否”共出现 26 字次，14 字次押入流辙，12 字次押入遇辙。要解释这一现象有两种方法：(1)有的词人用口语，“否”入遇辙，有的墨守韵书，“否”入流辙；(2)“否”当时存在两读。第一种解释有含糊处，“墨守韵书”是指仅在纸面上遵守，像明清人用《平水韵》作诗，还是存在文读？如果是后者，则跟第二种解释一样。我们认为“否”在当时有两读，这是因为：

(1)如果说墨守韵书，那为什么其他字不墨守韵书？比如“负”字出现也有 11 次，却都押入遇辙。

(2)曹勋、晁补之、晁端礼、李之仪都在两个辙中使用“否”字。说同一个人一会儿用口语，一会儿又从纸面上遵守韵书，有点说不通。

(3)《中原音韵》“否”字鱼模、尤侯两属。

尤〔f〕的情况只能用词汇扩散说来解释（见止辙注①）。

小结：本辙中鱼虞模合为一韵，再包括尤〔f〕中的“阜妇富负”四字，“否”字遇流两属。

十三　蟹辙

表　13

	580	灰	咍	泰〔开〕	佳〔开〕	皆〔开〕	泰〔合〕	皆〔合〕	夬〔合〕	微〔合〕
灰	163	37	70B	45	26	57	92	51	/	
咍	257	54	70	84T	88	73T	35	96	113	
泰〔开〕	29	5	13	1	98	99	157	/	143	
佳〔开〕	32	3	15	2	1	98	/	159	203	
皆〔开〕	34	8	13	3	3	2	/	120	/	
泰〔合〕	17	7	3	3	0	0	0	/	/	
皆〔合〕	25	5	13	0	4	3	0	0	/	
夬〔合〕	8	0	5	1	2	0	0	0	0	
支〔合〕	3	2	1							
脂〔合〕	5	2			1		2			
微〔合〕	4	2					1			
祭〔开〕	1						1			
支〔开〕	2	1								1

说明：夬〔合〕出现的8字次仅一“快”字。夬〔合〕韵字本来不多，像“话”字已入麻辙。《中原》“快”字入皆来韵。佳〔合〕韵字大多已入麻辙（如“蛙画挂”等），还有像“歪拐”等字不入韵，所以无法判断。

讨论：

1. 灰咍在《切韵》时代已开始分离，已不仅仅是开合不同，而是主元音有差异[①]，北宋词韵进一步显示出这种分离，指数70，检验结果不通。关于灰韵问题，后文止辙中还要讨论。

2. 咍跟泰〔开〕佳〔开〕皆〔开〕皆〔合〕夬〔合〕都已相通，《中原》同属皆来韵，但有介音ø：u的区别。

3. 泰〔合〕的押韵表现跟灰近（参看止辙），在《中原音韵》中的地位也跟灰差不多。

小结：蟹辙分两组，甲组咍泰〔开〕佳〔开〕皆〔开〕皆〔合〕夬〔合〕，乙组灰泰〔合〕。

---

① 参看潘悟云和朱晓农《汉越语和切韵唇音字》。

十四　止辙

表　14

	3200	支开	脂开	之	微开	齐开	祭开	支合	脂合	微合	齐合	祭合	灰	泰合	缉	合	质	屑	锡
支〔开〕	429	34	98	112	73	53	58	83	66	81	33	—							
脂〔开〕	365	54	22	102	61	83	109	91	105	62	110	70							
之	802	137	97	100	66	88	88	114	107	73	137	95							
微〔开〕	193	22	14	30	14	54	48	84	46	101	—	24							
齐〔开〕	360	38	43	84	17	37	97	56	73	49	75	56							
祭〔开〕	88	7	12	19	4	17	1	102	110	33	—	157							
支〔合〕	127	15	13	38	11	11	3	2	106	52	140	93							
脂〔合〕	285	24	40	84	9	31	12	16	17	30	45	91							
微〔合〕	331	49	23	61	48	25	5	11	10	39	66	61							
齐〔合〕	20	1	3	7	0	3	0	1	1	3	0	217							
祭〔合〕	38	0	3	9	1	4	2	1	4	5	1	0							
灰	53	7	4	8	4	7	2	2	6	5	0	5	0						
泰〔合〕	50	4	4	15	1	2	2	1	7	2	0	3	2	3					
缉	2			1															
合	2																		
质	14	1	1	4		3	1									1			
屑	4		1	1											1				
昔	17	2	2	3	2	1			2	1			1	1		1	1		
锡	6			1					2										
陌〔三〕	2			1														1	1
职	10		2	2	2				1								2		1
烛	2								2										

说明:入声共59字次,其中54字次是曹勋的,这值得注意。

讨论:

1. 支〔开〕脂〔开〕之已合并。

2. 支〔合〕与脂〔合〕合并。

3. 齐〔开〕祭〔开〕已合并,并跟脂〔开〕近。

4. 齐〔合〕祭〔合〕已合并,并跟支〔合〕通。

5. 微〔开〕与微〔合〕很明显地自成一组。

表 14.1

	3200	A	B	C	D	E	F入声
A(支脂)〔开〕之	1596	444	84T	73	94	72	
B(齐祭)〔开〕	448	203	55	49	77	68	
C 微	524	204	51	101	46	45	
D(支脂)〔合〕	412	214	57	41	35	75T	
E(齐祭)〔合〕	58	23	9	9	7	1	
F 灰泰〔合〕	103	42	13	12	16	8	5
入声	59	22	5	5	7	0	2 9

6. 支脂之的开合口相通。

7. 齐〔开〕祭〔开〕跟支脂之开口字相通,也跟合口字近。

8. 支〔合〕脂〔合〕跟齐〔合〕祭〔合〕相通。

小结:止辙分为两组,甲组支脂之齐祭,乙组微。检验齐祭跟支脂之的关系，结果接近临界值，通得有点勉强。

附：灰泰〔合〕的地位问题

从上面的蟹止两辙的押韵情况来看，灰泰〔合〕较为奇特，约有五分之三在蟹辙中，五分之二在止辙。因此有必要专门加以讨论。

表 14.2

	3780	A	B	C	D	E	入声
A 哈泰〔开〕佳皆夬〔合〕	385	151	58				
B 灰泰〔合〕	283	31	49	33	52	19	
C(支脂齐祭)〔开〕之	2047	0	57	703			
D(支脂齐祭)〔合〕	478	2	30	303	43		
E 微	528	0	15	256	50	101	
入声	59	0	2	27	7	5	9

灰泰〔合〕已经走到了两歧路口，一边是哈泰〔开〕等，另一边是支〔合〕脂〔合〕等。到《中原音韵》它完全并入后一组（这儿的“完全合并”意即音变已经完成，而不是说灰泰〔合〕韵中的每一个字全部并入《中原音韵》齐微韵）。但北宋时代它仍在蟹辙中。接照“词汇扩散说”(lexical diffusion theory)，我们设想灰泰〔合〕经历了一个

漫长的异读时间[①](唐宋时代)。终于从蟹摄转移到了止摄。

---

① 词汇扩散说是最近十几年来由一批美籍华裔学者(以王士元为首)提出来的重要的语言学理论。它的主要意思是语言的某些变化在语音上是突变的,而在词汇上是渐变的(即逐步扩散)。因此,有很大一部分的音变是通过"异读"来进行的。以新语法学派为代表的传统历史语言学家看法正相反。如 B. Wheeler 说:"语音律的实施是逐渐的,觉察不到的,因此,旧的读音不可能跟新读音共存,除非是方言混杂。"(Analogy and the scope of its application in language, Ithaca, 1887,第 5 页.)E. H. Sturtevant 在本世纪初初步注意到"词汇扩散"和"异读音变"(见 *Linguistic Change*, *Chicago*,1917,第 82 页)。到了 Hans Vogt 说得就比较明确了:"任何时候,在音变的开始和完成之间,总是有一个阶段,其特征是多少存在着一些自由变读,使得说话的能在异读中进行选择。每次选择都取决于各种因素之间的相互作用,这些因素有属于语言方面的,也有属于美学方面或社会方面的。它们之间的相互作用太复杂了,使得绝大部分选择像是出于纯粹的偶然。……因此,在语言史作为音变的现象,在共时描写中就表现为异读,它们在同一音系中都得到承认。"(Contact of languages, 载 Word 第 10 期,1954,第 367 页。)王士元(William S-Y Wamg)先生于 1969 年正式提出词汇扩散说,这才从理论上解释了许多不是出于方言混杂的异读现象。他说:" 这些异读字搭起了一座心理上的桥梁,桥的这端是音变开始,那端是音变完成,(音变就是通过异读来进行的,)它甚至还带着那些没经过异读阶段的语素(一块儿变过去了)。我们的词汇扩散假说指出,在任何活语言中的任何指定时期,我们应该预见到能发现几组有异读的语素。"(Competing Change as a cause of residue, 载 Language 45-1,1969)

以泰〔合〕为例。泰〔合〕韵作为韵脚出现的有三个字:桧会外。"桧"字仅跟止辙字相押,"会外"既跟止辙字押,也跟蟹辙字押。这可解释为:灰泰〔合〕的某些字(如桧)已完成音变,即已从蟹辙转入止辙,还有些字(如会外)正处于异读时期。这种异读摇摆的结果是"会"字后来完成转移,而"外"字又回到蟹辙。这不是不可思议的,"语音演变不走回头路"这个假设并有充分证明过。例如上海话原先把山摄开口细音字发成 i,后来可能由于苏州话的影响变成 iI,而现在青少年绝大部分又都回到了 i。又如瑞典话有一批词的词末的-d 经历发音—不发音—重新发音的过程。

对此理论的必要性颇多争议。反对者认为,使用方言影响和类推两个概念能说明有关现象,词汇扩散说简直多此一举。我们的看法是:(1)扩散说与其说是解释了音变原因,不如说是指出了一种音变方式;(2)新语法学派的音变理论能解释很大一部分音变情况,扩散说能解释另一部分音变情况;(3)作为一种对立理论,它引起很大兴趣,使人注意到许多以前不太注意的问题,并引出许多新概念,推进了语言研究;(4)扩散说本身"扩散"到音韵学以外的领域,在语法结构演变、词汇语义变化、儿童语言习得等方面有许多现象都可用扩散说来解释。扩散说有解释力,能产性、相容性。

十五 屋辙

表 15

	216	屋〔一〕	屋〔三〕	烛	沃
屋〔一〕	34	4	77T	90T	185
屋〔三〕	59	8	10	93	/
烛	118	17	31	33	88
沃	2	1	0	1	0
物	2			2	
陌〔二〕	1			1	

说明:本辙包括通摄入声字,即屋、烛、沃三韵。本辙基本上自押而与他辙无涉,唯羼入"柏"字(陌〔二〕)1 字次,"拂"字(物)2 字次。

讨论:

1. 屋〔一〕和屋〔三〕本是一韵,把它们分开考察是为了看看是否有什么新情况。它们的关系是 77,似乎有些距离,但考虑到它们的字次都很少,指数波动较大是可能的。经检验,完全相通。

2. 烛跟屋〔一〕、屋〔三〕的关系分别为 90 和 93,检验结果相通。这表明烛已跟屋合并为一韵。这种情况跟通辙阳声字的情况相平行。

3. 沃韵字只出现 2 次,指数有大波动不奇怪。

小结:屋〔一〕、屋〔三〕、烛、沃已完全成一韵,并跟其他入声韵辙有明确的界限。

十六　铎辙

表 16

	344	铎	药	觉
铎	235	84	83T	106
药	84	48	15	80T
觉	25	19	6	0

说明：本辙包括江宕两摄的入声字，即觉、药、铎三韵。本辙基本上自押而与他辙无涉。

讨论：

1. 铎与觉完全合并。

2. 药跟铎觉很接近，经检验，它们已相通。药铎在听感上的区别，比起《切韵》时代，已大大缩小，即前后 a 的区别已不那么明显了。当然，指数 80 和 83 表明 i 介音对主元音仍有一定影响。

十七　百辙

本辙的问题颇费斟酌。本节内共处理二十七个《广韵》入声韵德职陌麦昔锡（陌组）、没质术物[迄][①]（栉组）、缉（缉组）、末[曷]黠[辖]薛屑月（黠组）、盍[合]洽狎葉业贴[乏]（洽组）。它们被合成一辙的理由见后文表 19。

这二十七个韵分属五个摄。它们之间不仅主元音不同，可能还有韵尾差别。因此，本辙的内部差异是很严重，也是很显著的。

---

① 迄韵字不见用于韵脚，其余放在方括号中的韵目均是。

它们相押也许是因为有三个组字次太少:栉组 26 字次,洽组 44 字次,辑组仅 4 字次[①]。另一个原因也许是听感上有近似处:它们的主元音都不是后元音,即都是短促的[- grave]音,换句话说,都是前元音或央元音。

下面我们分组讨论。

1. 陌组

表　17.1

	452	德	职	陌二	陌三	麦	昔	锡	质	黠
德	42	3	99	75	98	126	93	79		
职	126	12	17	95	112	93	102	99		
陌〔二〕	87	7	24	11	31	40	96	93		
陌〔三〕	16	2	5	1	0	215	175	230		
麦	30	5	7	2	2	0	164	196		
昔	78	6	21	15	5	10	5	152		
锡	36	2	9	7	1	3	10	0		
质	9	1	2	3				1		
黠	17	1	5	6		1		2		1
缉	6		4						2	
止	3		3							
帖	2						1	1		

① 这三个数字引自分组统计表(见表 17.3—17.5),加上在其他辙(组)内出现的,数字还要高些(见表 18)。

说明:表中不包括朱敦儒。黠指黠组。止指止摄。止辙字 3 字次是“支”2 字次和“气”1 字次。

讨论:

从表中离合指数来看,陌组各韵相通。

有 4 个离合指数还需说明一下:

I(德陌$_{二}$)=75

I(德锡)=79

I(陌$_{二}$陌$_{三}$)=31

I(陌$_{二}$麦)=40

前两个指数显得稍低,后两个更是明显偏低。德(42)、陌$_{三}$(16)、麦(30)、锡(36)字次都很小,指数有波动并不奇怪。况且,陌[三]、麦、锡都不自押,说明它们都不独立。

陌组各韵相通,是否意味着各韵已经合并了呢?不能这样说,因为在《中原音韵》里,陌组一二等主要附在皆来韵后,三四等字派入支思,齐微。这说明元音是有区别的。

这种相通但不合并的情况,以及下面几组中的类似情况,使我们产生如下设想:

(1)短促的音长和急收的闭韵尾容易产生和谐感;

(2)因此,[-grave]的入声用韵标准更宽,当然也可能由于它们本身字次少;

(3)不排除入声韵尾已开始合并的可能,若是,则入声归并先发生在前、央主元音的韵中。

2. 黠组

表 17.2

	660	末	黠	薛	屑	月	质	洽	陌
末	30	5	65	67	82	65			
黠	10	2	1	26	/	190			
薛	272	3	1	53	116	109			
屑	144	5	0	72	11	120			
月	142	4	4	64	35	12			
质	2								
洽	33	1	1	14	6	7	1	1	
陌	27			7	4	4	1	1	5

说明:表中"质"是质韵,"洽陌"不是指韵,是指洽组陌组。本表不包括朱敦儒。

讨论:

1. 薛屑月已合并。《中原音韵》里它们都附在车遮韵后。

2. 黠韵字太少,没法说什么。

3. 末韵字也很少,难以为据。不过,总的来看,数据显示它跟其余四韵有一定距离。

4. 黠栉两组在本表内无接触。

5. 黠组跟洽陌两组的关系后文再谈。

3. 栉组

表 17.3

	26	没	质	术	物
没	1	0			
质	15	0	6		

（续表）

术	2	0	1	0	
物	5	1	1	0	1
缉	1			1	
陌	2		1		1

说明:陌指陌组。本表不包括朱敦儒。“熨”字出现1次,《方言调查字表》归文韵。查《广韵》“熨”文物两属。宋词中与入声相押,本表把它归入物韵。

讨论:

栉组字极少,无法独立。它跟黠组字无涉。见后附篇。

4. 洽组

表 17.4

	44	盍	洽	狎	业	葉	帖
盍	1	0					
洽	1	0	0				
狎	4	1	1	1			
业	5	0	0	0	0		
葉	19	0	0	0	4	2	
帖	9	0	0	0	0	8	0
缉	2				1		1
屑	1					1	
陌〔二〕	2					2	

说明:本表不包括朱敦儒。

讨论:

洽辙字也太少，其中各韵之间关系难以确定。

5. 缉组

表 17.5

	4	缉
缉	4	2

说明：表内不包括朱敦儒。

讨论：

本辙字最少，无法说什么。见下附篇。

附：陌栉缉洽黠五组之间的关系

表 18（综合上面表 17.1—17.5 五张表而成）

	1186	陌	栉	缉	黠	洽
陌	446	197	34	35	12	9
栉	34	10	10	48	/	7
缉	13	4	3	2	/	35
黠	616	30	0	0	278	47
洽	74	5	1	2	30	18
止	3	3				

讨论：

1. 栉组有自押倾向，它无法独立可能是因为字次太少。

2. 缉组字次更少(13)。它跟栉组关系最近(48)，可能是因为主元音相同。缉栉跟黠都无关。

3. 五个组可分成两群：乙群陌栉缉，甲群黠洽。有个特点可注意，乙群跟止辙的接触大大多于甲群。

4. 入声通押似乎并不意味着韵尾相同。倒是因为它们同辙而不同韵,所以设想韵尾仍有区别是有可能的。

5. 黠洽关系很近(47),可能也是主元音在起作用。它们跟陌栉的关系较远,我们来检查一下它们是否能合成一个辙。

表 19

	19128	陌	栉	缉	黠	洽
陌	482	199	10	10	1.98	3.13
栉	50	13	10	76	/	10
缉	15	4	3	2	2.05	39
黠	620	31	0	1	278	12
洽	76	6	2	2	30	18
止		29	10	1	2	
烛		1	2			

说明:本表是根据前面所有表(表1~18)中的情况制成。左上方19128是指北宋中原地区词韵谱中的全部字次。左边第一栏482等五个数字是陌等五组在总字次19128中出现的字次。楼梯线左下是韵次,与前面相同。楼梯线右上的指数与前面表中的离合指数不同。前面的离合指数是用来指示辙内各韵的分合关系的。本表的指数是用来判断辙际分合关系。韵之间的离合指辙可称为"韵指数"。辙之间的离合指数可称为"辙指数"。辙指数的计算公式见前第三章第五节中的第4小节"分辙的数学方法"。

讨论:

在第三章第五节第4小节"分辙的数学方法"中已确定了分辙的标准:"当实际相押比例超过理论相押概率'的倍数或是很近乎1

的倍数'(即前者是后者的 2 倍以上或极接近于 2 倍)时,可以认作合辙。"表现在辙指数上,大于等于 2 或极接近于 2 时,可认作合辙。

陌栉缉合辙没问题。

黠洽合辙也没问题。

问题在于黠跟陌栉缉的关系。黠跟栉不押。黠跟陌缉之间的辙指数,一为 1.98,一为 2.05。说它们合辙都在临界线边上。我们折衷处理。一方面以计算结果作为本证,认定这五组合成一个百辙。另一方面鉴于它内部的复杂性并考虑到入声韵尾-p-t>-k 或-ʔ可能已经开始①,我们把百辙分成两个小辙:甲小辙(包括黠洽两组)和乙小辙(包括陌栉缉三组)。

十八 总说

1. 分辙总说

表 20(分辙表)

总 19128	通	江	梗	山	臻	咸	侵	假	果	效	流	遇	蟹	止	屋	铎	甲	乙
1 通 1196	597																	
2 江 1364		679																
3 梗 1276	2	4	590		1.18		0.63											
4 山 24:4				1187		1.50												
5 臻 986			78	4	447		0.68											
6 咸 190				36		77												
7 侵 482			12		10		130											

① 《中原音韵》中派入阴阳上三声的入声字如果还有韵尾的话(我倾向于认为有),也只剩下一个-k,或者更可能是-ʔ了。因此,入声归并是在宋金之时完成的,设想北宋时代这种归并已经开始,恐怕不至于大错。

（续表）

8 假 495								247										
9 果 397								1	153									
10 效 1386										691								
11 流 1515										2	741	0.17						
12 遇 2176											31	1067						
13 蟹 668													281	0.97				
14 止 3060												4	104	1455				0.43
15 屋 223										2		6		2	105			
16 铎 347		2										1				172		
17a 甲 696														2			326	2.11
17b 乙 547													2	38	3		42	231

说明：这是北宋中原地区词人用韵的分辙总表。左上角19128是总字次，下面是各辙总字次，比如通辙1196字次，江辙总共1364字次，等等。从左上角到右下角对角线格子里的是各辙自押的字次，比如通辙自押597次，山辙自押1187次，遇辙自押1067次，等等。这条对角线的左下都是韵次，比如梗辙与臻辙相押78韵次、梗辙与侵辙相押12韵次等；空白格表示零韵次。对角线右上的数字是“辙指数”，比如梗臻两辙关系为1.18，梗侵为0.63，等等；空白格表示两辙关系微不足道：辙指数为0或很接近于0。

讨论：

1. 阴声韵辙都很干净，“洁身”自押。只有止蟹关系（0.97）稍高，那是因为灰泰〔合〕在里面摇摆的缘故。

2. 阳声辙中通江两辙也很干净。

3. 与通江相配的入声辙——屋铎——同样非常干净。

4. 上面两点可解释为主元音为[＋grave]的后元音时，如果再加上[+grave]的后鼻韵尾或舌根塞音尾，音色会得到加强，造成听感上的独特感。

5. 相比之下，前元音或央元音[-grave]加上阳声韵尾或入声韵尾后，音色会模糊化，造成听感上的近似感。比如——

6. 山咸两辙关系很近(1.50)，解释见前第六节“咸辙”后的附篇，对其中第(1)点解释现在可进一步限制为两辙具有模糊近似感。

7. 梗臻(1.18)、梗侵(0.63)、臻侵(0.68)也有点瓜葛，这同样可用[-加强独特感]或[+模糊近似感]来解释。

8. 更为明显的是表现在与山咸梗臻侵相配的入声辙——百辙的甲小辙和乙小辙。甲乙两小辙的关系为2.11，这就是说，主元音为前或央元音的全部入声韵组已合成一辙，模糊近似感是非常显著的。

2. 各辙总结

北宋中原地区词人用韵共分十七个辙，通宕梗山臻咸深假果效流遇蟹止屋铎百，百辙又分甲乙两小辙(若按小辙北宋中原地区分十八个辙)。阳声阴声各七辙，入声三辙(或按小辙算是四辙)。

1. 通辙。东冬钟已合成一韵。

2. 宕辙。江阳唐已合成一韵。

3. 梗辙。分两组：甲组登蒸，乙组庚[二]耕清青。庚[三]应属乙组，不过它跟甲组也通。

4. 山辙。分四组：甲组桓元[f]元[合]，乙组寒，丙组山删，丁组仙先元[开]。

5. 臻辙。分三组：甲组痕魂，乙组真(臻)谆，丙组文欣。丙组较特殊，其中文[f]跟甲组通，也通乙组中的谆，文[k]欣则通乙组中的谆和真[1](非知章日声母字)。

6. 咸辙。分三组:甲组覃谈凡,乙组咸衔,丙组盐添严。

附:山[丁]:咸[丙]之间关系的紧密程度相当于山[乙]:山[丁]或山[丙]:山[丁]。

7. 深辙。仅侵一韵。附:梗臻深三辙界限分明。

8. 假辙。麻辙和佳夬等韵中八字。麻[二]麻[三]还未分裂。

9. 果辙。歌戈合成一韵。

10. 效辙。分四组:甲组豪和萧韵"杳"字,乙组肴,丙组宵和萧韵舌齿音字,丁组萧韵喉牙音字和来母字。丁组较特别,它跟其余三组都通。

11. 流辙。侯尤幽已合成一韵。

12. 遇辙。鱼虞模已合成一韵,还有四个尤韵唇音字。

13. 蟹辙。分两组:甲组咍泰[开]佳[开]皆夬[合],乙组灰泰[合]。

14. 止辙。分两组:甲组支脂之齐祭,乙组微。附:灰泰[合]正摇摆于蟹止两辙之间,到《中原音韵》完成转移。

15. 屋辙。屋沃烛已合成一韵。

16. 铎辙。觉药铎已合成一韵。

17. 百辙。分成两个小辙。

甲小辙,分两组:甲组末(曷)黠(辖)薛屑月。乙组盍(合)洽狎业葉帖(乏)。

乙小辙分三组:甲组德职陌[二]陌[三]麦昔锡,乙组没质术物(迄),丙组辑。附:百辙内三种韵尾还未合并。

附：朱敦儒某几辙用韵表

朱敦儒《宋史》卷三十七有传云：

“字希真。父勃。河南人。靖康中，召至京师，将处以学官，固辞还山。高宗即位，诏举草泽才德之士，又辞。避乱南雄州，张浚奏赴军前计议，弗起。

“绍兴二年，赐进士出身，为秘书省正字。俄兼兵部郎官，迁两浙东路提点刑狱。会右谏议大夫汪勃刻敦儒专立异论，……遂罢。十九年，上疏请归，许之。”

我们在前面(第三章第二节第4小节)已提到朱敦儒的某些阳声和入声韵辙的押韵情况与中原词人不同，而跟两浙(吴语区)词人相近。这些特殊韵辙即是主元音为前、央元音的[－grave]音的韵辙：山咸，梗臻深，百辙的甲乙两小辙。下面三张表列出了这些押韵情况。

表21 山：咸

我们来看山咸两辙的关系，即求辙指数I’。

Z＝19128，

Z(山)＝422，

表 21 山：咸

	452	桓	寒	山开	删开	仙开	先开	元开	元唇	删合	仙合	先合	元合	谈	添
桓	61	5													

（续表）

寒	70	15	12												
山〔开〕	40	7	7	3											
删〔开〕	14	2	4	0	1										
仙〔开〕	38	3	1	0	0	4									
先〔开〕	92	6	3	4	1	16	18								
元〔开〕	15	2	2	0	0	1	1	0							
元〔唇〕	15	1	3	2	0	2	3	0	0						
删〔合〕	14	4	4	4	0	0	0	2	0	0					
仙〔合〕	35	5	1	4	0	4	7	4	1	0	4				
先〔合〕	2	0	0	0	0	0	1	0	0	0	0	0			
元〔合〕	26	4	2	3	1	3	7	1	2	0	0	1	0		
谈	1	0	0	0	0	0	0	0	0	0	0	0	0	0	0
衔	1	0	0	0	0	0	0	0	0	0	0	0	0	1	0
咸	3	0	1	0	1	0	0	0	0	0	1	0	0	0	0
盐	9	0	2	1	0	0	3	2	0	0	0	0	1	0	0
添	9	1	1	1	0	0	2	0	1	0	0	0	1	0	1
凡	5	1	0	0	3	0	1	0	0	0	0	0	0	0	0
覃	0	0	0	0	0	0	0	0	0	0	0	0	0	0	0
业	0	0	0	0	0	0	0	0	0	0	0	0	0	0	0
魂	2			1			1								

Z(咸)＝28

Y(山咸)＝24

$$I'=\frac{Y(山咸)\times(Z-1)}{Z(山)\times Z(咸)}$$

$$=(24\times19127)\div(422\times28)$$

＝38.85

I'远远大于2,山咸合辙

表22　**梗∶臻∶深**

（表见298页）

Z(梗)＝157

Z(臻)＝220

Z(深)＝55

Y(梗臻)＝42

Y(梗深)＝15

Y(臻深)＝20

I'(梗臻)＝23.26

I'(梗深)＝33.26

I'(臻深)＝31.61

梗、臻、深合辙。

表23　－k∶－t∶－p（表见299页）

Z(－k)＝191

Z(－t)＝162

Z(－p)＝49

Y(－k－t)＝11

Y(－k－p)＝16

Y(－t－p)＝22

I'(－k－t)＝6.80

I'(－k－p)＝32.70

表 22 梗：臻：深

	432	痕	魂	真	谆	文	欣	登	蒸	耕	庚二开	庚三开	清开	青开	庚二合	庚三合	清合	青合	侵
痕	14	1																	
魂	35	1	4																
真	111	5	9	23															
谆	19	0	4	8	1														
文	36	3	1	8	3	4													
欣	5	0	0	4	0	0	0												
登	5	0	0	0	0	0	0	1											
蒸	4	0	0	1	0	0	1	0	0										
耕	3	0	0	1	0	0	0	0	0	0									
庚二开	15	0	0	0	0	0	0	1	0	1	1								
庚三开	32	1	3	3	1	2	0	1	0	0	3	0							
清开	55	0	4	12	0	3	0	0	0	0	4	8	3						
青开	30	1	2	4	0	1	0	1	0	0	2	6	6	2					
庚二合	7	0	0	1	0	0	0	0	0	0	0	1	2	1	1				
庚三合	2	0	0	0	0	0	0	0	0	0	0	0	1	1	0	0			
清合	2	0	0	0	0	0	0	0	0	0	1	0	1	0	0	0	0		
青合	2	0	1	0	0	0	0	0	0	0	0	0	1	0	0	0	0	0	
侵	55	1	2	9	1	7	0	0	2	1	1	3	7	1	0	0	0	0	10

表 23　-k：-t：-p

	406	德	职	麦	陌二	陌三	昔	锡	曷	薛	屑	月	质	盍	葉	帖	缉
德	16	1															
职	47	3	3														
麦	14	2	5	0													
陌二	44	3	6	1	6												
陌三	22	2	4	1	4	0											
昔	35	1	13	3	6	6	1										
锡	13	3	4	0	1	0	3	0									
曷	2	0	0	0	0	0	0	0	0								
薛	76	0	0	2	5	0	0	0	1	13							
屑	25	0	0	0	0	0	0	0	0	12	2						
月	55	0	0	0	1	0	0	0	1	19	5	10					
质	4	0	1	0	0	1	0	1	0	0	0	0	0				
盍	2	0	0	0	0	0	0	0	0	0	0	1	0	0			
葉	18	0	1	0	2	0	0	0	0	5	2	3	0	1	1		
帖	11	0	0	0	0	0	0	0	0	5	2	3	0	0	1	0	
缉	18	0	4	0	3	4	1	1	0	0	0	0	1	0	0	0	2
祭	2											1			1		
麻三	2									1		1					

I'(-t-p)＝53.01

-p,-t,-k(陌)也已合辙。这跟中原地区其他词人相押情况相仿,但朱敦儒走的更远。

对于朱敦儒的山咸合辙、梗臻深合辙，应该怎么解释？如果说他比其他中原词人走得更快，只能解释山咸、臻深合辙，无法解释梗臻合辙，因为直到今天梗臻还是分辙，而且也无法解释《中原音韵》山咸仍有-n∶-m区别。

要说他受两浙路吴语的影响，那能解释梗臻合辙，但对解释-m∶-n合辙。还有个问题，因为有证据表明，直到十七世纪，浙东吴语仍保留-m尾韵。因此可以设想-m>-n是在浙西先发生。

（原书由语文出版社出版，1989）

顾炎武的“四声一贯”说

0. 关于顾炎武的“古人四声一贯”之说，以往的古音学史研究者都不注意它跟前人观点（主要是宋儒“叶音”说）的瓜葛，至于它跟江永观点之间的关系，则都跟着江氏一起误解了。仔细探察“四声一贯”说背后的真实含义，可以发现许多有趣的东西，并能引出一些重要的结论（比如，“一贯”说是叶音说退居声调战线的最后堡垒）①。顾氏本人在有关声调各种问题上大多说得很含混（也许只有“入配阴”例外，不过，这与其看做是声调问题，倒不如看做是韵部分配问题），这可能是他没有考虑明白或干脆没想过，也可能是碰到了难以自圆其说的矛盾。不过，有一点他倒是说得很肯定，读《诗》声调不谐是要“转”声的，这实际上是用“叶声”的方法为读经的需要服务。②

1. “四声一贯”说。顾氏认为，古人每个字都有平上去入四种声调的读法（1 中 4：“一字之中自有平上去入”），这就是“四声贯于一字”。顾氏虽然注意到《诗》韵大多是平押平，仄押仄，他却没解释这个现象。不过，给人留下的印象似乎是每个字都有与后世相符的原本有的基本声调（江永大概就是从这儿推测出顾氏有“本声”之说，详见§3）。碰到四声混押的情况，好在每个字都四个声调，只须歌咏时依靠“抑扬高下”来调节就行了。怎么调节法呢？

若平仄相押，哪怕有好几个仄声韵脚，而只有一个平声韵脚，也都把仄声全改读为平声；若上去入相押，则去入全改为上声；若去入相押，则入声转为去声，③他是根据四声的长短来决定如何调节的。平长仄短，入声最短，把短音转为长音，这是吟咏诗歌的需要，也符合乐理。④

顾氏(1中3)又曾说过“古人之字有定作一声者，有不定作一声者。”他没明确哪些字是定作一声的。不过，按上述情况来看，似乎平声字是有定的，而仄声字是无定的。上声字有平上两读，去声字有平上去三读，只有入声才是四声无定。这跟他“一字之中自有平上去入”不是有矛盾吗？由此可以看到，四声一贯说与其说是严格的声调理论，倒不如说跟宋儒的叶音说同样是更倾向于实用的读经的补救办法。关于这一点，后文要详细讨论。

顾炎武是怎么得出“一字之中自有平上去入”的结论来的呢？原来他看到每个人说话吐气时前后不能保持一致。一个字说得轻点慢点，就是平声；讲得重点快点，就是上声；再重再快，便成了去声；最重最快就是入声了。如果再把平声拖长，则一字变为两字；而两个字说快了，就并成一字。既然一个字可以快说，也可以慢说，那么它当然既可读平声，又可读仄声。⑤顾氏似乎认为，原则上，或者实际语言中，每个字根据说话时轻重快慢的不同，可以分别读成平上去入，但在《诗》韵中却只能按照声调长短的次序来“叶声”。

有趣的是，他认为《唐韵》一字收三声四声，并不意味唐代的实际语言中一个字有这么多的读音，而只是为诗人准备的，因为吟诗时可随迟疾轻重加以调节。⑥这种说法使我们产生一个疑问：上古是像唐代一样，一字多声仅仅是作诗的专利呢，还是实际语言中就存在着这种情况？顾氏对此没有什么说明，我们也不指望他有什么表示。因为在声调问题上，他一向就是这么含含混混。在下面的章节中，我们将进一步看到，“四声一贯”说如何把他从眼前的诸经韵读的困境中解脱出来，却又使他陷入更深的“四声观不一贯”的泥淖中。

写完这一节我们有一个猜想。吴棫、陈第关于古音的一些看法大多是根据已知情况类推出来的，顾氏对此深为赞同（顾1中2）。比如，后世诗歌都有韵，推出《诗经》也一定押韵；实际语言中字有定音，且后世诗歌从不到处叶音，故可推出上古亦必字有定音，且《诗经》无叶。顾氏以后的学者也善于运用这种类推法，§4中江永的本声说就是以今推古的结果，又段玉裁（-/17）：“今音不同唐音，即唐声不同古音之征也”。于是我们有理由怀疑顾氏认为“出辞吐气”的“迟疾轻重”不同，可以引起一个字的四声转化，这一结论也是从实际语音情况出发类推出来的。如果这个猜想合理，那就可以进一步推测：顾氏可能把他的母语——吴语昆山话中的连字变调当成了由“迟疾轻重”引起的声调转移。

2.“四声一贯”说背后隐藏的东西。上面介绍了四声一贯说，并提出了一些疑问。现在来探讨一下为什么顾炎武要提出这个说法。这是一个非常有趣的问题，可是以往的研究者却几乎没有注意到。⑦顾氏自己虽然没说过为什么，但下面这段话对回答这个问题很有启发。

且夫古之为诗，主乎音者也；江左诸公为诗，主乎文者也。文者一定而难移，音者无方而易转。夫不过喉舌之间、疾徐之

> 顷而已，谐于音顺于耳矣。故或平或仄，时措之宜，而无所窒碍·《角弓》之“反”上，《宾筵》之“反”平；《桃夭》之“室”入，《东山》之“室”去——惟其时也。《大车》一篇两言“来”，而前韵“疾”后韵“服”；《离骚》一篇两言“索”，而前韵“妒”后韵“迫”——惟其当也。有定之四声以同天下之文，无定之四声以协天下之律。（顾1中4）

顾氏认为一字多声只是出于情况需要，正如一字数叶只是为了读起来顺当。这么看来，他的“无定之四声以协天下之律”，跟宋儒的“无定之音以协天下之韵”就只有五十步与一百步的区别了。⑧

我们还记得顾氏并不是彻底反对叶音的，他只是不赞成宋儒那种全面叶音。他所确定的韵脚在他的古韵系统中如能得到解释的，则用一个确定的读音；如碰到解释不了的情况，则归之于方音，解决的办法就是“叶”。⑨

顾氏研究韵部，比起吴棫、郑庠、陈第来，当然大有突破，但在声调方面，并没有什么可夸耀的。因此，他虽然基本上能给每个字以固定的韵来取代“叶韵”，但是却不能给它们以固定的声来取代“叶声”。

宋明学者碰到他们认为的异声通押处，就一一注明有二声或三声，以求和谐，甚至陈第也不免此。顾氏原则上是反对叶音的，当然不能赞成他们的做法。但他又没有解决一字一调的办法，于是“四声一贯”说便应运而生了（进一步的分析可看§4）。只要上下文需要，就可平可上，只要读起来合适，就可去可入，对于前人的“叶声”做法，他并不是认为“字无定声”是不合理的（不像他对待“字无定韵”的态度），而是认为那么做使得“字愈多音（按此处‘音’

即指‘声’)愈杂,而学者愈迷不识其本,此所谓大道以多歧而亡羊者也”(顾1中4)。“四声一贯”说就是为了改革前人那种无益于学者读经的“叶声”办法。这是一种简单易学的读经办法,不同的人只要掌握一条原则,读出来的结果就是一致的。

由此看来,“四声一贯”说表面上反对宋儒的“叶声”办法,实际上却走得更远;顾氏打破了“叶韵”,但更彻底地贯彻“叶声”;他原则上反对叶音,实质上又悄悄地跟它妥协了。[10]

3. 跟江永“本声”说的关系。江永跟他比起来,抛弃叶音说就彻底多了。虽然江氏对声调研究也没有什么进展,但他却提出了更为简易的办法来解决异声通押问题:放宽诗律,允许四声通押。他(江1例言)说:“亦有一章两声或三四声者,随其声讽诵咏歌,亦自谐通,不必皆有一声。如后人诗余歌曲,正以杂用四声为节奏,《诗》韵何独不然?(按江氏亦从后世情况来类推上古)前人读韵太拘,必强扭为一声,遇字声之不可变者,以强扭失其本音。”他的意思是说,《诗经》不像后世律诗,而像“诗余歌曲”,不必有严格的格律,不一定要四声分押。

但是他(江1例言)又很客气地把这功劳让给了顾炎武和陈第:“顾氏始去此病,各以本声读之。不独《诗》韵当然,凡古人有韵之文皆如此读,可省无数纠纷,而字亦得守其本音,善之尤者也。然是说也,陈氏实启之。……是陈氏知四声可不拘矣,他处又仍泥一声,何不能固守其说耶?”关于陈第是否有资格争夺“首创权”,那是另一个问题。而对于顾氏,却实在是江永的误会。

江氏错把顾氏的“叶声”(顾氏自名之“转”声)读《诗》当成“以本声读之”。这个误会以及另一个下文将要谈到的原因,使得后人误认为顾、江的声调观点大致相同或顾氏已承认古有四声。直到本世纪五十年代，前一说法仍在古音学史研究中占着绝对优势。[11]后来到王力先生指出顾、江观点并不相同，才改变了这一看法。[12]

把顾江两人的观点比较一下，就可看出他们的区别。

首先要指出的是他们对于《诗》韵的基本看法是不一样的。顾氏认为《诗经》跟后世律诗绝句一样严格，必须平仄分押，而江氏则放宽格律，把经典韵文看成跟后人的“诗余歌曲”一样，可以“杂用四声”。顾氏的这一看法自己并未明说过，但是看到这一点是很重要的，甚至可以说是理解顾氏声调观点的关键。“《诗》韵同律绝”这一看法是顾氏声调观的必要前提。

其次，顾氏认为迟疾轻重可以引起四声转换，因而字无定声；[13]而江永认为字有定声——“本声”，虽然他还没看到本声和今声是不同的（清人的“声”多指调类而非调值）。

有了上述两点差异，便导致了第三个区别：碰到异声通押，顾氏认为不谐，须“抑扬上下”来转变声调，而江氏则认为“亦自谐通”，只要“随声讽诵咏歌”就行，“不必皆有一声”。

顾氏对于上古是否有四声，从来也没有作过明确的表示；[14]江氏（1 例言）则明确指出古有四声：“四声虽起江左，案之实有其声，不容增减。”（可与注③所引顾文比较。）

关于入声问题，由于江永直接批评了顾氏，[15]因此分歧最为明显。顾氏认为古有入声：

> 《诗》三百篇中亦往往用入声之字。其入与入为韵者，什之七八；与平上去为韵者，什之三。以其什之七而知古人未尝无入声也；以其什之三而知入声可转为三声也。（顾 1 中 5）

但又认为跟去声没有界线：

江左之文自梁天监以前多以去入两声同用，以后则若有界限，绝不相通。（顾1中3）

去入之间，不过发音轻重之间，而非有此疆尔界之分也。（顾1下2）

去入之别是在沈约作谱之后才有的：

四声之论起于永明而定于梁陈之间也。（顾1中3）

其时（指汉代）未用四声，可知乃（沈）约所自作。（顾1中3）

而江永认为虽然“入声与去声最近，《诗》多通为韵”，但“韵虽通而入声自如其本音”（江1入声第一部总论），两者的疆界是清楚的。

顺便再指出一个顾氏“四声观不一贯”的地方。从上面的引文中可以看到他认为去入无别，但在其他地方，为了迁就他的主要由长短（音长）来决定声调的理论，顾氏又说去声跟平上相近。[16]

需要提一下的是：江永的“本声”说也是一种用放宽诗律来使韵脚和谐的读经补救的办法。[17]

4. 上面比较了顾江的声调观，可以看到差别很大但为什么后世史家会有误解呢？这固然跟江永的误会有关，但更重要的是顾氏对声调的看法讲得含糊而又不一贯，容易让人见仁见智，要不江永不会误会了。就以他对去入的看法来说，他认为古有入声，但又和去声无疆界，没有疆界那又怎能分成两类呢？顾氏没有回答，实际上他也不便回答。同样，对于平声的看法也经不起追问。他发现《诗》韵“平多韵平，仄多韵仄”（1中4），按理也该说“以其平多韵平而知古人非无平声也”。但实际上他接下去说的是“亦有不尽然者，而上或转为平，去或转为平上，入或转为平上去”。那么，平仄的界限到底在哪儿呢？他没回答，依然是不便回答。为什么不便回答呢[18]？因为直接回答，无论是答“有”，还是答“无”，将使他陷入两难境地。

要是他说古无四声，那他就无法解释何以后世有四声之别[19]，也无法解释《诗经》中四声分押的总趋势。

但是，如果他说古有四声，那就无法解释通押之例，更要紧的是，如果“反”（上声）可叶平，“室”（入声）可叶去，那不就跟“时”要叶“酶”（朱熹《诗经集传》《小雅·宾之初筵》）“国”可叶“越逼反”（同上《青蝇》）一样明显荒唐吗？

于是，他想出了这个绝妙的“四声一贯”说，既不明确说有，也不直接说无。从他的话里似乎可以认为古人有四声之别，不过，四声之间又是没有疆界，可以按长短次序“转”的（注意，顾氏从不说“叶”，后世也相信他坚决反对叶音说，但“转”的实质已如前述）。真可给它起个别名——“有类无界”说。这个圆通的说法使他避免直接回答“有”“无”，从而也避免了直接面临进退维谷的困境。当然也由此使他的声调理论显得前后不一贯。但是，这种不一贯除了成为后人见仁见智充分发挥的根源之外，对于他本人来说，似乎算不上是“弊”。因为顾氏并没考虑到要为声调研究提供一种逻辑上一以贯之起推敲的理论，而只想为更方便的读经提供一个实用办法。

5. 以往学术史研究者一般都是站在今人的立场上，从后世的影响以及现代学术成就出发来估价前人工作的高下，称赞他们做到些什么，批评他们没做到什么。这种研究方法可以使我们比较清楚地看到某一学科的发展脉络，前后继承关系以及某些发现、发明或某人在该学科发展史上所占有的地位。不过，它也有一些缺点，甚至有难以解决的问题。这个问题我们在《古音学始末》(朱晓农 1989)中有所论及。

本文尝试的是另一种方法，即从当时当地当事人的角度来分析他的工作。这就使得研究的重心有了改变。以往注重的某些历史观点是“正确的”还是“错误的”这个问题，不再是我们的讨论对象。我们既不寻求某一观点对现代语言学的永恒贡献，也不从今天的水平来贬斥某一被淘汰的观点。本文的重点：一是尽可能弄清顾氏观点跟直接有关者的观点之间的关系，二是进一步去探讨为什么会有这种而不是那种观点出现。这就需要找出哪些前提对于该观点来说是必要的。当然，要找到它的充分条件是很难的，如果不是说绝对找不到；因为历史既不能重演，又无法在实验室里模拟。不过，我们尽量找出在某一前提下各种逻辑上可能出现的情况(logically possible alternatives)，加以比较，看看该观点是不是最佳选择。当然，若先决条件(＝必要前提)改变，可能出现的情况也会随之改变。“寻找一切证据，穷尽一切可能”，这就是我们的工作准则。

附　注

① “叶音”和“叶韵”这两个术语，有人用起来有区别，如江永 1 例言中，叶韵＝协句＝押韵，“叶音”是指为押韵而改读(的)字音；但更多的人似乎并没区别。其实，“叶韵”包括韵母相协和声调相协两方面的内容。朱熹注《诗经》“顾，叶果五反”(《风邶·日月》)，单指叶声。又段玉裁(-/16)：“今学者读三百篇诸书，以今韵四声律古人。陆德明、吴棫皆指为协句(＝叶韵)”。也单

指声调相协。为明确起见,本文使用的“叶韵”仅指韵母相协,“叶声”仅指声调相协,“叶音”＝叶韵＋叶声。

② 顾氏的研究范围很广,但都带有强烈的实用目的。他说:“凡文之不关于六经之旨、当世之务者,一切不为。”又说:“君子之为学,以明道也,以救世也。”(分别见《亭林文集》卷四《与人书》(3)和(25),转引自王显。)至于古音研究,更是有着众所周知的读经目的,他甚至希望有圣人出世把语音恢复到上古(见顾氏《答李子德书》和《音学五书·叙》)。这跟宋儒相似,朱熹的叶音也只是为了“便学者诵读,意不在辨古音”(江1例言)。

③ 顾1中4:“四声之说虽起于江左,然古人之诗已自有迟疾轻重之分。故平多韵平,仄多韵仄。亦有不尽然者,而上或转为平,去或转为平上,入或转为平上去,则在歌者之抑扬高下而已。故四声可以并用。”

④ 顾1中4:“是以四声同用,则歌者以上为平而不以平为上,以入为去而不以去为入,何则？歌之为言也,长言之也。平声最长,上去次之,入则诎然而无余音矣。凡歌者贵其有余音也。以无余从有余,乐之伦也。”

⑤ 顾1中4:“约而言之,即一人之身而出辞吐气先后之间已有不能齐者。其重其疾则为入、为去、为上,其轻其迟则为平。迟之又迟,则一字而为二字,茨为蒺藜椎为终葵是也。(亦有二字并为一字者,《旧唐书》云‘吐谷浑’,俗多谓之‘逻浑’,盖语急而然。)故注家多有‘疾言’、‘徐言’之解。……夫一字可以疾呼徐呼,此一字两音三音之所繇昉已。”顾氏认为声调主要跟“迟疾”或“疾徐”(与“音长”概念大致相当)有关,也跟“轻重”(可能与“音强”相当,无法确定是否有“音高”因素)有关。

⑥ 顾1中4:“故《广韵》中有一字而收之三声四声者,非谓一字有此多音,乃以示天下作诗之人使随其迟疾轻重而用之也。”

⑦ 早期的著作(张世禄1930,1938;王力1935)完全没涉及这问题。近期的书中也没直接回答这问题(参看罗常培1957,75;王力1980a,148;王力1980b,64)。只有王显的文章中有一不完全的答案:“(顾氏)不懂得《诗》、《易》中某些字的调类之所以跟《广韵》不同是由于古今声调也发生了变化的缘故,而想用‘四声一贯’的说法来解释这个现象,自然是解释不通的。”

⑧ 周祖谟先生(p.34)也曾引用顾氏这段“剀切著明”的议论,但他得出的结论恰与我们相反:“南宋以来叶音之说,至此廓清殆尽。”这显然误解了顾

氏原意(参照上下文其意更显),且与周先生本人后文的论点(见注11所引周文)相左。

⑨ 顾1中2:“然余以为古诗中间有一二与正音不合者。如‘兴’,蒸之属也,而《小戎》末章与‘音’为韵,《大明》七章与‘林、心’为韵;……此或出于方音不同,今之读者不得不改其本音而合之。虽谓之‘叶’亦可。”

⑩ 段玉裁已注意到这一点,他(-/16)批评“顾炎武之书亦云平仄通押,去入通押,而不知古四声不同今,犹古本音部分异今也。明乎古本声不同今韵,又何惑乎古四声不同今韵哉”。周祖谟(p.53):“此说之虚妄,又与宋人之叶音说何异?”

⑪ 张世禄(1930,50):“关于古音有关四声之分,江氏学说亦略同顾亭林。”王力(1935,下册31):“江氏对于古代声调,和顾亭林的意见颇相合,也以为四声一贯。”张世禄(1938,270):“江氏对于古音上的字调问题,大致和顾炎武‘四声一贯’之说相合,以为虽有四声,而平仄可相通押。”周祖谟(p.32):“尔后江永服膺顾说,复举诗中四声通韵之例为证,由是古无四声之论乃风靡一时。”罗常培(p.75):“江永附合顾说,称为‘善之尤者’。”王力(1980a,148):顾氏“承认古有四声”,并“主张歌者可以临时转变声调”。

⑫ 王力(1980a,148):“江氏的主张与顾氏颇有不同,他不承认临时变调,而认为异调相押只是四声杂用。”

⑬ 这种说法可能会引起反驳:“只有一部分字没有定声,平声(还有些恰好同调相押的仄声)字就是有定声的。”这把两件事情混为一谈了。有些字有定声,仅仅意味着读《诗经》时某些字不必改读声调,这是在叙述一桩事情。而字无定声是顾氏声调观点的必然推论,是他理论的一个组成部分。参看§1。

⑭ 一般认为顾氏已“承认古有四声”(王力,1980a,148)。遍读《音学五书》,顾氏从未直接承认古有四声。但他的议论使我们认为他已承认古有四声,这是有区别的。况且,他的议论中也透露出四声无疆界的信息。这是他的矛盾之处。因为问题本身不是简单的,所以简单地强调其中任何一面都无助于真正弄清他的原意。只有承认顾氏学说的矛盾和复杂,并努力发掘矛盾产生的根源,才能更好、更客观地理解他的理论,才能更深入地研究古音学史。§4中还有详论。

⑮ 江1入声第一部总论:“……韵虽通而入声自如其本音。顾氏于入声

皆转为平、为上、为去,大谬!"

⑯ 在《公羊传·庄二十八年》的何休注中有一个出名的"长言"、"短言"的例子。顾氏(1 中 4)认为:"长言则今之平上去声也,短言则今之入声也。"

⑰ 本文把四声一贯说和本声说都称为"方法",但从另一种意义上来说,也是观点。也许可以从两个方面来区别观点(系统化以后便成了理论)和方法。一、为了解决实际问题而采取的一系列措施,对于该问题以及解决它的过程和结果来说是方法;但对于这套措施本身以及其他人来说,却是观点或理论。二、成功的经验常被类推、移植,因此在本领域内它是一种解决实际问题的方法,而移植到另一领域,就成了指导方针——观点或理论。

⑱ 要是有人反驳说:他不是不便回答,而是没想过"是否古有四声"。那是不可能的,因为顾氏为四声问题专门写了好多文章。要说他没想到古今四声不同,这是可能的。后一问题跟我们的讨论无关,顾氏不便回答的是前一问题。

⑲ 王力先生(1980a,64)就是以此来论证四声一贯说是错误的:"说上古的声调无定是不对的,假定上古的字没有一定的声调,那么中古的字有定调又是由什么条件形成的呢?"照此推论,则最原始的汉语就应该具有声调了。其实不然,声调可以从非声调(如声母、辅音韵尾)变来,参阅胡坦《藏语(拉萨话)的声调研究》,载《民族语文》1980.1。

引用书目

段玉裁:《六书音均表》表一第 16 篇《古四声说》,简作"-/16"。

段玉裁:同上表一第 17 篇《古今不同随举可征说》,(-/17)。

顾炎武:《音学五书》第 1 书《音论》卷中第二篇《古诗无叶》,简作"1 中 2"。

顾炎武:同上卷中第三篇《四声之始》(1 中 3)。

顾炎武:同上卷中第四篇《古人四声一贯》(1 中 4)。

顾炎武:同上卷下第二篇《先儒两声各义之说不尽然》(1 下 3)。

顾炎武:同上卷中第五篇《入为闰声》(1 中 5)。

顾炎武:《答李子德书》,附于《音学五书》卷首。

江　永:《古韵标准》,简作"江 1"。

罗常培 1957.《汉语音韵学导论》.中华书局.
王 力 1935.《中国音韵学》.商务印书馆.
王 力 1980a.《汉语音韵》.中华书局.
王 力 1980b.《汉语史稿》.中华书局.
王 显 1957.清代的古音学创始人顾炎武.中国语文.6.
张世禄 1930.《中国古音学》.商务印书馆.
张世禄 1938.《中国音韵学史》.商务印书馆.
周祖谟 1966.古音有无上去二声辨.收入《问学集》,32—80.中华书局.
朱晓农 1989.《中国语言学发展方向》,58—90.北京:光明日报出版社.

（原载《温州师范学院学报》1987年第1期）

三四等字的腭化与非腭化问题

§1 本文讨论的宋人韵图中放在三四等地位的喉牙齿音字的腭化与非腭化是属于历史音韵范围的一个问题。在历史音韵研究中,一向以新语法派的研究作为范式。直到十几年前才有一种新兴的词汇扩散理论出来向新语法派的霸主地位提出挑战。两者在基本观点上的对立是:

新语法派及其后随者认为音变以音位为单位。音变在语音上是渐变的,是感觉不到的;而在词汇上是突变的。一旦音变发生,则所有处于相同语境的某音位全部都变。因此不可能存在异读,除非是方言混杂。语音律类似物理学定律。音变是机械的、无例外的。

扩散派认为音变以词为单位。音变在语音上是突变的,是从一个可辨认单位变到另一个可辨认单位;而在词汇上是渐变的。音变首先发生在个别词上,然后逐步扩散到其他有类似音韵地位相似的语素上。因此可以预言在任何时期任何活语言中都含有几组异读词存在。所谓"语音律"只是关于历史的概括陈述。音变是随机的,是有例外的。

这里不评论这两种理论的得失。值得指出的是,W. Labov (1981)在研究了费城短 a(即 əe)音变后得出结论说,有些音变现象符合新语法派的理论，而另一些则需用词汇扩散说来解释。

汉语的腭化问题是历史比较语言学中的一个老难题。本文准备引进词汇扩散说的一个概念来处理腭化这一相当复杂的音变现象。

“对抗音变”或“争夺音变”是王士元先生（William, S. Y. Wang,1969）刚提出词汇扩散说时就已涉及的一个概念。以往的语言学者对于时间因素在音变中的作用的认识还不够全面。像Bloomfield, Hoenigswald 等都只提到两个或多个音变接连发生的状况，即音变在时间上是互补的（见 Wang 1969：§1）。扩散派就不一样了。他们极为强调音变中的时间因素（参看陈渊泉 1971），指出各音变在“相对年代”上，除了互补关系外，彼此还有重合、包含和相交关系。王士元（1969：§1）把后面三种非互补的时间关系统称为“交叉”关系。

如果两条或数条语音规则[①]对同一群语素发生作用，而它们的发生时间又是交叉的，由此而引起的该群语素的音变称为“对抗音变”。如果对抗音变势均力敌，则会导致该群语素分化演变。如果其中一条规则作用力强，持续时间长，影响范围广，另一条则不然；那么，争夺的结果就会留下“剩余成分”[②]。正是这些剩余成分自行其是地游荡在“规律”之外，成为语言史上讨厌的“例外”。

§2　现代北京话（以及约五分之四的官话，见袁家骅 p.31）里的 tɕ, tɕ‘, ɕ 来自古官话齐撮两呼的 k, k‘, x 和 ts, ts‘, s，再往上推，就是中古汉语的精清从心邪（齿头音，本文简称为齿音）见溪群（牙音）晓匣（浅喉音，本文简称为喉音）十母的三四等字。一般认为音变时间的下限是十八世纪中叶[③]。至于上限，还没有定论。

赵荫棠(1936)认为十四五世纪时已有腭化音[4]。在没有进一步确凿的证据之前,先把时间尺度放宽。腭化的开始是在宋人韵图之后,而北京话最晚到十九世纪中叶,音变才全部完成[5]。

上面谈到腭化音的来源。注意:并不是所有腭化字都来自喉牙齿音三四等字(还有大批二等字也腭化了,参阅末节,甚至个别一等字,如心母魂韵去声字"逊");也不是所有三四等喉牙齿音字都腭化了。

三四等字在韵图时代都有腭介音 i(除了止摄某些齿音字)。以后发生腭化的字,当然是声母受腭介音的同化;如不腭化,就意味着在腭化发生之前,这些字的 i 介音已经失落——两个变化在年代上是互补的。

王力先生(1980:122—123)在一本很有影响的书中就是这样来解释腭化与非腭化的分化现象的(但没有给出证据)。他没有像在其他场合经常强调的那样考虑语音演变的系统性(这是新语法派的重要信条),只是为两种现象各自列举一批例字(没有指出条件)。这种罗列事实的做法当然还不能算是在解释腭化与非腭化现象。

历史比较语言学的目的之一是要找出系统的"历时对应"规律。不过,即使找到了,仍旧不能说解决了语音变化的问题。H. Andersen 在 1972 年指出,历时对应跟语音变化之间有着重要区别。前者可以认为是一种规则系统,用来说明一个音系的某个共时阶段如何转移到另一个阶段;而语音变化则是"一连串实际发生的事情,在这段时间中,音韵单位的声学表征发生了变化"(引自 Chen&Wang1975:265)。说得具体点,找到历时对应可以说是知道了音变的起点和终点，找到语音变化的条件可以说是知道了通常有多种途径的音变从起点实际上选择了哪一条最可能的道路到达终点的。

本文指出非腭化情况应分为完全不同的两类：一类在腭化发生之前 i 介音已经失落（这又可分两种情况）；另一类在腭化发生扩散过程中，i 介音还未消失，但是由于另一条语音规则（与腭化规则是交叉时间关系）的争夺，才跟腭化音分道扬镳。

§3 现在以扩散说为基础，从整体上来考察北京话中三四等字的腭化问题。我们研究的对象都在《方言调查字表》(1956)的收字范围内。字不算多，但都是活字。它们的变化总是代表音变主流；而僻字、形声死字或仅出现于书面上的字都服从“强制音变”[6]。

先看腭化与非腭化在三四等韵中的分布情况（下有横杠的韵中出现非腭化现象）。

表 1

	开合独韵	开合同韵
开	盐 严 侵 添 真 殷 麻三 宵 萧 幽 尤 之	仙 先 元 蒸 庚三 清 青 阳 祭 齐 废 支 脂 微
合	鱼[7] 虞 文 谆 东三[7] 锺	仙 先 元 蒸 庚三 清 青 阳 祭 齐 废 支 脂 微

从上表可粗略地看出，不管是独韵的，还是同韵的，开口字基本上都腭化，非腭化基本上只跟合口字有关，只有止摄开口齿音字

(因微韵无齿音字,所以止摄开口齿音字即指支脂之三韵的字)情况特殊。

本节先处理止摄开口齿音字。这是唯一全部抵制腭化的开口字⑧。要解释这个现象并不费力,只要假定在腭化发生之前,舌尖元音 ɿ 已经出现(注意:两者在时间上是互补的,如果是交叉关系,就必定会有一些字腭化)。关于这个假设,我们有五方面证据的支持。

一是元代碑文中透露出来的消息,包祥先生(1980)指出一个有趣的现象:碑文中以符号"ᠴ"(甲)不加区别地记录蒙语 tʃ、tʃ' 两个舌叶音,而在转写汉语词时又用"ᠼ"(乙)无区别地拼写知照两组的塞擦者,包祥先生认为它们也是舌叶音。本来蒙文的甲符号是表示不送气舌叶音,乙符号是表示送气舌叶音的。包文说,仅以本碑文为根据,可以认为这两个符号只是作为表达蒙汉语词的区别符号使用的。不过,假如汉语的知照塞擦音跟蒙语舌叶音同音,转写时是用不着费这个麻烦的:一方面是用同一个符号来表示不同的音,另一方面又用不同的符号来表示相同的音。况且,除了知照系字以外,其他汉字(如"云南王"、"大藏经"等)在转写时字面上与蒙语词并无什么区别。在同一块碑的铭文中其他转写字都没区别,只有知照系字有别,那只能认为有区别的必要。这就是说,其他汉语字的读音蒙文都能转写,而知照系塞擦声母用 tʃ、tʃ' 转写很不合适,因此只能用符号区别对待。"好多文字,如现代维吾尔文,又如十五世纪的朝鲜文(见陈植藩 p.131),又如拉丁文(见索绪尔 p.53)等,在转写外族语的独特音素时会用一个独特的符号去表示"(朱晓农 p.20)。如果知照系塞擦声母确与舌叶音相差较大的话，那就一定已经变成卷舌声母了，当然舌尖后元音也有了。由此推测舌尖前元音也出现了。另外，在转写“师”（照系擦音声母字）时，用的是表示 s 的符号而不是表示 ʃ 的符号。这说明其声母不是 s 就是 ʂ，而不会是 ʃ。蒙语无 ts、tsʻ两音，要不我们可猜想本来会用这两个音来转译知照系塞擦声母的。

比起上述间接证据来，《中原音韵》中支思与齐微的分韵就很能直接说明问题了。止摄精照日三系字已从（u）ei 韵（齐微）分离出来，先走一步变为舌尖前/后元音（支思）了。这一变化当时正在进行过程中，还未扩散到知系字，因此知系字仍留在齐微韵中。

还有更早的证据。根据周祖谟先生（1957：200，208）对邵雍《皇极经世》“声音倡和图”以及北宋汴洛诗人诗韵的研究，宋代标准音中支脂之三韵的精系字的韵母已经变为舌尖前元音了。

许世瑛在研究了《诗集传》的叶音后得出这样的结论：朱熹口中已有舌尖前高元音[9]。

最后，但不是最不重要的一个证据是，在参照宋代实际语音重新进行声韵分配的《切韵指掌图》中，止摄齿音字“兹雌慈思词死自”等字放在一等而不是三等，这说明其韵母已经是舌尖前元音而不是 i 了[10]。

解决了止摄开口齿音字的非腭化问题之后，剩下来的非腭化字就全是合口字了。下面把它们分为阴声字和阳声字两组，分别考察。

§4 第一组是止蟹两摄三四等合口字（支脂微、齐祭废）。这些阴声字基本上全部避开了腭化[11]，因此我们相信早在腭化发生之前它们已经失落韵头 i，或者至少可以说，合口的“u 音素”已经大大加强了它在音节中的地位。这一想法具有如下的证据。

《中原音韵》蟹摄二等合口字属"皆来"韵，一等合口却跟三四等一起跟止摄合流了。这就是说，止蟹三四等合口字的韵母跟灰泰合至少在听感上是相同的，而后者的 u 音素是很明显的。

其实，这种情况在宋代已有端倪。根据我们的考察（朱晓农 pp.40—42），北宋中原地区止蟹三等已合流，其合口字跟灰泰合关系之密切不亚于哈泰开佳皆夬合跟灰泰合的关系。

在周祖谟先生（1957：227）所拟的北宋标准音中有 uai、uei、ui，也有 iou、iau，但就没有 iuei，iui 之类。周先生把止蟹两摄三四等合口字拟为 uei、ui。这就是说，u 前的 i 已被吞没。

虽然我们证明了在腭化发生之前，止蟹三四等合口字的 u 音素大大加强而 i 韵头已失落，从而能躲开以后腭化的影响；但是，这只不过是在时间上把问题往前推了一步，我们仍旧无法回答为什么是 u 压倒 i 而不是 i 压倒 u。

从逻辑上来说，这两种变化都是可能的。实际的语言材料也证实了这一点，在不同的方言中这两种可能都实现了：

止摄合口字 ↗ 北京话 uei（跟蟹摄合口字合流）
止摄合口字 ↘ 上海白话音 y（例"亏跪贵龟柜鬼"，止蟹不同）

为什么处于相同音韵环境中的同样的音素在不同的方言（或语言）中会有不同的变化方向？对于这个问题我们现在还无法从语音上确定其变化的充分条件[12]。这儿我们可以看到，所谓"语音律"并不是能预言唯一结果的定律。它只是作为概括手段用来描写历史的，充其量只是指出了全部逻辑上可能的选择（logically possible alternatives)之一⑬。

§5 真正在腭化发生之后抗拒其影响的是第二组阳声字：阳(指合口字,下同)锺东谆(包括与其相配的入声)。下表列出全部见于《方言调查字表》的阳锺东谆四韵喉牙齿音字：

表 2

	现已腭化	未腭化
阳		匡筐狂逛况
药	镢	
锺	胸凶兇	恭供拱巩恐共纵
		从松怂诵颂讼
烛	锔曲局续(玉狱)	足促粟俗
东	穹穷	弓躬宫嵩
屋	菊麹畜蓄	肃夙宿*
谆	询荀旬循巡迅浚峻殉	遵皴笋俊**竣**
	均钧窘菌	
术	戌恤橘	卒***

*“星宿”的“宿”ɕiou来自尤韵去声。

**“俊”字在北京话又读为tsun,“竣”是书面用字,《方言调查字表》修订本已把它剔除,它在《广韵》中是个送气声母,但在北京口语中又读类推为tsun。这两个字的普通话读音都是ɕyn。

***“卒”字《广韵》又收一等没韵,两字不同义。一等是“兵卒”的“卒”,三等是“生卒”的“卒”,一等的“卒”今读tsu是正常音变。三等的“卒”按说应腭化变为ɕ,但由于谆(术)韵有非腭化倾向,结果它丢了i介音跟一等“卒”合而为一。

从上述情况可以看到：除了止摄开口齿音字和止蟹两摄三四等合口字先期发生变化以外，开口字全部腭化，合口阴声韵鱼虞也全腭化；非腭化现象仅出现于合口阳（入）声韵中。不过，并不是所有合口阳（入）声韵中。都出现了非腭化，这需要分三类情况考察。

第一类是元仙先（包括入声）。这三韵到《中原音韵》都属先天韵，主元音是个前元音ε。它们全部腭化了。

第二类是东锺阳（包括入声）。这三韵的主元音都是后元音。东锺是 u，阳的主元音按音位写是 a，但其实际音值最可能是 a 或 ɐ。非腭化字主要出现于这三韵。

第三类是谆文蒸庚清青[14]（包括入声）。这类韵比较复杂，需要多费些笔墨。庚清青三韵到《中原音韵》同属庚清韵，按杨耐思先生的拟音是 iuəŋ。所以这六韵的主元音都是央元音 ə。

六韵中只有谆韵有非腭化字，但从表二可以看到，未腭化的都是齿音字，而喉牙音字全部腭化了。

文韵到《中原音韵》已跟谆韵合流，按说也应像谆韵那样出现非腭化字。但为什么没出现呢？其实这是个很有趣的巧合：谆韵的喉牙音字全部腭化，只有齿音中才出现非腭化字；而文韵恰恰只有喉牙音字而无齿音字。如果文韵有齿音字，本来可以预料也会出现非腭化字的。因此可以认为文的变化跟谆相同。

庚清青的情况也是如此。它们只有喉牙音字而无齿音字，而喉牙音字全部腭化了。

蒸韵的情况，说复杂是复杂，说简单也简单。先说复杂的。蒸韵舌齿音字（记作蒸$_1$）的主元音一直是 ə，但唇喉牙音及来母字（记为蒸$_2$）现代读 iŋ。这个变化始于何时还不得而知。不过，蒸$_1$

和蒸₂分化的迹象很早就有了。在唐代轻唇化开始时，至少蒸韵唇音字的主元音已不可能是ə了，否则就应该轻唇化(关于轻唇化的条件，见潘悟云和朱晓农 1982：§5)。从北宋中原地区的情况来说(见朱晓农 pp.12—13)，蒸₁ 和蒸₂ 仍未分离；只是由于声母的影响，音色可能有些不同。蒸₁ 是 iəŋ，跟登近，蒸₂ 趋向于 iɨŋ 号，因而跟清青近。《中原音韵》两者仍同属一韵。到腭化开始时，如果蒸₂ 已是 iŋ，那就应该跟前元音一类那样全部腭化。如果仍是 iəŋ(或 iɨŋ)，那就应该类似谆，至少齿音中出现非腭化字。不过，现在情况很简单，蒸韵合口不但没有齿音字，连喉牙音下都无字。因此，在讨论腭化与非腭化问题时，把蒸归入前元音一类，还是央元音一类都一样。

职韵合口在喻三母下有"域"，喻三在守温时代已跟喻四合流，因此它本身就是个腭化字。晓母下有"侐黓"等字(《字表》未收，见《广韵》)。且不说这些生僻字对自然音变说明不了什么问题，也不说到腭化开始时，它们的主元音可能已是前元音了，就算它是央元音腭化了，还是不影响我们的结论。因为跟物术一样，喉牙音字应全部腭化，而齿音中才可能有非腭化字；职韵合口恰好没有齿音字。

通过上面的讨论可以看到，在合口阳(入)声韵中，如果主元音是前元音，则一律腭化；如果主元音是后元音，则出现非腭化现象；如果主元音是央元音，则正好处于中间状况：喉牙音全腭化而齿音中出现非腭化。因此，没有非腭化字的文蒸庚清青即使跟出现非腭化字的谆东锺阳放在一起处理，对后文非腭化出现的充要条件也不构成威胁。

如果进一步分析出现非腭化的阳声韵和入声韵(参看表二),就可看到,鼻尾韵容易非腭化;入声韵容易腭化,尤其是喉牙音,全部腭化。

§6 宋图以后,我们更倾向于认为是元代以后[15],三四等喉牙齿音发生腭化;但也有非腭化现象,其中有些是在腭化发生之前已走上其他音变道路,另一些则抵制了腭化。如是后者,则:①非腭化仅出现于合口,而非开口;②非腭化仅出现于阳入声韵,而非阴声韵;③鼻尾韵比入声韵容易引起非腭化;④后鼻韵比前鼻韵容易引起非腭化;⑤非腭化仅出现于央、后主元音的韵中,而非前主元音的韵;⑥后元音比央元音容易引起非腭化;⑦低元音比高元音容易引起非腭化;⑧齿音比牙音比喉音容易引起非腭化。

用两个示意图。箭头表示非腭化现象逐渐消弱的方向:

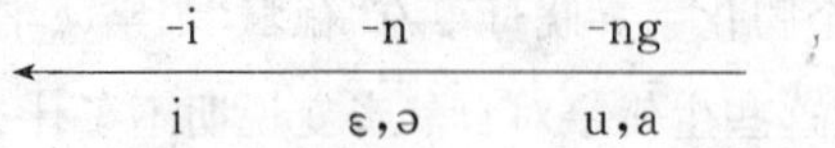

-i　　-n　　-ng
←――――――――――――――
i　　ɛ,ə　　u,a

图 1

ts　　tsh　　s　　k　　kh　　x
←――――――――――――――――――

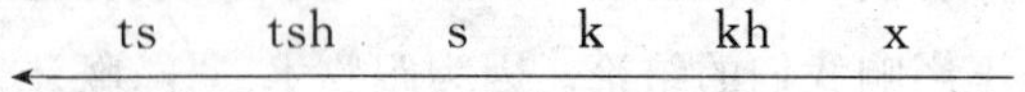

图 2

最后,我们严格地叙述一下三四等喉牙齿音字中非腭化(自然音变)出现的充要条件[16]。

三四等喉牙齿音的非腭化字出现且仅出现于具有下列声韵配合关系的韵中:

合口＋{ 喉牙齿声母＋后主元音 } ＋鼻音韵尾
　　　{ 齿声母＋{ 央主元音 } ＋鼻音韵尾
　　　　　　　　{ 央、后主元音＋塞音韵尾

§7 中古以后，有两条互相争夺的音变规则：一条是腭化规则，另一条是i介音失落规则。腭化规则大约在元代以后开始起作用，而i失落规则出现得更早。不过，两条规则在一段时间内曾共同起作用，互相争夺同一群语素，因而导致了今天一些韵中腭化与非腭化的分化。

根据同一个方言音系内的“音变阶梯”和不同方言中的分布情况，我们可以推测腭化的扩散顺序是：先喉音，次牙音，最后是齿音。详细讨论，见朱晓农1989。

§8 最后谈一下二等字的腭化问题。二等从上古起就因具有一独特的r介音（参看雅洪托夫、李方桂）而跟一三等不同。这种区别直到宋元时代依然存在，只是介音由r>r>ɯ（朱晓农pp. 20－21，27，33－34）。我们认为，《中原音韵》寒山、监咸、宵豪三韵中一二三等的区别即是介音：ø：ɯ：i的区别。腭化当时还未发生。根据音变结果可看到，在北京话中：①二等字的ts，ts‘，s，k，k‘，x变为舌面音，其扩散顺序跟三四等字相同；②二等入声字比阳声字不易腭化，这跟三四等字相反。我们认为二等字的介音变化（或失落而跟一等合并，或变为i而跟三四等合流）在腭化开始之前已经完成了。

（写于1981年9月）

附　注

① 这里避免使用“语音律”这个新语法派和以后的“物理派”所喜欢用的术语，因为它听起来好像音变是机械的、绝对的、不可抗拒的，由“语音律”

指出的音变之路是唯一的必然结果。而迄今为止所制定的任何一条"语音律"都不是充分的。关于这个问题,后文还要讨论。

② 甲规则在哪些语素上战胜乙规则,不是必然的,而是随机的。

③ 根据的是一项被广为引证的材料:刊于1743年的《圆音正考》,其序言说:"试取三十六字母审之,隶见溪群晓匣五母者属团,隶精清从心邪五母者属尖。"

④ 赵氏把见母一等拟为k,二等c,三四等tə(见书末拟音表)。此外他还认为《韵略易通》(1444)代表"当时标准音"(p.59),向见开等母的细音字已变为舌面音,只是比现在"这三音略微靠里些"(p.64)。

⑤ 我在复旦大学图书馆发现一本缺头少尾的《清书对音》,仍有尖团之分。吴文祺师根据版式确定为乾嘉以后至光绪年间的刊物。这项材料的确切性质有待进一步核准。根据清末传教士的记录,尤其是J. Edkins (1864)和Goodrich的Pocket Dictionary (序言写于1893年),北京话(以及天津话、南京话和很多北方话)已不分尖团。因此我把下限暂且先定在十九世纪中叶。

⑥ 关于音变的类型,我们大致上是这样分的。从原因上说,可分为外部音变和内部音变。前者指由不同的方言(或语言)接触而引起的"借用",后者指更可倾向于认为是音系内部的自然演化。从音变过程看,有渐变与突变(如失落、增生、换位、flip-flop等,见Wang. 1969)之分。从音变方式来看,则如下表:

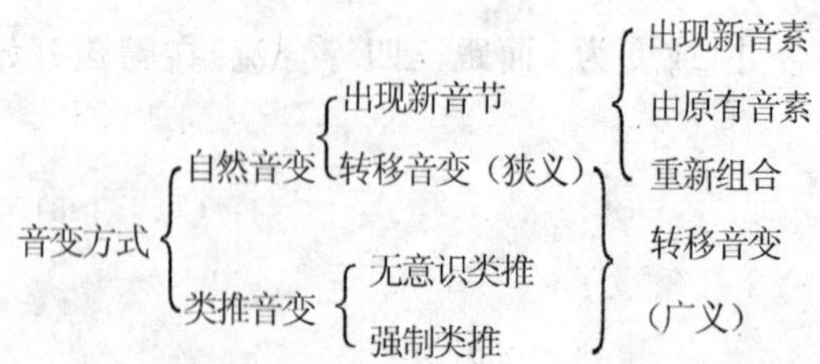

⑦ 虽然《韵镜》《七音略》中东开而锺合,鱼开而虞合,但那只是图解《切韵》系统,可以不论。邵雍"天声地音"图中东辟钟翕不是开合之意,北宋中原地区东和锺,鱼和虞已分别合并(见朱晓农pp.8-9,36-37)。因此这里把鱼东放在合口一类。

⑧ 出于忌讳的缘故，“玺徙”二字腭化了，从而避免了与“死”字同音。

⑨ 这条材料是唐作藩先生告诉我的。唐先生对本文有多处指教，在此表示衷心感谢。许文《朱熹口中已有舌尖前高元音说》，载台湾《淡江学报》1970 年第 9 期。

⑩ i 变为舌尖前/后元音是一例语言渐变兼突变、词汇渐变的有趣的音变。(见朱晓农 p.9)在词汇上，首先是精系字 i 变为舌尖元音，这在北宋已完成。其次是照系和日母字 i 变为舌尖元音，最晚元代已完成。知系字的 i 变为舌尖元音是在 16 世纪之后，因为按《四等通考》(1455)和《老乞大朴通事谚解》(16 世纪编)，知系字还是 tʂʅi。

⑪ 仅有两个字腭化并变成了开字口：脂$_A$ 韵的“季”字和齐韵的“携”字。有两种可能的解决办法：一是假定受未知方言的影响，这是没有办法的办法。二是假定“i 介音失落”这一变化还未扩散到全体语素时，腭化发生了，后者把这两个字夺了过去。但这解释不了为什么“季”不变成 tɕy 而变成 tɕi，“携”不变成 ɕye 而变成 ɕie。另有一个《字表》未收的书面字“畦”，它原是匣母字，但现读 tɕʻ-，看来要给出满意的回答，还有待于更多的材料。

⑫ 要是假定 iul 中的 ul 在北方话中原来较长，而在吴语中较短，这只是换了个问题。因此需要考虑另外一些音变因素：①音系因素：任何语言(方言)中的任何音变都与本音系中的音素和音型有制约关系；②外部因素：方言借词或邻近语言的影响(区域类似性或区域特征)；③底层遗留；④使用频率，等等。

⑬ 参看 D. Dinnsen1980，他在这篇非常出色的论文中证明了好几条被生成音韵学者认为是“自然”“普遍”的音韵规则实际上只是多个逻辑上可能的选择之一。

⑭ 我一开始忽视了庚清青合口字到元代的语音表现，经唐作藩先生提醒，才避免了叙述上的遗漏。

⑮ 赵荫棠先生(1956:7)举的一两个例子显出元以前就已有 k>tɕ 的迹象，但在对它们的方言性质及其他因素作进一步核准之前，我们还不准备放弃以下观点：冀鲁豫的腭化是在元代以后。

⑯ 所谓“充要条件”是说，凡符合这条件的韵中必有非腭化字出现(充分性)，凡不符合这条件的韵中必定没有非腭化字(必要性)。不过，为保证它的

必要性还需有两点限制。①时间上的限制:它只是腭化发生时抗拒其影响从而产生非腭化字的条件,这就把止摄开口字非腭化等情况排除在外了;②音变方式上的限制:一般讲的语音规则总是指自然音变,这儿也一样。这就排除了像蒸韵开口字"缯嶒鄫甑"等(《字表》未收,见《广韵》)现在读 tsəŋ 之类由于声旁类推而引起的强制非腭化音变。

参考文献

包　祥 1980.一三四〇年昆明蒙文碑铭再释读.《民族语文》4.

陈植藩 1981.论崔世珍在朝鲜语文和汉语研究方面的贡献.《民族语文论集》.中国社会科学出版社.

Chen, Matthew(陈渊泉)1971. The Time Dimension: Contribution Toward A Theory of Sound Change, POLA Report Ⅱ, No. 12.

Chen, M. and Wang, W. S-Y. 1975 Sound Change: Actuation and Implementation, *Language*, v. 57, n. 2.

Dinnsen, Daniel, 1980, Phonlogical rules and phonetic explanation, JL16.

Edkins, J. 1864, *A Grammar of the Chinese Colloquial Language*, 2nd, 上海。

高本汉 1926.《中国音韵学研究》.赵元任等译,1948.商务印书馆,1994.

Labov William 1981, Resolving the Neogrammarian Controversy, *Language*, v. 57, n. 2.

李方桂 1980.《上古音研究》.商务印书馆.

潘悟云、朱晓农 1982.汉越语和切韵唇音字.载《中华文史论丛》语言文字研究专辑(上).上海古籍出版社.

索绪尔 1914.《普通语言学教程》中译本,1980.商务印书馆.

王力 1980.《汉语史稿》新一版.中华书局.

Wang, W. S-Y., 1969. Competing Changes as a Cause of Residue, *Language*, v. 45, n. 1.

雅洪托夫 1962.上古汉语中的复辅音,叶蜚声等译.《国外语言学》1983. 4;又《汉语史论集》.1986.北京大学出版社.

杨耐思 1981.《中原音韵音系》.中国社会科学出版社.
袁家骅等 1960/1983.《汉语方言概要》.文字改革出版社.
赵荫棠 1936.《中原音韵研究》.商务印书馆.
赵荫棠 1956.《等韵源流》.商务印书馆.
周祖谟 1957.宋代汴洛语音考.载《汉语音韵论文集》.商务印书馆.
朱晓农 1982.证北宋豫鲁地区十八辙三十四组.复旦大学中文系研究生毕业论文.

（原载《汉字文化》1989年第1期）

腭化与-i-失落的对抗*

1

我们在《三四等喉牙齿音字的腭化与非腭化问题》一文中，讨论了元代以后发生的腭化音变以及非腭化现象；指出非腭化情况分两类：一类是在腭化发生之前已走上其他音变道路，另一类则是在“i介音失落”音变规则影响下部分抵制了腭化。非腭化现象分布在下列三四等韵中：

之支开脂开，

谆东三锺祭合齐合废合支合脂合微合阳合

我们已经证明了止摄开口字（之支脂）在腭化发生之前韵母已由i变为ɿ了，也证明了止蟹两摄三四等合口字（支脂微齐祭废）在腭化发生之前i介音已失落，从而基本上全都避开了腭化。真正在腭化发生之后抗拒其影响的是：东三锺谆阳合，以及与其相配的入声韵。下表按北京口语音列出了全部见于《方言调查字表》（1955）的东三锺谆阳合及其入声韵的喉牙齿音字：

---

* 本文写作曾得到唐作藩先生很多指教，在此表示衷心感谢。

表　1

	已　腭　化	未　腭　化
阳合		匡筐狂逛况
约合	镬	
锺	胸凶兇	恭供拱蛩恐共�纵从松怂诵颂讼
烛	锔曲局续，玉狱	足促粟俗
东三	穹穷	弓躬宫嵩
屋三	菊麹畜蓄	肃夙宿
谆	询荀旬循巡迅浚峻殉均钧窘菌	遵皴筍俊*竣*
术	戌恤桔	卒**

* 俊竣的发音按北京口语音[tsun]。

** 卒字《广韵》又收一等没韵。一等的“卒”今读 tsu 是正常音变。三等的“卒”按说该腭化，但由于谆术韵有非腭化倾向，姑收于此。

在归纳了八条非腭化的趋势后，我们给出了非腭化出现的充要条件：三四等喉牙齿音的非腭化字出现且仅出现于下列声韵配合关系的韵中：

$$
\text{合口}+\begin{cases}\left.\begin{array}{l}\text{喉牙齿声母}+\text{后主元音}\\ \text{齿声母}+\text{央主元音}\end{array}\right\}+\text{鼻音韵尾}\\ \text{齿声母}+\text{央、后主元音}+\text{塞音韵尾}\end{cases}
$$

2

上面概述了腭化与非腭化起作用的条件和范围，下面进一步讨论“腭化”和“i 介音失落”这两个对抗音变之间的关系，它们是如何相互影响以造成今天北京话语音平面上的表现形式的，并顺带讨论一下跟腭化和 i 失落多少有些关系的泥来疑三母的部分字。为了能更清楚地说明问题，我们使用区别性特征的公式来表示腭化和 i 介音失落这两条“音变规则”。关于汉语区别性特征，可参看朱晓农(1983)[①]。

元代以后发生的三四等字的腭化现象，可由下述“腭化规则(R 1)”来表示：

R 1

$$\begin{pmatrix} \alpha & \text{comp} \\ \alpha & \text{grave} \\ \beta & \text{舌尖} \\ \beta & \text{stri} \end{pmatrix} \longrightarrow \begin{pmatrix} +\text{comp} \\ -\text{grave} \end{pmatrix} \Big/^{\#} \_\_\_ \begin{pmatrix} -\text{comp} \\ -\text{grave} \end{pmatrix}$$

图 1

k,k‘,x 和 ts,ts‘,s 在 i 或 y 前有变为 tɕ,tɕ‘,ɕ 的倾向

运用区别性特征写成的语音演变公式有三个优点：(1) 能指出几个音共同的语音参数；(2)排除了与本题无关的内容；(3)概括精练、符号较少而表达明确。

服从 R 1 的腭化音变持续了相当一段时期(其扩散程序见第四节)。在这期间，另一条跟 R 1 对抗的“i 介音失落规则(R 2)”也在影响谆文(蒸合)东三锺阳合及其入声韵：

R 2

$$i \text{—} \emptyset \Big/ {}^{\#}\begin{pmatrix} \alpha & \text{comp} \\ \\ \alpha & \text{grave} \end{pmatrix} \_\_\_ \begin{bmatrix} +\text{flat} \end{bmatrix} + \begin{bmatrix} +\text{grave} \end{bmatrix} + \begin{bmatrix} -\text{voc} \end{bmatrix}^{\#}$$

图 2

i 介音在合口阳或入声韵的非舌面声母字中有失落的趋势

这条规则的内容跟上节末所说的非腭化的充要条件基本相同。

R 1 和 R 2 在发生时间上当然是交叉的。那么哪一条先发生呢？——R 2 先发生。《中原音韵》为此提供了证据。上文表 1 中右边“未腭化”一栏中阳合东三锺的喉牙音字(匡筐狂恭供恐共弓躬宫)在《中原音韵》里已经失去 i 介音了。另外，如上节中所说，止蟹两摄三四等合口字在腭化发生之前 i 介音已失落。

我们再讨论一下 R 1 和 R 2。在我们的古官话 DF 矩阵中，[α comp，α grave]所表示的辅音有 t，t‘，n，l，k，k‘，ŋ，x[②]，ts，ts‘，s 共十一个。加入[β 舌尖，β stri]就把 t，t‘，n，l 排除掉了。因此 R 1 实际上表示的是 k，k‘，ŋ，x，ts，ts‘，s 七个声母有腭化倾向。前面我们没有讨论过疑母(ŋ)，R 1 这个公式却暗示 ŋ 也应腭化，而实际上 ŋ 也腭化了(玉狱)。这儿可看到用 DF 表示的共同的语音参数具有一定的预见能力。R 2 中只有[α comp，α grave]，因此它表示的是上述十一个声母。但由于 t，t‘从不出现于合口三四等阳声韵中，这是音系本身的制约，因此实际上只表示九个声母。其中跟 R 1 中相同的那七个没问题，只有 n，1 两声母需要交代两句。谆韵来母“伦沦轮”都失落了 i 介音，入声“律率”的 i 介音在音变中起了作用；文阳合蒸合无泥来两母字；东韵“隆”、入声“陆戮”i 失落，只有“六”仍保留了 i；锺韵泥母“浓”、来母“龙陇垅”、入声“録”i 都失落，只有“绿”的 i 介音起了作用。可见 i 介音在 n，1 后跟在 k，ts 等后一样，也有失落趋势，故 R 2 省去[β 舌尖，β stri]没什么麻烦，倒反而概括了更多的内容。需要提一下的是，i 介音失落还发生在其他场合，比如通流二摄明母字的 i 介音失落，从而抵制了轻唇化，又如章系字的 i 介音也失落了。以后如有机会在更大的范围内研究汉语音韵史时，应该把它们加以统一考虑。

3

上一节中介绍了“腭化”(R 1)和“i失落”(R 2)这两条音变规则，我们看到它们分别对疑母字和泥来两母字都发生了作用。本节中我们进一步考察R 1和R 2在有关音节类(即声母为喉牙齿音、韵母为阳东三锺蒸谆文及与其相配的入声韵)上的争夺情况。为了更简单明了地揭示它们的关系，我们使用了后文的图，这就需要引进一个“音韵强度”(phonological strength)概念。这概念已算不得很新，早在五十年代Bengt Sigurd就已提出，以后Theo Vennemann，James Foley等人都使用过。不过，他们运用此概念都有自己特定的含义。我们和Foley一样，根据实际语音变化来确定强度等级(参看Goyuaerts 1980:172—173)。

有七个喉牙齿音声母参与腭化过程，我们根据它们腭化程度高低可以建立一个相对强度等级(α轴)。这根轴表明喉音弱于牙音，牙音又弱于齿音。在腭化情况中，最弱的喉音最容易受影响，次弱的牙音次易受影响，最强的齿音最难受影响。

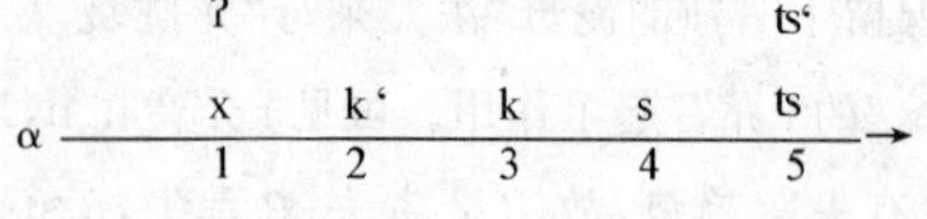

图3

关于非腭化(i介音失落)过程，我们也可建立相应的强度等级(β轴和γ轴)：

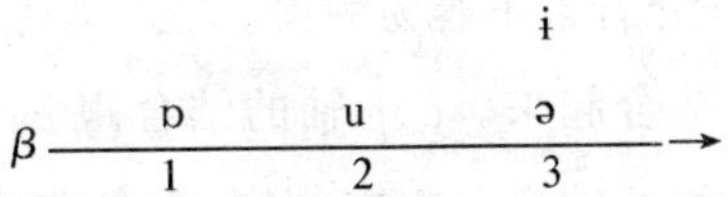

β ——ɒ(1)——u(2)——ə/ɨ(3)——→

图 4

γ ——ŋ(1)——n(2)——ʔ(3)——→

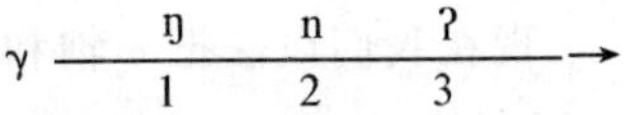

图 5

β轴表明后元音弱于央元音，后低元音又弱于后高元音。在非腭化情况中，最弱的ɒ主元音前的i介音就最容易丢失。γ轴表明在非腭化情况下，鼻音弱于塞音，后鼻音又弱于前鼻音，因此，鼻尾韵中的i介音较易失落，后鼻尾韵中的i介音又比前鼻尾韵中的i介音更易丢失。

把β轴和γ轴结合起来，组成下面的图6或图7：

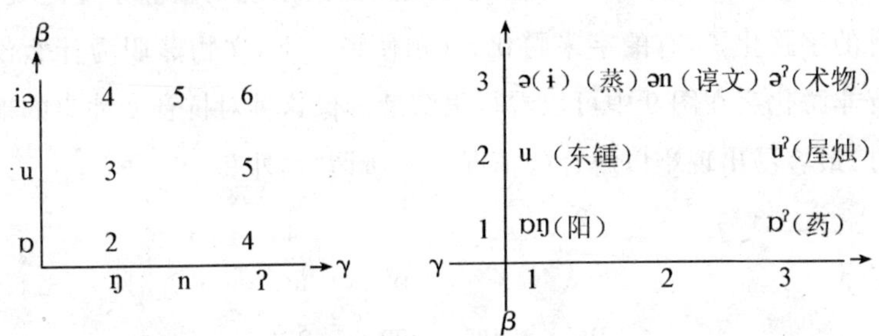

图 6　　　　图 7

根据各自的得分，再压缩到一根轴上：

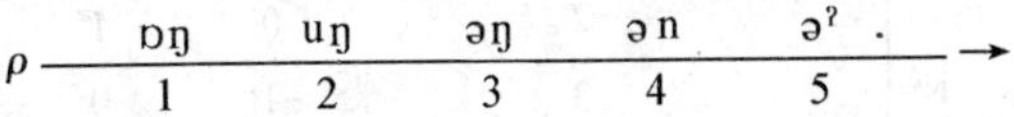

ρ ——ɒŋ(1)——uŋ(2)——əŋ / ɒʔ(3)——ən / uʔ(4)——əʔ(5)——→

图 8

ρ轴表明 ɒŋ 弱于 uŋ，uŋ 又弱于 əŋ 或 ɒʔ，əŋ 和 ɒʔ 又弱于 ən 或 uʔ，ən 和 uʔ 又弱于 əʔ。在非腭化（i介音失落）过程中，最弱的 ɒŋ 就最容易受影响，而最强的 əʔ 前的 i 介音最不容易丢失。

现在我们设法把 α 轴和 ρ 轴结合起来。α、ρ 轴的结合跟 β、γ 轴的结合（见图 6、图 7）不同。β 和 γ 的变化方向相同，都是非腭化由弱到强，而 α 和 ρ 轴的变化方向正相反。ρ 轴是非腭化由弱到强；而 α 轴是腭化由弱到强，这相当于非腭化由强到弱。因此，要结合 α 和 ρ，就必须颠倒且仅颠倒其中一根轴。为了醒目起见，我们把颠倒的 α 轴的强度系数用负数表示。（见图 9）

图 9 表明：(α+ρ) 值越大，腭化的可能性越大；(α+ρ) 值越小，非腭化可能性越大。正数区由腭化（R 1）控制，负数区由非腭化即 i 失落（R 2）控制。而 0 所在的区域则是两条规则激烈争夺之处，有的字腭化了，有的字未腭化。（顺便说一下，文物蒸职为什么没有非腭化字在图 9 中可以看得很清楚。）像这种对抗音变冲突的地方，最容易出现难以解释的情况——所谓“例外”。

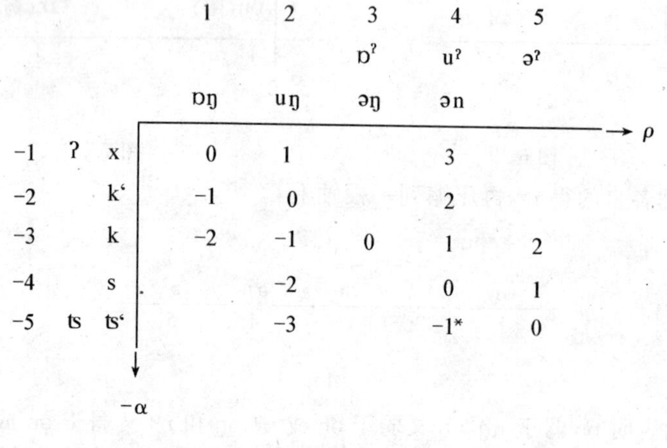

			1	2	3	4	5
					ɒʔ	uʔ	əʔ
			ɒŋ	uŋ	əŋ	ən	→ ρ
−1	ʔ	x	0	1		3	
−2		kʻ	−1	0		2	
−3		k	−2	−1	0	1	2
−4		s		−2		0	1
−5	ʦ	ʦʻ		−3		−1*	0
		↓ −α					

图 9

*这一格里按说是非腭化控制，但由于“俊竣”两字的普通话发音是 tɕyn，显得有些麻烦。如果从北京话口语角度来看，都发成 tsun，因此没什么问题。还有一个可供选择的解释：R 1（腭化）在 iuən 韵上影响特别大，在 0 区内，即 siuən 音节大多已腭化，只有一个“筍”字未腭化。因此，R 1 又开始“南下”影响 ts ts‘声母字，造成“俊竣”有了异读。

4

本节中我们准备探讨腭化的次序。王力先生（1980：124）曾经猜想说：“舌根音的舌面化，可能比舌尖音的舌面化早些。”下面我们用同一音系中的“音变阶梯”和不同音系的“分布类型”这两个概念做工具来证明这个“腭化次序猜想”。我们把北京话中三四等韵收于《方言调查字表》（1955）的字的腭化情况列为下表（表 2）。表中“＋”号表示腭化，“－”号表示非腭化（i 失落），“$\overline{+}$”号表示非腭化占优势，“±“号表示腭化占优势。顺便把影母喻母字也都列了进去。

表 2

	开口字（除止摄）	合口：鱼虞元仙先庚清青	开口止摄	合口止蟹	谆文	蒸合	东三	锺	阳合	术物	职合	烛	屋三	药合
ts	+	+	—	—	—			—		—		—		
ts‘	+	+	—	—	—			—				—	—	
s	+	+	—	—	±		—	—		+		$\overline{+}$	—	
k	+	+	+	—	+		—	—	—	+		+	+	+

（续表）

kʻ	+	+	+	−	+		+	−	−	+		+	+	
x	+	+	+	−	+			+	−			+	+	
ʔ	+	+	+	−	+			+	−	+			+	
j	+	+	+	−*	+		+	+	−		+	+	+	

＊止蟹三四等合口喻母字中只有一个“锐”字不读 wei，而读 rui（<jui），它服从的是另一条 j>r 音变规则，见本书《腭近音的日化》一文。

观察上表，可以发现一个有趣的现象：凡 ts，tsʻ已腭化，则 s，k，kʻ，x，ʔ必已腭化；凡 s 已腭化，则 k，kʻ，x，ʔ必定也已腭化；凡 k 已腭化，则 kʻ，x，ʔ必已腭化，凡 kʻ已腭化，则 x，ʔ必定也已腭化。反之不必然。

这种由 R1 和 R2 的对抗变化、腭化与和 i 失落的争夺而留下来的阶梯型凝固形式，使我们产生一个想法：腭化过程是逐步扩散的，首先由喻母（它本身是个腭化音）扩散到其他喉音 ʔx 上，然后是 kʻ，再是 k，再是 s，最后才波及 ts，tsʻ。使用逻辑符号，可以把腭化顺序表达为：

$$\left(\begin{bmatrix}\text{ts}\\ \text{ts}^{\text{ʻ}}\end{bmatrix}\rightarrow\begin{bmatrix}\text{tɕ}\\ \text{tɕ}^{\text{ʻ}}\end{bmatrix}\right)\supset\left((\text{s}\rightarrow\text{ɕ})\supset\left((\text{k}\rightarrow\text{tɕ})\supset\left((\text{k}^{\text{ʻ}}\rightarrow\text{tɕ}^{\text{ʻ}})\supset\left(\begin{bmatrix}\text{x}\\ \text{ʔ}\end{bmatrix}\rightarrow\begin{bmatrix}\text{ɕ}\\ \text{j}\end{bmatrix}\right)\right)\right)\right)$$

图 10

简略一些，可以说先是喉音腭化，再扩散到牙音，最后是齿音，即

$$\left(\begin{bmatrix} \text{ts} \\ \text{ts‘} \\ \text{s} \end{bmatrix} \to \begin{bmatrix} \text{tɕ} \\ \text{tɕ‘} \\ \text{ɕ} \end{bmatrix}\right) \supset \left(\left(\begin{bmatrix} \text{k} \\ \text{k‘} \end{bmatrix} \to \begin{bmatrix} \text{tɕ} \\ \text{tɕ‘} \end{bmatrix}\right) \supset \left(\begin{bmatrix} \text{x} \\ \text{ʔ} \end{bmatrix} \to \begin{bmatrix} \text{ɕ} \\ \text{j} \end{bmatrix}\right)\right)$$

图 11

齿音腭化蕴含喉牙音腭化，牙音腭化蕴含喉音腭化。如果用字母 CE 表示齿音腭化，YE 表示牙音腭化，HE 表示喉音腭化，上述公式可简作：

$$CE \supset (YE \supset HE)$$

上面我们用一个音系内的“变化阶梯”来推断腭化的扩散顺序。如果从共时的方言分布情况来看，也可证实这个顺序。在分尖团的各方言中，要么没有腭化，如广东话、福建话、客家话以及胶东某些方言；要么喉牙音已腭化，而齿音仍保持不变，如吴语以及冀南、豫西南、豫鲁边界、陕西中部、广西东北部等地的官话方言。根据现有的方言资料来看，只有极个别极个别点的变化方向相反，如胶东黄县话、烟台话、晋东南阳城话、浙东天台话、浙南温岭话（原来的韵母或介音为 y），齿音已腭化，而喉牙音仍是 k，k‘，x。另外还有些苏北话，以及吴语、湘语和西南官话的个别方言中只剩下一个孤零零的“去”字作为强式还未腭化。

大量的方言材料一方面能支持“喉→牙→齿”腭化次序的看法，另一方面也为“任何语音律都不是完备的”这一论断提供了新例证。从逻辑上来说，k，k‘，x 先腭化还是 ts，ts‘，s 先腭化都是可能的。当然，从音理（phonetical explanation）上说，函胡（[＋grave]）声母在清越（[－grave]）元音前受到“逆感染”而变为清越声母

$$\begin{bmatrix} +\text{comp} \\ +\text{grave} \end{bmatrix} \longrightarrow \begin{bmatrix} +\text{comp} \\ -\text{grave} \end{bmatrix} \Big/ {}^{\#}\_\_ \begin{bmatrix} -\text{comp} \\ -\text{grave} \end{bmatrix}$$

(k 等→tɕ等/#_i)

图 12

比分散([－comp])声母在分散元音前反而异化为集聚([＋comp])声母

$$\begin{bmatrix} -\text{comp} \\ -\text{grave} \end{bmatrix} \longrightarrow \begin{bmatrix} +\text{comp} \\ -\text{grave} \end{bmatrix} \Big/ {}^{\#}\_\_ \begin{bmatrix} -\text{comp} \\ -\text{grave} \end{bmatrix}$$

(ts 等→tɕ等/#_i)

图 13

要容易得多,因此,汉语各方言基本上都选择了这一可能性较大的音变次序;但是,仍然有少数点方言选择了另一种逻辑上可能的音变模式。

根据共时的“分布类型”来拟测母语语音,大概是从五十年代雅可布森开始的。历时音变规则的构拟除了要满足过去所强调的可导性要求之外,现在还要求它能经得起类型学上的检验。由于“类型学研究已经普遍跟寻找语言共相(普遍现象)的工作联系在一起了”(Greenberg 1978:34),因此,关于严格意义上的分布类型的命题可以转换成蕴含共相(implicational universals)的命题;两者在逻辑上是等价的。所谓“严格意义上的”分布类型是指没有例外的情况,如 Greenberg(1978:35—37)所举的有词首辅音丛必有词中辅音丛,有 ts 必有 s 的蕴含共相例子。本文所讨论的腭化类型和腭化蕴含关系是“非严格意义的”类型体(typology)、“非严格意义的”蕴含共相,类似前/后置词跟词序的蕴含关系。音韵学中和句法学中,严格的蕴含共相分别跟发音生理的制约因素和言语心理的制约因素有什么关系,这是非常吸引人、非常重要的问题,可惜的是目前我们对之了解甚少。

5

讨论腭化免不了要谈一下“女国音”问题。所谓“女国音”,是指北京女性,主要是女青年中盛行 tsi、ts‘i、si 而无 tɕi、tɕ‘i、ɕi。这当然不是什么新现象。五十年代有人提起过。三十年代赵元任先生已发现北京女学生有 tsi 而无 tɕi,还指出沈阳女学生亦有此现象。甚至二十年代,黎锦熙先生就已发现类似现象。

此外,我们还可以观察到:(1)好多东北城市,如哈尔滨、齐齐哈尔的女青年也普遍这样发音(这为北京话跟东北话最接近提供一项证据);(2)唐作藩先生告诉我,胶东荣成、文登方言中也有把 ki(即 ci)说成 tsi 的(这为胶东话在形成“关东话”的过程中起了作用也提供一项证据);(3)北京中年妇女也有此发音,但没女青年中普遍;(4)北京女性的 tsi 不是纯粹的齿音,在好多人嘴里是一种稍带腭化音色(舌前部跟齿龈脊接触)的 tsjɪ。我们设想:当初北京话喉牙音腭化之后,便开始了性别上的分化。男性齿音腭化,从而跟腭化了的喉牙音合流。而在女性中则是进一步前化而跟齿音合流。这种“女国音”跟东北话、胶东话中的类似现象之间有历史关系,而不是类型学上碰巧相似。③

附　注

① 朱晓农(1983)使用九对区别性特征来刻画普通话的34个元辅音。减去ɚ,增加v,ʔ,便构成元代以后的古官话DF矩阵(如果是元或元以前,那就没有y而有ɯ)。

② 在很多北方话里,这个擦音的实际音值是χ而不是x,如"孩",北京话读χai(见高本汉1926:194)。传统音韵学中晓匣被称为"(浅)喉音"(见系是牙音),可见应是χ。本文的x都应看做是χ。

③ 这是当年对女国音的推测,新的看法可参看本书《亲密与高调》一文。

参考文献

王　力 1980.《汉语史稿》第一册.中华书局.

高本汉 1926.《中国音韵学研究》中译本.商务印书馆,1994.

朱晓农 1983.读《试论汉语普通话语音的"区别特征"及其相互关系》.《语言研究》2.又收入本书,题为"关于普通话的区别物征"。

朱晓农 1989.三四等喉牙齿音字的腭化与非腭化问题.《汉字文化》1.又收入本书。

D. Goyvaers 1980. Review: Foundations of theoretical phonology (J. Foley), Language, v. 56, n. 1.

J. H. Greenberg 1978. Typology and Cross-Linguistic Generalization,收于他所编的 Universals of Human Language, voC. I.

R. Jakobson, C. G. Fant, M. Halle 1981.语音分析初探(王力译),《国外语言学》3－4.

(原载《徐州师范学院学报》1989年第1期)

腭近音的日化*

官话中尚未结束的[jʊŋ]→[ɻʊŋ]音变

1. 引言

本文讨论近两百年来京津冀官话中腭近音(palatal approximant)日化(rhotacism)的情况。一些原先的 yung[jʊŋ]音字,其声母由腭音 y[j]变成了日音 r[ɻ]。引发这场音变的可能是一种可以称为"回钓式"的起动。此外,本文还将考察此音变的地理范围和扩散过程,并探讨这个发现有什么意义。

古官话里有些来自中古的喻母字(绝大部分是喻四),现在有的保留 y 声母,有的变成了 r,从而使原先的同声同韵的字分化,例如:

---

* 这个题目十多年前我曾写过一篇短文,发表在《语言学与汉语教学》,北京语言学院出版社,1990。后彻底重写,于 2002 年 5 月杭州"姜亮夫、蒋礼鸿、郭在贻先生纪念会暨汉语史、敦煌学国际学术研讨会"上宣读,得到丁邦新、鲁国尧、赵振铎、丁锋、黄笑山、任继昉等多位先生的指教。在这之前,赵长才、张军、朱志瑜等先生提出很多宝贵意见。谨此一并致谢。我还要特别感谢丁邦新先生惠允我使用他的藏书室。

表 1 古官话 yung 音字的分化

中古声韵母略异		古官话同声韵		现在	
融容庸用喻四 荣永喻三	→	y[j]庸容融荣阳平永上用去	→	r[ɻ]容荣融	已变
				y[j]庸永用	不变

这种同声韵字的“无理”分化，一般认为是“例外”演变（王力 1980：132）。李荣（1982）指出阳平 yung 音字一部分（容荣融）变成了 róng[ɻuŋ^{35}]，另一部分（庸佣）变入阴平 yōng[juŋ^{55}]。其他声调的 yung 音字（永用）仍然保持原状。

本文想要指出的是，腭近音的日化实际上是一例尚未结束的音变。它发生得相当晚近，至今不到两百年。区域主要在冀东，地理上包括北京和天津，以及冀鲁边界处①。尽管腭音日化在北京话里集中在阳平声，但在津冀一带则各种声调的字都有。这个音变尚未结束，至今仍在来回变动中。

研究这类音变很有意义，因为我们可以直接观察持续至今的历史音变。而照以前青年语法学派和结构主义的看法，音变是无法观察到的。我们可以看到音变是如何像“词汇扩散说”（Wang 1969，1977）预言的那样通过共时平面上的变异来逐步进行的，从而可以通过现在来解释过去（Labov 1975）。这种认为“共历相通”的观点可以称为“泛时观”（朱晓农 1989），即历史语言学研究语言中的变化，共时语言学研究变化中的语言。理想的历时理论能说明共时的变异，或者说结果还不明朗的变化；理想的共时理论能说明过去已经变了的，或者说结果已经明确的变化。这也是王士元的“词汇扩散说”贯通古今的理论魅力之所在。

本文中有些术语和符号需说明一下。“近音”即 approximant，指的是[j,ɻ,w]一类声学上像元音、但功能上像辅音的无/微擦通音和半元音。“日音”即 rhotics，包括[r,ɹ,ʀ,ɾ,ɻ,ʁ,ɽ,ɺ]八个音素，本文单指卷舌近音[ɻ]。“日母”指的是中古汉语的“半齿音”及其在现代各方言中的表现。日音指音素，日母指音类。字母 y 表示腭近音[j]。r 表示日母，它在京津冀以及绝大多数官话方言里是个卷舌近音[ɻ]，有时有微弱气流，但谈不上摩擦（详见朱晓农 1982，1987，2001，2003；王力 1983；林焘 1996）。韵母 ung 表示[ʊŋ]。阴平、阳平、上声、去声分别用下标表示：yung$_{阴}$、yung$_{阳}$、yung$_{上}$、yung$_{去}$。必要时在表示当代北京音时使用带声调符号的汉语拼音。

下文先讨论这个音变在北京话中的起始年代（§2）以及变化过程（§3），然后考察周遭一带的情况（§4），并进一步探讨这个音变的起因（§5）。在最后总结之前，还要讨论一些相关的问题（§6）。

2. 音变在北京话和天津话中的起始年代

与本音变有关的《广韵》喻母阳平字涉及三个韵，大多来自锺韵（28 个字），少数来自东三（3 字）和庚三合口（6 字），庚韵字的声母为喻三。剔除“颂荣莹揘”这四个又音字②，以及“峪褣轻”等六个不见于《西儒耳目资》（其中五字《辞海》都没收）的特僻字，还有十多个今天全部变成阴平 yung 的庸声字（庸镛墉鄘鳙佣槦等）③。剩下来的“容融荣”三个形声族和一些零星相关的字便是本文的讨论对象。表 2 中的十几个字④都是在北京话里音变已经完成了的，也就是说它们原先发 yung$_{阳}$，而现在都是 róng[ɻʊŋ^{35}]。

表2中“1324”指周德清《中原音韵》。“1626”指金尼阁(Nicolas Trigault)《西儒耳目资》。“1642”指毕拱辰《韵略汇通》。“1727”指年希尧校补的《五方元音》(樊腾凤原著)。“1820”指R. Morrison所编的*Dictionary of the Chinese Language*。此书1819—1820在澳门出版。“1857”指J. Edkins(艾约瑟)的*A Grammar of the Chinese Colloquial Language Commonly Called the Mandarin Dialect*。此书1857年初版。我参考的是1864年的第二版,于上海出版。“1860”指《清书对音》。这种书我只在复旦大学图书馆见到一个缺头少尾的残本。吴文祺先生根据版式鉴定为康熙以后的刻本,即1737年以后,很有可能是光绪(1864—1908)年间的刻本。由于书中有“容荣”的新音rung,所以推测其为艾氏语法(1857)以后的作品,表中暂且写成“1860”。“1867”指威妥玛等(Wade & Hillier)编的《语言自迩集》,*A Progressive Course Designed to Assist the Student of Colloquial Chinese as Spoken in the Capital and the Metropolitan Department*,1867年初版于上海,我参考的是1886年的第二版。“1891”指C. Goodrich所著*A Pocket Dictionary* (*Chinese-English*) *and Pekinese Syllabary*。此书1933年于上海出版,但序言写于1891,成书似应在此之前。“1922”指赵元任编的《国音新诗韵》(商务,1922)。“1941”指官修《中华新韵》,由当时的教育部国语推行委员会编。“1947/1970”指赵元任和杨联陞编的《国语字典》,此书最早由哈佛大学于1947年出版,我用的是1970年第七次重印本。“1979/1989”指《辞海》1979、1989两个版本。

表 2　北京话中由 yung 变为 rung 的例字

y/r	容	荣	蝾	榕	溶	镕	蓉	傛	瑢	融	瀜	肜	颙	喁	滽	嵘
广韵	+	三	三	+	+	+	+	+	+	+	+	+	ŋ	ŋ	+	+/ɣ
1324 中原		+				+	+			+						x
1626 西儒	+	+		+	+	+	+		+	+	+	+				x
1642 汇通	+	+		+	+	+	+			+		+	+			x
1727 五方																x
1820Mor.	+	+		+	+	+	+	+		+	+		+	+		x
1857Edk.	+	+														
1860 清书	−	−														
1867Wd.	±	±		±	±	±	±			±				+		x
1891Gd.	±	−		−	−	−	−	−	−	±	+	+				
1922 赵韵	+				+	+	+			+						
1941 中华	−			−	−	−	−			−		−				−
1947/70	±	−		−	−		−			−						
1979/89	−	−	−	−	−	−	−	±	−	−	−	−	+	+	−	−

本文有关表中的"+"号代表 y,"−"号代表 r,"±"代表两读。第二行内"+"指喻四,"三"指喻三。Morrison,Edkins,Wade 都用 J 表示日音 r。

从表 2 可以看到,从《中原音韵》、《西儒耳目资》、《韵略汇通》、年校本《五方元音》,一直到 Morrison 字典(1820)和艾氏语法(1857),都还没有 y>r 的变化。但是在《清书对音》(1860)中,我们看到"容荣"两个字已经变为 r 了。

其实这个变化在稍早的艾氏语法(Edkins 1857)中已见端倪,只不过不是北京话,而是近旁的天津话。艾书中我只找到"容"字两次:"容貌"(p. 27)"从容"(p. 31),"荣"字一见:"荣宗耀祖"(p. 235),在北京话中都还是 yung 阳。但据艾氏对天津话的观察(p. 71),那儿已经先北京一步,发生了 y>r 的音变:"天津是北京的口岸，在那里有些声母发音不同，例如，有些 y 声母字发成了 r。”可惜他没有进一步给出例子。下面我们可以看到，目前这个音变在冀东更走在了天津的前面。

威妥玛的中文课本（Wade 1867）教的是当时的北京话，该书中“容荣融溶蓉榕镕”等字出现了异读。如果此前艾约瑟没有漏记，那么音变从天津扩散到北京就发生在 1857—1867 这十年间。而我们相信艾约瑟没有漏记，因为他是这么明确地说天津是 r，北京是 y。到了 Goodrich 字典（1891），音变的主体已完成。以“容”为声符的“溶蓉榕镕”等以及“荣”已经变定，只有日音 r 一读而无旧音 y 了。常用字“容融”还保留着 y 和 r 两读。不过特僻字“肜滽”仍未变。再过半个世纪（《中华新韵》1941），新音得到了正式承认，包括特僻字“肜”。

赵元任《新诗韵》（1922）和赵杨《国语字典》（1947/70）中所标的音，我们下一节讨论。

综上所述，yung 音字于 1857 年之前，在天津话中已经变为 rung。北京话里出现这个音变是在 1857—1867 这十年间。再过二十四年（1891）音变大体完成，即常用字和次常用字只有新读了，但个别最常用字仍保留异读，僻字还在扫尾阶段，这我们下一节再谈。

3. 音变在北京话里的过程

本节内我们考察这个音变是如何在北京话里扩散的。这表现在三个方面。

第一是地理上的扩散。我们已经看到音变是从天津扩散到北京的。下面两节将会在更大的地理范围内加以考察。

第二是说话人方面或说话方式、风格上的扩散。这可以从赵元任《国音新诗韵》(1922)中看到。让我们回到表2。从1867威妥玛的《语言自迩集》起，“容荣”等字有了异读，到1891年音变大体完成。但是再往下看，却出现了怪事。三十年后，在赵元任的《新诗韵》中，这些字却仍很顽固地发成y且只有一读。难道“荣溶”等字走了回头路，又从r变回了y?

没有！因为该韵书标的是老派发音和/或读书音。书中提到当时北京人有几种发音错误，其中之一就是把某些y声母字发成r,并举了“阮”字为例。可见赵元任所标当是旧式书音，口语中的新音r就是他所说的发音错误。由于韵书的性质，诗韵一般比较保守，或者说比较稳定，他只认正统书音，而不收变读误读。口语中新产生的音还未能“登韵入诗”，正统韵文人诗。赵书中的这种情况，实际上反映了一种共时的社会变体：不同的人或不同的语体有不同的发音。

以上看法还得到高本汉(1915—1926)记音的印证，在他记的北京话中“荣”(p.639)和“镕容”(p.686)都是rung[⑤]。这个在老派和新派，书音对口语之间“摇摆异读”的音变，一直到1941年的《中华新韵》才宣告结束，新音至此得到正式承认。同时的赵、杨《国语字典》(1947/70)也只认新音了。不过请注意：最常用的“容”字在《国语字典》1970年的重印本中仍保留异读。实际上，在今天北京及近郊的口语中，“容(易)”仍有y～r两说的[⑥]。

第三是词汇方面的扩散。这表现为有些字已经变了，有些字还没变，有些字正摇摆在中间，其形式为异读。下面表3中就是从

《清书对音》(1860)经威妥玛(1867)、Goodrich(1891)到《中华新韵》(1941)八十年间所显示的 y>r 变化的情况：

表 3 音变在北京话里的扩散过程

	1860 清书	1867 Wade	1891 Goodrich	1941 中华新韵
r	容荣		榕溶镕蓉瑢傛荣	容榕溶镕蓉融彤
y～r		容榕溶镕蓉荣融	融容	
y			彤瀜	

《清书对音》一书因为是个残本，年代不很精确，所以只能起个指示作用。表明从大约十九世纪中叶起，音变已经在北京话中出现。确切的证据是威妥玛《语言自迩集》(1867)的记载。在他的书里，阳平“容榕溶镕蓉荣融”有了异读 rung 阳。对照《清书对音》中只有两个字“容荣”被注意到有新音，似乎可以假定音变是从最常用字“容荣”开始的。

Goodrich 的字典(1891)把已变、未变、中间状态即有异读，都记得清清楚楚。值得注意的是：一方面，声旁字“容”还保留着异读，而常用形声字“榕溶”等已经变定，即只有新音了；另一方面，声旁字“融”也还有两读，但非常生僻的形声字“瀜”还未变。同样，特僻字“彤”也未变。到了《中华新韵》(1941)，r 音得到确认，并扩散到特僻字“彤”。到了《辞海》(1979)，又进一步扩散到特僻字“瀜”等。

我们看到，音变常常以形声族为单位分轮进行，如庸声字和容声字各行其是，而“喁颙”因缺乏声旁字的引导而迷失了类推方向，显得不知所措。每轮变化从一个最常用字，通常也是一个形声族中的声旁字,从它出现异读开始,然后由形声类推扩散到其他活字上。非常用字的异读(如果有的话)先消失,常用字的异读后消失。最后强制类推到僻字上去。表 4 中构拟了音变在形声字族和同音字中的扩散过程。A 表示声旁字,如"容"。A_1 代表形声族中的常用字,如"溶蓉"。A_2 代表形声族中一般僻字,如"瑢镕"。A_3 代表形声族中特僻字,如"傛"。B 表示同音但不同声符的特僻字,如"瀜肜"。C 表示同音但不同声符的一般僻字,如"颙喁"。"u"指变化前老的发音,"c"代表变化后的新音。

表 4 音变扩散顺序

	1. 起变	2a……2z. 主变		3. 主体完成	4. 扫尾
c	A	AA_1	AA_1A_2	$AA_1A_2A_3$	$AA_1A_2A_3BC$
u	$AA_1A_2A_3BC$	$AA_1A_2A_3BC$	A A_2A_3BC	(A) BC	(A) C

起变从 A 出现两读开始,于是在新旧音之间架起了一座"心理上的桥梁"(psychological bridge,见 Wang 1969),新音对旧音产生了"引力"。接下来是同声旁的 A_1、A_2 受到影响。这个阶段从 2a 到 2z 有多种变化可能:也许 A_1 先受到影响,也许和 A_2 同时受影响;可能有一个异读的过程,也可能一步到位直接从旧音变为新音,等等。这是音变的主要阶段。到第三阶段,A 声字旧音消失只剩新音,音变基本完成。需要指出的是,A 的旧音消失指的是在书面读音、因而也在一般词典里消失,但在口语中仍有可能存在。我把旧音放在括号里。也许这种藕断丝连的关系还会诱导下一轮的音变。最后扫尾阶段捎带着把原来同音的特僻字 B 也拽到新音中来了。有趣的是,没有特僻字那么僻的一般僻字 C 在音变中

倒反而滞后，往往成为音变最后阶段的麻烦制造者。

从 A 扩散到 A_1 和 A_2，可能还只是无意识类推，但进一步扩散到特僻字 A_3，必定是有意识的强制类推。强制类推的前提是明确意识到并承认音变事实。这意味着音变结束或接近于结束。

扫尾阶段最为研究者忽视，这很自然，因为此时音变主体已完成，剩下来的都是些僻字。僻字的音变不是自然音变，而是强制性的类推音变。扫尾阶段也最复杂，因为很大一部分例外、残余都是在此时造就的。下面以表 2 中最后四个字"颙喁滽嵘"为例来讨论。

"颙喁"《广韵》鱼容切，疑母[ŋ]锺韵。到古官话时[ŋ]已脱落，并入喻母 y，与"容荣"同音。当代大型词典[⑦]的注音都是阳平 yóng。但据李荣(1982)，北京上一代读书人把嘉庆皇帝"颙琰"说成 róng yán，所以《古今字音手册》yóng，róng 两者都收。除了这两个音之外，还有学者认为"《辞海》标注阴平调是对的"[⑧](李行杰 1999)。

"颙"字订音的三重分歧(róng,yóng,yōng)在历史语言学家和社会语言学家看来，正是强制类推音变以异读形式在进行中，新老读音各有采用者。强制类推音变实际上就是词典的订音过程。这看起来是订音人即规范派语文学者的个人决定，他们可能根据前代韵书字书、反切、注音，也可能根据自己心目中的客观规律。其实，在这些变化背后有多种非个人因素在起作用。以"颙喁"来说，其所以订音有分歧，或者说在类推音变中方向不明，是因为它们理论上受到图 1 中五股力量的牵制。

图 1 中同音类推指两种情况：古籍中的同音字注音和韵书中

的同小韵。前者如《玉篇·水部》:“滽,音容。”后者如“肜融”《广韵》同属喻母东韵,所以当“融”变成 róng 后,词典编者很容易把同类的“肜”类推为 róng。“颙喁”不见有常用字注音;也没法进行形声类推,因为它们属于一个无关的“禺⑨”声族。所以在“róng 容”“yōng 庸”两个竞争演变中无所适从。再加上它们不是特僻字,读书时多少会念到,这就强化了旧读 yóng。前四条路都不通,结果在词典中残留为 yóng。看来无所适从是造成强制音变残余的原因之一。“颙喁”的归宿还不能算最终定局,因为还有不同的订音意见。

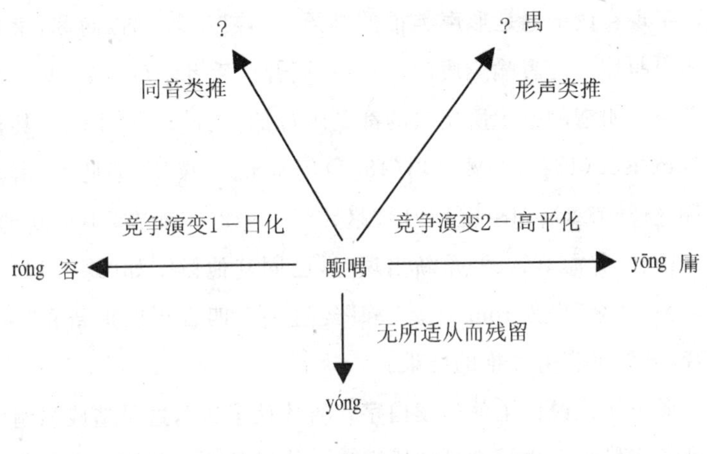

图 1

“滽”字《广韵》“馀封切”,喻四锺韵,与“容庸”同音。《辞海》(1979/89):“滽(róng 容),水名,在河南省孟津县界。见《玉篇·水部》。”《玉篇·水部》:“滽,音容,水出宜苏山。”《辞海》据此订音 róng,属同音强制类推。《辞源》注音为 yōng,属形声类推。一般是后者形声类推更有力,所以我们现在看到《汉语大词典》(1990)也注为

yōng，而最新版的《辞海》(1999)已改为“yōng 庸，又音 róng 容”。发生在“滽”字身上的强制类推的竞争演变经过二三十年的争夺，形声类推已经占了上风。上面谈到强制类推有五股力量。这些类推力量有时会重合，如在“滽”字音变中“竞争演变 1-日化”和“同音类推”合二而一，“竞争演变 2-阴平化”和“形声类推”合二而一：

表 5

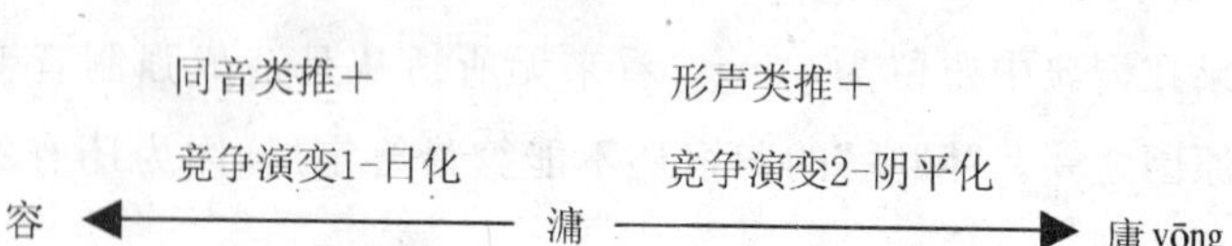

“嵘”字现在读 r 也是形声类推的结果。“嵘”字《广韵》两读：永兵切和户萌切。前者喻三庚韵，与“荣”同音。后者匣母耕韵，与“宏”同音。元明清韵书中所反映的都是匣母的读音[x](<[ɣ])，甚至到 Morrison(1820)和威妥玛(1867)仍是 h。“嵘”字不见于《清书对音》(1860)、Goodrich(1891)、赵元任(1922)。而在《中华新韵》(1941)和《辞海》(1989)重新出现时，已同其他僻字如“蝾”一起跟着声旁字“荣”变为 róng 了。“嵘”经过一千四百年后重新和“荣”同音，显然是声旁类推的结果。

形声类推说白了就是读白字，“秀才认半边”，这是造成强制性类推音变最强大也最常见的原因[10]。书写影响音变的情况在使用拼音文字的语言里也时有所见，只不过不如汉语读半边发生得那么频繁。例如，瑞典语中某些词末的/d/好几百年前就已不发音了，但是最近几十年由于受到拼写的影响，很多人又重新把这个/d/发出来了(Janson 1977)。英语里也有类似的例子，像 walk，talk，yolk，folk 等词中的“暗 l”早已不发音了，但是最近在有些词里，如 calm，palm 等，由于受到书写的影响，又开始恢复了（Trask 1996:61）。

4. 音变的地理分布

前引艾约瑟的话让我们确信音变是先从天津开始，然后扩散到北京。从更大的地理范围来看，可能是从河北东部一些小方言中开始，然后逐渐扩散到大城市。现有的方言资料表明，这个音变的地理分布包括冀东和冀鲁交界处（见图 2），而且在那些地方规模更大。其中以冀东永清、霸县、大城、文安和冀南宁晋、大名六县变得最快（见表 6），除了阳平字，还有阴平“庸佣拥臃”、上声“勇永咏泳”、去声“用”等字都

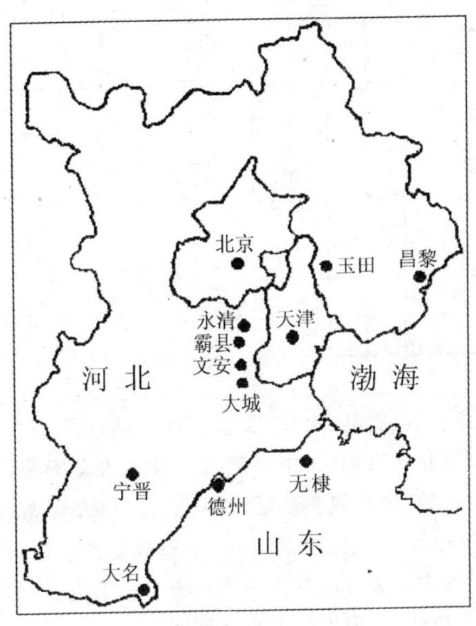

图 2

已发成 r 了,甚至还有非 ung 韵字都发成 r 的。

以上六县,加上昌黎和玉亭,河北一共八个县,其中六个都挨着天津。昌黎和玉田在天津东,永清、霸县、大城、文安在天津西南。宁晋和大名在河北省的南部靠近山东。

天津话里的异读字比冀东少,但多于北京。除了阳平字,还有阴平“拥”、上声“勇”等也是两读。甚至还有个表中未收的“佣”字。去声“用”字在天津话中有 y～r 两读,而且口语中 rung 似乎更常见。这个异读的产生可能很早了,因为有些七八十岁的老天津也这么说[11]。

表 6 河北山东话中 y>r 变化,阳平以外的例字

j/r	容	荣	拥	臃	涌	用	勇	永	咏	泳	扬	仰	允	醃
声调	阳	阳	阴	阴	阴	去	上	上	上	上	阳	上	阳	阴
601 切韵	+	+	+	+	+	+	+	+	+	+	+	疑	+	+
1820 Morrison	+	+	+	+	+	+	+	+	+		+	+	+	+
1980 辞海	—	—	+	+	+	+	+	+	+	+	+	+	+	+
北京	±										±		±	
昌黎											—			—
玉田											—			
天津	±	±	±			±	±				—			
冀东四县	—	—	—	—		—	—	—	—	—				
宁晋、大名	—	—	—	—		—	—	—	—	—				
德州	—	—	—		—	±		—				±		
无棣	—	—						±						

“冀东四县”指永清、霸县、大城、文安。这四县以及宁晋、大名的材料据《河北方言概况》(河北北京师院、中科院河北分院语文所编,天津:河北人民出版社,1961)。“昌黎”指昌黎北区话,材料据《昌黎方言志》(河北省昌黎县县志编委会、社科院语言所合编,新 1 版,上海教育出版社,1984)。德州、无棣的材料据《山东省志・方言志》(山东省地方史志编委会编,济南:山东人民出版社,1995)。天津话、玉田话由我自己调查。

与宁晋、大名相对的是山东靠近河北的德州和无棣。德州除了阳平字，还有“拥湧永”等字发成 r，“用”字两读，见后文§6。无棣话“永”字有 y～r 两读。这有三种可能：一百年来一直如此；受普通话影响而新出现 y；受德州话影响而新出现 r。存而不论。

“扬(场)”字在昌黎北区、玉田、天津话以及黑龙江话(自己调查)中说成 rang。北京及近郊口语中也有说成 rang 的。与此相仿的“仰”字在德州话中也有了 rang 这么个异读。“醃”字在昌黎北区变成 ran，这是最特别的。相比之下，“允”字的异读 run 比较容易理解，因为它的变化条件跟“容”一样，也是在[u]之前，区别是韵尾不同。

从上述音变的地理分布，能否推测音变的先后呢？天津在北京前这一点已确定，冀东可以处于表 7 中“a，c，d，e”任一位置，即打√处，“d”是与北京同时。

表 7 音变在地理上的先后

a	b	c	d	e
√	天津	√	北京 √	√

也就是说，可能冀东先变，再传到天津，最后是北京；也可能天津先变，然后传到北京和冀东，冀东可能在北京前、后或同时。这两种情况都有可能，但冀东先变的可能性大得多，主要是因为此音变在冀东规模最大，天津次之，北京最小。一般地说总是大城市方言变化快，小方言慢一点。现在理论上变化慢的规模反而大，那么一定费时更长，所以可以假定音变在冀东先开始。另一方面，如果天津先变，为什么传到北京的只有阳平字新音，而传到冀东的却是

什么声调的都有？这很奇怪。如果最先传到冀东的也只是阳平字，然后自己扩散到其他声调，那么，冀东的音变就要快于天津。这跟大城市变得快的前提不合。

5. 音变最初起因的探讨

下面我们从有利条件和触发因素这两方面来探讨一下此音变的起因问题。

在东北、京津和冀鲁一带，y～r 的交替是常见的现象。在东北话中，r＞y 更多见点。如“人、肉”等日母字，在东北话中都是腭音字：yin you。反过来，在京津河北，y＞r 的变化更多见。本例音变可表述为“[j]＞[ɻ]/—[ʊŋ]，即[j]在[ʊŋ]前有变为[ɻ]的倾向”。用区别特征（见朱晓农 1983）来表达即为：

[－grave]→[＋grave]/____[＋grave]

锐[－grave]（acute）近音[j]，受后面钝音[＋grave]的影响，逆同化为钝[＋grave]近音[ɻ]。

京津一带有两个语音环境使得 y＞r 更为可能。第一是零声（轻声）弱化音节多，弱化音节的元音一般是混元音[ə]，它也是钝音[＋grave]。第二是卷舌音多，包括卷舌的声母[tʂ，tʂh，ʂ]和韵母[ɚ]，这些都是钝音[＋grave]。所以从发音到听感都容易对 y＞r的变化起感染作用。

具有促使 y＞r 的语音环境只是提供了有利条件，但并不一定就必然导致这样的音变。音变的直接导因可能来自外部，也可能来自内部。内部的触发因素可能是生理、声学方面的普遍因素，也可能是各语言特定的结构方面的因素。就本例来看，其触发缘由很可能来自一个很偶然的内部“诱饵”，但跟内部结构方面的因素无关。

在Morrison字典（1820）中，有一项非常有趣的记载：上声“冗”rung上有一个阳平又音yung阳。“冗”，《广韵》“而拢切”，日母上声肿韵，对应于Morrison记的第一个音rung上。“冗”不是个很常用的字，《广韵》无异读，所以Morrison记的又音yung阳不是书音传承，而是口语变异。

关键在于Morrison记载的这个口语又音是什么地方的官话。如果是出现在当时的北方官话中，包括京津河北一带，那么我们就有了如表8中所构拟的音变在冀东起动和扩散的假设。表中“庸容永用”分别代表阴阳上去四声yung音字。

表8 音变在冀东的起动和进行

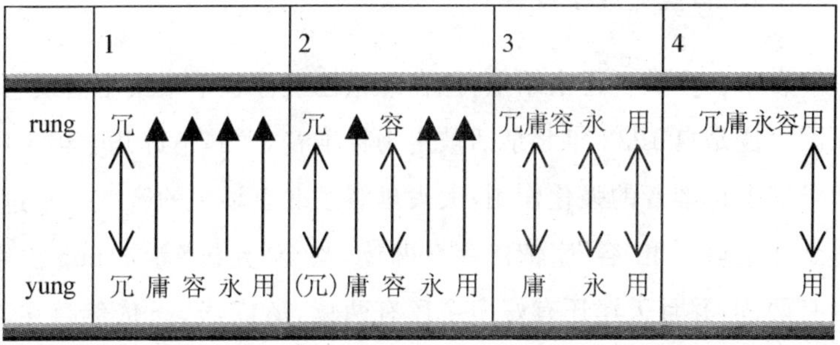

	1	2	3	4
rung	冗	冗 容	冗庸容 永 用	冗庸永容用
yung	冗 庸 容 永 用	(冗)庸 容 永 用	庸 永 用	用

“冗”rung上字在1820年前有了又音yung阳。这个又音像是诱饵，引诱yung音字往rung那边变。接着是关键的第二阶段，“冗”的阳平又音yung首先诱发了阳平yung音字（容荣），使它们获得rung阳的又音。到第三阶段，再把阴平上声字吸引过来。去

声“用”字的又音 rung 可能在此时产生，也可能稍后。最后到第四阶段，“永容庸”都已变定。而“用”在德州的 y 音反而是后起的，详后 § 6.3。

这个音变的起动方式——回钓式起动——以前没有讨论过。音变有一个起点音，有一个终点音。在本例中，y 是起点音，r 是终点音。扩散式音变的开始，总是在起点音那儿有(些)个字获得了个终点音的又读，然后引导同音字从起点移向终点。在本例音变中，是反过来在终点音那儿有个字获得了起点音的又读，然后把起点音那儿的字“钓”过去，从而激发了一场音变。

6. 附论

6.1 音变完成了没有?

看来在津冀鲁还未结束，但在北京已经停顿下来或不活跃了。原因可能是自 1932 年北京话被定为标准音，尤其是近几十年来广播电视上标准音的强化作用，大大延缓了北京话中的音变。不过，由于北京口语里“容”字依然存在两读，甚至“允扬”等非 ung 韵字也有两读，并且天津还有好多字还有两读，所以，y>r 依然存在着驱动力。

6.2 音变的速率

很多人讨论过音变速率的 S 模型，即中间快两头慢。音变速率的量纲有两个方面。Weinreich *et al*. (1968)以人数来衡量，陈渊泉(1972)以词数来衡量,沈锺伟(2002)两者都考虑到了。在历史语言学里,由于材料的性质,只能考虑词汇数量。从北京话阳平yung变rung看,开头和中间都很快,但最后收尾阶段拖泥带水了一百多年还没完。整个音变的速率像是一条对数曲线╱‾,“厂”字形状。本例音变的起动是在1857—1867这十年间,几乎所有常用字都同时有了异读;主体进行是在1867—1891这二十四年间。但是在收尾阶段,读书音到1922年还是旧音;特僻字“肜”到1941年、“瀜”到1979年才获得新音;较僻字“颙喁”至今还在摇摆;而“容”到1970年的口语字典中,甚至今天的口语中仍有异读。也就是说,音变还没有最终结束。厂型速率可能跟涉及音变的字数少有关。

6.3　音变走回头路

还有件值得注意的事,那就是丁邦新先生(1986a,1986b)所说的“回头演变”:“完全回头”和“部分回头”。下面的例子是个别字的回头演变。

德州“用”字两读,r是老派发音,而y是新派音[12]。r的发音是从y变来的,而现在年轻一代又从r变回到y。再过一两代人,等老派人都过去了,新派发音成了唯一的发音,我们就看到了一个语音演变走回头路的例子:y＞r＞y。这要归因于受普通话的影响。

这里我们看到,一百年前,北京话还未成为权威方言时[13],它容易受周围方言的影响,把y变成r。但从1932年以来,北京话成了标准音,它在y＞r方面滞后的变化就起到了阻碍其他方言中的同类变化,甚至把人家已经变了的都还要拉回来。

6.4 音变在其他地区

上面说了,这个音变主要发生在京津冀东及冀鲁边界处,其实河南也有类似情况[14]。下面是引自《河南方言研究》的有关材料。

开封"央殃秧"rang阴;"荣"rung阳。郑州同北京,"容荣蓉镕"rung阳。洛阳"荣"rung阳,但"容蓉镕融"yung阳。安阳"容荣融蓉镕"[ʒʊŋ],同"戎茸"。信阳"容荣融蓉镕"和非上声"拥永用"都是zung,同"戎茸"。豫南唐河、泌阳一带阳平"容荣融"是[yŋ],阴平上去"拥勇用"反倒是[ʐuŋ]。另据任继昉先生见告,豫东南固始、商城一带阴阳上去"拥容永用"都说成rung。据我非正式观察,觉得豫东南的日母与京津一带不同,它的摩擦成分较强,像是个浊擦音[ʐ],其确切性质仍有待核实。

河南的音变可能与京津冀有共同的来源,也可能独立产生。如前所说,"y>r/____u"有语音上的有利条件,所以独立产生很有可能。此音变在河南各地情况复杂,从音到类纷杂多歧,此处不再多谈。

6.5 不规则变化

最后再谈四个变化不规则的字(见表9),头三个今天都是日音字,按规律来说不应该。"阮"字《广韵》疑母,阮元两见,按说现在应该和"元原"同声韵,但却变成了ruǎn。"阮"字y～r异读艾约瑟(1857)和威妥玛[15](1867)都有著录,赵元任(1922)则作为误读提到r。

"锐"《广韵》"以芮切",和"睿蜹"等字同属喻四祭韵合口。按说应该跟同韵同呼的喻三字“卫彗”相近，但实际上变得跟同韵同呼的日母字“芮枘蜹”一样了。“锐芮”早在《西儒耳目资》(1642)和《韵略汇通》(1642)中已经同音，声母是日音。(“蜹”有日母和喻四两读，会不会是这个异读的“蜹”促成了这两个小韵的合流？若是，则又是一例回钓式音变。)“锐”在《广韵》另有一“杜外切”，定母泰韵。这个异读也反映在《西儒》中：tui去。威妥玛(1867)则记录了“锐”的三个音：与“芮”同音的 rui去，与“卫”同音的 wei去，以及 tui去。最后那个 tui去音对应“杜外切”。前两个看来都是后起音，都从“以芮切”演化而来，只是后来盛行 rui去音而丢失了 wei去音。从“锐阮”两字的注音情况来看，威妥玛实际语言调查和反切折合工作都做得很好。

表 9

y/r	阮	锐	瑞	慵
601 切韵	ŋ	+	(d)ʐ	(d)ʐ
1324 中原	+			
1626 西儒	+	—/t	ʂ	—/ʂ
1642 汇通	+	—	ʂ	—
1727 五方				—
1820 Morrison	+	—	$tʂ^h$	—/tʂ
1867 Wade	±	—/wei	ʂ/—	±
1891 Goodrich		—	ʂ/—	—
1922 赵元任	±	—	ʂ	
1941 中华	—	—	—	+
1980 辞海	—	—	—	+

表 9 中最后还有两个禅母字“瑞”和“慵”，它们经历了下图所示的三阶段的变化：

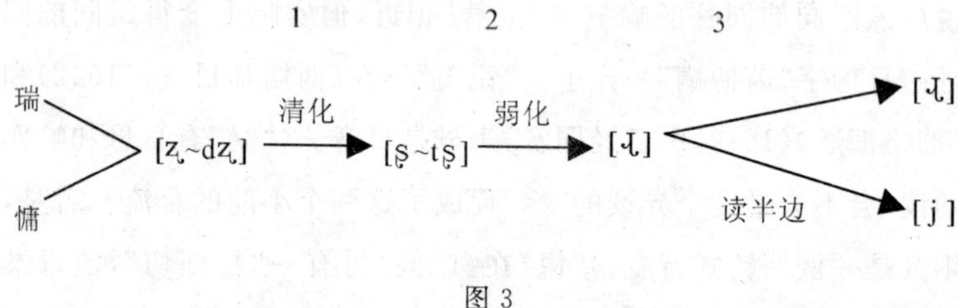

图 3

第一阶段是普遍的浊声清化[16]。第二个阶段，擦音 sh[ʂ]弱化为近音 r。这种现象在北京话快速语流中很常见，例如，“晚上 wǎnrang”。这是一个伴随弱化过程[17]。由于音长缩短和音强减弱，擦音声母 sh[ʂ]的摩擦成分缩短并削弱，变为近音 r。

“瑞”字的日音又读出现较晚，见于威妥玛(1867)和 Goodrich (1891)。赵元任(1922)仍只标旧音[ʂ]，直到《中华新韵》才承认它的新音。与此相反，“慵”字的日音出现得相当早。在《西儒耳目资》(1626)里已经[ʂ]～r 两读，《韵略汇通》(1642)把它放在“人”母下。奇怪的是它第三阶段的变化 r>y，跟本文讨论的 y>r 变化正相反，看来也是读半边的结果，最早见于威妥玛(1867)。

7. 结语

在这最后一节中，我们先总结一下本文关于腭近音日化的发现，再讨论其理论意义。

音变地理位置：河北东部，包括京津，以及冀鲁边界处。

音变起始年代：津冀，十九世纪上半叶或更早。北京，1857—1867 年间。

音变结束年代:北京阳平字音变主体于 1891 年前完成,扫尾尚未完全结束。天津尚未结束。冀鲁边界处有走回头路的现象。

音变顺序:

(1) 地理顺序:冀东,天津,然后北京。

(2) 声调顺序:冀东和天津先阳平,然后扩散到其他声调。北京只有阳平字受到影响。

(3) 韵母顺序:先 ung(后高母音+后鼻音),然后 un(后高元音+前鼻音)和 ang(后低元音+后鼻音),再 an(前低元音+前鼻音)。

(4) 字的顺序:先最常用字,再同声符的一般字,然后特僻字,最后不同声符的较僻字。

音变的原因:腭近音在后面钝母音的影响下,有了从锐近音变成钝近音的同化环境。直接的触发缘由可能是"冗"rung 字在十九世纪初有个又音 yung,而 rung～yung 这样的异读模式诱发了原来的 yung 音字"容荣"反向生出个又音 rung,从而触发了音变。

最后谈一下本项研究的意义。

1. 确定了腭近音日化在北京话中的年代。确定音变的绝对年代一向难以做到。重要音变如轻唇化、浊声清化、入派三声、腭化等的起变年代,都只能猜个大概。本例音变能够确定年代,是因为去古未远。

2. 发现了一种在小型音变中的厂型扩散速率。过去一般认为扩散的速率是 S 型的。

3. 充分讨论了书写对于语言(变化)的反作用。汉字 80%多是形声字,形声字的创造受语音制约。反过来,它在语音变化中也起一定的作用。

4. 发现异读可以150年甚至更长期地并存。这种异读可能诱发下一轮音变。

5. 考察了音变扫尾阶段的复杂性,讨论了多至五股力量在强制音变中的争夺。发现僻字的残余读音有可能是因为在竞争音变中缺乏主导力量无所适从而造成。

本文还提出了两个猜想:

1. 回钓式起变——音变的起因一向是个大难题。本文从发现一个细小的异读现象出发,提出了一个回钓式音变起动的假设。

2. 小方言影响大方言——过去一般认为五方杂处的大城市中语言变化较快,僻远的小方言一般比较保守,变化主要是受大方言的影响。在本例音变中,我们设想小方言中先开始音变,然后扩散到大城市方言中。

本文追踪了一起发生在150年前,至今仍未完全结束的音变。也就是说,这是一个在共时平面上仍能看到变异的、正在进行中的历时音变;或者说是延续着历时音变的共时变异。研究这种音变的最大意义在于可以直接观察现实中的音变,这有助于读懂古籍中的有关记载,进而帮助我们理解历史上的音变,而理解语言变化的起因和过程正是历史语言学的基本目标。

附注

① 河南有类似现象,见后文§6.4。

② 另有两个又音字"傛嵘"没排除。"傛"在《辞海》里有两读,阳平的

rung 同“容”;上声 yung 为“不安”义,与本题无关。“嵘”也有另切,见§3。

③ 只有“溶”róng 是个特例,但也不能说完全是例外,因为有另外一条“竞争音变”(competing change)在起作用,详见§3。

④ 实际上这儿应该说是“语素”,但为了行文方便,以下我全用“字”。

⑤ 原书用的日母音标是[ʐ]。当年高本汉敏锐地意识到要用不见于国际音标图的新符号[ɿ,ʅ,ʮ,ʯ]来表示汉语中的舌尖母音,其实标示日母也需要一个新符号,详见朱晓农 1982,1987,2001。

⑥ 谢谢赵长才先生向我提供这个情况。

⑦ 如《辞海》(1979,1989,1999)、《辞源》(北京:商务印书馆,1981 修订本)、《汉语大词典》(上海:汉语大词典出版社,1990)、《现代汉语词典》(北京:商务印书馆,1988)。

⑧ 其理由是“按照语音构造,今北京音[yung]阳平无字”、“北京口语里没有 yong 阳平调”。

⑨ “颙喁”两字都另有 yú 一音,分别对应于《集韵》“元俱切”和《字汇补》“五间切”。而“禺”亦有 yóng 又音。这些似与本题无甚关系,故不赘言。

⑩ 随着教育的普及,秀才成百倍地增多,由读半边和其他“差不多化”造成的强制音变几成常规。张振兴先生日前在香港科大作了个关于闽语特字的报告,提到“屿”字。在闽语中这是个常用字,闽语各方言中的发音都对应于《广韵》“徐吕切”。但在大部分其他地区它是个僻字,所以读音如何全看老师怎么教。丁邦新先生说他当年学的读音是 xù,也对应于“徐吕切”,但我们读书时都是“岛与”了。

⑪ 谢谢朱志瑜先生向我提供天津话的有关情况。

⑫ 原书的标音为[yŋ](新派)和[ʐuŋ]。前者显然是从[juŋ]变来。后者声母[ʐ]的写法可能因循自高本汉以来对日母的标音,参看朱晓农 1982,1987。

⑬ 直到 1932 年以前,北京口语音不但未获得标准音的地位,它甚至还只是“老妈子”“用人”的标志(赵元任 1971)。那时北京的读书音还有入声(林焘 1992)。读书音在那时当然比口语音更权威。这一点从前引赵元任编《诗韵》,把口语里新起的 r(<y)音看做“误读”,也能看到。

⑭ 谢谢任继昉、黄笑山先生提供这一情况。

⑮ 威妥玛实际上记载了三个音：yüan上，yüan阳，ruan上。前两个读音对应于《广韵》的两个反切，最后一个是口语中新生的变音。

⑯ 口语中浊声清化发生在元代以前，但书音系统中直到明初《洪武正韵》中还有浊声母(刘文锦 1931)。

⑰ 一个平行的变化是腭擦音[ɕ]在语流中变成腭近音[j]，如“巴西队”电视球评说快了成了“八一队”。

引用文献

丁邦新 1986a.《儋州村话》.史语所专刊之 84.台北，中央研究院。

丁邦新 1986b.十七世纪以来北方官话之演变.《近代中国区域史研讨会论文集》,1-10.台北，中央研究院。

高本汉 1915—1926.《中国音韵学研究》中译本，赵元任、罗常培、李方桂译，1940 年第 1 版. 1994 年缩印第 1 版.商务印书馆.

李　荣 1982.论北京话“荣”字的音.《方言》2:161-163.

李行杰 1999.描写分析综合创新.《方言》1:5-20.

林　焘 1996.日母音值考.《燕京学报》新 1 期.

林　焘 1992.“入派三声”补释.《语言学论丛》第 17 辑.商务印书馆.

刘文锦 1931.《洪武正韵》声类考.《史语所集刊》3 本 2 分,237-249.

沈锺伟 2002.音变的有向无序性.载潘悟云主编《东方语言与文化》,31-58.东方出版中心.

王　力 1980.《汉语史稿》.中华书局 .

王　力 1983.再论日母的音值，兼论普通话声母表.《中国语文》3:20-23.

张启焕、陈天福、程仪 1993.《河南方言研究》.河南大学出版社 .

赵元任 1971.我的语言自传.《史语所集刊》43 本 3 分 .

朱晓农 1982.关于普通话日母的音值.《中国语文通讯》3:19-22.

朱晓农 1983.读《汉语普通话的区别特征及其相互关系》.《语言研究》2.

朱晓农 1987.音标选用和术语定义的变通性.《语文导报》3:55-58.

朱晓农 1988.音韵学:认识论和方法论.《语言学通讯》3:16-19.

朱晓农 2003.从群母论浊声和摩擦.《语言研究》.

Chen, M. 1972. The time dimension: contribution toward a theory of sound change. *Foundation of Language* 8, 458-498.

Janson, T. 1977. Reversed lexical diffusion and lexical split: loss of-d in Stockholm. In Wang (ed.) 1977, 252-265.

Labov, W. 1975. On the use of the present to explain the past. In L. Heil mann (ed.), *Proceedings of the 11 th International Congress of Linguistics*, 825-851. Bologna: Il Mulino.

Trask, R. L. 1996. *Historical Linguistics*. Edward Arnold Publisher.

Wang, W. S.—Y. 1969. Competing changes as a cause of residue. *Language* 45, 9-25.

Wang, W. S.—Y. 1977. *Language Change*. Mouton.

Weinreich, U., W. Labov & M. Herzog 1968. Empirical foundations for a theory of language change. In W. P. Lehmann & Y. Malkiel (eds.) *Directions for Historical Linguistics*, 95-196. Austin: University of Texas Press.

Zhu, X. 2001. Mandarin. In J. Gary & C. Rubino (eds.) *Facts about the World's Language: An Encyclopedia of the World's Major Languages, Past and Present*, 140-150. N. Y.: The H. W. Wilson.

（原载《汉语史学报》总第三辑，上海教育出版社，2003）

唇音齿龈化和重纽四等[*]

1. 引言

唇音齿/龈化指的是唇塞音 p,p^h,b,m 变为齿塞音[1](dental) t̪,t̪^{h},d̪,s̪,z̪,n̪/l̪,或龈塞音(alveolar)t,t^h,d,s,z,n/l,这是一个普遍的有条件音变。它在语音学上的条件方特(Fant 1960)早在四十年前就已经指出了,那就是在一个辅音性的滑音-j-之前。它的听感基础 Winitz 等人三十年前已经做过实验证明了,即唇音在前高元音-i之前有近四成可能性误听为齿龈音。它的普遍性奥哈拉(Ohala 1978)二十年前已经发现,它不但发生在历史上,还发生在共时变异中,不但发生在汉藏语中,还发生在印欧语、班图语中。

本文以此为背景重新考察汉语历史上的重纽问题,在类型学、声学、听感实验的基础上重新肯定我们(潘悟云、朱晓农 1982)原先的重纽四等拟音 *-j-,并重新认识了音变过程。下面先介绍重纽研究的背景(§2),然后考察唇音齿龈化的分布(§3),引入一个语音学上的解释(§4),介绍唇音齿龈化的听感基础(§5),§6 讨

* 本项研究得到香港科技大学研究项目(DAG01/02. HSS04)的资助,谨此鸣谢。

论音变过程,最后§7讨论实验音韵学的一个构拟准则。

2. 重纽研究的背景

重纽是指《切韵》中支、脂、祭、真、仙、宵、侵、盐八个三等韵喉牙唇音字中,除了开合口的区别外,它们的反切下字还可分为两类。重纽早在清代(见陈澧《切韵考》)就已发现,但有清一代没有引起什么注意。一直到二十世纪,这个问题才被重新提出讨论。章炳麟认为重纽只是早期遗留下来的不同反切,到隋代只是纸面上的类别,实际音值并无区别[②]。这种看法对后世研究影响不大,可能只有王力有些类似的议论[③]。

陆志韦(1939)重新提出了这一问题,使重纽研究得到很大的进展。现在一般都认为重纽在中古汉语中确有音值区别,不过在具体处理上,存在着元音区别、声母区别、介音区别三种不同的看法。陆志韦本人最早主张重纽"毋宁谓主要元音上之不同"。他认为要构拟长短两个不同的介音,"其说非不可能,而殊不足信"[④]。以后周法高(1948)、董同龢(1948)也都持这一看法,并且构拟了具体的元音音值。

王静如(1941)提出了一个和陆志韦共同商定的两重区别论:重纽既有介音区别,又有声母区别。重纽三等介音为较低的*I,声母为唇化的喉牙音*k^w和喉化的唇音*p^w;而重纽四等则为较高的*i,声母是普通的辅音。后来李新魁(1984)主张重纽纯为声母区别,构拟同王静如。不过由于唇音不分开合得到普遍赞成,重纽是声母的区别始终不受重视。

王静如(1948)注意到重纽四等的唇音字在汉越语中变成了齿音,他设想是“被一个很强而窄的腭介音所同化”,因而认为重纽四等是“强而窄”的腭介音,重纽三等则是弱的腭介音。后来潘悟云、朱晓农(1982)把重纽和唇音开合口、三等介音、轻唇化等跟汉越语中唇音齿龈化放在一起通盘考虑,把重纽四等的介音拟为辅音性的 *j,而重纽三等的介音则为元音性的 *i。以后又有很多家不同的介音拟音,潘悟云又有了新的想法,见下表。各家的拟音虽然各不相同,也没有一个被普遍接受,但有一个共同点,那就是都把重纽四等介音拟得比三等更外围化(peripheral):更紧、更高、更前。

	王静如 1941 陆志韦 1947	潘悟云 朱晓农 1982	邵荣芬 1982	俞敏 1985	施向东 1983	丁邦新 1995	麦耘 1995	郑仁甲 1994	潘悟云 2000
三	I	i	i	ri	ɹi	rj	rɪ̯	ɨ	ɯi
四	i	j	j	i	i	i	i̯	i	i

潘悟云、朱晓农(1982)把重纽三四等介音分别拟为元音性的 *i 和辅音性的摩擦较强的 *j,主要是出于汉越语的考虑:重纽四等唇音字进入汉越语后有一半多变成了齿音,例如:卑臂比匕秕,脾避鼻毗琵 ti|宾滨鬓殡,频苹颦 tɐn|标飙,摽 tieu。我们还为这个变化构拟了发音生理上可能的连续变化过程:

$$^{*}bj/pj > ^{*}bz/pj > ^{*}ps > ^{*}s > t$$

这就是唇音齿龈化:腭化的唇音(palatalized labials)p^j,b^j,m^j或后接腭介音的唇音 pj,bj,mj 变成齿音或龈音如 t,d,n 等。下文将论证以下两点:

● 从类型学、声学、听感三方面为重纽四等 *-j-介音的构拟提供佐证。

●离散的跳跃的直接音变 pj->t-比上述连续变化的可能性更大。

3. 唇音齿龈化的类型学分布

汉越语中的唇音齿龈化并不是一个孤立的现象、不是无法理解的怪异现象。恰恰相反，在全世界很多没有亲缘关系的语系中广泛而独立地发生这种音变。下面提供一些例子，有些转引自奥哈拉(Ohala)1978 的文章。

先看汉藏语中的例子，唇音齿龈化在龙州土语(Li 1977)、藏语(Benedict 1972;Chang & Chang 1975)、独龙语(郑张 1995)中都有报道：

龙州	Tien-chow		
pjaa	tʃaa		‘鱼’
pjau	tʃau		‘空’
phjaai	tʃaai		‘走’

古藏语	拉萨	Ahi	
bya	tʃa	do	‘鸟’
byi-ba	tʃiwa		‘老鼠’

藏语	独龙语	独龙语怒江方言	
sbjin	bi/dzi	zi	‘给’

汉语方言中也有类似情况，属中原官话汾河片的晋南闻喜话(潘家懿 1985)中帮组 p，p^h，m 三个声母，逢蟹止效流咸深山臻曾

梗十摄开口三四等字，白读音可以变读为 t，t^{h}，l（东乡片的礼元、东镇、和仁 m 有时变为 ȵ），如：

毛笔 mau$^{213-35}$ ti^{51} ＝毛涤　　变化 tiæ$^{213-35}$ xua^{213} ＝电话

猪皮 pfu^{31} t^{h}i^{213} ＝猪蹄　　劈开 t^{h}i^{51} k^{h}i^{03} ＝踢开

瓶子 t^{h}iɯŋ$^{213-51}$ u^{03} ＝亭子　　棉花 li æ$^{213-51}$ xua^{03} ＝莲花

小米 ɕiau$^{45-33}$ li^{35} ＝小李

腭化唇音变为齿音不仅仅出现在汉藏语中，在许多其他语言中也都可见到。下面是发生在印欧语和非洲班图语的历史上的类似音变（引自奥哈拉（Ohala）1978）。

前古希腊语	古希腊语	
* g^{w}am-yo	baino	‘我来’
* thaph-yo	thapto	‘埋’
拉丁	法语	
sapius	sage[-ʒ]	‘明智’
rubeus	rouge[-ʒ]	‘红’
rabies	rage[-ʒ]	‘疯狂的’
cavea	cage[-ʒ]	‘山洞’
原始班图语	豪撒语，祖鲁语	
* pja	tʃha	‘新’

上面引证了很多语言历史上发生的唇音齿龈化现象。在共时亲属语中也可以看到腭化唇音与齿龈音的交替。例如捷克语中，标准捷克语中的腭化唇音对应 Bohemian 的方言中的齿龈音（见 Anderson 1973）：

标准捷克语	东波希米亚	
m^jɛstɔ	nɛstɔ	‘城镇’
p^jiːvɔ	tiːvɔ	‘啤酒’
p^jɛkn^jɛ	tɛkn^jɛ	‘好’
p^jɛt	tɛt	‘五’

[p^j～t],[m^j～n],这些共时交替跟汉越语中的唇音齿龈化变化的方向是一样的。

下面是意大利语(Jaberg & Jud 1928,转引自奥哈拉(Ohala) 1978)中的同类现象:

罗马方言	Genoese 方言	
pjeno	tʃena	‘满’
pjanta	tʃanta	‘种植’
bjaŋko	dʒaŋku	‘白’

罗马意大利语中的清/浊唇音加上强腭介音 pj/bj,分别对应于 Genoese 意大利语中的清/浊齿龈-舌叶音 tʃ/dʒ。

如上所述,唇音加上辅音性滑音 j 有变成齿龈音的倾向。这种音变不但出现在汉越语中,不但出现在汉藏系的其他语言如官话、藏语、缅语、独龙语中,还出现于印欧语言和班图语言中。不但在历史上出现过,就是在现实的活语言中也可见到共时变异,共时交替。也就是说“bj>d,pj>t,mj>n/l”是普遍现象,因此把重纽四等介音构拟成*-j-就有了类型学上的支持。

4. 唇音齿龈化的语音学解释

既然类型学显示腭化唇音有齿龈化倾向,那就不是无法解释的偶发事件，而一定有普遍的原因在背后。那么，到哪里去找这音变原因呢？如果一个语言信号A容易变成另一个信号B，那么两者之间就一定在某个方面有相似之处，或者是生理上的，或者声学/空气动力学上的，或者是听感上的。这三方面的关系并不是一一对应的。否则知道了一个，也就知道了其余两个。

普通唇音和齿龈音的对立几乎在所有语言中都能见到，两者从发音生理到声学特征都有很大区别。但如果唇音后接了一个腭介音，那么它的声学和听感特征是否与齿龈音会有某种程度的相似呢？这就是下文所要讨论的。

辨认塞音的声学线索，有三个方面最值得注意。一、"初浊"VOT，用来区分清浊、送气不送气。二、不同部位的爆破所造成的声学和空气动力学的效应。三、后接元音的第二共振峰F2转接段的走向，下面的示意图给出了一个上升的转接音轨。

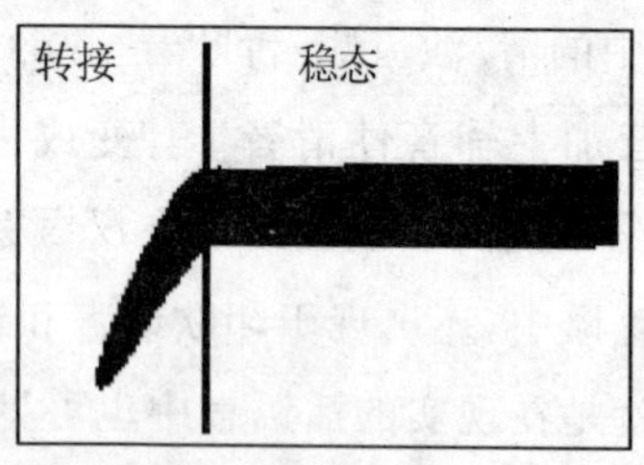

第一个初浊在这儿不是个问题。后两个问题是关键。唇音后面接了腭音，与齿龈音的调音器官态势(configuration)有某种相似，因而引起了后接元音的共振峰结构也有某种程度的相似。请看下面三个语图(引自 Fant 1960，p. 259，Fig. A 13－15，p. 261，Fig. A 13－17)。

图中横轴是时间，单位为秒；竖轴是频率，单位为赫兹。可以看到图(2)和(3)的共振峰结构很相似,而跟图(1)差别很大。这三个小图中F1都很接近,区别在于第二共振峰,而F2的走向正是造成听感差别的主要因素之一。这三个小图中的F2有两种模式:小图(1)是一个样,F2从1000多点赫兹开始,逐渐升到一千五六百左右。小图(2)和(3)是另一个样,它们的F2都是从大约1800Hz开始渐渐降到一千五六百左右。从这三个语图来看,如果不知道腭介音的作用,就会误以为小图(1)是d-,后两个图是b-和bj-。但实际上小图(1)是ba,小图(2)是bja,(3)是da。也就是说,从语图来看,尤其是从影响听感的F2走向来看,腭化唇音bj和龈音d很相似,而纯唇音b另成一类。由于在F2的转接上很接近,bje这样的腭化唇音就比较容易误听为齿龈音de。如果不是因为b和d的爆破效果有明显差别,bje误听为de的可能会更多。bj和d的这种相似性方特很早就在俄语中注意到了,后来奥哈拉又用来解释类型学上的倾向。汉越语中发生的类似音变也可以用这个原理来解释。

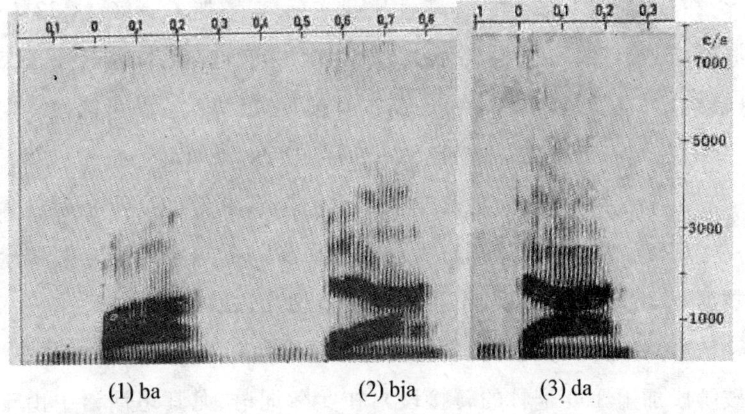

(1) ba (2) bja (3) da

5. 唇音齿龈化的听感基础

Winitz *et al*.(1972) 做过一个塞音听感实验,p 在元音 a,u,i 前都有可能误听成其他塞音,但误听率很不一样,见下表(根据原文表 V):

		说的是 /p/		
		/i/	/a/	/u/
听	/p/	0.46	0.83	0.68
成	/t/	0.38	0.07	0.10
	/k/	0.17	0.11	0.23

先来看第二列数据(0.83/0.07/0.11)。表的读法是:/p/在/a/前被误听成 t 的可能性最低(7%),被误听成/k/有大约一成的可能性(11%),超过八成的情况下辨认无误(83%)。第三列中,/p/在/u/前误听成 k 的可能性比起在/a/前增加了一倍,达 23%;但误听成/t/的可能性仍不大,为 10%;正确辨认率达三分之二(68%)。也就是说,/p/在/a/前很少被听错(约 1/6 的可能性),但在/u/前则有三分之一的机会会被误听成/k/或/t/。

再来看第一列,问题就非常严重了:/p/在/i/前误听率超过了一半(55%=38%+17%);听对的反而少(46%)。尤其是第 2 个数据 0.38,说明/pi/误听成/ti/的可能性几达四成。

当然,这些听辨的音段都是从话语中切割出来的孤立片段(爆破阶段加上 100 毫秒的转接段),在实际词语、尤其是话语中由于有上下文的帮助，听者会自动校正，所以不至于有这么大的误听率。但是，如果出现以下两种情况，那么，如此高的误听率就很容易启动音变。一种是大规模移民，外来人学当地话，他们不了解当地话的标准，很难自动校正。第二种是语音外贷，借入地的人当然也容易因误听而误借。而中古汉语的唇音字齿龈化就发生在外贷到越南语的过程中。

本文开头说"这是一个普遍的有条件音变"。这个"普遍"不是指充分条件："凡有 pj，必变 t"；而是一个统计概念。比如像上面的听辨实验，有 38%的 pi 音片段错听成 ti，那么也许可预测有 pi 音的语言中，大约有 0.38r((1-r)是改正率)的语言会发生唇音齿龈化。"普遍"的意思指的是这种服从统计规律的普遍性。

还有个问题要谈一下，bia 的共振峰结构应该与 bja 相似，那么四等介音构拟成 * -i-是否也可以？进一步考虑到 Winitz 等人的听感实验，四等介音为 * -i-有这种可能性。但是，出于以下两个理由，四等介音拟为 * -j-似更合适。

首先，元音性较松较长的-i-和辅音性较紧较短的-j-作为介音是有区别的，否则就没法解释为什么那么多语言中齿龈化了的唇音后面跟的大多是-j-。这很可能是因为这个辅音性的-j-带有一些摩擦，而就是在齿背、齿龈前的这点儿摩擦(这是元音性的较开较松的-i-介音所没有)使得听者加深了齿音的感觉。

其次，把四等介音构拟为 * -i-实际上是填空档的结果，是先把三等介音构拟为 * -rj/ɨ/ɯi-之后，留下了-i-空位，坐等四等来填补。我仍然认为《切韵》时代三等是个普通的 * -i-，因而四等的构拟只能是 * -j-，没有别的选择。

6. 唇音齿龈化的过程

前面提到唇音齿龈化有两个可能的变化过程，一个是渐变，一个是突变：

齿龈化　　清化　　脱落　　塞化

1) *bj/*pj > *bz/*pj > *ps > *s > t

2) *pj>t

第一种是潘悟云、朱晓农(1982)所构拟的连续的渐变过程，其间至少可以分离出四步：1)齿龈化；2)清化；3)脱落；4)塞化。这些步骤在语音学上都是可能的，中间两步清化、脱落很常见。第一步齿化在汉语各方言中也常见，它还涉及高元音出位的一种：元音舌尖化。这种音变最早的例子可能是止摄三等字在邵雍《声音倡和图》中放在一等的地位；在共时变异中，官话、徽语、客家话、晋语、湘语、吴语中普遍可见，详见朱晓农(2004)。

尽管第一种渐变是可能的，但由于以下三方面的理由，我现在更倾向于认为是第二种突变。第一，导致这种音变最可能的原因不是发音上的，而是听感上的。第二，pi>pɿ 还算常见，但 pɿ>t 罕见。第三个是方法论上的原因：假如没有其他理由，选择直截了当的路线比曲里拐弯的路线更可取，此所谓“奥卡姆剃刀”。尤其在构拟历史音变时，如有多种可能，除非另有证据，先选择概率最大的，而概率大的一般也比较简单。

7. 实验音韵学的研究对象

历史音韵学以认识语音演变——其机制和模式——为主要目标。最近十几年来语音学、社会语言学、类型学的巨大进展让我们明白，想要认识语言的变化，必须从研究变化中的语言着手。以研究实际语言所获得的知识去解释历史文献，如果那个语言碰巧有历史文献的话。研究语音变化有两个侧重点：一是注重内部音变，一是注重外部音变。外部音变是指由语言接触引起的音变。一般来说，外部音变的起因不确定，变化方向随意。由方言借贷引起的特定场合的特定变化固然很多，但这只是一种历史现象，目前只能像史学研究一样，对非重复事件进行个案处理。因此，对于想要认识语音演变的机制和模式来说，外部音变的意义现在还无法评估。

内部音变的原因有很多，现在能辨认出来的比较大的原因有三种：一种是比较抽象的"目的论"(teleology)原理，如省力原理、区别原理、由结构压力造成的填空档等。第二种是本语言社团内部的社会文化驱动因素。第三种是普遍原理。服从第三种普遍原理的普遍音变现象是目前"实验音韵学"所赋予最大关注的。如果某项音变是由于生理、物理和/或听感的普遍因素引起的，那么它就是具有普遍意义的音变。这种音变就应该是普遍现象，它就会

(1) 在历史上重复发生；

(2) 在其他语言中重复出现；

(3) 在语言习得中重现；

(4) 在失语症中镜像重现；

(5) 在实验室中重现。

因此，实验音韵学就有了条构拟原则：所构拟的古音演变要经得起上述五个"重现"的检验。这也符合前辈音韵学家开创这门"口耳之学"的初衷。可以说，这五个重现是把口耳之学具体化、科学化了。

从实验语音学角度看，腭化唇音的齿龈化是由生/物/心理因素引起的自然音变，而不是语音的取代和借贷。从类型学角度看，这是一种普遍现象，而不是由历史、文化、社会等外在不确定因素引起的偶发音变。从听感角度来看，腭化唇音误听为齿龈音有很高的几率。因此，像这一类普遍音变现象便是"实验音韵学"研究的重点。

附　注

① "齿音"在汉语语音学里一直叫"舌尖(前)音"，这个名称不好的主要原因是跟国际语音学脱轨。语音学里一般是以被动调音器官作一级定义，如果需要，再以主动器官作二级定义。还有两个比较具体的理由。一、齿音是"舌尖(前)音"，龈音也是"舌尖(前)音"，没区别了。二、"舌尖音"同时用来命名元音和辅音，这也不合适。语音学跟生理学、声学一样，没什么地方特色。

② 章炳麟在《国故论衡·音理论》中说："《唐韵》分纽，本有不可执者。若五质韵中，一壹为於悉切，乙为於笔切。必以下二十七字为卑吉切，笔以下九字为鄙密切。蜜谧为弥毕切，密滵为美笔切，悉分两纽。……夫其开阖未殊，而建类相隔者，其殆《切韵》所承《声类》《韵集》诸书凿岳不齐，未定一统故也。因是析之，其违于名实益远矣。"

③ 王力(1981)说："中国某些音韵学家却也认为支脂祭真仙宵侵盐诸韵也有重韵。这样越分越细，所构拟的音主观成分很重，变成了纸上谈兵。"

④ 不过后来陆氏改变了看法，跟王静如很接近了。

参考文献

丁邦新 1995. 重纽的介音差异.《第四届国际暨全国声韵学学术研讨会论文集》(二)1—9. 台北.

董同龢 1948. 广韵重纽试释.《史语所集刊》十三本.

李新魁 1984. 重纽研究.《语言研究》2.

陆志韦 1939. 三四等与所谓喻化.《燕京学报》16:143—173.

陆志韦 1947. 古音说略.《燕京学报》专号之二十.

麦　耘 1995a. 论重纽及切韵的介音系统.《音韵与方言研究》37—62. 广东人民出版社.

麦　耘 1995b. 韵图的介音系统及重纽在切韵后的变化.《音韵与方言研究》63—76. 广东人民出版社.

潘家懿 1985. 闻喜方言古帮组声母字的读音.《方言》4:305—308.

潘悟云、朱晓农 1982. 汉越语和切韵唇音字. 吴文祺主编《中华文史论丛》语言文字专辑上卷,323—356. 上海古籍出版社.

潘悟云 2000.《汉语历史音韵学》. 上海教育出版社.

邵荣芬 1982.《切韵研究》70—80. 中国社会科学出版社.

施向东 1983. 玄奘译著中的梵汉对音和唐初中原方言.《语言研究》1.

王静如 1941. 论开合口.《燕京学报》29.

王静如 1948. 论古汉语之腭介音.《燕京学报》35.

王　力 1981.《中国语言学史》. 中华书局.

俞　敏 1985. 等韵溯源.《音韵学研究》第 1 辑. 中华书局.

郑仁甲 1994. 论三等韵的 ï 介音——兼论重纽.《音韵学研究》3. 中华书局.

郑张尚芳 1995. 重纽的来源及其反映. 第四届国际暨第十三届全国声韵学学术研讨会论文,台北.

周法高 1948. 广韵重纽研究.《史语所集刊》十三本上册.

朱晓农 2004. 汉语元音的高顶出位.《中国语文》5:440—451.

Anderson, H. 1973. Abductive and deductive change. *Language* 49: 765—

793.

Benedict P. K. 1972. *Sino-Tibetan：A Conspectus*. Cambridge University Press.

Chang，B. S. & K. Chang 1975. Gyarong historical phonology. *Bulletin of Institute of History and Philology*. Academia Sinica. 46. 3. 391—524.

Fant，Gunnar 1960. *Acoustic Theory of Speech Production*. The Hague：Mouton.

Jaberg，K. & J. Jud 1928. Sprach und Sachatlas Italiens und der Sudschweiz. Surich. 转引 Ohala 1978.

Li，Fang-kuei 1977. *A Handbook of Comparative Tai*. University Press of Hawaii.

Ohala，John 1978. Southern Bantu vs. the world：the case of palatalization of labials. *Proceedings of the Fourth Annual Meeting of the Berkeley Linguistics Society*. 18—20/2/78. J. J. Jaeger *et al*. (eds.).

Winitz，Harris，M. E. Scheib & James A. Reeds 1972. Identification of stops and vowels for the burst portion of/p，t，k/isolated from conversational speech. *Journal of the Acoustical Society of America* 51，1309—1317.

（原载《语言研究》2004 年第 3 期）

从群母论浊声和摩擦
——实验音韵学在汉语音韵学中的实验

一、旧题新问

群母是个不合群的母。从很早起，它就缺了点什么，所以在分布上跟其他塞音相比，就显得不那么整齐。表1显示了它在中古时跟其他塞音的聚合关系。

表1

	唇	齿	软腭
清			见 k①
清			溪 k^h
浊	並 b	定 d	群 g

从竖列来看，见溪群为一组，它们之间是发声区别，见溪是清声，群是浊声。从横行来看，並定群为一组，它们之间是发音部位的不同，並是唇音、定是齿音、群是软腭音②。不管在哪一组里，群母都离群自行其是。从表2例字可以看到，其他声母都是四等俱全③，而群母却只有三等字。对群母的分布空缺，学者们或从历史发展（如高本汉 1915/95；李方桂 1980：18；潘悟云 2000：341），或从现代方言里的残留读音（李荣 1982；刘丹青 1992）和域外对音

(潘悟云 2000:341-2)来证明上古群母也是四等俱全的。

表 2

	一等	二等	三等	四等
见 k	古高岗	间阶更	居九劲	见鸡经
溪 k^h	枯考康	嵌楷坑	区丘轻	牵溪磬
群 g			群奇求	
並 b	婆旁笨	爬彭跑	平备病	陛辫並
定 d	驼代屯	(澄:棹茶)	(澄:治赵)	弟田定

以上所说不过音韵学常识。本项研究就从这儿出发,从以前研究的终点处开始,以群母上古四等俱全作为出发点,探求群母为什么卓尔不群。为什么上古以后其他浊塞音阻塞依旧,群母却破塞为擦了?难道群母命中注定要先变?

与此相关的一个问题是:为什么中古以后浊塞音清化了?难道这是浊塞音的归宿?

讨论这两个问题可以有两个不同的顺序。一是按逻辑顺序,先讲浊声难以维持的一般原理,再看群母尤难的特殊原因。另一是按时间顺序,从浊塞音的消失过程来看,是群母先变,然后波及並定。所以可以先讨论群母问题,再讨论浊声清化。本文按逻辑顺序安排。下文先讨论下列前两个问题,然后扩展到与之有关的其他问题。

1. 为什么浊塞音[b,d,g]不易维持?

2. 为什么软腭浊塞音[g]尤难维持?

3. 浊擦音比浊塞音好维持还是难维持?

4. 为什么日母不是浊擦音，而是近音 approximant?

5. 清塞音中哪个不容易维持?

6. 有关的音变的顺序；维持浊声的代价；浊声东山再起的途径等。

本文以群母的归宿为线索，进而讨论一系列与之相关的问题如浊声、摩擦等。所谓“归宿、命运”，无非随大流之意：遵照演变常规，符合分布共性。说得技术性点，就是从物理（声学、空气动力学）、生理（发音、听觉）、心理（感知）的原理出发，探讨音变的一般倾向和分布的统计规律。今天的分布是昨天演变的结果。因此，如果分布有什么规律可言，那就一定服从演变的规律。因而共时的分布模式就为追踪历时演变提供了线索。

二、为什么浊塞音难以维持?

浊塞音不容易发；即使发了，也不容易维持。这表现在两个主要方面和两个次要方面。主要方面是(1)历时演变中经常发生浊声清化，因而(2)共时分布中浊塞音少于清塞音。次要方面是(3)儿童学话过程中先学会清塞音，后学会浊塞音，和(4)失语症病人先失去浊塞音，后失去清塞音。本文讨论前两个方面。

从历史演变来看，浊塞音很容易清化，即[b,d,g]>[p,t,k]是常见的现象。印欧语中格林定律(Grimm's Law)说的日耳曼语支中第一次辅音大轮替(First Germanic Consonant Shift)，其中第二阶段就是浊塞音清化。

表 3

$$\begin{array}{cccc} & 1 & 2 & 3 \\ [b^h,d^h,g^h] > & [b,d,g] > & [p,t,k] > & [f,\theta,h] \end{array}$$

浊音清化在汉语中更是无处不在，几乎所有汉语方言中都发生过或正在发生。浊音清化的直接后果反映在共时类型上就是分布失衡，清塞音大大多于浊塞音。根据 UPSID 语音库 317 种语言的采样（Maddieson 1984）我统计了一下④，有[p/p^h，t/t^h，k/k^h]（“/”表示和/或）的语言分别为 284－313－308。有[t/t^h]的语言最多(313)，即 99％的语言都有清塞音，但有四成上下（36％～44％)的语言没有浊塞音[b,d,g](202－193－180)。如果一种语言只有一套塞音，那么它就一定是普通的不送气清塞音[p,t,k]。UPSID 中有 50 个语言只有一套塞音，概莫能外。可能只有一个反其例而行之，那就是澳大利亚的土著语 Bangjalang，不过这已被认为描写有问题(Maddieson 1984:27)。

上述分布类型说明在清浊塞音之间有一种蕴涵关系，用个逻辑符号“如果……就”来表示的话，就是“$b \rightarrow p$”。箭头表示蕴涵条件：有[b]就有[p]，反之不必然。注意：蕴涵在逻辑学里都是绝对蕴涵：有[b]就一定有[p]。在类型学里，蕴涵只有统计意义：有[b]，就在多大程度上有[p]。

对这种古今中外普遍发生的历时音变和共时分布，怎么来解释？用“弱化”来解释不行，因为“p>b/V__V”的共时变异在北京话里也被认为是弱化。两个正好相反的音变都是弱化，那怎么算呢？当然，你可以再加一个零(轻)声或弱读的条件。在非零声时“弱化”是从 b>p，而在零声时“弱化”是从 p>b。如果这样的话，两个“弱化”就不是一回事了，你就需要各自给予定义了。“简化”倒是一个说法，因为发清塞音就是比浊塞音简单点，但是简单地说一声简化未免简单化了。

这种有方向的历时演变和不平衡的共时分布，都说明了同一个问题，即我们的嘴巴，我们的发音器官对浊塞音很有偏见，很不喜欢它。这是为什么？其原因可以从实验语音学角度，尤其是空气动力学角度去寻找（参看 Ohala 1997）。

浊塞音和相应的清塞音相比，其他都一样，就多了一个声带振动。以[d～t]为例（见图 1），都是齿塞音，但发声状况不同：发[d]时声带振动，发[t]时声带不振动。就这一点不同，使得发[t]容易得多，发[d]难得多。让我们说得详细点。

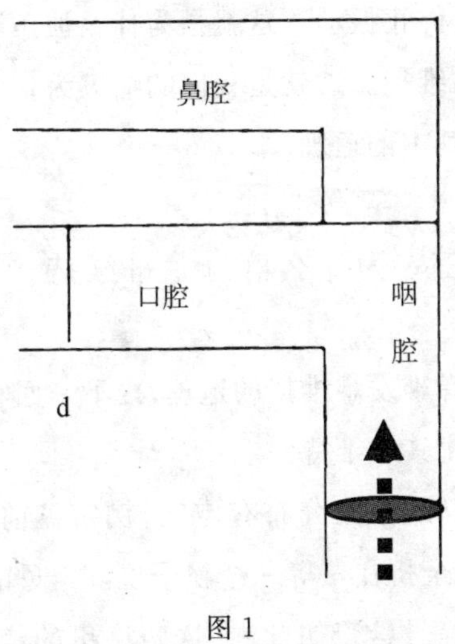

图 1

声带振动的必要条件是喉下气压高于喉上气压。发[d]时我们先把舌尖顶到齿/龈处，造成口腔通道封闭。然后声带振动，再快速松开舌尖,[d]就爆发出来了。问题就出在声带振动那一阵。声带振动需要气流通过声门,原先关闭的声带被冲破,声带就振动起来了[⑤]。气流通过声门后到了口腔里,可口腔是封闭的,通过声门的气流跑不出去,只能滞留在口腔里。结果是口腔内气体增多,导致气压升高。

刚才说了,声带振动的一个必要条件是喉下气压大于喉上气压。这个喉门上下的压力差一般估计为是2—4厘米水柱。启动时需要的压力差大点儿,下限为3厘米水柱(Stevens 1997:492)。维持时需要的压力差可以小点儿,但不能低于1—2厘米水柱(Ohala 1997:687)。一旦喉门上下的压力差小于这个临界值,声带振动就停止了。现在声带一振动,口腔内气流就会增加,气压就会升高,声带于是停止振动。这就是为什么浊声不容易发;或者即使发了,也不容易维持。这就是我们的嘴巴为什么不喜欢浊塞音,对它有偏见的最基本的道理。

三、为什么群母尤难维持?[⑥]

了解了浊塞音难发难维持的道理,接下来回答第二个问题:为什么浊软腭塞音尤其难维持?

群母在中古汉语中的分布有空缺,例字见前表2。並母四等俱全,但是群母字全挤在三等一个格子里。定母的分布也有缺陷,它缺了二等和三等。尽管如此,在这两格里的依然是浊塞音[ȡ](高本汉 1915/95,陆志韦 1947)或[ɖ](罗常培 1931,潘悟云 2000)。按照古无舌上说,澄母是从定母分化出来的。定母的分化与复辅音有关,此处不赘。

其实,群母,或者说软腭浊塞音在分布上的缺陷,并不是古代汉语中的病态,赵元任(1935)早就发现在现代的方言和少数民族语言中也是如此,内爆 implosive[⑦] 浊塞音常常有[ɓ,ɗ]而没有[ɠ]:

这第九第十两类的音[⑧]的见法有一个很有意味的地方:就是在所有见处的方言里,都是只限于唇音跟舌尖音而从来不见于舌根音。这类的音是跟一般方言里的[p],[t],[k]相当的,在有这种特类声母的方言里,它总是['b],['d],[k]或是[ʔb],[ʔd],[k],第三个总只是个普通的[k]。

如果我们把考察扩大到世界范围,仍然如此,如非洲的 Katcha,Hausa,北美的 Mazahua,亚洲的 Karen 等等,都是有[ɓ,ɗ]而没有[ɠ]。下面表 4 是我根据 UPSID 提供的 317 种语言中内破音分布的统计结果。

表 4 内爆音在 317 种语言中的分布,总出现频数 32

	总	ɓ	ɗ	ɠ	ɓ ɗ ɠ	ɓ ɗ ɠ	ɓ ɗ ɠ	ɓ ɗ ɠ	ɓ ɗ ɠ	ɓ ɗ ɠ	ɓ ɗ ɠ
次数	32	30	29	4	4	23	3	2	0	0	0
频率	x/32	.94	.94	.13	.13	.72	.09	.06	.00	.00	.00
频率	x/317	.09	.09	.01	常态				还算正常		例外

有阴影的表示出缺,如"ɓ ɗ ɠ"表示有 ɓ 和 ɗ,但没有 ɠ,下同。

在 317 个被统计的语言中,有内爆音的语言一共有 32 个。其中 30 个有唇内爆音,29 个有齿/龈音,但只有 4 个有软腭音。从蕴涵分布来看,反常情况一个没有,即不存在有[ɠ]但[ɓ,ɗ]都没有的情况。迄今为止,这是一个不多见的绝对蕴涵分布:[ɠ]→[ɓ/ɗ],有[ɠ]必有[ɓ/ɗ],反之不必然。由此看来,内爆音分布缺软腭音倒是常规,反而是有它显得反常。

赵元任(1935)在作出上述发现后,又进一步追查原因:

这里的理由不难找,从舌根与软腭相接的地方到声门那里一共就没有多大的空间可以像口腔较宽绰的[b]或[d]音那么弄出些特别的把戏;声带稍微一颤动,那一点的空间马上就充满了气成正压力了。所以也没有空间也没有时间可以造成第九类那种悬挂的印象或是第十类那种望里"爆发"的印象。本来舌根的爆发音不加上那些特别的把戏已经够难成浊音了。

这段精彩的解释现在被认为是实验音韵学的先驱性探索。别看这段短短的文字,它从发音生理和空气动力学角度为共时音韵学和历时音韵学解决了两个问题。

第一是可以用它来解释浊塞音的共时分布模式。上面提供了内破音在世界语言一个相当充分的样本中的分布资料,跟赵元任的随机局部观察若合符节。其实,一般浊塞音的分布也有同样的倾向,只不过没那么悬殊。例如欧洲的 Dutch、Czech,亚洲的 Thai,美洲的 Hixkaryana 等都是有[b,d],但没有[g]。下面是[b,d,g]的分布数据。

表 5 浊塞音在 317 种语言中的分布,总出现频数 212

出现频数与频率				蕴涵分布						
总	b	d	g	b d g	b d g	b d g	b d g	b d g	b d g	b d g
212	202	193	180	170	17	11	4	4	2	4
x/212	0.95	0.91	0.85	0.801	0.080	0.052	0.019	0.019	0.009	0.019
x/317	0.64	0.60	0.56	常态				还算正常		例外

有 212 种语言有至少一个浊塞音,有[b]的语言最多(202),比[g](180)多 12%。从分布来看,绝大部分场合都是有[g]就有[b/d],没[b/d]就没[g]。真正不合这项分布的,即有[g]但[b,d]都没有,这种例外只有 4 次,不到 2%。

第二个贡献是在历史语言学方面,它可以用来解释群母的演变问题。群母[g]的一二四等字,也就是没有[i]介音的洪音字,像[ga,gu,gə]一类音,都变成同部位的浊擦音[ɣa,ɣu,ɣə]了。这个变化大约发生在北朝早期(又参看§7.1),因为在东汉西晋佛经翻译中对译梵文[g]的是中古匣母字,如 ā **gam**a 译为"阿含"(如东汉安世高译《长阿含一报法经》,大正藏卷一,233),**Gan**gā 译为"恒河"(如西晋法炬译《佛说恒水经》,大正藏卷一,817)。可是到了后期佛经翻译时,就改用中古群母字"阿伽嚤、殑伽"了。可见在汉末魏晋时"含恒"仍是[g]声母,但在《切韵》里它们已经变入匣母[ɣ]了,所以得另换"伽殑"了。

我们已经明白了浊塞音难以维持,而软腭浊塞音尤难的道理。但有趣的是为什么[g]的洪音字变了,而在细音字里还保留着呢?像"群奇琴强"等有[i]介音的细音字在《切韵》时代还是群母[g]。为什么中古群母还有、且仅有三等字?

原因还是可以从赵元任的那段话里引申出来。[g]容易消失是因为"从舌根与软腭相接的地方到声门那里一共就没有多大的空间",而发[b,d]时"口腔较宽绰"。现在[g]后面有了个腭介音[i],成阻点往前了,也就是说,这个/g/其实不是软腭音,而是硬腭音[ɟ]。这样一来,"口腔较宽绰"了,浊声也就容易持续了,所以"群琴期"等字的[g]暂时保留下来了。由此可见,成阻点越往前,口腔空间越大，就越能够抗拒清化(图 2)。因此，浊塞音消失是从成阻点在后的开始的：小舌塞音[G]最早，然后软腭塞音[g]，然后硬腭塞音[ɟ]，最后是齿音[d]和唇音[b]。最后两个没什么区别。

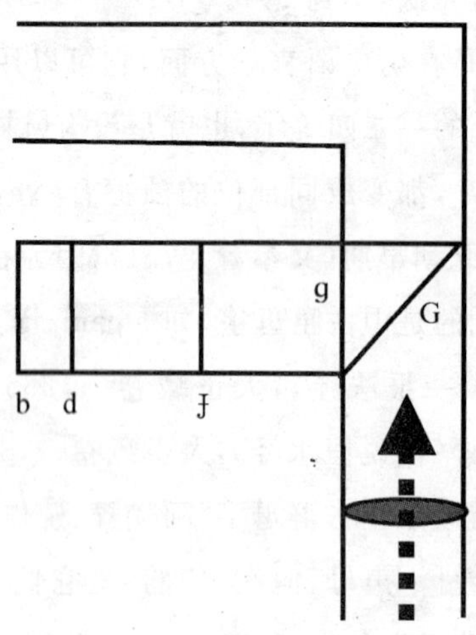

图 2

以上浊塞音消失顺序潘悟云(2000:342)已有讨论。他(350)把云母的上古音拟作浊小舌塞音[G]，三等字后来变入云母[ɦj](=[ɣj])，一二四等则和群母一二四等字一起变入匣母[ɦ](=[ɣ])。潘悟云引进了一个“闭塞力度”的概念来解释这个音变顺序：塞音舌位越后，闭塞力度就越弱，就越容易被气流冲开一条缝隙，也就越容易擦化。这概念需要澄清。如果“闭塞力度”是以舌位前后来定义，那么同部位的清、浊塞音应该“闭塞力度”相等，但实际上清小舌音[q]擦化的可能性小于浊小舌音[G]。如果再加一条声道内、尤其是闭塞部位的肌肉紧张程度的标准，也会引出麻烦。肌肉紧张程度可以通过 EMG 测定,或简单点,可以用成阻部位的接触面来确定(Lavoie 2001),紧张程度高的,接触面就大;也可以用成阻点后的气压大小来推断,紧张程度高的,气压就大。同部位的浊塞音的成阻接触面比清塞音小,因此"闭塞力度"就小,意即浊塞音更容易擦化。但是,发浊塞音时气流中的部分能量被声带吸收了用来振动,因此浊塞音成阻点后的气压,比起同部位的清塞音来要小(Catford 1988:195),因此冲开一条缝隙的可能性应该更小,所以浊塞音更难以擦化。所以,除非"闭塞力度"能更精确地加以定义,否则它引起的问题可能比能解决的问题更大。此外,[G]不易维持,但不一定非要擦化,它可以清化(见§7.2)。最后,但在方法论上最重要,那就是上述空气动力学解释是一条普遍原理在音韵学中的应用,凡是一般原理适用的地方,都不要特设性假设。

四、为什么浊咝音最难维持?

我们已经看到浊塞音很容易擦化变成浊擦音,如群母[g]和云母[G]擦化为[ɣ/ɦ]。那么很自然,下一个问题就是:浊擦音是不是比浊塞音易发易维持呢?

如上所说,浊塞音不容易维持,是因为喉下和喉上的气压差没法长时间地保持。如果口腔漏点儿小缝,这就成了浊擦音。既然漏缝,气压就不容易一下子在口腔内积攒起来,那么,浊擦音比起浊塞音来,就比较容易维持。这样推理对吗?

从刚才说的前提来看,答案应该是这样的。

如果那样的话，那么在共时平面上，在类型学上，[z]应该比[d]更常见，对吗？

从上面说的前提来推断，答案也应该是对的。

但实际上这两个答案都是错的，原因见下文。

在进一步讨论清浊塞擦的发音原理和蕴涵分布之前，先来看两个实例：李方桂(1980)构拟的上古音和现在普通话里描写的塞音、擦音声母(表6)。

比较上下两张表里的清浊分布，有个对比很有趣。在李方桂的上古声母表里，有浊塞音[b,d,g]，但没有浊擦音。与之相反，普通话里没有浊塞音，但有浊擦音[ʐ]。

李方桂的构拟有[b,d,g]，也有[p,t,k]，这与普遍蕴涵原则相容：有[b,d,g]就有[p,t,k]。但是，表中也没有浊擦音如[z]。既然如上所说，[z]比[d]容易维持，也应该更为常见，为什么上古汉语有[d]没有[z]？这是不是违反了蕴涵原则？李方桂所拟其可接受性是不是因此而降低了？

表 6

		塞音			擦音					
		唇	齿	软腭	唇	齿	龈后	卷舌	软腭	喉
上古音	清	p p^h	t t^h	k k^h		s				h
	浊	b	d	g						
普通话	清	p p^h	t t^h	k k^h	f	s	ɕ	ʂ	x	
	浊							ʐ		

现代汉语的音系中有[p,t,k]，但没有[b,d,g]。这并没有违

反普遍的蕴涵原则，有[p,t,k]，不一定有[b,d,g]。值得注意的是这儿单有一个浊擦音[ʐ]。前面说了，浊擦音比浊塞音容易发，有[ʐ]不一定有[b,d,g]，因此这符合蕴涵原则，对吗？

也就是说，从我们上面的推论——浊擦音比浊塞音容易维持因而也应该更常见——出发，是否该说，李方桂的构拟有问题，而现代汉语音系描写没问题？对不对？

不对！下面我们从类型学和实验语音学两方面将会看到，李方桂的构拟一点问题也没有，而现代汉语的描写出了问题。

首先来看[d]和[z]在317种语言中的分布(表7)。

表7 [d]和[z]的分布

总	d	z	dz	d z	d z
211	193	96	78	115	18
x/211	0.91	0.45			

在317种语言中，共有211个语言有[d]和/或[z]。其中有浊咝音[z]的语言(96)远远少于有浊塞音[d]的(193)，不过我不用它来反驳上述“[z]比[d]容易维持，也应该更常见”的观点，因为从听者角度看，[d]的交际效率高于[z]。就从193∶96的出现比例来说，有[d]没[z](“d z”有115个)太高，有[z]没[d](“d z”有18个)太低。换成音韵学里的话就是，[z]比[d]难发难维持。这跟唇、软腭浊塞音[g,b]和浊弱擦音[ɣ,v/β][9]的出现频率相比，就更清楚了。表8、表9列出浊塞音[g,b]和相应浊弱擦音[ɣ,v/β]的数据作为对照，同样根据那317种语言。

表 8 [g]和[ɣ]的分布

总	g	ɣ	gɣ	g ɣ	g ɣ
205	180	40	14	166	26
x/205	0.87	0.20			

表 9 [b]和[v/**β**]的分布

总	b	v/**β**	bv/**β**	b v/**β**	b v/**β**
234	202	100	68	134	32
x/234	0.87	0.20			

在这两张表中,有擦音而没塞音的情况(“g ɣ”和“b v/**β**”)都大大多于“d z”。[ɣ]仅出现 40 次,不到[z](96)的一半,可单独出现 26 次,多于[z]的单独出现次数(18)。[b—v/**β**]的出现次数和相互比例(202—100)与[d—z](193—96)相仿,但[v/**β**]单独出现的次数(32)比[z]单独出现的次数(18)多出近乎一倍。

从上面我们看到浊咝音[z]的单独出现频数和相对比例大大少于预期,少于浊弱擦音[ɣ,v/**β**]。这不是偶然的,因为从实验语音学,尤其是空气动力学角度来看,浊咝音要比浊塞音更难以维持。

擦音按摩擦强弱分两类,一类咝音(sibilants),是强擦音(hissing);一类非咝音,我杜撰了个名词“呼音”,是弱擦音(hussing)。咝音包括[s,ʂ,ɕ,ʃ;z,ʐ,ʑ,ʒ]等齿龈一带的音。呼音(非咝音)包括唇音[ɸ,f;**β**,v],齿间音[θ;ð],软腭音[x;ɣ]等。从声学特征来看,咝音的能量集中区比较高,是高频音,而且振幅很大;呼音的振幅很小，而且没有明显的能量区集中区，要有也比较低。因而造成的听感是咝音比较高，比较尖锐，摩擦也强；呼音比较低，比较圆润，摩擦较弱。浊呼音的确比浊塞音容易发，这也是我们看到的为什么群母洪音字[g]擦化为匣母[ɣ]，並母[b]擦化为奉母[v]。但是浊咝音[z，ʐ，ʑ，ʒ]就不一样了，它们要比浊塞音更难发。

这话初听之下，有点难以理解。按前面所说，浊塞音不易维持是因为发音时有阻塞，所以口腔内气流膨积，气压上涨，喉门上下的气压差无法长时间保持，浊声就此停止。而发擦音时有缝隙，在成阻点后积累起来的空气能逸出一些，口腔内气压不会马上升得很高，那么喉门上下的压力差也就能够维持着，声带振动也就能保持。照这么说，浊咝音比起浊塞音来，应该比较容易维持了；同时在共时分布上应该[z]比[d]更常见。为什么现在在共时分布上却是[z]更为少见，在空气动力学上[z]也更难维持？

这是因为还有其他因素在起作用(参看 Ohala 1997)。我们知道，发浊声时最好是喉下与喉上(即口腔内)的压力差达到最大，而发擦音时最好是喉上与外界的压力差达到最大。外界的大气压为1，那是我们没法控制的。喉下气压一般说话时大约高于大气压1%，而口腔内的气压就要保持适当居中。

问题在于发浊咝音时，口腔内的气压很难控制，因为要同时满足浊声和摩擦两方面的要求是矛盾的。一方面，发浊声最好口腔内气压尽可能小，这样才能使它跟喉下气压之差尽可能地大；而喉门上下的气压差越大，浊声就越能维持。另一方面，摩擦则要求口腔内气压尽可能大，这样才可能使它跟外界的大气压之差尽可能地大；而口腔内外的气压差越大，摩擦就越强越明显，其他条件不

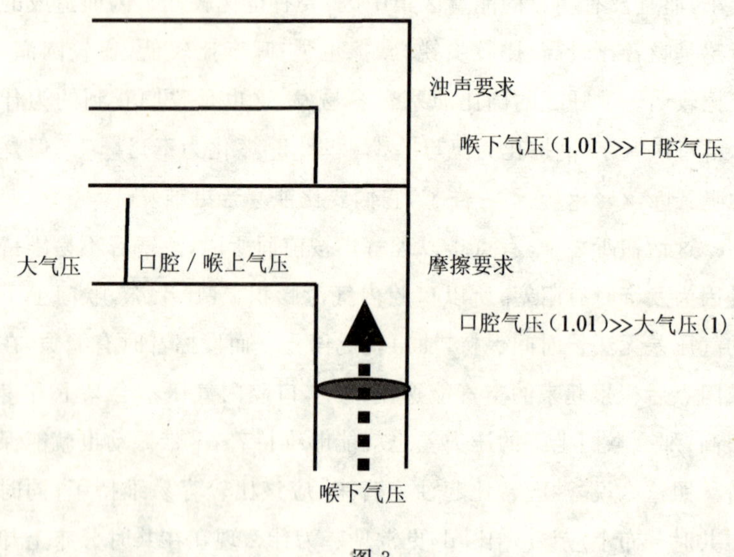

图 3

变的话。所以要维持浊擦音,就要照顾到这矛盾的两方面。而要把这两方面都照顾到,就要大大增强喉下气压。这才能使得口腔内的气压适当居中:比起喉下气压来小很多,而比起外界气压来又大很多。但是问题在于"大大增强喉下气压"是很累的,在日常说话中也是难以持久的。剩下来的解决办法就是照顾一头:或者照顾摩擦;或者照顾浊声。因此,在某种程度上,浊擦音如果要维持强擦,如浊咝音[z,ʐ],则易于清化。能够维持浊声的一般是弱擦呼音如[v,ɣ]。浊咝音若要维持浊声,也需减弱摩擦,结果变成近音(Pickett 1980:155)。普通话里出了名的日母是近音[ɻ](朱晓农 1982,1987;王力 1983;林焘 1996),而不是高本汉(1915)以来到现在各大学现代汉语教材中所说的浊擦音[ʐ],其根本原因就在于此。

五、日母:近音与浊咝音的纠缠

现在再回过头来看表6。我们可以很有把握地说,李方桂对两三千年前上古音的构拟在清浊分布这一点上合乎发音原理和蕴涵共性,可以不打折扣地接受。而另一方面,普通话和很多官话方言的审音却让人迷惑。为什么这么说呢?因为从发音原理、分布共性和难易顺序来推测,在没有浊塞音的情况下这个[ʐ]出现的可能性不太大。在UPSID的317种语言中共有27种语言有卷舌浊塞音[ɖ]和/或浊擦音[ʐ](表10),[ɖ,ʐ]都有的1个(Iranian语支的Pashto语),单有[ɖ]的23个,单有[ʐ]的只有3个,其中一个还是北京话(另两个是南美印第安语,其中一个还是奇怪的咽化音)。

表 10

总	ɖ	ʐ	ɖ ʐ	ɖ ʐ	ɖ ʐ
27	24	4	1	23	3
x/27	0.89	0.15	0.04	0.85	0.11
				常态	少见

浊擦音[ʐ]少量单独出现(10%上下)是可以理解的,因为我们讲的分布共性并不是绝对蕴涵,而是从统计意义上来说的。但现在从黑吉辽经京津冀鲁豫到江苏北端,往西一直到陕甘新,数以百计的北方官话描写中都出现了浊擦音[ʐ],而这些方言都没有浊塞音。这就让人产生疑虑:(1)要么汉语真是个很特别的语言,

说汉语的人很特别，因而建立具有中国特色的语音学和音韵学很有必要；(2)要么前面说的那些原理、共性出问题了；(3)要么我们的描写有问题，就像前面提到的对澳洲 Bangjalang 语的描写出了问题一样。

第一种说法是无稽之谈。第二种想法挑战力学原理和统计共性，是值得尊敬的学术理想。这事不容易，但要是成了，咱们中国语言学家就做出大贡献了。科学中的例行做法以仔细检查(3)为妥，即对反例重复观察、重复实验。好在现在我们知道，日母在很多我们已经验证过的北方方言中，实际上不是浊擦音[ʐ]，而是近音[ɻ]。在我的调查材料中，真正像是浊擦音的大概只有河南东南角上商城、固始一带少数方言，还有些西北方言如西宁、乌鲁木齐，摩擦成分比北京、东北要多。

辨明横贯中国的日母的音值不单单是个简单的事实认定，解决这个困惑了中国语言学界一百多年的"世纪之谜"具有语音学、类型学、空气动力学甚至方法论上的理论意义。我们对此有过论述(朱晓农 1982，1987，1988)，进一步的论述另外为文。由于它跟本文所论息息相关，因为如果数以百计的汉语方言中的日母是浊擦音的话，那它就对统计共性和空气动力学原理构成强烈反例，所以本节内得交待几句。

把近音误认为浊擦音的情况其实算不得是汉语语音学中的特色。Catford(1977)曾指出，Semitic 语中的咽近音"常常被错误地描写为擦音"。Lavoie(2001)说："擦音和近音在很多著作中，区别是很模糊的。"造成这种混淆有多方面原因，最根本的是方法论上的原因，当初"近音"这一概念尚未建立，连音标都没有，描写无从着手。由此得出的教训是：说有大不易；缺了认识框架、少了理论，“事实”在耳垂下也听而不闻。另一个比较具体的原因在于发擦音和近音时，口腔内的收缩点没什么区别（Romero 1995），恐怕没注意到这一点导致了吴宗济（1989：136）对日母的擦音判断：“这个/ʐ/的中缝在腭点阵图上是那样明显，足以证明它是擦音了。”腭点阵图上的中缝可以把擦音区别开塞音，但要判断是擦音还是近音，那就不够了，因为近音也会留下中缝。换句话说，中缝或收缩点只是判断擦音的必要条件，而非充足条件，所以日母的中缝在腭图上再明显，也不足以证明它是个擦音。

那么，区别擦音和近音的标准是什么呢？可以从音长、音强、共振峰、湍流四方面来判断。其他条件一样的话，音长短、振幅小的比较弱；有共振峰的是乐音；湍流大的噪音大，摩擦也强。下表列出强擦音和近音的区别，呼音介于两者之间。

表 11

	音长	振幅	共振峰	湍流
咝音	长	大	无	强
近音	短	小	有	无～弱

1. 音长。Romero（1995）发现西班牙语中擦音和近音的区别仅仅在于音长。汉语的情况一样，近音[ɻ]（约 60—80 毫秒）的长度只有咝音[s，ʂ，ɕ]（约 180—230 毫秒）三分之一到一半（吴宗济 1986）。我自己的测量也得到相似结果。

2. 振幅。Svantesson（1986：64，Figure 1a）波形图显示日音的振幅很小，介于呼音[f]和[x]之间，远小于咝音[ʂ]。其实，弱的浊呼音和近音之间没有截然分界，所以 Lavoie（2001）就直接把软腭浊呼音[ɣ]叫做“近音”。

3. 共振峰结构。我的实验材料显示出日母与擦音[ʂ,ʐ]的巨大差别。日母的波形像元音⑩,有明显周期,甚至连谐波都清晰可见。相比之下,呲音[ʂ]的波形全是乱纹,[ʐ]有浊声周期,但没有谐波,乱纹也很多。图 4 给出北京话[ɻɑŋ51]“让”的一组语图。左上是波形图,可以看到声母和韵母之间无明显界线,说明日母跟元音、半元音相似。如果把它放大,还可看到谐波。右上是宽带图,可以看到日母的共振峰结构。左下是能量频谱图,给出了左上图竖线处的共振峰数据,F1 是 432Hz,F2 是 1123Hz。右下是日母在声学元音图中的位置示意图。下面两幅图表明日母类似偏后的半高元音。说它“类似”,一则是图中都是舌面元音,只有它是舌尖性的;二则如果在[ɻ]自成音节的“日”rì 字中,F1 会降低到 300Hz 甚至更低,F2 会上升到 1700Hz,类似央偏前的高元音⑪。

4. 计算雷诺系数 Reynolds Number,临界值为 1700±200(Catford 1977),超过的是湍流,不到的是层流。湍流越大,噪音和摩擦也越大。这其实是辨认擦音最好的标准,汉语这方面的实验未见。经验判断是近音在临界值以下靠近元音那一边。上一条中说了,呲音的波形全是乱纹,说明是很强的湍流,这在 Svantesson(1986)和吴宗济(1986)的语图中也可看到。根据我(朱晓农 1987)的观察,普通话近音/j,ɻ/在不同语境中噪音大小不同,一般来说,在自成音节、后接高元音、带升降调时噪音大些。最近 Lavoie(2001:81)对英语和西班牙语的观察也有同样的发现:近音如果后接高元音,就会多些噪音,看起来就更像弱擦音。

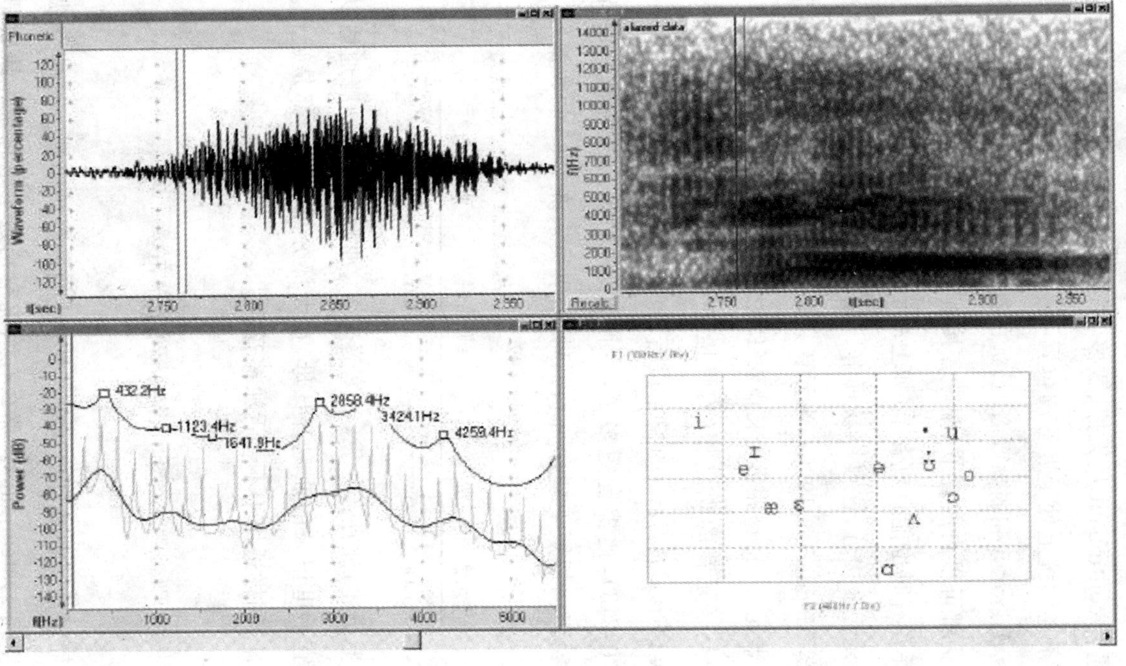

图 4　北京话“让”[ɻɑŋ^{51}]字音的声学分析组图

总之,通音 continuant 从无擦、微擦、弱擦、到强擦是个连续统,日母在这条连续统上处于近音的位置,它跟半元音/滑音如[j,w]最接近,其次是元音和弱擦呼音,最远的是强擦咝音。近音跟元音接近是因为都可以自成音节,跟呼音接近是因为有时近音也有微弱摩擦,呼音有时也能自成音节(如上海话等吴语中的[v̩]"父")。近音跟半元音最接近,这很容易理解。按照赖福吉和麦迪森(Ladefoged & Maddieson 1996),半元音只是近音的一种,"最常见的近音就是半元音"。这跟我(朱晓农 1982)多年前把日母看成跟/j,w/一样是半元音的观点相符,汉语中日母的分布与/j,w/相似。不过,英语半元音/j,w/的稳定段音长只有大约 30 多毫秒(Gimson 1970:213),比擦音短多了,也比近音[ɹ]短。汉语里的近音[ɻ]稍长,但仍远短于咝音[s,ʂ,ɕ](见前引吴宗济 1986 的数据)。

表 12

	元音	滑音/近音	呼音	咝音	
无擦 ——	——	——	——	——	→ 强擦
	i u a	j w/ɻ ʋ l	ɣ v β ð	z ʐ ʑ ʒ	

综上所述,浊呼音易发,浊塞音难发,浊咝音更难。普通话以及北方官话里记录的浊咝音日母,在大部分场合其实都是近音。本节所论,同样适用于不卷舌浊擦音。

六、清塞音的分布

上面讨论了浊塞音分布中软腭音[g]最容易出缺。这种空缺叫系统空档 system gaps。那么有系统空档是不是总是先缺软腭音呢？不一定。在清塞音共时分布中，最容易出缺的是唇音[p]，有[t](288)和[k](282)的多于[p](262)。表 13 显示[p,t,k]倾向于成套出现(87%)；如果不成套，那么十有八九缺的是[p](82.4% =(26+2)/(26+5+1+2))。缺[t]的语言百不一见(0.3%)，缺[k]的 2%，缺[p]的最多(10%)，有 26 个，如 Arabic、Vietnamese、Yoruba、Chuava、Hausa、Diz 等。可见[t,k]较稳定，较少变动，[p]不太稳定，变掉的最多。

表 13　不送气清塞音在 317 种语言中的分布，总出现频数 289

总	t	k	p	tkp	tk p	t k p	t kp	t kp	tk p	t k p
289	288	282	261	255	26	5	1	2	0	0

在清塞音的历时音变中，也是[p]最容易变化。如在汉越语中重纽四等字发生了唇音舌齿化，[p]在[j]前面变成了[t](潘悟云、朱晓农 1982)。在汉语历史上，大约隋代以前开始了有名的轻唇化音变(周祖谟 1966；丁锋 1995；张洁 2002)，一些三等韵的[p, p^h, b]变成了[pf, pf^h, bv]，再变为[f, v]。同样的轻唇化也见于日尔曼语辅音大轮替中最后一个阶段(见表 3)。吴语中不送气清塞音内爆化，也是帮母最活跃。

这是什么原因呢？为什么清塞音中[p]最不稳定呢？

系统空档跟交际效率有关。前面提到，从说者角度看，浊软腭音[g]相对来说缺乏效率。这是因为成阻点以下的喉上空间很小，很难储存因发浊声而泄出的气流。这个空间中的气压马上就会升高到临界点，使得声门上下气压差小到不能再维持浊声。

从听者角度来看，就正好反过来。清唇音[p]从听感上来说，是最缺乏效率的。清辅音听辨，有两个重要的线索，一个是由成阻部位决定的能量集中区，另一个是由后接元音引起的轨迹[12]。唇音[p]爆发的能量倒是跟其他辅音相当，但它的音强很低，所以对听辨不利。为什么它的强度低呢？原因在于唇音的成阻点在口腔最前端，气流爆发冲出后没有共鸣腔来放大(Stevens 1997:494)。这就像乐器一样，如果光拨一根弦，哪怕用力很大，能量很大，声音也不会很大。但如果这根弦绷紧在一个琴箱上，就有了共鸣，声儿就大了。齿音[t]除阻点前有个小共鸣腔，软腭音[k]除阻点前有个大共鸣腔，所以从听感上来说，唇音[p]的特征最不明显，交际上最缺乏效率，所以分布上最容易出现空档。

综上所述，软腭浊塞音[g]相对来说发音较难，双唇清塞音[p]听音较难，所以在历时演变中容易变成其他音，在共时分布上就容易出缺。当然这都是相对而言，而且只表示一种倾向，具有的是统计学上的意义。也可能有极少数语言不服从常规分布模式，如Hawaiian语有[p,k]但没有[t]，仅此一见。罕见的分布常常是由特殊的音变造成的。它原来[p,t,k]俱全，后来[k]变成了[ʔ]，[t]填进了[k]留下的空档，结果造成了[t]这么个空档。

所以，对某个音具有偏见，可能来自发音生理上的限制，也就是说者方面的问题；也可能来自听感方面的限制，那是听者的问题。音变体现了两者之间的张力。

七、进一步的讨论

从上面的讨论出发，我们可以作几点推理。

7.1 音变顺序

三等字增生腭介音在前，一二四等群母字变入匣母在后。否则的话，没有腭介音的三等字也会丢失群母的。

上古三等字（至少很大一部分）无腭介音，这最早由蒲立本（1962/2000）提出，现已为很多人接受，如包拟古（Bodman1980/1995）、郑张尚芳（1987，1996）、潘悟云（1998，2000）。俞敏（1999）也持类似观点。郑张（1996）为之构拟了一条演变之路：上古三等短元音后来滋生出[ɯ]介音，然后变为[ɨ]，再变为[i]（前元音前）或[ʉ]（唇音后）。

潘悟云（2000：153）进一步推测腭介音增生的年代是在北朝晚期："《切韵》时代腭介音的产生还不久。"不过，根据上述讨论，腭介音产生的年代还得提前，你得留出时间来给群母变化。三等字有了腭介音以后，才使群母[g]的成阻点往前挪到[ɟ]，从而避免了擦化。因此，三等字腭介音增生至少在北朝早期，甚至更早，然后是群母在一、二、四等字中擦化。

7.2 维持浊声的途径

如果不愿意清化，想要更长时间地维持浊声，该怎么办呢？最有效的办法是扩大口腔，以容纳更多的气体。扩大口腔容量有几个途径：

（1）鼓起脸颊。（2）降下喉头。鼓起脸颊和降下喉头常常同时进行。这样做的后果可能会引起意想不到的音变。如果这时马上除阻、爆破，就有可能造成负气压，即口腔内压力小于外面的大气压，结果造成内爆音。这是内爆音的来源之一。这实际上是发音动作“错时”(mis-timing)的表现之一，发音器官的几个动作在时间上错位了。(3)往前挪一下成阻点，就像群母细音从软腭[gi]不经意地前移到硬腭[ɟi]，扩大了口腔容量，从而保住了浊声。

保持浊声的另一个办法是开个后门漏点气，使得口腔的气压不至于一下子升得很高，也就保持了喉门上下的压力差，从而保持了浊声。这有两种情况：

(4)把小舌与咽壁处的关闭稍稍漏缝，从鼻腔里漏掉点气。这可能会造成前鼻音或鼻冠音[ᵐb，ⁿd，ᵑg]。这种鼻冠塞音实际上是发音人想要强化浊声、维持浊塞声的结果。根据我自己的田野调查，鼻冠音的分布实际上比已知的多得多。

(5)把软腭与舌根处的关闭稍稍漏缝，从口腔里漏掉点气。这可能会使爆破音[g]变成擦音[ɣ]，即群母洪音字变入匣母。这类音变，即软腭或小舌浊塞音或滚音变成浊擦音，是非常普通的。

维持浊声往往要付出代价——音变的代价。当浊声在一个语言里是主要区别特征时，为了维护它，往往牺牲其他特征。这就是为什么群母最先是擦化，而不是清化。如果把潘悟云构拟的上古云母[G]算上也一样，它走的也是擦化一路，而不是清化，因为浊声在中上古是个主要区别特征。

八、为什么浊塞音还未绝迹？

如果浊塞音清化或擦化是普遍倾向，那么为什么浊塞音至今还没绝种？是不是有什么途径可以重新产生浊塞音？

答案是肯定的。如果变化只是单行道，那么浊塞音就会绝种，因此存在着双行道，尽管对面道上的车可能少点。下面举些例子。

[1] 江西永修、德安赣语（刘纶鑫 1999:268）古送气清塞音浊化，如：拖＝驼[dʰ/tɦ]，拍＝白[bʰ/pɦ]。类似的音变还见于湖南临湘话（杨时逢 1974:316,335）：滂[pʰ]＞[b]＝並；透[tʰ]＞[d]＝定；溪[kʰ]＞[g,dʑ]＝群。

[2] 四川永兴话（崔荣昌、李锡梅 1986）被认为是四川的湘语，在常见的 364 个浊声母字中，绝大多数来自古全浊，但有“20 字来自古清声母字”，如：再[dzai¹⁴]。

[3] 北京话里那种较弱较软较短的清塞音[p]在元音之间时容易浊化，如“（萝）卜”“（喇）叭”的清塞音浊化了[-p-＞-b-]。同样的元音间的清塞音浊化（t＞d/V—V）还见于其他语言，如拉丁语 catenam 到了 Castilian 西班牙语里变成了 cadena“链”。又如巴西的 Urubu-Kaapor 语（Kakumasu 1986:399）里，底层的清塞音在元音之间变为浊塞音：/arapuhá/“鹿”＞[arabuhá]。

[4] 北部和中部吴语中很硬很紧的不送气清塞音[p]变成内爆音[ɓ]的可能性比较大。

[5] 与此相仿，长清塞音容易变成内爆浊塞音。

以上例子都跟本题所论反向而行。前三项是清塞音变成普通浊塞音，后两项变成内爆浊塞音。其中[3,4,5]能找到原因，此处不赘。但[1,2]暂时不明所以。下面[6,7]是从鼻音、边音变为浊塞音，也容易理解。

[6] 闽南话的双唇浊塞音[b]来自鼻音[m]，如“门”beng，“无”bo，“麻”ba，“明”bin。

[7] 江西湖口、星子、修水的赣语，大余、上犹（东山、社溪）的客家话（刘纶鑫 1999:264），以及湖南临湘话⑬（杨时逢 1974:316，335）中边音变成浊齿塞音“[l]＞[d]/—[i]”，即来母细音字变成[d]，如“里李”[di]、“聊”[diau]。

由此可见，全世界很多语言发生过的浊音清化是一个强势变化，但也存在着反向变化，或其他产生浊塞音的途径。否则，用不着等到今天，浊塞音恐怕早就绝迹了。有了实验语音学，我们就可以研究这些细节，在什么样的情况下浊塞音还会重新产生，于是就有了类似于“生物链”的生生不息的“语音链”。

九、结语

本文从群母的历史演变入手，讨论了一系列相关的历时和共时的音韵学问题。文中使用的那些基本概念和原理，如浊塞声为什么难以维持，浊擦音为什么更难维持，听感对音变的反作用等等，都是语音学中现成的。幸运的是汉语跟世界上其他五六千种语言一样普通，所以这些普遍原理得以应用到汉语音韵学中。

本文所论有些只有技术上的重要性，如下几点在概念上也很重要：

比较语言学有个很大不足，那就是无法建立音变的绝对年代。即使开个后门借助文献，对一些重要音变的起讫年代，如轻唇化、浊音清化、入派三声、腭化等，我们仍然只有一个大致的概念。迄今为止唯一能精确定时的只有“腭近音日化，[j]＞[ɻ]/__[uŋ]”（朱晓农，2003）。实验音韵学的参与对建立相对年代是关键性的，碰巧了还能帮助确立绝对年代。

音变可能来自发音方面的限制，也可能来自听感方面的限制。过去研究的重点是在发音—说者这方面，所以印象中是发音—说者的因素对音变的影响力大些。随着研究的深入，一定会发现很多情况是由听者那方面决定的（Ohala 1981）。音韵学要找到那些制约说者和听者的条件。在什么情况下这么通，在什么情况下那么转。走笔至此让我想起传统音韵学常说的“一声之转”，其实有很多“通”“转”在它们背后隐藏着物理和生理原因。音韵学的任务之一就是要把顾江戴钱、段王孔江以来那些伟大学者在当时条件下的经验感觉用现代科学来加以说明。

音韵学发展到二十世纪初，发生了一个研究范式的转移（朱晓农 1986）。今天，它又面临着一个方法、概念上的除旧布新。本文尝试用实验语音学和类型学的方法来辅助解决传统音韵学的问题。这也是王力先生的愿望。[14] 实验音韵学的出现就是朝着实现王力先生的理想而努力。今天的音韵学有了一个难以想象的、激动人心的目标。这要让我倒退回十几年，简直匪夷所思。那就是奥哈拉（Ohala 1989，1993）描绘的前景——凡是历史上发生过的音变，都要叫它在实验室里重现。

附　注

① 本文古音构拟省略星号。

② 传统上把[t,d]称为“舌尖音”，[k,g]“舌根音”。但最好按语音学的通行做法，除了个别音类如“卷舌音”，一级定义用被动器官，二级定义再用主动

器官。所以我把[k,g]叫做"软腭音",[t,d]叫做"齿/齿龈音"。下文"齿音"包括"齿龈音"。

③ 定母缺等见后文§3。

④ 谢谢潘秋平君协助整理有关统计资料。本文数据根据 Maddieson(1984)提供的资料。原书有几处小有出入,尽管这些微小的随机误差不会影响统计推断,我还是把原书索引中的资料和各语言的辅音表互校了一次。例如[ɠ]原书 112 页表 7.7 中说出现 5 次,书末索引中列出了那 5 种语言,其中有 Nilo-Saharan 语系的 Ik 语。但查原书 304 页 Ik 语音系,有[ɓ ɗ]而无[ɠ]。我的数据以他给出的辅音表为准,所以是 4 次。又如浊擦音[z](齿或龈未定)索引中说 50 个,但实际上是 49 个,因为他把 Tuareg 语计算了两次,Tuareg 语中有两个/z/,其中一个是咽化音。我把它算成出现在 49 种语言中。另外,他漏了 Tsou 和 Gilyak,但多算了 Yulu 和 Apinaye。错进错出,还是 49 个。浊唇音[b]索引中(206 页)说 198 次,但表 2.7(35 页)说 199 次。Maddieson 另算、我把他统计在内的有 2 个:Irish 语的撮唇拱舌根的[b^w](样本中唯一的一个,与腭化[b^j]对立,后者不稀奇)、Senadi(290 页)的鼻破[b^m],另外 Maddieson 还漏算了 Kullo(316 页)、Kaliai(344 页)。所以最后我的数据就不是 198/199,而是 202。浊齿/龈音[d]:Kashmiri 音系(271 页)中是齿音,索引(209 页)中是未定;同样的还有 Chontal(209-373 页)。原书索引中计算 2 次我算 1 次的有:Katcha 和 Kadugli(284 页)、Temein(305 页)、Kota(413 页)、Brahui(421 页)(这五种语言确有齿音与龈音的对立)、Irish(263 页)。索引中误收 Kariera-Ngarluma。索引中龈音漏收 Ngizim(320 页)、Yagaria(359 页),齿音漏收 Kaliai(344 页),齿/龈未定的漏收 Dizi。Aranda 语鼻破齿音[d^n]我计算在内。因此[d]共出现于 193 个语言,而不是原书表 2.7 中的 195(=53+77+65)。软腭音[g]:索引(214 页)中误收 Lelemi(293 页),漏收 Arabic(310 页)、Nyangumata(329 页)、Kaliai(344 页)、Malayalam(414 页)、Kabardian(416 页)。我把 Aranda(339 页)的鼻破[$g^ŋ$]也计算在内。所以最后我统计的[g]是 180,而不是原书的 175(35 页)。卷舌音[ɖ]索引中说 23 次,没把 Aranda 语的鼻爆破卷舌音[$ɖ^ɳ$]算在内,我把它计算在内。清不送气[p]:索引里(205 页)误收 German(265 页)、Luo(302 页),所以我的数据是 261,不是原书的 263。清不送气[k]:索引里(212 页)误收 German(265

页),所以出现次数应为 282,不是原书的 283。清不送气[t]:索引(206-210 页)中龈音 Ojibwa 两收,误收 Luo(302 页)、漏收 Ocaina(396 页);齿/龈未定的误收 German,多收 Arabic(已见齿音)。有齿和龈两套的有 Katcha 和 Kadugli(284 页)、Temne(289 页)、Temein(305 页)、Tiwi(324 页)、Nunggubuyu(325 页)、Kunjen(328 页)、Western Desert(329 页)、Aranda(330 页)、Arabana-Wanganura 和 Diyari(332 页)、Javanese(338 页)、Nez Perce(370 页)、Pomo 和 Dieguño(384 页)、Wappo(393 页)、Araucanian(410 页)、Brahui(421 页),Maddieson 算 2 次,我算 1 个。此外,Chontal(索引中齿/龈未定)应入齿音(373 页)。所以[t]在 288 种语言中出现,而不是原书的 309(=72+135+102,35 页)"语次"。

⑤ 声带振动的原理非常复杂。最流行的一种理论认为声带振动靠的是声带的弹性和流体力学的伯努利效应。这个理论最早由 Ferrein 在十八世纪就提出来了,后屡经改进。最近二三十年来,日本和美国的学者又提出了两个新理论(鲍怀翘 1989:38-40)。

⑥ 本节内容曾在第 7 届国际音韵学研讨会(石家庄,2002)上报告过。

⑦ Implosive 通常叫做"吸/缩气音",这么叫好像暗示主动的吸气或缩气,而 implosive 不是主动吸气的结果,而是压下喉头,鼓起脸颊的被动的结果,是由空气动力学决定的自然结果。再进一步,它涉及 implosive 上位分类的标准:肺部 pulmonic 和非肺部 non-pulmonic 气流机制 airstream mechanism。凡"肺部音"都是由"主动呼吸"发出的。凡"非肺部音"都与"呼""吸"无关,因为呼吸本身就是肺部运动。非肺部音的动力源来自升降喉头、缩小或扩大口腔容量等生理运动来压缩或稀化上声道空气,所以给非肺部音定名都应避免用跟肺部呼吸有关的词语。因此,最好把 implosive 直译为"内爆音"。详见朱晓农(2005)。

⑧ 引按:第九类指比较弱的缩气音,第十类是强缩气音。

⑨ [v/β]可以同时作为与[b]相配的擦音,因为它们一则音近,二则从不同时出现,只有 Ewe 语一个例外。

⑩ 其实,赖福吉和麦迪森(1996:371-372)在描写近音时用的就是元音特征。再往前,Gimson(1970:207)认为英语[ɹ]的共振峰结构像元音。至于 Bloomfield、Jacobson 等则干脆把[ɹ]看做元音音位(见朱晓农 1987)。

⑪ Dravidian 语系中的 Malayalam 语有两个[r]滚音(Ladefoged *et al*. 1977),一个齿龈前,一个齿龈后,后者差不多就是个卷舌音。前[r]的 F2 高,有 1750Hz,卷舌[r]的 F2 低,1250Hz。北京话日母若自成音节,像翘舌音(本音);若后接后元音,则像卷舌音(变体)。日母的语音变体很复杂,另详。

⑫ 还有一个重要线索,不过此处与它无关,那就是"初浊"(voice onset time)。

⑬ 临湘话与周围话不同,还保留浊塞(擦)音,因此过去一直被认为是湘语(杨时逢 1974)。但鲍厚星、颜森(1986)把它和平江话同归于赣语。从这儿的两项音变来看,临湘话与赣语相同。

⑭王力先生曾数次叮嘱我除了古文外语还要学好数理化。

参 考 文 献

包拟古 1980.《原始汉语与汉藏语》,潘悟云、冯蒸译.中华书局,1995.

鲍厚星、颜森 1986.湖南方言的分区.《方言》4:273-276.

鲍怀翘 1989.语音产生的生理基础.载吴宗济、林茂灿主编《实验语音学概要》第三章.高等教育出版社.

崔荣昌、李锡梅 1986.四川境内的"老湖广话".《方言》3:188-197.

丁　锋 1995.《博雅音音系研究》.北京大学出版社.

高本汉 1915—1926.《中国音韵学研究》,赵元任、罗常培、李方桂译.商务印书馆.

李方桂 1980.《上古音研究》.商务印书馆.

李　荣 1982.从现代方言论古群母有一、二、四等.《音韵存稿》119-126.商务印书馆.

林　焘 2001.日母音值考.《林焘语言学论文集》317-336.商务印书馆.原载《燕京学报》新 1 期,1996.

刘丹青 1992.吴江方言 g 声母字研究.《语言研究》2.

刘纶鑫(主编) 1999.《客赣方言比较研究》.中国社会科学出版社.

陆志韦 1947.古音说略.《燕京学报》专号之二十.

罗常培 1931.知彻澄娘音值考.《史语所集刊》三本一分.

潘悟云 1998.中古腭介音的上古来源.《李新魁教授纪念论文集》.中华书局.

潘悟云 2000.《汉语历史音韵学》.上海教育出版社.

潘悟云、朱晓农 1982.汉越语和切韵唇音字.载《中华文史论丛》语言文字专辑(上) 323-356.上海古籍出版社.

蒲立本 1962.《上古汉语的辅音系统》,潘悟云、徐文堪译.中华书局,2000.

王　力 1983.再论日母的音值——兼论普通话声母表.《中国语文》3:20-23.

吴宗济(主编) 1986.《汉语普通话单音节语图册》.社会科学出版社.

吴宗济 1989.辅音.载吴宗济、林茂灿主编《实验语音学概要》第六章.高等教育出版社.

吴宗济、林茂灿(主编) 1989.《实验语音学概要》.高等教育出版社.

杨时逢 1974.《湖南方言调查报告》.史语所专刊之六十六.

俞　敏 1999.后汉三国梵汉对音谱.《俞敏语言学论文集》.商务印书馆.

张　洁 2002.论切韵时代轻重唇音的分化.《汉语史学报》第二辑.上海教育出版社.

赵元任 1935.中国方言中的爆发音种类.《史语所集刊》四本四分.

郑张尚芳 1987.上古韵母系统和四等、介音、声调的发源问题.《温州师范学院学报》4.

郑张尚芳 1996.汉语介音的来源分析.《语言研究》增刊.

周祖谟 1966.万象名义中之原本玉篇音系.《问学集》(上).中华书局.

朱晓农 1982.关于普通话日母的音值.《中国语文通讯》3:19-22.

朱晓农 1986.古音学始末.载上海社会科学联合会编《争鸣与探索》1986.又《中国语言学发展方向》58-90.光明日报出版社,1989.

朱晓农 1987.音标选用和术语定义的变通性.《语文导报》3:55-58.

朱晓农 1988. 虚实谈(下).《文字与文化》4:339-365. 光明日报出版社.

朱晓农 2003. 腭近音的日化.《姜亮夫、蒋礼鸿、郭在贻先生纪念文集》122-136. 上海教育出版社.

朱晓农 2004. 唇音齿龈化和重纽四等.《语言研究》3:11—17.

朱晓农 2005. 实验语音学和汉语语音研究.《南开语言学刊》第5期,1—17.

Catford, John C. 1977. *Fundamental Problems in Phonetics*. Edinburgh University Press.

Catford, John C. 1988. *A Practical Introduction to Phonetics*. Oxford: Clarendon Press.

Gimson, A. G. 1970. *An Introduction to the Pronunciation of English*, 2nd edi. London: Edward Arnold.

Hardcastle W. & J. Laver (eds.) 1997. *The Handbook of Phonetic Sciences*. Oxford: Blackwell.

Kakumasu, J. 1986. Urubu-Kaapor. In D. Derbyshire and G. Pullum (eds.), *Handbook of Amazonian Languages*, vol I. Berlin: Mouton de Gruyter. 326-403.

Ladefoged, Peter. 1993. *A Course in Phonetics*, 3rd edi. Harcourt Brace College Publishers.

Ladefoged, Peter; Anne Cochran & Sandra Disner 1977. Laterals and trills. *Journal of the International Phonetic Association* 7: 46-54.

Ladefoged, Peter & Ian Maddieson 1996. *The Sounds of the World's Languages*. Oxford: Balckwell.

Lavoie, Lisa 2001. *Consonant Strength: Phonological Patterns and Phonetic Manifestations*. New York: Garland.

Maddieson, Ian 1984. *Patterns of Sounds*. Cambridge University Press.

Ohala, John 1981. The listener as a source of sound change. In *Papers from the Parasession on Language and Behavior*, *Chicago Linguistic Society*, eds. by Carrie Masek, Roberta Hendrick, & Mary F. Miller. Chicago Linguistic Society, the University of Chicago.

Ohala, J. J. 1989. Sound change is drawn from a pool of synchronic variation. L. E. Breivik & E. H. Jahr (eds.), *Language Change: Contributions to The Study of Its Causes*. Berlin: Mouton de Gruyter. 173-198.

Ohala, J. J. 1993. The phonetics of sound change. In Charles Jones (ed.), *Historical Linguistics: Problems and Perspectives*. London: Longman. 237-278.

Ohala, John 1997. The Relation between Phonetics and Phonology. In W. Hardcastle & J. Laver (eds.), 674-694.

Pickett, J. M. 1980. *The Sounds of Speech Communication*. Baltimore, MD: University Park Press.

Romero, Gallego J. 1995. *Gestural Organization in Spanish: An Experimental Study of Spirantization and Aspiration*. University of Connecticut PhD Dissertation.

Svantesson, Jan-Olof 1986. Acoustic analysis of Chinese Fricatives and Affricates. *Journal of Chinese Linguistics* 14. 1:53-70.

Stevens, Kenneth N. 1997. Articulatory-acoustic-auditory relationships. In W. Hardcastle & J. Laver (eds.), 462-506.

（原载《语言研究》2003 年第 2 期）

元音大转移的起因
——以上、中古汉语过渡期的元音链移为例*

1. 导言

“元音大转移”或“链式音移”是一种广泛发生在历史上和当代许多语言中的连串音变。西南地区一些与汉语有密切关系的民族语言(如藏缅、苗瑶)以及很多汉语方言(如吴语、客家话)中,都可观察到元音大转移。例如白语的前元音和后元音中都发生过链移高化(Wang 2004),在周城(可能还有大石)方言中发生了前元音的推链高化*æ → ε⇒ *ε → e:(“客人”* kʰæ>kʰε|“马”* mæ>mε|“晚上”* pε>pe|“猪”* tε>te);而妥洛方言中则有一个后元音的拉链高化:*u → v̩⇒ *o → u(“路”* tʰu>tʰv̩|“桥”* gu>gv̩||“鸟灶”* tso>tsu|“搓(绳)”* tsho>tshu)。

链移 chain shift 的概念早在历史语言学建立之初就已经涉及了,Grimm 定律所说的音变就是辅音的链移。最系统的辅音链移

---

* 本项研究得到香港科技大学研究项目(DAG01/02. HSS04)资助。初稿于 2002 年 6 月 13 日在《民族语文》编辑部召开的“首届历史语言学研讨会”(温州)上报告。写作中得到来自麦耘、潘悟云、汪锋多位先生的有益意见,谨表谢意。

发生在 British Celtic 语中，元音之间的辅音系统地全变：-pp-＞-p-＞-b-＞-β-；-tt-＞-t-＞-d-＞-ð-；-kk-＞-k-＞-g-＞-ɣ-。不过，相比之下，元音的链式音变更为常见（Martinet 1955：266-267），如瑞典语 aː＞ɔː＞oː＞uː。中古英语的长元音大转移则是最显著的例子：aː＞ɛː＞eː＞iː＞ai；ɔː＞oː＞uː＞au（Jespersen 1954：232），“the great vowel-shift”一语最初就见于 Jespersen 此书。按照拉波夫（Labov 1994：116），元音链移包括以下三种情况：1. 长元音高化。2. 短元音低化（包括 2a. 前响复元音的韵核低化）。3. 后元音前化。拉波夫把这三条看做是统管元音链式音移的“通则”general principles。其中以长元音高化似最为常见，而且几无反例（Labov 1994：116）。如果音系中没有长短元音对立，那么这单一的元音系列的表现就会像长元音，并服从通则 1。换句话说，服从通则 2 的是有明确对立的短元音。通则 2 除了个别历史记载像是反例，一般来说没问题（Labov 1994：137ff.）。通则 2 还有条副则 2a.：前响复元音的韵核低化。前响复元音如 ai，au，还有阳声韵母如 an，ang 中的韵核 a 相对来说都是短的。拉波夫的“通则”并不意味着充分条件或绝对蕴涵，他是从统计意义上来说的。由这三条通则控制的音变结果，其概率从比较高到非常高（Labov 1994：137）。

下文讨论元音链式高化大转移的原因以及发生在上古汉语到中古汉语过渡阶段时的首次元音链移高化。根据有关材料，汉语历史上长元音链移式高化大转移发生过至少两次。第一次发生在《切韵》以前，西晋以后到北朝初期，涉及歌鱼侯幽四部：*ai＞*a＞*o＞*u＞*ou，鱼部、侯部依次高化，逼迫幽部裂化出位。后一次发生在《切韵》以后，涉及麻二歌模侯豪：*ra＞*a＞*o＞*u

＞*ou＞*au;歌韵、模虞鱼依次高化,逼迫侯韵裂化出位,再把豪韵压低。第二次链移发生在《切韵》之后,由于有些材料互相抵牾,确切时间一时难以断定,所以下文就先考察第一次元音大转移。上古和中古音构拟按照郑张尚芳—潘悟云的体系(见潘悟云2000:262,89-90),个别调整之处随文指出。

2. 汉语史上的首次推链高化及首次裂化出位

上古汉语有六个元音:*i(脂部),*e(支部),*ɯ(之部),*a(鱼部),*o(侯部),*u(幽部)。参与首次链移高化的上古韵部有四个:歌鱼侯幽。上古韵部和中古一样具有四等,一二四等是长元音,三等是短元音。上古歌部是带韵尾的*al,还有*el和*ol系列。只有开口一等的*al(＞*ai)参与了首次链移。

用中古韵目来表示,上古鱼部主要包括:模*a,鱼*ă,虞合*wă。还有中古的麻韵字和少数支韵字上古也属鱼部,它们没参与这次链移。侯部主要包括:侯*o,虞*ŏ。幽部主要包括:豪*u,肴*ru;尤*ŭ,幽*rŭ。

首次链式音移最低端是复元音单化*ai＞*a,中段是单元音高化*a＞*o＞*u,最高端是单元音裂化*u＞*ou。出于论述上的方便,我们先假定这个链式音变是从低端的复元音*ai开始的。不过在后文讨论起因时,会提出另一种可能性更大的假说:链移是从单元音的低端*a开始的,一方面推动连串单元音高化,另一方面拉复元音*ai来填补空位。

上古前期歌部是个带辅音尾的*al,汉魏晋时变为带元音韵尾的*ai。大约北朝早期韵尾脱落，此时便与鱼部发生冲突。解决的途径无非两条，一是合流，二是鱼部音质发生转移。在一般音变中这两种变化都可能，而合流一途更为常见。但这一次歌部*ai＞*a的结果是把鱼部*a往上推到*o/ɤ：模*o，虞*iwo，鱼*iɤ。

由于鱼部一等（对应于中古模韵）从*a上升到了*o，于是把侯部一等（对应中古侯韵）从*o推上了*u。但没有什么推动原属侯部的三等开口虞韵*io（＜*ǒ），所以来自侯部的开口虞韵*io和来自鱼部的合口虞韵*iwo合流为/*io/。

侯部一等（对应中古侯韵）的上升*o＞*u则把幽部一等（对应中古豪韵）推出了位*u＞*əu。

《切韵》时代侯韵是*u，还是已裂化为*ou～əu没定论。高本汉（1915/1995）拟为*əu，李荣（1956）根据梵汉对音改拟为*u，郑张一潘（潘悟云2000：82）根据尤侯《切韵》不同韵又改回*əu。郑张一潘的中古韵母系统中没有纯u元音，这似乎不合理。从内部拟测来看，我认为把侯韵拟为*u为妥。而豪仍保留为*əu。

首次元音大转移发生在《切韵》之前，大约西晋以后至北朝前期。上限比较确定，因为魏晋以上鱼部还是*a（汪荣宝1923）。下限不那么确定。如果按照高本汉、郑张一潘悟云所言，北朝晚期侯韵已裂化出位*u＞*ou～əu，那么第一次推链高化的发生时间就可以肯定在北朝早期。但如按李荣的梵汉对音和我的内部拟测，侯韵在《切韵》时代仍是*u，那么下限有可能晚至北朝晚期。

讨论首次链移的时间上限涉及另一个重要音变：短元音长化并增生*i介音。潘悟云（2000）认为三等滋生*i介音是在北朝晚期，离《切韵》不远，我们（朱晓农2003）考虑到由于*i介音增生才产生群母细音字，从而阻断这些群母字的擦化变入匣母，所以应把三等 *i 介音增生的年代提前至少到北朝早期。现在看来，短元音长化并增生 *i 介音甚至早于首次元音链移，当然也早于歌部单元音化（*ai＞*a），因为鱼部的三等字（鱼 *ă，虞$_{合}$ *wă）都参与了首次链移，而高化链式音移主要发生在长元音身上（Labov 通则 1），所以只有等上古短元音长化（同时增生 *i 介音）后才有第一次链移[①]。首次汉语元音大转移总结在下表中。

表 1　首次元音推链高化

	通则 1. 长 V 高化				出位
	ai	a	o/io/iɤ	u/iu	əu
汉魏晋（上古韵部）	歌	鱼	侯	幽	
北朝初（中古韵目）		歌	模/虞/鱼	侯/尤	豪

3. 发音初始态和长元音链式高化的原因

长元音在链式音移中总是高化，这是拉波夫链移三通则中的第一条。但为什么会高化而不是低化，他没有说。与此相关的是在链式音移中短元音为什么不高化。下面来探讨长元音链式高化的两种起因：听者启动还是说者启动。这两种起因假说涉及不同的音变起点。听者启动说认为首次链移是歌部 *ai 发动的。链移的概念也是假定它要么从低的一端开始推链，要么从高的一端开始拉链。从前文至此我们也一直假定首次链移是从低的那一端由外来的复元音启动的，是由歌部 *ai＞*a，依次推高鱼侯幽部，这是一种以“听者启动”的音变。但是还存在一种可能性更大的“说者启动"假设,认为长元音链移总是由 * a(鱼部)发动的。

更一般地,这两个假设都依赖于一个更为基本的假设:回归/滑向发音初始态。我(见朱晓农 2004)把"发音初始状态"定义为:(1)发声初始状态是指声带处于常态、较松弛的状态,发出的声调为朱晓农(1996,1999)所主张的分域四度制中的[2]度,或五度制中的[2～3]度,因此,最自然的声调是四度制里的低降调[21],五度制里的[21～31]。(2)调音初始状态指嘴唇微开或微闭、舌位适中,发出的音为混元音 ə。这里定义的是生理上最自然的、最无标记的声(低降调)和音(混元音)。而最容易发,区别度最大,也最常见的声调和元音分别是平调和低元音 a。

关于长元音链式高化起因的两种起因当然都是可能发生的,不过具体落实到某个语言中的某次链移,大概只有一个原因在起(主要)作用。因此,原则上可以从历史文献看到某次具体链移中谁先谁后的蛛丝马脚,从而判断某个个案的起因。下面先来看由鱼部 * a 开始的"说者启动说"。

4. 说者启动:滑向初始

从汉语历史上的首次长元音链移来看,很可能不是从链端,而是从其中某一环,即从 a 高化开始的,同时引发了推链 a＞o＞u 和拉链 ai＞a。从更大范围来看,其他语言中的长元音链移也总是高化,而不管有没有外来的复元音推动,那么汉语首次链移就更有可能是从 a 开始的。

长而低的元音 a 容易高化的原因在于它难以长时间维持大张

口、低压舌状态。当a拖长到一定时候，说者会出于省力（姑且如此假定）和“时间错配”mis-timing，在最后阶段调音器官会自然地回复或滑向最自然、最无标记的混元音这一初始状态。所谓“时间错配”是指发音（发声和调音）器官在协同发音的时间上没配合好。按说应该发声先停止，然后调音器官恢复初始态。但如果发声还没完全停止之前，调音器官先恢复初始态，那么就会产生一个aə或a↑滑音的过渡状态。

省力原理，还有“系统压力”“对称要求”“填空档”等概念在历史音韵学中广泛运用，但它们的意义和地位现已受到质疑。奥哈拉（Ohala 1981）认为都没什么必要。此类解释听听有道理，操作起来却难免随心所欲，常常沦为不作解释的代名词。与此相反，时间错配是个可以测量的物理概念，当然比省力这样的心理因素更容易把握，至于系统压力之类更难加以定义和验证。所以，如果能找到实质性的原因，就不用劳驾那些笼统的大原则。何况，对长a最后阶段产生a↑滑音，用时间错配很好解释，但如果用省力原则解释，就会碰到一个问题：为什么发声不先停止？那样会更省力。再则，任何音拖长后，不管想不想省力，总要回复初始态，都有可能增生后滑音，所以省力原理在这儿是多余的。一方面它难以定义和检验，一方面在逻辑推理中又是多余的，所以至少在长元音链式高化中可以排除省力这一概念。同时，提出了回归初始态，可以有一些能进行检验的预言，如中元音因为与初始混元音部位接近，所以回复过程小到可以忽略，所以我们很少见到由中元音启动的裂化、高化或低化。高元音和低元音回复途中动程明显，如果此时时间错配，就会产生后滑音，从而启动裂化或高化。相比之下，低元音的动程更大，所以很可能更容易引发音变。所以我们可以把上文“出于省力和时间错配”改成：由于在回归初始态的过程中发音器官的时间错配，a↑“高化”在不经意间发生了。

当然这只是个人的、随机的、口语中的变异，一般情况下会被社会规范纠正，或者被听者自动回归译码为a，所以一般不会发生音变。但是在两种情况下有可能导致音变。一是完全的随机选择，发生多了，总有可能某次真的扩散开了，引起了音变。另一是在人口流动、混杂的情况下，非本语言社团的听者不会自动回归解码为说者心目中的语言目标a，当他们学说时，有可能真的说成提高了点的a↑。

按照“滑向初始态”假设，首次元音大转移是由鱼部*a开始的，由于a向初始态滑动而不经意间开始了高化a↑，并推动o高化。与此同时，由于留下一个“纯”a位置，吸引歌部*ai来填补。因而这是推链和拉链交叉进行的链移：先是低元音a启动推链高化，同时拉动复元音来填补。

这个“初态说”解释能力很强很普遍，不但能解释汉语，也能解释在其他很多语言中发生的元音高化链移；不但能解释汉语首次链移，也能解释以后的链移；不但能解释通语，还能解释发生在各方言（例如吴语、客家话）中的链移；不但能解释高化链移，还能解释其他音变现象如“高元音后显复化”（朱晓农2004）；更重要的是他能解释为什么链式高化的总是长元音而不是短元音。总之，元音高化链移是一种普遍现象，他在各种语言的各个时期，甚至同一个语言的不同时期不断地重现，因此，需要也必须要有一个普遍的理论去解释他。当然，我们在以“初态说”解释汉语首次元音高化链移时,需要认识到尽管概率极大,但也只是逻辑可能性之一,我们不能排除其他,包括如下听者启动等可能性。

5. 听者启动:不足改正

首次元音大转移可能由链移的一个端点歌部*ai发动,这容易理解,但如果说它是由听者的听感导致的,则需要加以解释。一个语音信号的物理性质和听感并不总是一一对应的(Jakobson *et al*. 1952)。听者听到一个不专一对应的语音信号,归类时可能解读错误。发歌部*ai时,这个i当然不是一个到位的i,而只是表示一种舌位向上向中央滑动的趋向,后半截时向中央(向i的方向)滑动是说者的语言目标(linguistic target),即说者有意为之(是否音位性的要看整体处理),但听者有可能把它当做发长a时自然的回归初始态,因为语言中发长a时有发成aə或a↑的自然倾向。这是一种“不到位的改正”hypo-correction(Ohala 1981)。这样的音变是由听者发动的,他把说者有意为之的发音ai当成长a的无意的、伴随的a↑,于是他自作主张地错改成长a。

表2 听者误解错改引起的音变的程序

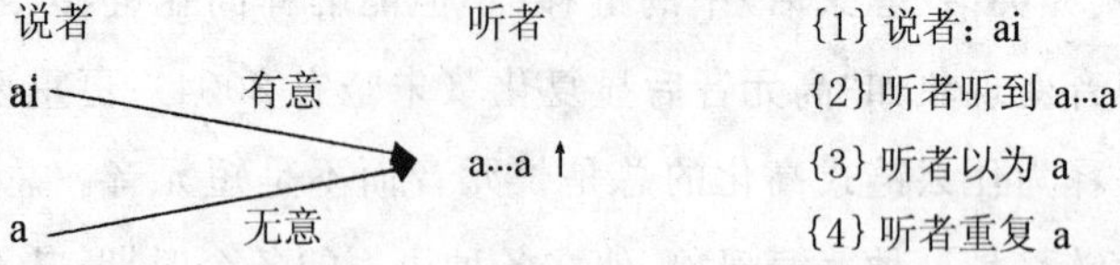

从说者方面来看,他可能说ai,也可能说a。在听者这方面,可能两者听得清清楚楚,也可能就听到一个a…a↑{步骤2}。在

一般情况下，他能根据自己的判断，把 a…a↑正确复原成 ai 或 a。但也可能错误解读，把说者原定的语言目标 ai 当成了 a{步骤3}。当听者重复时，他就会发成 a{步骤4}。这第{3}、第{4}步容易发生在人口混杂的语言社区。当非本地人学说本地话时，很容易错误解读，把非区别性的伴随特征当成语言目标，去刻意学习，结果就产生了音变的源泉。一旦第{4}步出现，就是一次个人的、小小的随机变异发生了。这样的随机变异每天都可能发生在每个人身上。一般地说，这种随机变异会被社会规范纠正过来。但是不排除变异累积、扩散，最后被演化"选中"，成为真正的音变。

6. 结语

本文考察了上古至中古的过渡时期发生的首次推链高化式的元音大转移，并且探讨了引起高化链移的普遍性驱动力。以往历史语言学在解释音变的原因时，往往用一些比较抽象的目的论原理，如省力原理、区别原理、平行演变原理等。最近一二十年来，由于实验语音学、社会语言学、类型学的进步，使得我们第一次能够具体地探讨实质性的起因或驱动力。

高化链移一般是推链式的，起因可能是由于低元音拉长后难以长时间维持大张口状态，在回复初始混元音状态的过程中发音器官时间错配，下巴舌位已经开始恢复初始状态而发声还没完全结束，因而造成低长元音 a 最后阶段带有一个央化的滑音 a↑，从而启动了推链高化。这能解释链式高化为什么(1)总是长元音而不是短元音；(2)总是推链式而不是拉链式。本文还对 ai＞a 的音变可能起因作出另一个假设:出于听者的错误解读。因为在发 ai 和长 a 时都有可能发成 a…a↑,在人口流动频繁的情况下,非本地人听者可能把 a…a↑正确地破译成 ai,也可能错误地解读为 a,从而在自己学说当地话时发成 a。

不管哪种起因,开始总是发生在个人身上。这种个人的、小型的共时变异有可能扩大,一旦如此,音变就形成了目标。等到进一步汇成潮流,音变就开始了。这是一种“变异—选择”的机制在起作用。汉语的首次长元音推链高化发生在五胡十六国到南北朝这一段民族大融合时代,看来不是偶然的,人口流动、互学语言起了催化作用,外因或“缘”opportunity 提供了音变产生和传播的温床。

附　注

① 不过,不完全排除下列可能:歌部先变*ai＞*a,然后在推动鱼部变化*a＞*o/ɤ的同时促发了短元音长化。

参考文献

高本汉 1915—1926.《中国音韵学研究》,赵元任、罗常培、李方桂译.商务印书馆,1995.

李　荣 1956.《切韵音系》.科学出版社.

李新魁、黄家教、施其生、麦耘、陈定芳 1995.《广州方言研究》.广东人民出版社.

潘悟云 2000.《汉语历史音韵学》.上海教育出版社.

汪荣宝 1923.歌戈鱼虞模古读考.《国学季刊》第1卷第2号.

朱晓农 1996.上海音系.《国外语言学》2:29-37.

朱晓农 1999. *Shanghai Tonetics*. Muenchen,Germany:Lincom Europa.

朱晓农 2003.从群母论浊声和摩擦:实验音韵学在汉语音韵学中的实验.《语言研究》23.2:5-18.

朱晓农 2004.汉语元音的高顶出位.《中国语文》5:440-451.

Jakobson, Roman, Gunnar Fant and Morris Halle 1952. *Preliminaries to Speech Analysis*. Cambridge MA: MIT Press.

Jespersen, Otto 1954. *A Modern English Grammar on Historical Principals*. Part I: Sounds and Spellings. London: George Allen & Unwin.

Labov, William 1994. *Principals of Linguistic Change: Internal Factors*. Cambridge, MA: Blackwell.

Matinet, Andre 1955. *Economie des changements phonetiques*. Berne: Francke.

Ohala, John 1981. The listener as a source of sound change. In *Papers from the Parasession on Language and Behavior*, Chicago Linguistic Society, eds. by Carrie Masek, Roberta Hendrick & Mary F. Miller. Chicago Linguistic Society, the University of Chicago.

Wang, Feng 2004. *Language Contact and Language Comparison: The Case of Bai*. PhD dissertation, City University of Hong Kong.

(原载《民族语文》2005年第1期。原题为"元音大转移和元音高化链移"。)

后　记

读大学时有个梦：以后写很多文章，每十年结个集子出版，第一个叫《初学十年》，第二个叫《再学十年》……这以后二十多年过去了，书是出了几本，但论文结集这还是第一本，显然不好意思再叫《初学集》，尽管感觉上离初学时学问并没长进多少。

集子里所收文章有些是上个世纪八十年代初写的（听起来像文物），有些是近年来写的。中间空了九十年代那一段，是在国外读实验语音学，写的东西没几个人爱看。记得当初出国时，有老友嘲我四十学吹打。的确很辛苦，更惨的是，那一行日新月异，昨是而今非。我的老师费国华先生笑我是最后一个模拟式语音学家——在我之后没多久，这些笨重机器淘汰殆尽，害得我五十还得重新学敲打。

十几二十年前写的东西，幸好没有“昨是而今非”。那时的兴趣在两个方面，一个是方法论和形式化，这留给以后再谈。另一个就是我的基本训练古汉语专业，从先师吴文祺先生习声韵之学。从广韵到反切谐声韵谱，做了十年童子功。那时“初学三年，天下去得”，指点音韵，“激扬文字”。有人以为那是来自外界对传统音韵学的质疑，外行了，那是业内自我反省，是对自己工作以及整个历史语言学的前景山重水复的困惑。不过，当时再反省也没用，那是由于一个简单真理的逆否命题:器未利而事难善。

于是放下了音韵学,回到课堂,再练十年童子功。等到重拾往学,已是旧时王谢,柳暗花明。历史语言学在过去十多年中成为兴趣焦点之一,一方面它本身有了很大进展,另一方面又托了一些相关学科的福,实验语音学、社会语言学、类型学的进步使得我们对于现实中的语言变化有了更精确的理解,从而可以更可靠地去拟测历史上的变化。这就产生了那些再学吹打的东西——换一个实验的角度来观察汉语语音变化。这个实验的方法能够成立,是基于语言变化齐一性这么个根本假设,即对于语言自然演变的有利条件和限制条件,古今中外都是一样的。语言学也因此而有可能建立在坚实的科学基础之上。明白了这条原理,才解开我二十年前爬梳古书那"山重水复"的困惑,才看到"柳暗花明"的新视野。

很多年过去了,早已是梦醒时分。是商务把我拉回梦境,重温旧梦,应该说是旧梦新圆。我是否该做第二梦?

朱晓农

2005 年春于宝琳